労働法
演習ノート

············労働法を楽しむ **25**問

大内伸哉

編著

石田信平・魚住泰宏・梶川敦子・
竹内(奥野)寿・本庄淳志・山川和義

著

弘文堂

はしがき

　本書は、労働法について、実践的な立場で学ぶ人を対象に執筆された演習本である。「実践的」とわざわざ断っているのは、本書では、労働法をめぐる理論的な問題を検討するというのではなく、具体的な紛争事例を前にして、そこにどのような法律問題があるかを見つけ出し、それについて、現行の法律の条文や判例に基づき、法的な解決を模索する力を身につけてもらうことを目的としているからである。

　本書は、設問⇒解説⇒解答例という構成になっている（弘文堂の他の演習ノートシリーズと同じスタイルである）。労働法の演習本については類書もあり、本書の構成も特に目新しいものではないが、本書には、類書にはないいくつかの特徴がある。

　まず設問の設定についてである。設問はほぼすべて、やや長めの事例になっており、読者にそれをじっくり読んでもらったうえで、どのような法的問題があるのかを直接的に問うたり、登場人物から相談を受けた法律専門家（弁護士）としての回答の仕方を問うたり、相手方にどのように法的な主張をしていくかを問うたりするなどの形式になっている。様々な角度や立場から、具体的な事例を法的に扱うトレーニングをしてもらうねらいである。

　事例の作成にも、かなり力を入れた。大学教員が試験問題のために作成する事例というのは、通常、解答させる論点をあらかじめ設定し、そこから逆算して作成するというプロセスを経るので、どこか人工的なものとなることが多い。これに対し、本書での事例は、できるだけ現実にありそうなものとし、設問によっては必ずしも解答に関係しないような事実もちりばめている。現実に起きる事件とはそういうものであり、そのような「生の事実」からどこに法的な問題があるかを見つけ出すことが、実践的な場では重要と思われるからである。

　さらに事例にでてくる登場人物には、できるだけ具体的なキャラ設定をし、ストーリー仕立てにして、どうして紛争が起きたかの背景的事情も書き込むようにした。労働紛争の多くはドロドロした人間模様がその背景にあり、そうし

i

たものを可能な限り事例にも反映させようとした。

　解説は、設問に直接関係するものに限定せず、関連する問題や論点なども広く扱っている。本書の解説を読み通すだけで、労働法全体の基礎を理解できるようにするためである。もちろん、字数の制限があるので、深く勉強したい読者にとっては物足りないところもあるはずである。その場合には、本書のあげる参考文献にあたってもらいたい。

　解答例は、かなり詳細なものを付けている（関連問題と総合問題は除く）。法科大学院や学部の授業などで利用される場合を除くと、設問に対する解答例があったほうが読者に親切だと思われるからである。授業などで利用される場合には、適宜、設問内容を変更するなどの工夫をしていただければ幸いである。なお、解答例は、模範解答でないことには注意をしてもらいたい。前述のように、本書は解答を想定しないで設問を作っているので、そうした設問に模範解答などは考えにくい。解答例を作成する過程では、執筆者間でも意見が分かれたものも少なからずあり、解答例は、ありうる解答のなかのあくまで1つにすぎないと考えてもらいたい。最終的には、読者それぞれの頭で解答を模索してほしい。

　本書は、気鋭の若手研究者を中心に、魚住泰宏弁護士（大江橋法律事務所）と私を含めた7名の執筆者によるものである。各講の担当者は決めている（本書のiv頁を参照）が、原案の段階から、互いの原稿についてコメントをしたり、議論をしたりしており、実質的にはみんなの共作という面もある。また、全体の統一性を重視するため、執筆内容について、編者の判断による調整も少なからず行われている。

　本書では、前記のように設問の事例に現実性を与えるという目的から、事例の多くを、髙井・岡芹法律事務所に所属されている弁護士の先生方に事前に目を通していただき、貴重な意見をいただいた。本書の事例が実務家の方からも違和感がないものとして受け入れられるとするならば、それは同事務所の弁護士の先生方のご尽力によるものである。一人ひとりのお名前はあげられないが、髙井伸夫先生、岡芹健夫先生をはじめとして、協力してくださった先生方に、心より感謝申し上げる。もちろん、至らぬ部分については、最終的な判断をし

た編者の責任である。

　本書は、2011年夏の刊行をめざし、かなり厳しいスケジュールのなかで、執筆作業を進めた。最後の詰めの作業の段階では予想以上に時間を要したため、刊行は秋にずれ込んでしまったが、良い本に仕上げるためにはやむを得ないことであったと思っている。それでも改善を要する部分は数多く残っているであろう。読者諸賢のご批判やご指摘を受けて、今後のブラッシュアップにつなげていきたい。

　最後に、本書の完成まで、辛抱強く執筆者を鼓舞し、ときには仕事とはいえ原稿の督促という憎まれ役も担当し、そうしながらも暖かい目で原稿を待ってくださった弘文堂の清水千香さんには、心よりお礼を申し上げたい。

　　　2011年10月　執筆者を代表して

　　　　　　　　　　　　　　　　　　　　　　　　　大内　伸哉

担当者一覧

1. 労働者性：ライダー、ピンチ！　　　　　　　　竹内（奥野）寿…… 2
2. 就業規則と労働契約：ダブルインカムへのこだわり　　石田信平…… 18
3. 解雇・退職：リストラはする方もされる方も大変　　竹内（奥野）寿…… 38
4. 雇止め・変更解約告知：そんな辞めさせ方ってありですか　山川和義…… 55
5. 採用・採用内定・試用期間：内定は得たけれど　　梶川敦子…… 79
6. 賃金と休職：喧嘩に御用心！　　　　　　　　　大内伸哉…… 99
7. 人事考課・降格：出世の夢は露と消えて　　竹内（奥野）寿・大内伸哉……120
8. 配転・出向・転籍：異動の結末　　　　　　　　石田信平……140
9. 労働時間・休日：怒れる働きバチ　　　　　　　梶川敦子……158
10. 懲戒処分：セクハラを告発したばかりに…　　　石田信平……179
11. 雇用平等：女の不満　　　　　　　　　　　　　本庄淳志……198
12. ワーク・ライフ・バランス：仕事と家庭のどちらが大事？　山川和義……216
13. 労働災害：冬美の悲劇　　　　　　　　　　　　石田信平……235
14. 労働組合：組合執行部に物申す　　　　　　　竹内（奥野）寿……256
15. 団体交渉：責任者出てこい！　　　　　　　　　山川和義……275
16. 労働協約：反故にされた約束　　　　　　　　　梶川敦子……291
17. 団体行動：闘いはいばらの道　　　　　　　　竹内（奥野）寿……310
18. 不当労働行為：分会長はつらいよ　　　　　　　大内伸哉……330
19. 企業組織の変動：買収って労働者のため？　　　魚住泰宏……348
20. 労働契約上の付随義務：技術者の裏切り　　　　本庄淳志……364
21. 紛争解決手段：急がば回れ！　　　　　　　　　魚住泰宏……381
22. 派遣：いったい誰が雇い主？　　　　　　　　　魚住泰宏……395

総合問題(1)：勝手に給料を下げないで！　　　　　　大内伸哉……412
総合問題(2)：組合を変わったばかりに…　　　　　　大内伸哉……415
総合問題(3)：女だからといって、なめないで！　　　大内伸哉……418

CONTENTS

1. 労働者性
ライダー、ピンチ！ ……2

1 概観 ……5
2 個別的労働関係法における「労働者」概念 ……6
  (1) 個別的労働関係法における「労働者」の定義……6
  (2) 個別的労働関係法における「労働者」性の判断基準……7
3 団体的労使関係法における「労働者」概念 ……9
4 労働法の適用範囲についてのその他の問題 ……11
  (1) 労基法の適用と「事業」……11
  (2) 国際的な労働関係の展開と労働法の適用範囲……11
  (3) 外国人への労働法の適用……12

解答例 ……12
関連問題 ……16

2. 就業規則と労働契約
ダブルインカムへのこだわり ……18

1 概観 ……23
2 就業規則の作成手続──労基法の規制 ……24
  (1) 就業規則の作成・届出義務……24 (2) 意見聴取義務……25
  (3) 周知義務……25
3 就業規則と労働契約──労契法の規制 ……26
  (1) 総説……26 (2) 就業規則の法的性質……26
  (3) 労契法7条の具体的内容……27
4 就業規則と労働協約および法令の関係 ……29
5 労使慣行 ……30
6 就業規則の変更による労働条件の不利益変更 ……31
  (1) 総説……31 (2) 就業規則の変更手続と効力……31
  (3) 就業規則の合理性……32 (4) 就業規則と不変更特約……33

解答例 ……33
関連問題 ……36

労働法演習ノート

3. 解雇・退職
リストラはする方もされる方も大変 ——38

1 概観 ——41
2 労働契約の終了をめぐる法規制 ——42
3 合意解約と辞職 ——42
　(1)合意解約と辞職の意思表示の区別……42
　(2)解約の合意ないし辞職の意思表示の瑕疵、退職勧奨行為の限界……43
4 解雇 ——44
　(1)総説……44　　(2)解雇予告……45
　(3)解雇権濫用法理(労契法16条)による規制……45
　(4)整理解雇に対する規制……46　　(5)解雇が違法な場合の救済……49
解答例 ——50
関連問題 ——53

4. 雇止め・変更解約告知
そんな辞めさせ方ってありですか ——55

1 概観 ——59
2 労働契約の期間の定め ——59
　(1)期間の定めの意義……59　　(2)期間の定めの有無……60
3 契約期間の法規制 ——61
　(1)期間の上限の規制……61　　(2)上限違反の効果……62
　(3)必要以上に短い期間を定めないようにする配慮義務……62
　(4)有期労働契約の締結、更新、雇止めに関する基準……63
4 期間途中の解雇、退職 ——64
　(1)期間途中の解雇……64　　(2)期間途中の退職……65
5 期間の満了、更新、雇止め ——65
　(1)期間の満了と黙示の更新……65　　(2)雇止めに関する法規制……66
　(3)解雇規制の類推適用の有無……67　　(4)雇止めの適法性……69
6 変更解約告知 ——70
　(1)変更解約告知の意義とタイプ……70

CONTENTS

　　(2)変更解約告知の有効性判断……71　　(3)留保付き承諾……72
解答例 ——————————————————————————— 73
関連問題 —————————————————————————— 77

5. 採用・採用内定・試用期間
内定は得たけれど ——————————————————— 79

1　概観 ——————————————————————————— 82
2　採用の自由 ———————————————————————— 83
　(1)採用の自由……83　　(2)調査の自由……84
3　採用内定をめぐる問題 ———————————————————— 85
　(1)法的性質……85　　(2)内定取消しの適法性……86
　(3)内定期間中の法律関係……88
4　採用内々定をめぐる問題 ——————————————————— 89
5　試用期間をめぐる問題 ———————————————————— 89
　(1)法的性質……89　　(2)本採用拒否の適法性……90
6　採用と労働条件明示 ————————————————————— 91
解答例 ——————————————————————————— 92
関連問題 —————————————————————————— 96

6. 賃金と休職
喧嘩に御用心！ ——————————————————— 99

1　概観 ——————————————————————————— 102
2　賃金請求権の発生要件 ———————————————————— 103
3　賃金に対する法的規制 ———————————————————— 105
　(1)賃金額の規制……105　　(2)賃金の支払いに関する規制……106
　(3)賃金債権の履行確保……109
4　賞与および退職金に関する問題 ———————————————— 109
　(1)賞与……109　　(2)退職金……110
5　休職 ——————————————————————————— 112
　(1)概説……112　　(2)休職処分の有効要件……112
　(3)休職期間中の法律関係……113　　(4)復職……113

vii

労働法演習ノート

　解答例 ———————————————————— 114
　関連問題 ——————————————————— 118

7. 人事考課・降格
出世の夢は露と消えて ———————— 120

　1　概観 ———————————————————— 125
　2　日本の賃金制度 ———————————————— 126
　　(1)職能資格制度……126　(2)近年の変化……127
　3　人事考課をめぐる法的問題 ————————————— 128
　4　昇進、昇格をめぐる法的問題 ———————————— 129
　　(1)概説……129　(2)昇進……129　(3)昇格……130
　5　降格をめぐる法的問題 ——————————————— 131
　　(1)職能資格制度における降格……131　(2)役職や職位の降格……132
　　(3)懲戒処分としての降格……133
　解答例 ———————————————————— 134
　関連問題 ——————————————————— 138

8. 配転・出向・転籍
異動の結末 ——————————————— 140

　1　概観 ———————————————————— 143
　2　配転・出向・転籍の定義と意義 ——————————— 144
　3　配転 ———————————————————— 144
　　(1)法的根拠……144　(2)権利濫用……146
　4　出向 ———————————————————— 147
　　(1)出向命令権の法的根拠……147　(2)出向命令権の権利濫用……148
　　(3)出向中の法律関係……149
　5　転籍 ———————————————————— 151
　　(1)転籍命令権の法的根拠……151　(2)転籍後の労働関係……151
　　(3)転籍と事業譲渡・会社分割……151
　解答例 ———————————————————— 152
　関連問題 ——————————————————— 156

9. 労働時間・休日
怒れる働きバチ —————————— 158

1 概観 —————————————————— 161
2 労基法上の労働時間 ———————————— 161
　(1)総論……161　(2)具体的判断……162
3 時間外・休日労働命令の有効要件 ————— 163
　(1)時間外・休日労働の適法化要件……163
　(2)時間外労働・休日労働義務……164
　(3)法内残業・法定外休日労働および休日振替……166
4 割増賃金 ——————————————— 167
　(1)総説……167　(2)法所定の割増賃金の計算方法……167
　(3)割増賃金の定額払制の可否……168
5 特別な労働時間制度 ————————————— 169
　(1)総説……169　(2)労働時間規制の適用除外……170

解答例 ——————————————————— 172
関連問題 —————————————————— 176

10. 懲戒処分
セクハラを告発したばかりに… ————— 179

1 概観 —————————————————— 182
2 労働者の企業秩序遵守義務 ———————— 182
3 懲戒処分の法的根拠 ———————————— 183
4 懲戒の手段 ——————————————— 185
5 懲戒事由 ———————————————— 186
　(1)経歴詐称……186　(2)職務懈怠……187　(3)業務命令違背……187
　(4)職場規律違反……188　(5)私生活上の行為……188
　(6)無許可兼業……190　(7)誠実義務違反……190
6 懲戒権の濫用その他 ———————————— 192
　(1)労契法の規制……192　(2)権利濫用性の判断……192
　(3)懲戒手続……192　(4)懲戒事由の追加的主張……193

解答例 ——————————————————— 194

労働法演習ノート

関連問題 ——————————————————197

11. 雇用平等
女の不満 ——————————————198

1　概観 ——————————————————201
2　雇用平等をめぐる多様な論点 ————————202
3　男女平等、均等法の規制内容 ————————203
　(1)労基法における差別禁止規制……203　(2)均等法による規制……205
　(3)法違反の効果、救済方法……207
4　パートタイム労働者と雇用平等 ———————209
　(1)学説および裁判例の展開……209　(2)短時間労働者法……210
解答例 ——————————————————212
関連問題 ——————————————————214

12. ワーク・ライフ・バランス
仕事と家庭のどちらが大事？ ——————216

1　概観 ——————————————————219
2　ワーク・ライフ・バランスと労働法 ——————220
　(1)総説……220　(2)ワーク・ライフ・バランスと労働法規……220
3　育児介護休業法 —————————————221
　(1)総説……221　(2)不利益取扱いの禁止……222
4　配転(転勤)とワーク・ライフ・バランス ————224
　(1)配転(転勤)に関する判例法理における生活上の不利益……224
　(2)配転(転勤)とワーク・ライフ・バランスへの配慮……225
5　年次有給休暇 —————————————226
　(1)総説……226　(2)時季指定権の行使……227
　(3)時季変更権の行使……228　(4)不利益取扱いの禁止……228
解答例 ——————————————————229
関連問題 ——————————————————233

CONTENTS

13. 労働災害
冬美の悲劇 ——————————————235
1　概観 ——————————————————————237
2　労災保険法と業務起因性 ————————————238
　(1)労基法の災害補償と労災保険法……238　　(2)業務起因性……238
3　過労死の業務起因性 ——————————————240
4　うつ病自殺の業務起因性 ————————————241
　(1)総説……241　　(2)精神疾患の業務起因性……241
　(3)故意による因果関係の中断……243
5　安全配慮義務違反および不法行為に基づく損害賠償請求——243
　(1)総説……243　　(2)業務と死亡との間の相当因果関係……245
　(3)予見可能性と安全配慮義務違反……245　　(4)過失相殺……246
6　労災保険給付と損害賠償との調整 ————————247
解答例 ——————————————————————249
関連問題 ————————————————————254

14. 労働組合
組合執行部に物申す ——————————256
1　概観 ——————————————————————258
2　労組法の保護および助成の対象たる「労働組合」——259
3　労働組合加入および脱退の自由とユニオン・ショップ協定
　の効力 ————————————————————260
　(1)加入および脱退の自由……260
　(2)ユニオン・ショップ協定の効力……260
　(3)ユニオン・ショップ協定に基づく解雇の効力……262
4　チェック・オフをめぐる法律関係 ————————263
　(1)総説……263　　(2)チェック・オフをめぐる法律関係……263
　(3)チェック・オフと不当労働行為……264
5　労働組合の財産の帰属 ——————————————265
　(1)労働組合の財産の所有形態……265
　(2)労働組合の組織変動と財産の帰趨……265

xi

労働法演習ノート

  6 労働組合の統制権 ———————————————266
   (1)統制権の意義・根拠・種類……266
   (2)統制権の限界とその具体例……266
 解答例 ————————————————————269
 関連問題 ————————————————————272

15. 団体交渉
責任者出てこい！ ————————————275

 1 概観 ——————————————————277
 2 団体交渉権の保障 ———————————————277
  (1)団体交渉の意義……277 (2)団体交渉権保障の意義……278
 3 団体交渉の当事者および担当者 ——————————279
  (1)労働者側の当事者および担当者……279
  (2)使用者側の当事者および担当者……280
 4 団体交渉の対象事項 ——————————————281
  (1)総説……281 (2)労働条件その他の待遇……281
  (3)団体的労使関係の運営に関する事項……282
  (4)経営、生産および管理運営に関する事項……282
  (5)個別人事に関する事項……282
 5 誠実交渉義務 ————————————————283
 6 団交拒否の法的救済 ——————————————285
  (1)行政救済……285 (2)司法救済……285
 解答例 ————————————————————287
 関連問題 ————————————————————289

16. 労働協約
反故にされた約束 ——————————————291

 1 概観 ——————————————————295
 2 労働協約とは ————————————————295
  (1)労働協約の2つの効力と部分……295 (2)労働協約の効力要件……296
 3 労働協約の規範的効力をめぐる論点 ——————————297

(1)有利原則……297
　　　(2)労働条件を不利益に変更する労働協約の効力……297
　4　労働協約の一般的拘束力──────────────298
　　　(1)総説……298　(2)労組法17条の定める要件……299
　　　(3)労働条件の不利益変更と一般的拘束力……299
　5　債務的効力──────────────────────300
　6　労働協約の終了────────────────────301
　　　(1)労働協約の期間の定めと解約……301
　　　(2)労働協約の一部解約……301　(3)協約失効後の労働条件……302
　解答例──────────────────────────303
　関連問題─────────────────────────308

17. 団体行動
闘いはいばらの道──────────────────310

　1　概観───────────────────────────313
　2　団体行動の正当性────────────────────314
　　　(1)総説……314　(2)争議行為の正当性……314
　　　(3)組合活動の正当性……317
　3　違法な団体行動と民事責任─────────────────319
　　　(1)損害賠償責任……319　(2)懲戒処分を通じた責任追及……319
　4　争議行為と賃金請求権、休業手当請求権の存否─────────320
　　　(1)争議行為参加者の賃金請求権……320
　　　(2)争議行為不参加者の賃金請求権・休業手当請求権……320
　　　(3)ロックアウトと賃金請求権……322
　5　組合活動に対する施設管理権の行使と不当労働行為の成否────322
　解答例────────────────────────────323
　関連問題───────────────────────────328

18. 不当労働行為
分会長はつらいよ────────────────────330

　1　概観───────────────────────────333

労働法演習ノート

 2 不当労働行為の救済手続 ——————————————333
  (1)総説……333 (2)救済手続……334 (3)救済命令の内容……335
 3 不当労働行為の成立要件 ——————————————336
  (1)不利益取扱い……336 (2)団交拒否……337 (3)支配介入……338
  (4)労働組合が併存する状況下での不当労働行為の成否に関する問題……339
 4 司法救済 ——————————————————————342
 解答例 ——————————————————————————343
 関連問題 —————————————————————————346

19. 企業組織の変動
買収って労働者のため？ ——————348

 1 概観 ———————————————————————351
 2 企業組織の変動と労働契約 —————————————352
  (1)労働契約の承継……352 (2)労働条件の変更……353
 3 企業組織の変動と労働者の保護 ———————————354
  (1)概説……354 (2)法人格否認の法理……354
  (3)偽装解散の法理……356 (4)会社分割と労働契約承継……357
 解答例 ——————————————————————————359
 関連問題 —————————————————————————363

20. 労働契約上の付随義務
技術者の裏切り ————————————364

 1 概観 ———————————————————————367
 2 労働契約における付随義務 —————————————368
 3 使用者の付随義務――就労請求権の問題 ————————369
 4 労働者の付随義務 —————————————————370
  (1)誠実義務……370 (2)秘密保持義務……371
  (3)競業避止義務……373
 解答例 ——————————————————————————376
 関連問題 —————————————————————————379

CONTENTS

21. 紛争解決手段
急がば回れ！ ——————————381

  1 概観 ——————————383
  2 労働関係紛争解決手続の概要 ——————————383
  3 行政機関による労働関係紛争の解決手続 ——————————384
    (1)労働基準監督署……384　　(2)労働局……384　　(3)労働委員会……385
  4 裁判所による労働関係紛争の解決手続 ——————————385
    (1)通常訴訟……385　　(2)労働審判……386　　(3)救済命令取消訴訟……387
  解答例 ——————————387
  関連問題 ——————————394

22. 派遣
いったい誰が雇い主？ ——————————395

  1 概観 ——————————398
  2 労働者派遣の定義と法規制 ——————————399
  3 派遣先事業主等の使用者性 ——————————400
  4 派遣先事業主の直接雇用申込義務 ——————————403
  5 労働者派遣契約の中途解除 ——————————405
  解答例 ——————————405
  関連問題 ——————————410

総合問題(1)　勝手に給料を下げないで！ ——————————412

総合問題(2)　組合を変わったばかりに… ——————————415

総合問題(3)　女だからといって、なめないで！ ——————————418

事項索引 ——————————421
判例索引 ——————————426

凡　例

1　本書における法令は、平成23年9月1日現在の内容による。
2　判例集などから直接に引用した部分は、「　　」で囲んだ。
3　判例引用中の筆者の補足は［　　］で囲んだ。
4　本書における略号は、下記のように用いるほか、慣例にならった。

①法令

育児介護休業法	育児休業、介護休業等育児又は家族介護を行う労働者の福祉に関する法律
労働契約承継法	会社分割に伴う労働契約の承継等に関する法律
公益通報法	公益通報者保護法
高年法	高年齢者等の雇用の安定等に関する法律
個人情報保護法	個人情報の保護に関する法律
国公法	国家公務員法
個別労働関係紛争解決促進法	個別労働関係紛争の解決の促進に関する法律
均等法	雇用の分野における男女の均等な機会及び待遇の確保等に関する法律
最賃法	最低賃金法
職安法	職業安定法
短時間労働者法	短時間労働者の雇用管理の改善等に関する法律
地公法	地方公務員法
賃確法	賃金の支払の確保等に関する法律
労安衛法	労働安全衛生法
労調法	労働関係調整法
労基法	労働基準法
労基則	労働基準法施行規則
労組法	労働組合法
労契法	労働契約法
労災保険法	労働者災害補償保険法
労働者派遣法	労働者派遣事業の適正な運営の確保及び派遣労働者の就業条件の整備等に関する法律
労審法	労働審判法

②裁判例

最大判（決）	最高裁判所大法廷判決（決定）
最1小判（決）	最高裁判所第1小法廷判決（決定）
最2小判（決）	最高裁判所第2小法廷判決（決定）
最3小判（決）	最高裁判所第3小法廷判決（決定）
高判（決）	高等裁判所判決（決定）
地判（決）	地方裁判所判決（決定）

③判例集

民集	最高裁判所民事判例集
刑集	最高裁判所刑事判例集
高裁集	高等裁判所民事判例集
労民集	労働関係民事裁判例集
労判	労働判例
判時	判例時報
判タ	判例タイムズ
労経速	労働経済判例速報
労旬	労働法律旬報

主要参考文献

〈労働法全般〉
菅野和夫『労働法〔第9版〕』(弘文堂・2010年)
西谷　敏『労働法』(日本評論社・2008年)
荒木尚志『労働法』(有斐閣・2009年)
水町勇一郎『労働法〔第3版〕』(有斐閣・2010年)

〈個別法〉
下井隆史『労働基準法〔第4版〕』(有斐閣・2007年)
土田道夫『労働契約法』(有斐閣・2008年)
山川隆一『雇用関係法〔第4版〕』(新世社・2008年)

〈団体法〉
山口浩一郎『労働組合法〔第2版〕』(有斐閣・1996年)
西谷　敏『労働組合法〔第2版〕』(有斐閣・2006年)

〈コンメンタール〉
東京大学労働法研究会編『注釈労働基準法(上)(下)』(有斐閣・2003年)
東京大学労働法研究会『注釈労働組合法(上)(下)』(有斐閣・(上)1980年、(下)1982年)
荒木尚志=菅野和夫=山川隆一『詳説 労働契約法』(弘文堂・2008年)

〈その他〉
角田邦重=毛塚勝利=浅倉むつ子編『労働法の争点〔第3版〕』(有斐閣・2004年)
大内伸哉『最新重要判例200 労働法〔増補版〕』(弘文堂・2011年)
村中孝史=荒木尚志編『労働判例百選〔第8版〕』(有斐閣・2009年)

労働法演習ノート

1. 労働者性
ライダー、ピンチ！

設問　小さいころからオートバイが好きでたまらない本郷翔は、バイクのレーサーになることを夢みていた。しかし、本郷は、高校卒業後何年か、フリーターとしてバイク便ライダーの仕事をするかたわら、レーサーになるべく挑戦したものの、残念ながら、ついにその夢はかなわなかった。それでも、オートバイへの愛着はやむことがなかった本郷は、次第に、バイク便ライダーが、趣味と実益を兼ねた天職と思うようになった。本郷は、2004年1月以降、バイク便により会社書類等を短時間で配送する事業を行うハリケーン配送株式会社（以下、会社）で、バイク便ライダー（以下、ライダー）として働いている。

　会社は、本郷を含めたライダーとの間で、「配送業務委託契約」と題する契約書を取り交わしていた。この契約書は、会社が作成して、すべてのライダーとの契約締結において共通に用いていたものである。この契約書では、(1)会社がライダーに書類等の配送業務を委託すること、(2)ライダーは各週の稼働予定日（各週の平日のうち配送業務を受託しうる日）を1週間前までに申告すること、なお、稼働予定日には所定の場所で待機する必要があるが、その場合でも、実際に業務を受託するかどうかはライダーの自由であること、(3)ライダーは書類等を荷送人から受領した後、荷受人に遅滞なく配送し、配送業務終了時に会社に電話等で連絡すること、(4)会社はライダーに、毎月、業務委託料として、ライダーの1カ月の運賃額（売上額）に一定割合を乗じた一定額を支払うこと、(5)ライダーは会社から委託を受けた配送業務を自ら遂行することとし、第三者に再委託してはならない、ただし、会社と契約している他のライダーに再委託することは妨げないこと、(6)配送業務に使用するオートバイ（荷台を含む）は、原則としてライダーが用意し、燃料代、維持費、修繕費もライダーが負担すること、(7)会社との連絡等に用いる携帯電話もライダーが用意する、ただし、会社が指定する特定の電話会社のものに限ること、(8)配送中の事故についてはライダーの責任で処理すること、等が定められていた。契約期間は6カ月とされ、期間満了後引き続き業務委託を継続する場合には、会社とライダーとの間で契約を更新する手続がとられ

ていた。

　なお、契約の(8)に関連して、ライダーは、契約締結の際、会社が指定する、交通事故等による物損および対人損害についての責任保険への加入を求められ、自ら保険料を負担している。また、ライダー自身が負傷等をした場合の治療費や所得補償については、ライダーが任意に自己負担で保険に加入することとされ、会社は、ライダーについて、労災保険等の加入手続を行っていなかった。

　配送業務は、会社のコールセンター（以下、センター）が、顧客企業からの配送依頼を受け付け、センターがライダーに、携帯メールで、書類等の引取先、配送先、引取目安時刻、配送期限時刻、距離、運賃等の依頼情報を送信し、情報を受けて依頼を引き受けたライダーが、書類等の引取、配送を行い、配送完了時にその旨センターに報告し、配送先付近またはセンターから指示される場所で再度待機する、という流れで行われていた。

　ほとんどのライダーは稼働予定日として平日のすべて（5日間）を申告しており、会社も、営業日に一定数の稼働予定のライダーが確保されることを期待して、月20日以上稼働したライダーには一定額の報奨金を支払うとともに、稼働予定日に実際に稼働しなかった日があった場合、その日数に応じて月々の報酬から減額を行う（1日につき1カ月の売上高の0.5％）こととしていた。また、ライダーは、稼働予定日においてほとんど配送依頼を断ることはなく、バイクの故障、体調不良など例外的な場合を除き、依頼を引き受けていた。配送依頼を断ることが多数回に及ぶ場合、会社はライダーとの契約を更新しないこともあった。他の契約しているライダーへの配送業務の再委託は契約の(5)により可能であるが、短時間での配送という業務の性質上、再委託が行われるのはまれであった。なお、他の会社との間でライダーとして働くことは契約上とくに禁止されておらず、実際に、土日や稼働日でない平日に他の会社のライダーとして働く者も一定程度存在していた。

　センターの受付時間は平日の午前9時から午後7時であり、ライダーは、午前8時45分ころまでに会社の営業所またはあらかじめ会社が指定した待機場所（顧客企業の近くなど）に移動して待機し、センターからの配送依頼に基づき荷物の引取、配送を行い、センターから本日の配送依頼がこれ以上ない旨連絡を受けた時点（おおむね午後6時以降）で、その日の稼働を終了していた。なお、あらかじめ申告することにより、稼働時間を短くすることが認められており、センターからの連絡があるまで待機場所やその付近で適宜休憩をとることも、また、センターに一報を入れることで、一時的に配

1. 労働者性

送業務を受けないとすることも許されていた。

配送の経路については、会社からの指示はなく、ライダーが適切と考える経路で配送していた。

配送業務遂行にあたっては、会社のロゴが入ったユニフォームを着用することが義務づけられていた。また、会社が作成した「ライダーマニュアル」では、書類等の引取、配送の際の応対方法（言葉遣いなど）、身だしなみ（茶髪、長髪、ひげ等の禁止等）、引取や配送遅延の際の対応等が定められ、その遵守が求められていた。違反に対する罰則は契約上定められていなかったが、違反が多い場合、会社はライダーとの契約を更新しないこととしていた。また、最初に契約を締結する際には、会社による、2日間の配送作業と接客のシミュレーション研修を受けることとされていた。

本郷は、この仕事を天職と思い、喜んで働いていたが、働き始めて1年半ほど経った2005年8月、それまで何かと面倒を見てくれていた立花宏先輩が配送途中に交通事故に遭い、重い後遺障害を負うというショッキングな出来事に接した。会社は、事故の補償については本人が保険等でカバーすべきことになっているとして、立花に何ら補償をしなかった。ライダーには、本郷を含め、収入の減少を嫌い保険に入っていない者が多く、立花も保険に加入していなかった。幸い、本郷はこれまで事故に遭うことはなかったが、限られた時間内に配送しなければならない状況下で、ヒヤリとさせられることはしばしばあり、ライダーの事故について会社が何らかの対応をとってほしいと思うようになった。

このようなことがあった少し後の2005年10月、会社が配送事業を取り扱う地域において、新たに、ダイナモデリバリー社（以下、ダイナモ社）がバイク便による書類等の配送事業を開始した。ダイナモ社が会社よりも20%安い料金で配送を行ったことの影響を受けて、会社の経営状態は急速に悪化した。そのため、コストカットが必要であると考えた会社は、2006年3月、ライダーに毎月支払う業務委託料をそれまでの売上額の58%から53%へと、一方的に引き下げた。本郷は、生活が苦しくなることに加え、負傷等に備えて自分で保険に入ることが一層困難になると思った。そこで本郷は、2006年4月に他のライダーとともに「ライダーユニオン」（以下、ユニオン）を結成し、(i)業務委託料の引下げ撤回、(ii)ライダーについての労災保険への加入、について、会社に団体交渉を申し入れた。ところが、会社は、「ライダーは『労働者』ではない」との理由で、団体交渉に応じなかった。

このように事態が推移するなか、会社は、ダイナモ社のほかにも同業他社が活発に活動を行うようになって経営がさらに悪化してきており、抜本的な経営再建策を早急に講じる必要があると判断した。そして、その一環として、2006年11月、本郷を含む会社と契約しているライダーの約10分の1に当たる10名（ユニオンの組合員もいれば、非組合員もいた）について、同年12月の期間満了時点で契約を終了させ、以後更新しないと通知した。

❶ 立花が、2005年8月のオートバイ転倒事故による負傷について、2006年2月15日に、労災保険給付（休業補償給付、療養補償給付）の申請をしたところ、同年3月30日に労働基準監督署長から不支給決定の通知を受けた。その後の行政上の不服申立ても、認められなかった。その理由は、「立花は『労働者』とは認められない」というものであった。立花は、自分が「労働者」であることを立証し、不支給決定の取消しを求めて裁判で争えないかについて、弁護士のあなたに相談してきた。業務起因性は明らかである本件において、あなたは、どのようにアドバイスするか。

❷ 会社は、「ライダーは『労働者』ではない」との理由で、ユニオンとの団体交渉を拒否している。ユニオンが、会社の団交拒否について労働委員会に救済を申し立てたところ、労働委員会は、ライダーらが会社との関係において「労働者」とは認められないとして、申立てを棄却した。ユニオンは、ライダーを「労働者」ではないとした労働委員会の判断について裁判所で争いたいと考え、弁護士のあなたに相談してきた。あなたは、どのように回答するか。

（以下、本郷翔＝A、ハリケーン配送株式会社＝B社、立花宏＝C、ライダーユニオン＝D組合とする）

解　説

1　概　観

(1) 設問のねらい

本設問は、労働法の適用対象である「労働者」とはいかなる者か、いかなる判断基準に基づいて「労働者」であるか否かを判断するか、を問う問題である。

労働法は、労働関係の当事者である労働者と使用者との間の交渉力格差をふ

1. 労働者性

まえて、民法における契約法理に必要に応じて修正を加えるとともに、労働条件の決定にあたり、労働者が労働組合を結成したうえで、労働組合を通じて集団的に交渉すること（団体交渉）を認め、労働者が使用者と対等の立場で交渉できるよう、保護および助成を行っている。このため、労働法が適用され、その保護や助成の対象となる「労働者」とはいかなる者を指すのか、その定義および判断基準が重要な問題となる。

　この「労働者」概念あるいは「労働者」性について、現在の日本法のもとでは、第1に、個別的労働関係法の領域における「労働者」性として、労基法およびその付属立法や関連立法（労災保険法など）における「労働者」性が問題となる（設問❶。なお、労契法における「労働者」性も、基本的にこれと同一の問題である）。第2に、団体的労使関係法の領域において、労組法上の「労働者」性が問題となる（設問❷）。

　以下、労働法の適用対象を画する「労働者」の概念について解説したうえで、関連する問題として、労働法の適用範囲についてのその他の問題にも触れることとする。

(2)　取り上げる項目

➤個別的労働関係法における「労働者」概念
➤団体的労使関係法における「労働者」概念
➤労働法の適用範囲についてのその他の問題

2　個別的労働関係法における「労働者」概念

(1)　個別的労働関係法における「労働者」の定義

　労働法の適用対象を決定する最も重要な概念である「労働者」について、労基法は、「職業の種類を問わず、事業又は事務所……に使用される者で、賃金を支払われる者」と定義しており（労基法9条）、①「事業」に、②「使用される者で、賃金を支払われる者」であることを、同法にいう「労働者」に該当するための要件と定めている。

　労契法は、同法にいう「労働者」を、「使用者に使用されて労働し、賃金を支払われる者」と定義している（労契法2条1項）。労基法と対比すると、「事業」に使用される者であること（上記①）が要件とされていない点は異なるが、「使用され」て労働する者で「賃金を支払われる者」である点（上記②）につ

いては、基本的に同じである。このため、「事業」に使用されるか否かの点を別にすれば（「事業」の意義については 4(1)参照）、労基法上の「労働者」概念と労契法上の「労働者」概念とは、基本的に一致すると解するのが通説である。

　他の主な個別的労働関係立法のいくつかでは、各法律における「労働者」は労基法にいう「労働者」をいう旨、明文で定めている（最賃法 2 条 1 号、労安衛法 2 条 2 号、賃確法 2 条 2 項、公益通報法 2 条柱書など）。また、労災保険法、均等法、育児介護休業法など、明文の規定が置かれていないその他の個別的労働関係立法についても、それらにおける「労働者」は、労基法上の「労働者」に一致すると解されている（労災保険法については、このことを肯定する判例が存在する（横浜南労基署長〔旭紙業〕事件—最 1 小判平成 8・11・28 労判 714 号 14 頁））。

　なお、「使用される」者との文言は、個別的労働関係法のほか、社会保険法の領域における法律にもみられる（健康保険法 3 条 1 項、厚生年金保険法 9 条）。これらの法律における「使用される」者は、労基法上の「労働者」には含まれない法人の代表者も含まれる（岡山県知事事件—広島高岡山支判昭和 38・9・23 判時 362 号 70 頁）点で、労基法上の（個別的労働関係法上の）「労働者」よりも広い概念であると解されている。

(2)　個別的労働関係法における「労働者」性の判断基準

　上記のとおり、個別的労働関係法における「労働者」概念は、基本的に労基法上の「労働者」概念に一致するものとして、統一的に理解されている。もっとも、労基法上の「労働者」の要件は抽象的であり、これが充足されているか否かを直接に判断することは困難である。このため、労働基準法研究会第 1 部会報告「労働基準法の『労働者』の判断基準について」（労働省労働基準局編『労働基準法の問題点と対策の方向：労働基準法研究会報告書』（日本労働協会、1986 年）所収）が、それまでの学説および裁判例をふまえて、より具体的な判断基準を提示している。

　同報告は、「使用従属性」を一般的判断基準とし、この基準のもとで、基本的に、指揮監督下の労働であるか否か、報酬が労務の対償といえるか否か、の 2 つの観点、とくに、前者の観点を重視して判断するとしている（なお、学説上は、前者の指揮監督下の労働を、「使用従属性」と表現することが多い）。

　より具体的には、「指揮監督下の労働であるか否か」は、①仕事の依頼、業

1. 労働者性

務従事の指示等に対する諾否の自由の有無、②業務遂行上の指揮監督の有無、③拘束性の有無（勤務場所や勤務時間の指定）の諸点を中心に、④代替性の有無（労務遂行を他者に委ねることが可能か否か）を補助的な考慮要素として、判断するとされている。これに、⑤報酬が労務の対償といえるか否かの観点からの検討（たとえば、時間給を基礎とする等の場合は、使用者の指揮監督下に一定時間労務を提供していることに対する対価と判断され、労働者性を補強するとされている）を併せて、「労働者」性の判断を行うとされている。

さらに、以上の観点から「労働者」性を判断しがたい場合の補助的な考慮要素として、⑥事業者性の有無（機械や器具の負担関係、報酬の額等）、⑦専属性の程度、等を検討するとされている。

この判断基準は、現在、学説および裁判例上一般に支持されており、この判断基準に則して「労働者」性が判断されている。なお、判断にあたっては、契約書の文言等の形式や、請負や委任といった契約類型についての当事者の主観ではなく、実態に則して検討がなされるべきであるとされている。労働法上の規定の多くは強行規定であるところ、当事者の意向によりこれら強行規定の適用を回避（潜脱）することを防止するためである。

個別的労働関係法上の「労働者」性が争われる主な場合としては、第1に、使用される者（労働者）か、自ら事業を営む者（自営業者）かが争われる場合（自営業者との区別）を挙げることができる。これまでの判例では、「一人親方」の大工（藤沢労基署長〔大工負傷〕事件—最1小判平成19・6・28労判940号11頁（労働者性を否定）等）、傭車運転手（前掲・横浜南労基署長〔旭紙業〕事件（労働者性を否定）等）、保険会社等の外務員（山崎証券事件—最1小判昭和36・5・25民集15巻5号1322頁（労働者性を否定）等）、公共料金等の集金人（NHK西東京営業センター〔受信料集金等受託者〕事件—東京高判平成15・8・27労判868号75頁（労働者性を否定）等）、楽団員（チボリ・ジャパン〔楽団員〕事件—岡山地判平成13・5・16労判821号54頁（労働者性を肯定））等について、「労働者」であるか否かが争われている。

個別的労働関係法上の「労働者」性が争われる主な場合の第2のものとしては、使用される者（労働者）か、あるいはむしろ、労働者を使用する者（経営者）かが争われる場合（経営者との区別）を挙げることができる。これについては、取締役等の役員が役員としての業務以外の業務に従事する場合が問題と

なる。裁判例では、役員としての業務以外の業務に従事する側面について、上記判断基準に従い、会社代表者等の指揮監督下で労務を提供し、それの対象として報酬を得ていると認められる場合には、その側面については、「労働者」性が認められるとされている（一例として、前田製菓事件—大阪高判昭和53・8・31判時918号114頁（労働者性を肯定。最2小判昭和56・5・11判時1009号124頁はこれを正当として是認）参照）。

なお、以上のほか、研修医、インターンシップ、シルバー人材センター会員としての就労、ボランティア等、労務供給者の教育、生きがい等を目的に含む就労の場合にも「労働者」性が問題となりうる。個別的労働関係法との関係では、このような就労者についても、使用され、賃金を支払われる側面があると認められる場合には、「労働者」性が肯定される（研修医についての事例として、関西医科大学研修医〔未払賃金〕事件—最2小判平成17・6・3民集59巻5号938頁（労働者性を肯定）参照）。ボランティアについては、無償ボランティアは、賃金を支払われる者ではないので、「労働者」には該当しないと考えられており、有償ボランティアも、受け取る報酬が「賃金」（「労働の対償」）とはいえない場合（実費補償等に過ぎない場合など）には、「労働者」には該当しないこととなる。

3 ……… 団体的労使関係法における「労働者」概念

団体的労使関係法においては、労組法上の「労働者」性が問題となる。労組法上の「労働者」は、憲法28条の「勤労者」に該当するので、「労働者」性が認められる者は、憲法28条が保障する団結権、団体交渉権および団体行動権を享受する。また、「労働者」が主体となって結成する「労働組合」は、労組法2条が定める他の要件の充足と相まって（「14. 労働組合：組合執行部に物申す」を参照）、不当労働行為救済制度等、労組法による種々の保護および助成を受けうる。労組法上の「労働者」性は、これらの権利、保護および助成の享受主体を画する概念である。

労組法の「労働者」については、同法3条が「職業の種類を問わず、賃金、給料その他これに準ずる収入によって生活する者」と定義している。労基法上の「労働者」の定義と異なり「使用される者」との文言がない（要件とされていない）こと、賃金等に「準ずる」収入により生活する者をも含むとしている

1. 労働者性

こと、および、団体交渉の促進を通じた経済的地位の向上という労組法の目的、立法経緯（請負業者であっても「労働者」に該当する場合がありうる旨の政府答弁がなされている）等に照らし、労組法上の「労働者」概念は、労基法上の「労働者」概念よりも広いと学説上一般に理解されている（たとえば、失業者は、労基法上は「労働者」でないが、労組法上は「労働者」であるとされている）。なお、このように、現在の日本法のもとでは、個別的労働関係法と団体的労使関係法とでは、「労働者」の定義は完全には一致していない。

　この労組法3条の「労働者」の定義は、労基法上の「労働者」の定義と同様に抽象的なものにとどまっており、具体的にどのような判断基準により「賃金、給料その他これに準ずる収入によって生活する者」か否かを判断するかが問題となる。これについて、最高裁判例（INAX メンテナンス事件—最3小判平成23・4・12 労経速2105号3頁）は、住宅設備機器の修理補修等を業とする会社と業務委託契約を締結して修理補修等の業務に従事していた者（カスタマーエンジニア：CE）が加入した労働組合による団交要求を、会社が拒否したことが、不当労働行為に該当するか否かに関連して、CE の労組法上の「労働者」性が争われた事案において、CE が会社の事業遂行に不可欠な労働力として会社組織に組み入れられていたこと、会社が業務委託契約の内容を一方的に決定していたといえること、報酬がその決定方法に照らして労務の提供の対価としての性質を有するといえること、CE は基本的に会社による個別の修理補修等の依頼に応ずべき関係にあったこと、会社の指定する業務遂行方法に従い、その指揮監督のもとに労務の提供を行っており、場所的にも時間的にも一定の拘束を受けていたといえること、等の事情を総合考慮して、CE が労組法3条の「労働者」に該当することを肯定している。この最高裁判例は、事例判断ではあるが、事業組織への組入れ、契約内容の（使用者とされる者による）一方的決定、報酬の労務対価性、諾否の自由の有無、指揮監督の有無および時間的場所的拘束の有無、といった諸事情を考慮する形で、労組法3条にいう「労働者」か否かを判断するものといえよう（同様の諸事情に照らして判断し、「労働者」性を肯定した他の最高裁判例として、新国立劇場運営財団事件—最3小判平成23・4・12判時2114号3頁（労働者性を肯定）参照。さらに、他の最高裁判例として、CBC 管弦楽団労組事件—最1小判昭和51・5・6民集30巻4号437頁（労働者性を肯定）も参照）。

4　労働法の適用範囲についてのその他の問題

　労働法の適用範囲の決定については、2および3で解説した、「労働者」概念が最も重要であるが、このほかに、①労基法の適用に関係する「事業」の意義、②国際的な労働関係の展開と労働法の適用範囲、③外国人への労働法の適用、等が問題となる。

(1)　労基法の適用と「事業」

　労基法は、「事業」に使用される者で、賃金を支払われる者を適用対象としている（労基法9条。この規定はまた、労基法が事業を適用単位とすることを意味するものと解されている）。この「事業」は、「工場、鉱山、事務所、店舗等の如く一定の場所において相関連する組織のもとに業として継続的に行われる作業の一体」をいうとされている（昭和22・9・13発基17号）。したがって、個人が一時的に（すなわち、業としてではなく）作業のために他人を使用する場合（たとえば、庭造り作業のため植木職人を使用する場合）、当該使用される者は、「事業」に使用されていることにはならず、労基法上の労働者には該当しない（なお、この場合でも、労契法上は、労働者に該当しうることになる）。

(2)　国際的な労働関係の展開と労働法の適用範囲

　国際的に労働関係が展開する場合には、労働法がどのように適用されるかが問題となる。民事ルールである労働契約法については、準拠法決定のルール（日本においては、法の適用に関する通則法）に従い、適用の有無が決せられる。

　これに対して、罰則や行政上の監督を予定する労基法については、いわゆる公法の地域的適用範囲についての属地主義の原則に従い、適用単位である事業が国内に存在するか、国外に存在するかにより決せられる。事業が国内に存在すれば、事業を営むのが日本法人であれ外国法人であれ、また、当該事業に使用される者が日本人であれ外国人であれ、労基法は適用される。他方、事業が国外に存在する場合には、事業を営むのが日本法人（日本法人の海外支店）であれ外国法人であれ、また、使用される者が日本人であれ日本人以外の者であれ、労基法は適用されない。なお、日本国内の事業で使用されている労働者が海外支店に出張する（すなわち、国外で就労している）場合でも、通常使用されている日本国内の事業の指揮命令に従っており、引き続き日本国内の事業に使用されていると解される場合は、なお労基法が適用されると解されている。

　労基法と同様に、労組法についても、日本に存在する労使関係に限り、適用

されると解されている（中労委〔T社ほか〕事件—東京高判平成19・12・26労経速2063号3頁（最2小決平成21・7・17（判例集未登載）により、上告棄却および上告不受理））。

(3) 外国人への労働法の適用

外国人が日本において適法に就労するためには、「出入国管理及び難民認定法」に従い、一定の在留資格の取得が必要となる（在留資格で認められている期間および職種等の範囲で適法に就労することができるようになる）。このような在留資格を得ないで、あるいは、在留資格で認められている期間および職種等の範囲外で就労する場合はいわゆる不法就労に該当する。もっとも、労基法等、日本国内において強行的に適用される労働法規との関係では、適法な就労であるか不法就労かを問わず、その適用を受け、保護を受けうると解されている（昭和63・1・26基発50号、職発31号）。

解答例

❶ 労災保険法には「労働者」の定義規定は置かれていないが、同法が労基法の災害補償責任を担保するために制定された法律であることをふまえれば、同法の「労働者」は、労基法における「労働者」と同じと解すべきである。したがって、Cの相談に対して、どのようにアドバイスをするかは、Cが労基法上の「労働者」に該当するか否かにかかってくる。

労基法9条は、「労働者」を、「職業の種類を問わず、事業又は事務所……に使用される者で、賃金を支払われる者」と定義している。配送業務を営む本件B社は明らかに事業であるので、CがB社に「使用される者で、賃金を支払われる者」であるか否かが問題となる。

この、「使用される者」であり「賃金を支払われる者」との要件は、前者については、使用者の指示や拘束のもとで労務提供をしているか否か、換言すれば、指揮監督下の労働であるか否かがその具体的な判断基準となるものと考えられる。また、後者については、労基法11条が賃金を「労働の対償」と定めており、これに該当するといえるか否かを判断基準とすべきものと考えられる。

そして、より具体的には、「指揮監督下の労働であるか否か」について

は、(i)仕事の依頼、業務従事の指示等に対する諾否の自由の有無、(ii)業務遂行上の指揮監督の有無、(iii)勤務場所および勤務時間についての拘束性の有無、(iv)労務提供の代替性（他人に委託することが可能か否か）の有無の諸要素に照らして、また、(v)「労働の対償」といえるか否かについては、たとえば、時間給を基礎とするなど、（仕事の結果ではなく）提供された労務に対応する報酬の決定方法がとられているかなどの観点から判断すべきと解される。さらに、Cの「労働者」性が問題となっているのは、「労働者」か、それとも、独立して事業を遂行する自営業者かが明確ではないことによるものであることを考慮すると、上記の諸要素に加えて、独立した事業者といえるか否かの観点から、(vi)機械、器具の費用負担を自ら行っているか、および、(vii)専属性の程度も補助的な考慮要素となるものと解される。なお、労基法や本設問で適用が問題となっている労災保険法については、その規定の多くが労働者保護の観点から強行的に適用されるものであることをふまえると、上記諸要素の検討においては、単に契約書上の定めによるのではなく、当事者の関係の実態に照らして検討すべきである。

　以上の判断基準に照らした場合、C（および他のバイク便ライダー）は、(i)仕事の依頼、業務従事の指示等に対する諾否の自由の有無については、稼働予定日における個々の配送依頼について、契約上は断ってもよいとされていたが、現実にはほとんど断ることがなかったので、諾否の自由は実質的にはなかったと解される。(ii)業務遂行上の指揮監督の有無については、経路については、指揮監督がなされておらず、また、書類等の引取先、配送先、配送期限時刻等についてのB社のセンターからの指示も、業務の性質に伴うものと解しうる。もっとも、「ライダーマニュアル」により、接客方法、身だしなみ、遅延の場合の対応等、業務遂行の際の指示がなされており、これは労働契約上使用者が労働者に対して行う指揮監督の一態様とみることが可能である。また、携帯電話の所持を義務づけられ、配送終了時に報告するよう義務づけられている。これら「ライダーマニュアル」による指示、報告の義務づけ等の点をも考慮すると、全体としては、B社による業務上の指揮監督がなされていると解すべきである。(iii)勤務場所および勤務時間についての拘束性の有無に関して、前者については、センターから待機場所を指定されており、拘束を受けていると解される。後者については、一方で、稼働時間を短くすること、センターからの配送依頼の連絡があるまで待機場所等で適宜休憩することが可能とされており、また、一時的に配送業務を受けないとすることも可能とされているものの、これらについてはセンターに一報を入れる必要があり、比較的緩やかではあるが、一定の拘束があると解される。(iv)代替性の有無については、実態

1. 労働者性

として再委託は困難であるとされている点に照らすと、ないと判断される。(ⅴ)報酬が労働の対償といえるか否かについては、報酬は当該ライダーの運賃額の一定割合、すなわち歩合給とされており、この点では配送業務遂行の結果に対する対価とみることも可能であるが、配送業務遂行にそれほど多くの裁量があるとは考えられないと解されること、皆勤の場合の報奨金制度および稼働予定日に稼働しなかった場合の減額制度が存在することを考慮すると、むしろ、会社が行う配送業務の遂行に提供された労働の対償とみるべきである。(ⅵ)機械ないし器具の負担関係については、オートバイの調達、その維持費および修理費、携帯電話の調達などはライダーの負担により行うこととされており、Cらライダーは、一定の事業投資をしているとみるべきである。(ⅶ)の専属性については、他の会社との間でライダーとして働くことが契約上とくに禁止されておらず、実際にも、一定程度のライダーが土日などに他の会社でバイク便ライダーとして働いていたのであり、専属性は否定されると解される。

以上を総合すると、Cの業務遂行が「指揮監督下の労働であるか否か」については、勤務時間の拘束性が比較的緩やかであるといった否定的な事情も一部認められるが、肯定的に解される事情がより大きな比重を占めているものと解される。このことに、Cに支払われる報酬が「労働の対償」とみることができることをも併せて考えると、Cを含め、本件におけるバイク便ライダーは、労基法上、「労働者」に該当すると解される。たしかに、CらライダーはⅠ定の事業投資をしているとみることはできるが、機械ないし器具の負担関係は、補助的な考慮要素であり、上記の判断を左右するものではないと解される。

以上のとおり、Cらバイク便ライダーは、労基法上、「労働者」に該当する。したがって、労災保険法上も「労働者」に該当し、Cは、本件事故による負傷について、労災補償給付を受けることができると回答することになる。

❷ D組合の相談への回答は、バイク便ライダーらがB社との関係において労組法3条の「労働者」に該当するかどうかにかかっている。

労組法は、労働者が使用者との交渉において対等な立場に立つことを促進することを目的としており（労組法1条）、これに基づき、労働者が労働組合に結集して団体交渉を行うことを助成するための種々の保護を行っている。労組法3条は、同法にいう「労働者」を、「職業の種類を問わず、賃金、給料その他これに準ずる収入によって生活する者」と定義しているところ、この定義は、上記の保護の対象となる者を定めるものであり、また、その文言上、労基法における「労働者」の定義と異なり、「使用され

ることを要求していない。これらに照らすと、労組法3条にいう「労働者」は、労働契約のもとで労務を供給する者のみならず、労働契約下にある者と同様に、使用者との交渉上の対等性を確保するため労組法の保護を及ぼすことが必要かつ適切と認められる者をも含むと解すべきである。これに該当するか否かは、具体的には、(1)労務供給者が発注主の事業活動に不可欠な労働力として恒常的に労務供給を行うなど、その事業組織に組み入れられているか否か、(2)労務供給に関する契約が、発注主により、一方的、定型的、集団的に決定されているか否か、(3)当該労務供給者への報酬が、当該労務供給に対する対価ないしは同対価に類似するものと評価できるか否かの観点に照らして判断すべきと解される。

　以上の観点から本件設問について検討すると、B社はバイク便ライダーを利用して配送業務を遂行しているところ、稼働予定日はライダーの申告によるとはされているものの、現実にはほとんどのライダーが平日のすべてを稼働予定日として申告しており、また、B社も、営業日に一定数の稼働予定のライダーが確保されることを期待して、月20日以上稼働したライダーには一定額の報奨金を支払っている。さらに、B社は、稼働予定日に実際に稼働しなかった場合には報酬を減額する制度を設けており、実際の稼働についてもこれを確保しようとしている。これらの点を考慮すると、B社は、ライダーを、自己の行う配送業務遂行のための労働力としてその事業組織に組み入れているものと解される。個別の配送依頼について、❶で述べたように、ライダーには諾否の自由は実質的にはなかったと解される点も、ライダーが会社の事業組織に組み入れられていたことを示すものと解される。さらに、会社のロゴが入ったユニフォームの着用や、「ライダーマニュアル」に従った業務遂行が求められている点も、ライダーがB社の事業組織に組み入れられ、ライダーの行う配送業務がB社の事業として行われていることを示すものと解される。労務供給契約内容の決定方法については、会社が作成した共通の契約書を利用していること、業務委託料を一方的に引き下げた例があることに照らすと、一方的、定型的、集団的に決定されていると解される。さらに、Aらライダーに支払われていた報酬は、❶で述べたように、B社が行う配送業務の遂行のために提供された労務の対価とみることが可能である。したがって、Aを含むライダーは、使用者との交渉上の対等性を確保するため労組法の保護を及ぼすことが必要かつ適切と認められる者であり、B社との関係において労組法3条にいう「労働者」に該当すると解される、と回答することになる。

1. 労働者性

> **関連問題**

1. シルバー人材センター会員の「労働者」性

緑川六左衛門は、65歳で定年退職した後も、生きがいのため、少しは働き続けたいと考えた。そこで、シルバー人材センターに会員登録し、同センターに業務を発注した金属加工業を営む会社において、当該会社の従業員の指示を受けて、プレス機械を操作する作業に従事していた。ところがある日、緑川は、プレス機械の操作中、機械に右手を巻き込まれて切断する傷害を負った。緑川は、この事故は労災であると思い、療養補償給付等を請求したいと思っている。認められるだろうか。

【シルバー人材センターの会員として就労する者は、労災保険法上「労働者」に該当するといえるか（国・西脇労基署長〔加西市シルバー人材センター〕事件—神戸地判平成22・9・17労判1015号34頁等を参照）】

2. 海外出張と労働保護法規の適用の有無

ダイナモ社は、経済発展著しい中国の上海でも、バイク便ライダーによる配送業務のビジネスチャンスがあると考え、上海に海外支店を設置して、開業準備にとりかかった。ダイナモ社は、この開業準備作業の一環として、本社の事業企画部で勤務するある従業員に対し、1週間の上海支店出張を命じた。この従業員が上海支店での出張勤務中に転倒して骨折した場合、労災保険法のもとで所定の給付を受けられるであろうか。

【海外出張の場合、労基法等の労働保護法規は適用されるか（本講4(2)を参照）】

3. 日本国外に存在する労使関係と労組法の適用の有無

ダイナモ社は上海での開業準備が整い、海外支店を「颱風配送有限公司」（以下、公司）の名のもと、現地法人化し、公司を通じて配送業務を営むようになった。ところが、事務作業等に従事していた現地採用の従業員らが、賃金が安すぎるとして労働組合（以下、労組）を結成し、賃上げについて団体交渉を求めてきた。公司が全く団体交渉に応じなかったところ、労組は問題解決には親会社である日本のダイナモ社と交渉する必要があるとの考えに至り、ダイナモ社に団交を申し入れたが、ダイナモ社は団交を受ける立場にないとして、拒否した。そこで労組は、日本のある労働組合の連合団体に加盟し、当該連合団体を申立人、ダイナモ社を被申立人として、団体交渉に応じるよう、日本の労

働委員会に救済申立てを行った。労働委員会はどのように判断すべきか。
【日本国外における集団的労使関係についての紛争に、労組法は適用されるか（本講 4 (2)を参照）】

参 考 文 献

- 「労働者」概念全般について
  大内伸哉「従属労働者と自営労働者の均衡を求めて」中嶋士元也先生還暦記念編集刊行委員会編『労働関係法の現代的展開』（信山社・2004 年）47-69 頁
- 労組法上の「労働者」概念について
  土田道夫「『労働組合法上の労働者』は何のための概念か」季刊労働法 228 号（2010 年）127-148 頁
  竹内（奥野）寿「労働組合法上の労働者性について考える——なぜ『労働契約基準アプローチ』なのか？」季刊労働法 229 号（2010 年）99-109 頁
  山川隆一「労働者概念をめぐる覚書」月刊労委労協 651 号（2010 年）2-17 頁

2. 就業規則と労働契約
ダブルインカムへのこだわり

設問　六本木情報システム（以下、会社）は、2000年に設立された株式会社で、医療機関に対する情報システムの開発、販売を業とし、ここ20年で急速に成長した。2019年6月に飯能情報システムを吸収合併したこともあり、設立時には15人だった従業員も、2020年には95人になっていた。設立以来、六本木にオフィスを構え、全従業員がそこで働いていたが、従業員の増加に伴い、2019年7月に、オフィスを青山に移転した。現在では、青山のオフィスで全従業員が働いている。会社には、その従業員で組織される労働組合六本木（以下、組合）が設立当初から結成されており、2020年時点では従業員の6割に当たる57人が加入していた。組合員でない38人の従業員のうち30人は、飯能情報システムから来た従業員であった。

　三田春子は、2012年から会社に勤務するシステムエンジニア（SE）である。春子はもともとSE志望であり、同業の赤坂情報システムのSEだったが、急成長していた会社に引き抜かれたのであった。会社では、設立以来、新規に採用する者には必ず採用前に会社の就業規則（関連する規則も含む）を提示して労働条件の説明をすることにしており、春子も説明を受けたのであるが、年次有給休暇が全社員一律25日と規定されているのをみて、この日数を28日にしてほしいと申し出た。休暇日数にはこだわりがあったからである。実は、前にいた赤坂情報システムでは、一般社員の年次有給休暇の上限は法定の20日であったのに対して、SEは8日の特別有給休暇が追加で与えられており、春子も退職時には28日の有給休暇があったのである。会社は、春子にはどうしても入社してほしかったので、転職により労働条件が低下することがないよう配慮し、春子の申し出を了承した。そして、入社後に混乱が生じないように、合意内容を記載した文書を、2012年8月6日に春子と交わした。この文書では、春子の年次有給休暇は、入社日である8月9日からすぐに取得でき、ある1年間で取得できなかった休暇日数は、次の1年間に限り繰り越すことができるものとされていた。

　会社のSEの仕事は激務で、パソコンによる作業が長時間続くことが多かったが、春子はそのことがとくに苦になることはなかった。もともと好きな

ことを仕事にしているわけであり、しかも会社は、近頃社会で問題となっているセクシュアル・ハラスメントやうつ病への対策に積極的で、そうしたところも春子は気に入っていた。もっとも、春子が入社して一番良かったことは、同僚である健一と社内恋愛を経て結婚できたことであった。

春子は、2016年6月に結婚してからも仕事を続けていたが、2年ほど経ったころから、肩こりに悩まされ、次第に頭痛や目の疲れがひどくなった。また、仕事に対するモチベーションや集中力も低下していった。春子は、うつ病ではないかと思ったが、人目も気になり、病院で診察を受けるのは躊躇していた。しかし、友人からの強い勧めもあり、2018年8月に病院で受診したところ、自律神経失調症と診断された。不規則な生活のなかで、仕事と家事を両立させようとして、自分にプレッシャーをかけすぎて、それが過度のストレスになったのではないか、というのが医師の所見であった。

春子は、健一をはじめ誰にもいわずにしばらく仕事を続けていたが、さらに体調が悪化してきた。春子は、仕事を続けたい気持ちがある反面、しばらく休んで専業主婦になるのも悪くないし、それが最も良い治療法であると考え、健一に相談した。春子は、てっきり健一は退職に同意してくれるだろうと思っていたが、意外な返事が返ってきた。それは、「やっぱりダブルインカムのほうが経済的に楽なので、できれば仕事を続けてほしいなあ」というものであった。春子は、上司の土橋周一課長に、医師の診断書を添えて自律神経失調症に罹患したことを告げ、残業の免除を願い出たところ、すぐに認められた。ところが、それから半年くらい経った2019年3月11日、春子は、土橋課長から、「最近の三田さんは、以前よりも仕事の成果が下がっているようですよ。病気のこともあるので、半年ほど休職したほうがよいのではないですか」といわれてしまった。負けん気の強い春子は、「仕事の成果が下がった」という土橋課長の評価に強いショックを受けた。自分としては、残業こそしていないものの、所定労働時間内できちんと仕事をしている自信があったからである。そこで、春子は、土橋課長の提案を拒否し、「休まずに働き続けます」と返事をした。土橋課長は、春子の体調のことも考えて行った提案に、春子が強く反発したことに驚いたものの、会社としても、社員の健康に配慮する義務がある以上、しかるべき措置をとる必要があると考えていた。土橋課長は、健一にも相談し説得を頼んだが、春子は、もともと健一が仕事の継続を望んだはずだといって、これを受け入れなかった。

会社は、設立当初から職場のルールを記載した就業規則を整備するとともに、従業員こそが事業の礎であると考えて、従業員の疾病の予防や健康維持

を目的として健康管理規則を定め、従業員の健康管理を積極的に行っていた。会社は、健康管理規則を就業規則の一部として位置づけており、健康管理規則に、①会社は、従業員の健康管理についてその疾病状況に応じた施策の実施を行うこと、②従業員は常に自己の健康の保持増進に努め、従業員が健康管理に必要な事項について使用者から指導を受けた場合には、これを誠実に遵守する義務があること、③使用者から軽易な業務への転換や勤務時間の短縮等を命じられた場合には、それに従うべきこと、等を定めていた。

　会社は、土橋課長を中心として、春子のケースについて検討をした結果、本人の意向も考慮して、休職ではなく、勤務時間短縮措置をとることに決定した。そして、2019年4月8日、春子に対して、健康管理規則に基づき、翌日から、春子の終業時刻を現在の17時半から15時半に変更し、同時刻に退社する旨の命令を文書で発した。この場合の賃金の取扱いは、就業規則の本体において、3カ月間は減額をしないと定められていたので、会社は、その規定に従い、春子の賃金を当面は減額しないこととし、その旨も本人に伝えた。しかし、春子は、自分の仕事の評価が低いことを気にしていて、勤務時間を短くすると、自分で納得できるような仕事ができなくなると思い、この命令を受け入れなかった。そのため、春子は同年4月9日以降も、会社の命令に従わずに17時半まで勤務をし続けた。土橋課長は、その後も説得を続け、ようやく春子が説得に応じたのは5月のゴールデンウィーク明けだった。ゴールデンウィーク中、健一から受けた、「いったんは会社の指示に従って、また頑張って働いて評価を取り戻せばいいじゃないか」というアドバイスに従うことにしたからである。こうして春子は、同年5月10日から7月8日までは短時間勤務命令に従って15時半に退社し、オフィスが青山に移転した7月9日からは通常の勤務時間に戻り、17時半に退社するようになった。

　一方、土橋課長は、春子が結局は短時間勤務命令に従ったものの、当初はそれに応じず、通常の終業時刻の17時半まで勤務していたことについて、会社として不問に付すことはできないと考えていた。会社の人事担当役員も土橋課長と同意見であったことから、就業規則の定めに従った懲戒手続が進められることになった。同年6月3日に懲罰委員会が開かれ、その場に春子も呼ばれて、弁明を聴取された。春子の弁明は懲罰委員会の委員にもある程度理解されたようであり、処分内容は、当初会社が予定していた減給処分ではなく、就業規則で定める処分のなかで最も軽い譴責処分と決まった。もっとも春子は、懲戒処分を受けたこと自体に納得できていなかった。

このころ、会社は、飯能情報システムを吸収合併した後の両社の労働条件の統一化のために、就業規則の改定に着手することを決めていた。両社の就業規則の主たる相違点は、次のようなものであった。すなわち、飯能情報システムの就業規則では、定年は70歳とされていたが、賞与や明確な定期昇給の規程が整備されていなかった。一方、会社の就業規則では、定年は65歳であったが、2010年以降は、従業員の長期勤続を促すために、賃金表を含む賃金規程を作成して定期昇給が実施され、また、賞与については年間3カ月分を固定部分とし、それに個人業績や会社の業績に応じて、最大2カ月分を上乗せするという制度が設けられていた。会社は、合併を機に、定年を全従業員について70歳とすることとし、会社に以前からあった定期昇給制度をそのまま残して、全従業員に適用することにした。しかし、この改定によって会社の人件費が増大することになるので、賞与の固定部分を3カ月分から2カ月分に引き下げ（業績によって上乗せする部分は従来どおり2カ月分まで）、人件費の増加を抑制することとした。また、業績部分のうち、不明確なところのあった個人業績の査定基準を明確化した。さらに、全従業員に一律25日と定められている就業規則の年次有給休暇日数は、飯能情報システムの水準に合わせて22日に変更することにした。会社は、2019年7月16日に、組合にこの改定案を提示したが、組合は、賞与の固定部分の引下げについては組合員の反発が大きいので、組合員の意見をまとめるのに時間がかかると返答した。そこで、会社は、賞与以外の部分についてまず妥結することとし、組合もそれに応じたので、同25日に賞与以外の労働条件を定めた労働協約が締結され、同日、会社は賞与以外の労働条件を定めた就業規則を改定して、所轄の労働基準監督署長に届け出た。

　その後、会社は、2019年の冬季賞与の支給を終えた2019年12月5日に組合との間で、残されていた賞与の固定部分の引下げについて交渉を開始した。この半年の間に、会社は人件費抑制のために賞与引下げの必要があることを資料等を示して組合に十分に説明し、組合員のほぼ全員が納得していたこともあり、2020年1月10日の3回目の交渉で組合と妥結し、労働協約を改定し、賞与規定を変更した。会社は、この内容に則して就業規則も改定することとし、さらに同月15日に就業規則中の賞与規定の改定に関する説明会を開いた。賞与については従業員の関心が高いため、明確に説明をしておく必要があると考えたからである。その説明会の場で、従業員に改定後の賞与規定の概要を示した書面を配布するとともに、その内容を詳細に説明し、さらに希望した従業員に対しては、改定後の賞与規定を個別に示

した具体的説明も行った。またその後も、会社は、従来どおり、従業員の請求があればいつでも総務係で就業規則を閲覧できるようにしていた。会社は、翌16日、所轄の労働基準監督署長に改定した就業規則の届出をした。

　ところが、春子と健一は、海外旅行に行っていて、この説明会に参加していなかった。春子は、会社との間でいざこざがあったので、医師の勧めもあり、気分転換のために、年次有給休暇を取得して、2019年12月16日から翌年の1月末まで、フランス旅行に行こうと考えたのである。会社の休業日とされていた土曜、日曜、祝日、および12月28日から1月3日までの年末年始の休暇日を除くと、この間に28日の勤務日があるので、その日を年次有給休暇にあてるつもりであった。春子は前年度の年次有給休暇はすべて消化していたので、2019年8月9日時点で、それから1年のうちに取得できる年休は28日であると思っていた。しかし春子が休暇を申請すると、会社は、2019年7月25日に発効した改定就業規則により、春子の年次有給休暇は2019年8月9日からの1年で22日となっているので、その範囲でしか年次有給休暇は認められないと回答してきた。春子は入社の際に年次有給休暇を28日とする契約を交わしており、この年はまだ1日も年次有給休暇を取得していなかったので、28日の年次有給休暇を取得することができるはずだと、会社に反論した。ところが会社は、2019年7月25日に発効した就業規則は、その時点で在籍している春子を含めた従業員全員に適用されるから、春子の年次有給休暇の日数も22日になっていると再反論してきた。会社は、春子が会社を休んで海外旅行に行くこと自体には反対していなかったので、結局、春子は6日分の給料の取扱いについては明確にしないまま、旅行に出発したのであった。

　春子のフランス旅行には、2020年1月11日に、14日の年次有給休暇をまとめて取った健一も途中で合流し、2人は一緒に2020年1月31日（金曜）に帰国した。土曜と日曜で旅の疲れを癒した後、同年2月3日に気持ちを新たに出社すると、春子は、土橋課長から、今回の休暇のうち6日間は欠勤扱いとなるので、その部分は2月分の賃金から控除すると通告された。春子は納得できなかったが、納得できないことは、それだけではなかった。春子と健一は、今年から賞与が減額されると同僚から聞いたからである。会社が労働条件の改定を検討しているという噂は耳に入っていたが、まさか賞与の固定部分が1カ月分も減額されることになるとは思ってもいなかった。春子と健一はともに組合には加入しておらず、改定案の具体的内容を知る機会が事前にはなかったのである。2019年度の、健一の賞与の

固定部分は年間で約 89 万円であり、春子は約 68 万円であったが、それが 2020 年度には 3 分の 2 となるということである。2 人は、このような減額には納得できないでいる。

❶春子は、会社が一方的に作成した健康管理規則に基づいて短時間勤務命令を発することについて疑問を感じていた。相談を受けた弁護士のあなたは、春子に対してどのように答えるか。
❷春子から、6 日分の賃金カット分を取り戻せないかと質問を受けた弁護士のあなたは、どう答えるか。
❸健一と春子から、賞与の不利益変更が有効かと質問を受けた弁護士のあなたは、どう答えるか。

(以下、六本木情報システム＝A 社、三田春子＝B、三田健一＝C、労働組合六本木＝D 組合とする)

解　説

1 ………… 概　観

(1) 設問のねらい

　多数の労働者の協働が予定されている労働関係においては、公平かつ効率的な管理を行うという観点から、労働者の労働条件に関する統一的な基準を設定することが要請される。就業規則とは、このような要請から設けられる職場のルールであって、事業場の全労働者に適用される。労基法は、こうした就業規則について、国家的監督のもとに置いて使用者の恣意的な運用や法違反を防止する見地から、常時 10 人以上の労働者を使用する使用者にその作成義務（労基法 89 条）を課すとともに、行政官庁への届出義務（労基法 89 条）、就業規則の周知義務（労基法 106 条）を定めている。

　しかし、就業規則は、使用者の一方的作成によるものであって、労働者と使用者との間の合意に基づいて設定されるルールではない。そこで、就業規則上の規定が、どのような根拠に基づいて労使間の法的権利義務となるのか、という問題が生じる（設問❶）。また、職場のルールを形成するのは、個別契約や就業規則のほかに、労使慣行や労働組合と使用者との間で締結された労働協約であることもあり、それらの相互関係がどのように整理されるのか、それぞれ

が労働契約上の権利義務にどのような影響を及ぼすのか、という点も問題となる（設問❷）。

以上に加えて、就業規則には、労働条件を変更する法的手段としての意味がある。労契法10条によると、就業規則の変更により労働条件が不利益変更された場合でも、その就業規則について合理性と周知の要件が充足されていれば、労働者の同意がなくても、変更後の就業規則は拘束力をもつことになる。設問❸は、ここでいう合理性と周知の内容を問うものである。

(2) 取り上げる項目
▶就業規則が労働契約内容を規律するための要件
▶法令、労働協約、就業規則、労働契約の関係
▶労使慣行の効力
▶就業規則の変更による労働条件の不利益変更

2……………就業規則の作成手続——労基法の規制

就業規則は、労基法と労契法という2つの法領域で規制されている。労基法では、就業規則の作成、届出、周知等の義務を使用者に課す規制等が行われる一方、労契法では、就業規則の労働契約に対する効力等が定められている。ここではまず、就業規則に関して、労基法において使用者に課されている義務について確認しておく。

(1) 就業規則の作成・届出義務

常時10人以上の労働者を使用する使用者は、労働時間、賃金等を記載した就業規則を作成し、労働基準監督署長に届け出なければならない（労基法89条、労基則49条1項）。常時10人以上とは、常態として10人以上を使用している場合であり、一時的に10人未満となっても常態として10人以上であれば就業規則の作成、届出義務がある。パートタイマーや臨時工はこの人数に算入されるが、派遣労働者は派遣元事業主の労働者に含められ、派遣先事業主の労働者としてはカウントされない。労働者数は、企業単位ではなく、事業場単位で計算される。

就業規則に記載すべき事項は、絶対的必要記載事項と相対的必要記載事項に区分される。絶対的必要記載事項とは、就業規則に必ず記載しなければならない事項であり、始業および終業の時刻、休憩時間、休日、休暇、交替制労働に

おける就業時転換に関する事項（労基法89条1号）、賃金の決定、計算および支払いの方法、賃金の締切りおよび支払いの時期、昇給に関する事項（同条2号）、退職に関する事項（同条3号）である。一方、相対的必要記載事項とは、制度として行う場合には必ず記載しなければならない事項であり、退職手当（同条3号の2）、臨時の賃金等および最低賃金額に関する事項（同条4号）、労働者に食費、作業用品その他の負担をさせる定め（同条5号）、安全および衛生（同条6号）、職業訓練（同条7号）、災害補償および業務外の傷病扶助（同条8号）、表彰および制裁（同条9号）に関する定め、当該事業場の労働者のすべてに適用される定め（同条10号）、である。なお、使用者は、以上の必要記載事項以外の事項であっても、就業規則に記載することは差し支えない（任意的記載事項）。

(2) 意見聴取義務

就業規則の作成と変更について、使用者は、当該事業場に労働者の過半数で組織する労働組合がある場合においてはその労働組合、労働者の過半数で組織する労働組合がない場合においては労働者の過半数を代表する者の意見を聴かなければならず（労基法90条1項）、その意見を記した書面を、就業規則の届出の際に添付しなければならない（同2項）。ここでいう過半数代表の意見聴取とは、文字どおり意見の聴取であり、同意や協議が求められているわけではない。過半数代表が反対の意見を述べている場合であっても、それを届出の際に添付すればよいことになる。

なお、意見聴取は、事業場の過半数代表に対するものであるので、パートタイム労働者に関する就業規則であっても、パートタイム労働者の過半数代表ではなく、事業場の過半数代表の意見を聴くことで足りる。もっとも、パートタイム労働者に関する就業規則については、パートタイム労働者の意見を聴くことが望ましいため、短時間労働者法7条では、労基法90条の意見聴取に加えて、パートタイム労働者の過半数を代表すると認められる者の意見を聴くように努めることとされている（努力義務）。

(3) 周知義務

労基法106条、労基則52条の2によれば、使用者は、①常時各作業場の見やすい場所へ掲示し、または備え付けること、②書面を労働者に交付すること、③磁気テープ、磁気ディスクその他これらに準ずるものに記録し、かつ、各作

業場に労働者が当該記録の内容を常時確認できる機器を設置すること、によって就業規則を労働者に周知させなければならない。これは、法令等に関する不知・無知に乗じて、法令に基づかない不正・不当な取扱いが行われることを防止するためである。また、適正な労務管理の実施および紛争の未然の防止を確保するためでもある。

3 就業規則と労働契約──労契法の規制

(1) 総　説

　労働契約では、契約締結時に契約内容が完全に明確化されることが少なく、労働契約の内容の大部分は、現実には、就業規則の規定によって定められていることが多い。しかし、就業規則は、使用者が一方的に制定するものなので、それがいかなる根拠により労働契約の内容となるのかが問題となる。

　就業規則が労働契約に及ぼす法的効力が問題となる局面は、次の2つの場合がある。第1に、労契法7条によると、労働者と使用者が労働契約を締結する場合において、就業規則の規定が合理性と周知の要件を満たす場合には、労働契約の内容は、就業規則に定めるところによる、と定められている（内容規律効）。第2に、労契法12条（労基法93条）によると、就業規則で定める基準に達しない労働条件を定める労働契約は、その部分について無効となり、無効となった部分は、就業規則で定める基準による、と定められている（就業規則の労働契約に対する直律的・強行的効力）。たとえば、就業規則に労働時間が7時間と記載されてある場合、個別の労働契約で8時間としても、就業規則の規定が優先する。これにより、就業規則は、労働契約で定める労働条件の最低基準を定める効力（最低基準効）をもつことになる。

(2) 就業規則の法的性質

　就業規則が労働契約を規律する理論的根拠はどのようなところにあるのか。この問題について、学説では様々な見解が主張されてきたが、伝統的には、大きく分けて法規範説と契約説があった。法規範説とは、就業規則に法規範性を認めて、当事者の意思を問うことなく、就業規則の労働契約に対する効力を肯定する考え方であり、この系譜に属するもので有力な見解は、労基法93条（労契法12条）を根拠として、労働者保護の趣旨に則した形で法規範設定権限が使用者に付与されたと説く（授権説）。一方、契約説とは、契約当事者の意

思を経由してこそ、就業規則が労働契約の内容になるとする視点を強調する立場である。労基法93条（労契法12条）は最低基準効を認めたものであり、なぜそれを超えて使用者に法規範設定権が授権されるのかが、法規範説では明らかにされていない、と批判した。

こうした学説の対立のなかで、秋北バス事件最高裁判決（最大判昭和43・12・25民集22巻13号3459頁）は、「労働条件を定型的に定めた就業規則は、一種の社会的規範としての性質を有するだけでなく、それが合理的な労働条件を定めているものであるかぎり、経営主体と労働者との間の労働条件は、その就業規則によるという事実たる慣習が成立しているものとして、その法規範性が認められるに至っている」と説示し、その後の最高裁判決も、使用者の業務命令権につき、上記秋北バス事件最高裁判決を引用しつつ、「就業規則の規定内容が合理的なものであるかぎりにおいて当該具体的労働契約の内容をなしているものということができる」とした（電電公社帯広局事件―最1小判昭和61・3・13労判470号6頁）。

学説では、上記判例に対して種々の批判や見解が提起されてきたが、そうしたなかで、以上の判例は、運送約款や保険契約などの普通契約約款に関する従来の通説的理解を就業規則に応用したものとみる有力説が主張された（定型契約説）。普通契約約款については、約款によることが事実たる慣習として認められれば個々の契約の締結に際して当然に約款によるという意思の存在が推論されるという見方が形成されており、その際には、「事前開示」と「内容の合理性」が不可欠と考えられているのであって、前掲・秋北バス事件最高裁判決は、約款に関して形成されてきた理論構成を就業規則に援用したとされる。

(3) 労契法7条の具体的内容

労契法7条は、就業規則の法的性質論に関する以上のような判例や学説の流れを受けて定められたものである。労働者と使用者が労働契約を締結する場合において、①「合理的な労働条件が定められている」就業規則を、②「労働者に周知させていた」場合には、③労働契約の内容は、就業規則に定めるところによる、④ただし、労働契約において、労働者および使用者が就業規則の内容と異なる労働条件を合意していた部分については、就業規則の最低基準効と抵触する場合を除き、この限りではない、との立法規定が定められた。合理的な内容の就業規則が労働契約を規律するのは、労働契約を締結する際に使用者が

就業規則を周知させていた場合であり、採用後に周知する場合は、労契法7条は適用されない（労働者に不利な内容の就業規則を採用後に周知する場合には、同10条の類推適用が問題となろう）。

(a) 合理的であるか否かについては、問題となる規定に応じて個別具体的に判断せざるをえないが、一般的には、その審査は緩やかなものであると解されている。実際、就業規則の規定の合理性が否定された裁判例はほとんどないといってよい。たとえば、就業規則上の時間外労働命令規定の効力が争われた事案につき、日立製作所武蔵工場事件最高裁判決（最1小判平成3・11・28民集45巻8号1270頁）は、時間外労働の時間と事由が限定されていることに着目して、当該規定の合理性を肯定したが、時間外労働を必要とする事由が抽象的、概括的な側面があったにもかかわらず、規定の合理性を肯定しており、その審査は緩やかなものであるということができよう（1審判決は、労働者の時間外労働が常態化するおそれがあるとして時間外労働義務を否定している）。労契法7条の「合理性」は、労働者が就業規則を前提とし、これを受け入れて採用されたという状況のなかで問題となる合理性であるために、同10条の就業規則の変更の際の「合理性」より緩やかに認められてよいであろう。

(b) 労契法7条は、以上の合理性に加えて、就業規則を労働者に周知させることを就業規則の内容規律効の要件としている。労契法制定以前の最高裁判決（フジ興産事件—最2小判平成15・10・10労判861号5頁）では、「就業規則が法的規範としての性質を有する……ものとして、拘束力を生ずるためには、その内容を適用を受ける事業場の労働者に周知させる手続が採られていることを要するものというべきである」と説示され、また、学説でも、周知手続が就業規則の拘束力の要件になると解されてきた（ただし、最低基準効については区別して議論されてきた）。労契法7条の周知は、こうした判例と学説に基づいて設けられたものである。裁判例および通説では、労契法7条の周知は、必ずしも労基法106条1項所定の周知による必要はなく、実質的に労働者が知ろうと思えば知りうる状態にすることで足りると解されている。

なお、労契法7条の周知は、その事業場の労働者だけではなく、新たに労働契約を締結する労働者に対しても行わなければならないと解されている（労契法施行通達平成20・1・23基発0123004号）。

(c) 労契法7条による就業規則の内容規律効が生じるためには、以上の周知

に加えて、労基法 89 条の届出義務、同法 90 条の意見聴取義務の履行が必要となるのかという点も問題となる。この点については、労契法 11 条では就業規則の変更につき、届出義務および意見聴取義務の履行が求められているのに対して、労契法 7 条では、そうした義務が規定されていない。そこで、通説では、こうした義務の履践は、労契法 7 条の就業規則の効力とは関係しないとされる（労契法制定前の事件であるが、キャンシステム事件—東京地判平成 21・10・28 労判 997 号 55 頁も参照）。

(d) 就業規則の周知、届出、意見聴取については、さらに、最低基準効と労契法 7 条の効力を区分した議論が展開されている。周知が最低基準効の効力発生要件であるかどうかについては争いがあるが、労契法 7 条のような明文の規定はなく、むしろ、周知義務を果たしていない使用者が、就業規則で定められている労働条件を下回る労働契約内容を主張できるとすることは妥当でないということから、効力要件ではないと解する見解が有力である。届出義務、意見聴取義務についても同様の理由で、最低基準効の効力発生要件ではないとする見解が通説である。

(e) 労働契約において就業規則の内容と異なる労働条件を合意していた部分については、当該合意が優先する。たとえば、配転条項が就業規則に規定されていたとしても、職種限定契約や勤務地限定契約が存在すれば、そうした限定契約が優先されることになる（職種限定契約、勤務地限定契約については、「8. 配転・出向・転籍：異動の結末」を参照）。

4 ……… 就業規則と労働協約および法令の関係

労働協約や法令に反する就業規則は、当該反する部分については、当該法令または労働協約の適用を受ける労働者との間の労働契約には適用しない（労契法 13 条）。法令とは、「強行法規」に限られると解されている。

就業規則との抵触が問題となる労働協約は、「労働条件その他労働者の待遇に関する基準」、いわゆる規範的効力にかかわる部分である（労働協約の規範的効力と債務的効力については、「16. 労働協約：反故にされた約束」を参照）。労働協約に反するとして適用を否定される就業規則には、その内容が労働協約を下回るものが含まれることは明らかであるが、これに加えて労働協約の規定を上回る就業規則も含まれるのかが問題となる（有利原則については、「16. 労働協

約：反故にされた約束」を参照）。

このように、労働条件の設定規範の序列関係は、法令、労働協約、就業規則、労働契約の順に整序されるが、有利な内容を定めている規範は必ずしもこの序列に従わずに優先することになる（たとえば、労働協約は、有利原則を認めない場合には、就業規則と労働契約に対しては序列どおりに優先し、有利原則を認めた場合には、より有利な就業規則あるいは労働契約が労働協約に優先することになる）。

5 ･･････ 労使慣行

労働条件の法的規制については、集団的な取扱いが継続的に行われている事実や取扱い（労使慣行）に法的な効力が認められる場合があり、これと就業規則や労働契約がどのような関係に立つのかという点も問題となる。一般的には、次のように理解されている。

第1に、労使慣行が、契約当事者間の黙示の意思を通じて、あるいは、「事実たる慣習」として労働契約内容を構成する場合がある。労使慣行が労働契約内容となるための要件として、裁判例では、(a)同種の行為または事実が長年にわたって反復継続して存在してきたこと、(b)労使双方が明示的にその慣行によることを排除していないこと、(c)当該慣行が労使双方（とくに使用者側においては、当該労働条件の内容を決定しうる権限を有する者、あるいはその取扱いについて一定の裁量権を有する者）の規範意識によって支えられていることが必要とされている（商大八戸ノ里ドライビングスクール事件—大阪高判平成5・6・25労判679号32頁）。もちろん、就業規則より不利な取扱いや労働協約に反するものは、就業規則の最低基準効や労働協約の規範的効力によって労働契約上の効力をもつことはない。

第2に、労使慣行が、就業規則や労働協約の不明確な規定の解釈指針となることがある。たとえば、就業規則上の始業時刻につき、その時刻に作業を行う必要はなく、タイムカードを打刻すればよいとの取扱いが継続して行われている場合には、当該慣行は、就業規則の抽象的な規定を具体化する意味をもつ。

第3に、労使慣行が、使用者の権利行使を制約する機能をもつ場合がある。たとえば、ある職場規律違反を黙認し放置する取扱いをしてきた使用者が、その行為について突然懲戒処分を課すことは懲戒権の濫用と判断される、といったものである。

6 ………… 就業規則の変更による労働条件の不利益変更

(1) 総　説

　労働契約関係は、継続的な関係であり、当事者間でいったん決定された労働条件であっても、それを変更することが要請される場合がある。契約内容の変更となる労働条件の変更は、もちろん、当事者間の合意によることが原則であるが（労契法8条）、使用者の解雇権に一定の規制が加えられているために、労働条件を柔軟に変更して、経済環境の変化に対応する実際上の必要性も高い。そこで、労契法10条では、使用者による就業規則の一方的変更を通じた労働条件変更ルールが規定されている。また、労基法では、就業規則を変更する場合について、作成の場合と同様、届出義務、意見聴取義務、周知義務が使用者に課されている。以下では、それぞれの規制が意味する内容を確認する。

(2) 就業規則の変更手続と効力

　就業規則を変更するためには、使用者は、当該事業場の労働者の過半数代表の意見を聴取しなければならず（労基法90条1項）、その意見書を添付して就業規則を労働基準監督署長に届け出なければならない（同89条、90条2項）。これは労基法で定められている義務であるが、労契法上も、その義務の履行をすべきことが確認的に定められている（労契法11条）。また、変更された就業規則は、労働者に周知させなければならない（労契法10条、労基法106条）。

　労契法7条の場合と同様に、これらの意見聴取、届出、周知という手続的な義務については、それを怠った場合の就業規則の効力がどうなるのか、という点をめぐり議論がある。その際には、就業規則の効力を2つに分けて考える必要がある。1つは、労契法12条の定める就業規則の最低基準としての効力（最低基準効）、もう1つは、前述の労契法10条の定める、就業規則が労働契約の内容を規律する効力（内容規律効）である。

　最低基準効については、労契法7条とは異なり、変更後の就業規則に最低基準効が発生したほうが労働者にとって不利となるので、手続的な義務は効力要件となるとする考え方もありうる。もう1つの内容規律効については、周知は、労契法10条において明文で効力要件とされている。労契法10条の周知は、必ずしも労基法106条、労基則52条の2の義務づける方法による必要はなく、実質的に、労働者が知ろうと思えばいつでも就業規則の存在や内容を知りうるような状態にしておけばよいと解される。届出と意見聴取については、労契法

11条で労基法89条と90条の規定に言及されている点をみると、法がこの手続を重視していることが窺われるが、効力要件と解する決め手となる規定とまではいえないであろう。もっとも、この手続を履践していないことは、合理性の判断要素である「その他の就業規則の変更に係る事情」として、消極的に考慮されることにはなろう。

(3) **就業規則の合理性**

労契法10条の合理性は、先述した労契法7条の合理性とは意味が異なり、その合理性の内容は、判例によって構築されてきた合理的変更法理を法律で明文化したものである（前掲・秋北バス事件、大曲市農業協同組合事件―最3小判昭和63・2・16民集42巻2号60頁、第四銀行事件―最2小判平成9・2・28民集51巻2号705頁、みちのく銀行事件―最1小判平成12・9・7民集54巻7号2075頁など）。労働契約法施行通達（平成20・1・23基発0123004号）でも、労契法10条の規定内容は、「判例法理に沿った内容であり、判例法理に変更を加えるものではない」とされている。

したがって、合理的変更法理に関する従来の判例は、労契法10条の解釈にもそのまま妥当することになる。たとえば、前掲・大曲市農業協同組合事件最高裁判決の「特に、賃金、退職金など労働者にとって重要な権利、労働条件に関し実質的な不利益を及ぼす就業規則の作成又は変更については、当該条項が、そのような不利益を労働者に法的に受忍させることを許容できるだけの高度の必要性に基づいた合理的な内容のものである場合において、その効力を生ずるものというべきである」という判示部分が、その代表例である。

労契法10条で示されている合理性の判断要素は、①労働者の受ける不利益の程度、②労働条件の変更の必要性、③変更後の就業規則の内容の相当性、④労働組合等との交渉の状況、⑤その他の就業規則の変更に係る事情、である。前掲・第四銀行事件最高裁判決は、合理性の判断要素を7つ挙げていたが、労契法は、これを単に整理して5つにまとめたものであって、従来の判例に実質的な変更を加えるものではない。

就業規則の合理性判断は、労契法10条の定める5つの判断要素の総合的な判断であり、当事者にとって、どのような場合に合理性が認められるかはっきりしないという問題がある、と指摘されている。本問においては、5つの判断要素に照らした総合判断となる。

(4) 就業規則と不変更特約

　就業規則の変更による労働条件の不利益変更が、合理性と周知の要件を充足する場合であっても、それが、「労働契約において、労働者及び使用者が就業規則の変更によっては変更されない労働条件として合意していた部分」であり、その合意が就業規則よりも有利な内容を定めている場合には、その合意が就業規則に優先する（労契法10条ただし書）。「労働者及び使用者が就業規則の変更によっては変更されない労働条件」としての合意には、就業規則の定めとは異なる労働条件を個別に定め、それについて就業規則の変更によっては変更されえないとする特約と、就業規則の定める労働条件について、個別に事後の就業規則の変更によって変更されえないとする特約とがある。

解答例

❶　A社の短時間勤務命令（以下、本件命令）のように、使用者が労働者に対して一方的に発する命令の法的な根拠は、労働契約に求められるべきである。本件命令は就業規則の一部である健康管理規則に基づいて発令されたものであることから、それが有効となるためには、それがA社とBとの間の労働契約の内容になっていなければならない。この点について、労契法7条は、就業規則は、労働者に周知されていて、内容に合理性があれば、労働契約の内容は、その就業規則で定める労働条件によるものとすると定めている。A社の健康管理規則は、採用時に就業規則本体とともに提示されており、Bに対して周知されていると解されるので、内容の合理性が認められれば、A社とBの労働契約の内容となると解される。

　労契法7条でいう合理性は、労働者が就業規則を前提とし、これを受け入れて採用されたという状況のなかで問題となるものであるため、企業の人事管理上の必要性があり、労働者の権利や利益を不当に制限しなければ肯定されるものと解すべきである。A社の健康管理規則は、長期的な経営の視点に立って従業員の健康を大切にする観点から作成されているもので、経営上の必要性があることに加えて、従業員の利益に配慮したものと認められるので、その内容には合理性があると解すべきである。

　仮に、A社の健康管理規則の合理性が否定されたとしても、健康管理規則に基づいた取扱いが長年にわたって行われてきたときには、そのよう

な取扱いに法的な効力が認められる場合がある。集団的な取扱いが継続的に行われている事実や取扱い（労使慣行）が労働契約内容を構成して法的効力が認められるためには、①同種の行為または事実が長年にわたって反復継続して存在してきたこと、②労使双方が明示的にその慣行によることを排除していないこと、③当該慣行が労使双方、とりわけ、使用者側においては、当該労働条件の内容を決定しうる権限を有する者あるいはその取扱いについて一定の裁量権を有する者の規範意識によって支えられていることが必要である。こうした要件が満たされる場合には、当該慣行は、労働契約の当事者の黙示の合意あるいは「事実たる慣習」として、労働契約内容となると解すべきである。

　A社における健康管理規則に基づく取扱いが、A社の設立以来、20年間一貫して行われてきたこと、労使双方が明示的にそうした慣行を排除しているわけではないこと、A社および従業員がこの慣行を受け入れてきたことが認められる。したがって、A社は、労使慣行に基づいてBに健康診断受診命令を命じる権限を有しているということができる。

　以上より、Bに対しては、A社には本件命令を発する権利があると回答することになる。

❷　Bの質問については、Bの年次有給休暇が何日になるのかがポイントとなる。ここでは、労基法で定められた日数、就業規則で規定された日数、個別の合意で定められた日数のいずれが優先するのかが問題となる。

　まず、労基法39条では、6年6カ月以上継続勤務した者について、20日の年次有給休暇が付与されなければならない旨が規定されているが、就業規則に25日の年次有給休暇の付与が規定されていれば、労基法の基準以上の条件であるので労基法に違反せず、就業規則の25日の基準が適用されると解される（労契法7条）。さらに、採用の際の個別の合意と就業規則の規定については、当該合意が就業規則よりも有利な条件である場合には、当該合意が就業規則に優先する（労契法7条ただし書）。したがって、A社に採用された時点では、Bの年次有給休暇の日数は個別合意による28日となる。

　その後、A社の就業規則は変更されて、年次有給休暇の日数は22日に引き下げられているが、Bの年次有給休暇の日数はその影響を受けるであろうか。労契法10条によると、就業規則は労働者の同意がない場合でも、周知と合理性の要件を満たせば不利益変更ができることになるが、労働契約において、就業規則によっては変更されない労働条件として合意された部分については、その合意が就業規則よりも有利な内容を定めている場合に限り、就業規則に優先する（労契法10条ただし書）。Bの採用時の年次

有給休暇を就業規則よりも有利な28日とする合意は、採用時のA社とBの合意文書の趣旨からすると、Bに確定的に保障したものであり、その後の就業規則の不利益変更の影響を受けないとする趣旨と解するのが合理的である。

以上より、A社がBの年次有給休暇が22日に引き下げられたとして、Aの取得した28日の休暇のうち、6日につき欠勤扱いをした措置は無効と解すべきことになり、Bは賃金カット分を取り戻すことができると回答することになる。

❸ BとCに対して、変更された就業規則（以下、本件変更就業規則）が適用されるという効力（以下、これを内容規律効と呼ぶ）を及ぼすためには、その就業規則が労働者に周知させられていて、内容が合理的なものである必要がある（労契法10条）。このほかに、就業規則の変更の際には、労基法89条に基づく行政官庁（労働基準監督署長）への届出と労基法90条に基づく過半数代表からの意見聴取の手続を踏む必要がある（労契法11条）が、これは労基法上の手続的要件に過ぎず、内容規律効を発生させるための効力要件と解すべきではない。仮に効力要件であるとしても、本設問では、A社は、労働基準監督署長への本件変更就業規則の届出を行い、また、当該事業場の過半数を代表するD組合の意見聴取をしているので、結論は変わらない。

そこで、労契法10条の求める周知の手続がとられているかという点と、就業規則の内容に合理性が認められているかという点を検討する。まず、周知については、A社が改定後の就業規則に関する説明会を開いて、改定後の就業規則の概要を示した書面を配布するともに、従業員にその内容を詳細に説明し、当該説明会において、希望があれば個別の従業員の要請に応じて、改定後の就業規則を個別に開示する旨の説明を行っている。周知の方法については、労基法106条および労基則52条の2に規定があるが、これに従わなければ労基法違反とはなるものの、そうであるからといって就業規則の内容規律効にも影響が及ぶわけではない。労契法10条でいう周知は、就業規則が労働契約の内容となるのに適しているかどうかという観点から解釈すべきであり、具体的には、労働者が知ろうと思えばいつでも就業規則の存在や内容を知りうるようになっていれば、周知の要件を満たしていると解すべきである。BとCは休暇中で説明会に出ているわけではないし、変更内容についてその後も知らなかったかもしれないが、そもそもA社の従業員は、A社に請求すればいつでも就業規則を閲覧することができるのであり、それにより就業規則の内容を知りうるようになっているのであるから、周知の要件は満たされていたと解すべきである。

次に、合理性について検討する。変更された就業規則の合理性については、労契法10条によると、①労働者の受ける不利益の程度、②労働条件の変更の必要性、③変更後の就業規則の内容の相当性、④労働組合等との交渉の状況、⑤その他の就業規則の変更にかかる事情に照らして判断される。また②の判断においては、賃金等の重要な労働条件の不利益変更が問題となっている場合には、労働者にとっての不利益がそれだけで大きいものとなるので、高度の必要性が必要となると考えられる。
　そこで本件変更就業規則についてみると、まず、賞与や年次有給休暇の引下げは、従業員にとって不利益となる。とくに、賞与は、賃金という従業員にとって重要な労働条件であり、その引下げには高度の必要性が要求されるというべきである。しかし、定年延長により70歳までの安定した雇用を享受できるという点では、本件変更就業規則は労働者にとって利益がある。賞与の不利益変更は、合併に伴って生じた労働条件の不統一の解消や、定年延長に伴う人件費負担の増大への対応のためであり、高度の必要性があるということができる。また、就業規則の変更について、D組合と4回の交渉を経たうえで同意を得ており、労働組合との交渉を十分に行っていると評価することができる。さらに、変更後の就業規則の賞与制度の個人査定部分の基準が明確化されており、変更後の就業規則の内容にも相当性があるといえる。そのほかに、合理性を否定するような事情は窺われず、変更手続についても問題がないので、本件変更就業規則には合理性を肯定すべきと考える。以上より、BとCは、本件変更就業規則の適用を受けることになる、と回答することになる。

関連問題

1. 就業規則の周知

　英会話の教材の開発、販売を営むベストイングリッシュの営業部長として勤務していた栗田達也は、営業部に勤務している優秀な部下を数名引き連れて、英会話の教材の開発、販売に関する会社を立ち上げて独立開業するため、ベストイングリッシュを退職することにした。そこで、達也は、ベストイングリッシュに対し、退職金規程に基づいて退職金（1000万円）を請求したところ、ベストイングリッシュは、「退職後、1年内に、会社の承諾なしに、会社と同種または類似の営業を営みまたは同業他社に就職した場合には、退職金を半額と

する」という退職金規程に基づき、退職金の半額を支給した。

ベストイングリッシュは、こうした退職金規程を就業規則として、従業員の過半数代表者の意見書を添付して労働基準監督署長に届けていたが、従業員全体に対する周知は全く行っていなかった。そのため、達也は、上記減額条項には効力がなく、退職金を全額請求することができると考えている。一方、ベストイングリッシュは、減額条項に効力がないのであれば、退職金規程全体に効力がなく、退職金はそもそも支給する必要はないと主張している。どちらが正しいか。

【就業規則の周知は、内容規律効と最低基準効の効力発生要件か】

2. 定期昇給に関する労使慣行と黙示の合意

ベストイングリッシュは、毎年、従業員に対する定期昇給の額を、従業員の過半数を組織する労働組合と協議して決定してきた。もっとも、こうした労働組合との交渉は形式的なもので、実際には、毎年、全従業員に対して一律5000円の昇給がなされてきたのであって、このような取扱いを、かれこれ20年間行ってきた。しかし、ベストイングリッシュは、本年度の業績がきわめて悪いことから、従業員への定期昇給を見合わせたいと考え、労働組合に提案した。労働組合はこの提案に反対したいと考えているが、労働組合から相談を受けた弁護士のあなたは、会社に対してどのように主張するか。

なお、就業規則には、「毎年4月に定期昇給をすることがある」とする旨が規定されていた。

【定期昇給の実施に関する労使慣行は成立するか（高見沢電機製作所事件—東京高判平成17・3・30労判911号76頁等を参照）、あるいは、定期昇給実施に関する黙示の合意が認められる場合はあるか（三和機材事件—千葉地判平成22・3・24労判1008号50頁を参照）】

参 考 文 献

日本労働法学会編『講座21世紀の労働法3 労働条件の決定と変更』（有斐閣・2000年）

3. 解雇・退職
リストラはする方もされる方も大変

設問

　浅草賢匠は、東京の下町で生まれ育った江戸っ子で、プロ野球の巨人がこの上なく大好き。周囲に職人気質な大人が多い環境で育った賢匠は、ものづくりの仕事を志すようになり、1999年に東西大学工学部を卒業後、株式会社丸ノ内精密製作所（以下、会社）に入社した。同社は東京都大田区に本社兼工場を構え、工作機械等、高い精度を要求される製品の部品製造を行っており、営業担当の従業員8名、技術系従業員17名のほか、管理職3名と事務系従業員2名からなる小規模な企業（従業員総数30名）であったが、その技術力は世界でも高い水準を誇り、多くの国内外メーカーからの部品製造需要に応えている。

　賢匠は、父親が会社の社長であった丸ノ内守と旧知の仲であった縁で同社に入社し、部品製造業務に従事していた。賢匠は、仕事の出来については比較的高い評価を得ていたが、ひと月に約10試合、平日に限れば約7試合ある東京ドームでの巨人戦のほとんどすべてに、会社の仕事そっちのけで試合開始のかなり前から出かけるため、有給休暇はとっくに消化済みなことはもちろん、早退による欠勤がかなり多かった。そのため、ある時には、人事部長の日比谷尚人との面談で、「仕事そっちのけで野球を見に行くのはいかがなものか」といわれ、喧嘩となり、日比谷人事部長が、「そんなやつはクビだ！すぐ出ていけ！」といって、事務系従業員に賢匠の解雇手続をとるよう指示して、トラブルとなることがあった。もっとも、このときは、すぐ後に、賢匠が反省の意を示し、会社が解雇は行わないとすることで一件落着となった。

　会社の経営は比較的順調に推移していたが、21世紀を迎えた2001年以降、会社は、守の息子で、後継予定者と目され役員として経営に携わるようになっていた丸ノ内進の考えを受け、国内需要は長期的に低下傾向にある一方、本格的なグローバル化の進展により海外需要は今後いっそう拡大すると判断し、次第に海外メーカーとの取引に経営の軸足を移していくようになった。この経営方針に基づいて、会社は、海外メーカー向けの英語を用いた営業力を強化することとした。

大江戸純一は、2003年に南北大学文学部を卒業した者であり、英米文学専修で、TOEICの点数も700点となかなかであることが会社の目にとまり、営業部署の中核要員となることを期待され、長期雇用する予定で正社員として同社に採用された。
　ところが、純一が先輩従業員である千代田俊英のもとで海外メーカー向けの営業を担当するようになり1年ほど経過したころ、会社は、純一は海外メーカー向けの営業業務を円滑に行うには英語でのコミュニケーション能力が不十分で、営業業務に支障が生じていると判断するようになった。どうやら大学時代はもっぱらシェイクスピアなどの古典に傾注していたようで、英語を読むのはともかく、特段、英会話や、英文メールのライティングスキル等を身に付けていたわけではないようであった。会社は、人員が限られており、俊英も多忙であったため、純一の英語コミュニケーション能力を伸ばすために指導を行う従業員をつけることは無理であるが、同時に、このまま純一を海外メーカー向け営業業務に従事させ、同業務に支障が生じることは回避する必要があると考えた。そこで会社は、長期雇用するつもりで正社員として純一を採用したのであるし、国内需要も低下傾向とはいえなお存すると の判断に基づき、純一に、国内メーカー向け営業業務を担当させることとした。しかし、穏やかな環境の地方都市で両親に大切に育てられたことが災いしたか、おとなしい性格の純一は、国内メーカー向け営業でも押しが弱く、営業成績を伸ばせなかった。会社は、人員が限られており、指導を行う従業員をつけることはやはり難しいと考え、また、国内メーカー向け営業なら言葉の問題もなく、特に指導をしなくても、そのうち自分で頑張って営業成績を伸ばしてくれると考え、そのまま様子をみていたが、純一の営業成績はその後も低劣なままで、最下位か、せいぜいその1つ上、というありさまであった。
　会社は、上記のとおり海外メーカーとの取引に営業の軸足を移す方針をとっていたが、同業他社の技術力向上に伴う競争激化のなかで、思ったほどには取引の拡大を図れないでいた。そうしたなか、2008年9月に、世界的な金融危機に端を発して景気が急激に悪化し、海外メーカー、国内メーカーともに、会社製品に対する需要が激減する状況となった。
　技術力はあるものの、中小企業であって経営基盤は盤石とはいえない会社は、そのころ守に代わって経営を担うようになっていた進のリーダーシップのもとで、経営改善策に取り組むこととした。進は、各種の経費節減、役員報酬および管理職賃金の5％カット、残業の削減などを行いつつも、人員

3. 解雇・退職

の見直し（すなわち、削減）も断固として行う必要があると考えていた。

そこで、進は、まず、希望退職の募集と退職勧奨を行うこととした。希望退職の募集に応募して会社が承認した者については、通常の会社都合退職金の3割増しの退職金を支払うこととし、そのうえで、退職勧奨として、技術系従業員以外で、過去2年間の勤務成績が不良であるなど、会社が適当と思った人物に希望退職に応募するよう声をかけることとした。また、技術系従業員については人員削減の対象としない方針であったが、早退が非常に多い賢匠については、例外として、退職勧奨を行うこととした。

対象者の1人として上司から希望退職への応募を促され、応じる場合には日比谷人事部長に必要書類を提出するよう告げられた賢匠は、早退が非常に多いという理由を挙げられ、巨人戦を見に行くことをとがめられたと考えカッとなり、その場で近くにあった会社のメモ用紙に「退職します」と走り書きし、日比谷部長のところに赴きこれをたたきつけて、そのまま、その場を去った。日比谷部長は所定の必要書類とは異なっていたため、このメモ用紙の退職届の取扱いを保留することとした。一晩頭を冷やして考えた賢匠は、この不況下で新しい職を見つけるのは不可能なことに気づき、翌日、朝一番に再び日比谷部長のところに赴き、自分は辞めるつもりはなく、昨日の退職届は撤回すると告げた。このやりとりを聞いた進は、賢匠に、昨日の時点で賢匠は希望退職募集とは無関係に自ら会社を辞めており、もはや会社の従業員ではない旨告げた。

過去2年間の営業成績が最下位の純一および最下位から2番目、3番目の他の営業担当従業員2名は、勤務成績が不良であるとして希望退職への応募を促されたが、いずれも、この不況では再就職先が見つからないと考え、拒否した。

結局、希望退職の応募者がいなかったため、進は、解雇を行う決断をした。経営状況をふまえつつも、技術力の維持と強化は欠かせないと考えていた進は、技術系従業員は解雇の対象とせず、また、もともと人数が限られていた事務系従業員も削減は難しいとして、営業担当の従業員8名のうち3名を解雇することとした。対象者の選定にあたり、進は、営業成績の低い順に選ぶこととし、すでに退職勧奨を受けていた最下位の純一を含めた3名が解雇対象となった。2009年2月20日、会社は、純一らに対して、就業規則所定の「勤務成績または勤務態度が不良で改善の見込みがないとき」、「会社の経営上やむをえない場合」、「その他各号に準ずるやむをえない事情があるとき」との解雇事由に該当するとして、退職日を30日後とする解雇を

告げた。会社は、退職勧奨の際に、経営状態や本人たちの勤務成績について簡単に話していたので、この解雇について、純一らとの間で協議の場を設けたり、事情を説明したりするということはしなかった。

❶賢匠は、退職届は撤回しており、会社を辞めていないとして、労働契約上の地位確認を求める訴訟を提起した。会社から相談を受けた弁護士のあなたは、どのように主張を構成して争うか。
❷純一から、労働契約上の地位確認請求をしたいと依頼された弁護士のあなたは、どのように主張を構成するか。また、働くことに生きがいを感じていた純一は、単に労働契約上の地位を確認してもらうだけでは不満であり、実際にこれまでの仕事に就かせてもらうことも希望している。純一のこの希望を通すことは可能だろうか。

(以下、株式会社丸ノ内精密製作所＝A社、浅草賢匠＝B、大江戸純一＝C、日比谷尚人＝D部長とする)

解 説

1 ………… 概 観

(1) 設問のねらい

本設問は、労働契約の終了、とくに、合意解約と辞職、および、使用者の一方的な意思表示による労働契約の終了である解雇をめぐる諸問題を問うものである。

合意解約・辞職をめぐっては、労働者が会社を辞める際になす意思表示が、これらいずれの趣旨でなされたものか、そして、それぞれ、どのような場合に労働契約の終了をもたらすかが問題となりうる（設問❶）。また、合意解約・辞職についての労働者の意思表示に瑕疵があると主張されることもある。

解雇については、まず、いかなる理由、状況のもとで解雇が適法とされるかが問題となる。これについては、解雇権濫用法理（現在では、労契法16条）のもとで解雇が有効とされるのはいかなる場合であるかが、とくに重要な問題である。また、この解雇権濫用法理の一特別類型として、どのような場合に、整理解雇が有効あるいは無効となるかも、重要な問題である（設問❷）。

さらに、解雇については、解雇権濫用に該当するとされた場合の救済につい

ても、いくつかの問題が存する。未払賃金の支払いを命じるに際して、被解雇期間中に他で就労し収入があった場合の取扱い（関連問題２．および３．）のほか、現実に就労を請求しうるか否か（就労請求権の問題。設問❷）、原職復帰を望まない場合などに、地位確認と未払賃金請求に代えて、金銭的解決をなしうるか否か等が問題となる。

(2) 取り上げる項目
▶労働契約の終了をめぐる法規制
▶合意解約と辞職
▶解雇

2 ………労働契約の終了をめぐる法規制

　労働契約は、当事者の消滅（労働者の死亡、会社の清算など）、定年制のもとにおける定年年齢到達等のほか、当事者双方の合意による解約（合意解約）、当事者の一方による解約により終了する。一方的解約のうち、労働者による一方的解約は、一般に辞職と呼ばれる（以下、労働者による一方的解約を単に「辞職」とする）。使用者による一方的解約は解雇である。また、期間の定めのある労働契約（有期労働契約）の場合には、期間の満了も終了事由に挙げられる（これについては、「4. 雇止め・変更解約告知：そんな辞めさせ方ってありですか」を参照）。

　このうち、定年制については、高年法の規制があり、定年制を設ける場合、定年は、60歳以上でなければならないと定められている（8条）。期間の定めのない労働契約の一方的解約は、民法上、2週間の予告期間をおけば自由にできるとされているが（627条1項）、使用者による一方的解約である解雇については、労基法（19条、20条など）および労契法（16条）等の規制がある。有期労働契約の中途解除については、民法上規制がある（628条）ほか、使用者による中途解除である期間途中の解雇については、とくに、労契法（17条1項）の規制がある。

3 ………合意解約と辞職

(1) 合意解約と辞職の意思表示の区別

　労働者による合意解約の申込みについて、判例（大隈鉄工所事件─最3小判昭

和62・9・18労判504号6頁）および通説は、使用者、人事部長など、合意解約について承認権限を有する者が承諾するまでの間は、撤回可能としている。これに対し、労働者の辞職の意思表示は、使用者に到達した時点で撤回不可能となると考えられている。このように、合意解約の申込みと辞職の意思表示には、撤回をなしえなくなる時点に違いがあり、辞職の意思表示のほうが、より早く撤回をなしえなくなる。

労働者が会社を辞める際、通常、「辞表」、「退職届」、「退職願」等を会社に提出することが多いが、法的には、これらが労働者による合意解約の申込みなのか、辞職の意思表示なのかが問題となる（なお、使用者が合意解約の申込みをしている場合には、当該申込みに対する承諾の意思表示である場合もありうる）。これは個々の事案における意思解釈の問題であり、使用者の対応を待つ趣旨のものか（合意解約の申込み）、使用者の対応を待たず労働契約を解約しようとする趣旨のものか（辞職の意思表示）を、個々の事案に照らして判断することとなる。この判断（意思解釈）にあたり、裁判例は、上述した撤回可能期間の違いをふまえて、使用者の対応を待たず確定的に労働契約を解約する趣旨が客観的に明らかではない限り、合意解約の申込みと解するべきであるとしている（株式会社大通事件―大阪地判平成10・7・17労判750号79頁等）。

なお、労働契約の解約については、合意解約と辞職の区別のほかに、使用者が、合意により円満に労働契約が終了し、または、労働者が自発的に辞めたと主張し、労働者が、会社から一方的に辞めさせられたと主張するというように、合意ないし労働者の辞職によるものか、使用者の解雇によるものかの区別も、問題となることがある。やはり個々の事案における意思解釈の問題であるが、解雇権濫用法理など、解雇に関する法規制の適用の有無にかかわるため、この区別も重要である。

(2) 解約の合意ないし辞職の意思表示の瑕疵、退職勧奨行為の限界

合意解約や辞職の形がとられている場合であっても、使用者が解雇によらず労働契約を終了させようとして退職に追い込むといった場合には、民法の意思表示の瑕疵に関する規定に照らして、その効力が問題となることがある。合意解約の申込みを心裡留保（民法93条）により無効とした裁判例として、昭和女子大学事件―東京地決平成4・2・6労判610号72頁、錯誤（同95条）により無効とした裁判例として、学校法人徳心学園〔横浜高校〕事件―横浜地決平成

7・11・8労判701号70頁、強迫（同96条）による取消しを認めた裁判例として、石見交通事件—松江地益田支判昭和44・11・18労民集20巻6号1527頁、等がある。

　なお、退職勧奨は、解雇とは異なり、使用者が、労働者に対して、辞職を促す、あるいは、使用者による合意解約申込みへの承諾を促すものに過ぎず、労働者にそうした意思表示をすることについての自由がある限り、使用者が退職勧奨を行うこと自体は自由である。しかし、これが執拗になされるなど、不当な態様で行われる場合には、不法行為責任を発生させることがある（下関商業高校事件—最1小判昭和55・7・10労判345号20頁）。

4 ……… 解　雇

(1) 総　説

　解雇は、労働者の意思によらず職（収入）を失わせることになるため、種々の規制が法令により定められている。現行法令上の最も重要な解雇規制は、解雇権濫用法理を条文化した労契法16条である。法令上の規制としては、このほか、差別的解雇、法令上の権利行使を理由とする報復的解雇など、特定の理由に基づく解雇を禁止する規定（労基法3条・104条2項、均等法6条4号・9条2項および3項、労組法7条1号など）、特定の状況下において一定時期の解雇を禁止する規定（労基法19条）、手続的規制（解雇予告に関する労基法20条など）等がある。

　また、労使当事者による解雇制限として、労働協約において解雇をなしうる理由を制限したり、事前協議ないし同意を要件とする定めを置いたりすることがある。

　さらに、使用者は、就業規則に解雇事由を記載しなければならない（労基法89条3号）が、そこで記載した解雇事由以外の事由による解雇は認められないのか（限定列挙説）、それとも、就業規則に記載する解雇事由は例示的なものに過ぎず、当該事由以外の事由による解雇も認められうるのか（例示列挙説）、をめぐっては、議論がある。就業規則への記載はあくまで公法上の義務であるので、解雇の私法上の効力には影響しないなどの理由で、例示列挙説を支持する見解もあるが、2003年改正後の労基法が解雇事由を就業規則の絶対的必要記載事項としてあえて明示的に定めていることを考慮するなどの理由で、限定列

挙説を支持する見解も有力である。
 (2) **解雇予告**
　労基法20条は、労働者を解雇しようとする使用者に対して、少なくとも30日前の解雇予告またはこれに代わる予告手当の支払いを義務づけている（その例外については20条1項但書を、また、適用除外については21条を参照）。
　この20条の規定については、同条に違反する解雇の効力、すなわち、解雇予告も、これに代わる予告手当の支払いもなさず、即時になされた解雇の効力をめぐる議論がある。これについては、学説上、(i)20条違反の解雇は当然無効であるとする説（絶対的無効説）、(ii)20条違反は、解雇の効力に消長をきたさないとする説（有効説）、(iii)労働者が解雇無効として地位確認請求等または解雇有効を前提とする解雇予告手当の支払い請求を選択的になしうるとする説（選択権説）などが主張されている。しかし、(iv)判例（細谷服装事件—最2小判昭和35・3・11民集14巻3号403頁）は、使用者が即時解雇に固執する趣旨でない限り、解雇通知後30日間の期間経過時点または通知後20条所定の予告手当を支払った時点のいずれかから解雇の効力が生じるとする立場（相対的無効説）をとっている。
 (3) **解雇権濫用法理（労契法16条）による規制**
　前述のように、民法上は、期間の定めのない雇用契約について、解雇の自由が定められているが（民法627条1項）、解雇が労働者の生活に重大な影響を及ぼすことを考慮して、判例上、解雇権濫用法理と呼ばれる解雇制限法理が形成されてきた（日本食塩製造事件—最2小判昭和50・4・25民集29巻4号456頁）。この解雇権濫用法理は、現在では、労働契約法の制定に伴い同法16条として規定されるに至っている。労契法16条は、「解雇は、客観的に合理的な理由を欠き、社会通念上相当であると認められない場合は、その権利を濫用したものとして、無効とする」と規定している。
　この解雇権濫用法理のもとで、一般に解雇権濫用には該当しないとされる解雇理由としては、(i)労働者の側に由来する理由として、(a)心身の状態による労務提供不能、(b)勤務成績不良、適格性欠如、勤務態度不良が、(ii)使用者の側に由来する理由として、企業経営上の必要があること（典型的には、経営状態悪化のために人員削減をせざるをえない状態にあること）が挙げられる（これについては、次の(4)を参照）。また、(iii)有効なユニオン・ショップ協定に基づく解雇も、

現在の判例のもとでは解雇権濫用には該当しない解雇理由とされている（これについては、「14. 労働組合：組合執行部に物申す」を参照）。

　これらの解雇理由のうち、(i)の労働者の側に由来する理由について、判例は、一般に、長期雇用を予定するいわゆる正社員については、社会的相当性が認められるか否かの判断を慎重に行い、容易に解雇を有効とは認めない傾向にあり（代表的な最高裁判例として、高知放送事件—最2小判昭和52・1・31労判268号17頁参照）、勤務成績不良や勤務態度不良を理由とする解雇については、単にそれらの事実が認められるだけでなく、改善に向けた注意、指導、教育等を行ってもなお改善の見込みがない場合でない限り、解雇を有効とは認めない傾向にある（セガ・エンタープライゼス事件—東京地決平成11・10・15労判770号34頁、エース損害保険事件—東京地決平成13・8・10労判820号74頁等参照）。もっとも、上級管理職である等の場合には、比較的容易に社会的相当性を認める最高裁判例も存在する（小野リース事件—最3小判平成22・5・25労判1018号5頁（上級管理職に対する勤務態度不良等を理由とする解雇を、不法行為には該当しないと判断した事例））。

(4) 整理解雇に対する規制
(a) 総　説

　使用者の側に由来する企業経営上の理由に基づく解雇（整理解雇）については、労働者の側に解雇を基礎づける直接の理由がないにもかかわらず、一方的にその職と収入を失わせるものであるため、解雇権濫用法理の枠内においてではあるが、判例により特別の判断基準が形成され、この判断基準に基づいて解雇の効力が慎重に判断されている（整理解雇法理）。なお、この整理解雇法理は、1973年のオイルショック後、大企業においてとられるようになった雇用調整の方法を参考にして形成されたとされているが、大企業における事例に限らず、中、小規模の企業における整理解雇の場合にも、各要素が満たされているか否かの事案の具体的判断では企業規模をふまえた考慮がなされるものの、適用がある（塚本庄太郎商店〔本訴〕事件—大阪地判平成14・3・20労判829号79頁参照）。

　この整理解雇法理のもとでは、一般に、(i)人員削減の必要性、(ii)解雇回避努力義務の履践、(iii)人選の合理性、(iv)手続の相当性、の4つの「要件」ないし「要素」を総合的に考慮して解雇の効力が判断されている。現在の裁判例では、

これらは「要件」、すなわち、いずれかを欠く場合、直ちに解雇が無効とされるものではなく、解雇権濫用を判断するにあたっての「要素」、すなわち、いずれかを欠くとしても、直ちに解雇無効に結びつくものではないとする立場（4要素説）が多くを占めている（山田紡績事件―名古屋高判平成18・1・17労判909号5頁等）。もっとも、4要素説の立場においても、これらは解雇権濫用の有無の判断にあたっての「重要な」要素とされており（前掲・山田紡績事件）、特定の要素を全く欠くなどの場合には、他の要素をとくに検討することなく解雇無効と判断する裁判例もある（マルマン事件―大阪地判平成12・5・8労判787号18頁等）。

人員削減の必要性、解雇回避努力義務の履践、人選の合理性については、使用者が立証責任を負い、手続の相当性（を欠くこと）については、労働者が立証責任を負うとされている（コマキ事件―東京地決平成18・1・13判時1935号168頁等）。

(b) 人員削減の必要性

多くの裁判例は、人員削減の必要性が認められるためには、倒産必至の状態であることまでは必要でなく、企業の合理的運営上やむをえない程度であれば足りるとされている（東洋酸素事件―東京高判昭和54・10・29労民集30巻5号1002頁等）。企業の合理的運営上やむをえないとされる例としては、経済構造の変化による産業の斜陽化、不況下における売上の減少、経営見通しが外れたことによる業績不振等が挙げられる。

人員削減の必要性の判断においては、企業の経営状態について裁判所がどのように審査を行うかも問題となる。ほとんどの裁判例は、自ら経営状態に立ち入った判断を行うのではなく、使用者が主張する、人員削減を伴う経営判断に至った事情（経営悪化の要因、売上の減少、赤字の計上、収益の将来見通し等）が証拠上認められるか否かを検証する形で審査を行っている。そして、人員削減を行う一方で新規採用を行うなど矛盾した行動をとっている場合、使用者が経営状態悪化等についての資料等を明らかにせず立証できない場合、使用者が人員削減策等について十分検討を行ったとは認められない場合には、人員削減の必要性を否定する傾向にある。

(c) 解雇回避努力義務の履践

人員削減の必要性が認められる場合であっても、各種経費の節減など人員削

減に代わる経営改善策をとる、あるいは、解雇以外の方法で人員削減を実施するなど、解雇を回避するよう努力したか否か（解雇を回避するための措置を現実に講じたか否か、ではない）が、次に検討される。解雇回避のための措置としては、配転、希望退職の募集のほか、各種経費の節減、残業規制、一時帰休、賃下げなどが挙げられる。多くの裁判例では、配転や希望退職の募集を行うよう努力がなされたか否かが検討されており、これらの措置を講じるよう努力していない場合には、解雇回避努力が尽くされていないとするものが多い（代表例として、あさひ保育園事件—最1小判昭和58・10・27労判427号63頁参照）。もっとも、必ずしも特定の解雇回避措置を講じることが要求されるわけではない。

(d) 人選の合理性

人選の合理性については、人選基準そのものの合理性と、当該基準に基づく具体的な被解雇者の選定の合理性の双方が必要とされている。

合理的な人選基準の例としては、勤務成績等、労働者としての能力ないし適性に基づくもの、扶養家族の有無等、解雇による打撃の程度をふまえたものなど、複数のものが考えられ、いかなる基準によるかは、基本的に使用者の判断が尊重されている。そのうえで、裁判所は、差別的な基準でないなど、当該基準が公正なものであるか否か、客観的で使用者の恣意的な選択を排除する基準であるか否かの観点から、合理性を検討している。このこととの関係で、抽象的な基準（「責任感が欠如している者」など）は、合理性を欠くと判断される傾向にある（労働大学〔本訴〕事件—東京地判平成14・12・17労判846号49頁等）。また、人選基準に基づく具体的な被解雇者の選定（あてはめ）については、成績評価、各労働者の順位づけなど、選定の基礎となる事実や評価に誤りがある等の場合には、合理性が否定されている。

(e) 手続の相当性

以上のいわば実体的な要素についての検討に加えて、整理解雇の効力の判断にあたっては、整理解雇に至る手続の相当性も検討される。この手続の相当性に関しては、使用者が、「人員整理の必要性と内容（時期、規模、方法等）について、労働組合又は労働者に対して説明をなし、十分な協議を経て納得を得るよう努力」したか否か（塚本庄太郎商店事件—大阪地決平成13・4・12労判813号56頁）が検討され、事案の具体的事情のもとで、このような努力を行ったと認められない場合には、手続の相当性を欠くと判断されている。

(5) 解雇が違法な場合の救済
(a) 地位確認請求、未払賃金請求、就労請求

　解雇が解雇権濫用と判断された場合、当該解雇は、無効とされ（労契法16条）、労働契約は有効に存続していることとなるため、解雇された労働者は、労働契約上の地位確認請求をなしうる。また、労働者は、被解雇期間中、現実に労務提供をしてはいないが、この労務提供不能は、通常、権利を濫用した解雇という使用者の責めに帰すべき事由によるものであり、労働者は、民法536条2項の規定に基づき、未払賃金支払い請求もなしうる。

　未払賃金請求に関しては、自己の債務（この文脈では、労務提供の義務）を免れたことによって得た利益を債権者（使用者）に償還しなければならない旨定める民法536条2項後段との関係で、被解雇期間中に労働者が他で就労して得た収入（中間収入）がある場合の取扱いが問題となる。これについて、判例は、中間収入が、副業的なもので、解雇されなくても当然得られるものである等の特段の事情がない限り、償還の対象となる（具体的には未払賃金から中間収入が控除される）としたうえで、労基法26条が「使用者の責に帰すべき事由」による休業の場合に平均賃金（労基法12条）の6割の手当を保障していることを考慮して、未払賃金のうち平均賃金の6割に達するまでの部分については償還（控除）の対象となしえず、これを超える部分についてのみ、当該未払賃金の支給対象期間と時期的に対応する期間内に得た中間収入の額を控除しうるとしている（米軍山田部隊事件—最2小判昭和37・7・20民集16巻8号1656頁、あけぼのタクシー事件—最1小判昭和62・4・2労判506号20頁、いずみ福祉会事件—最3小判平成18・3・28労判933号12頁）。要するに、平均賃金の6割に達するまでの未払賃金は支払いが絶対的に保障されるが、それを超える部分については、時期的対応を考慮しつつ、中間収入による控除の対象となるとされている。

　解雇が無効とされる場合、就労請求権の有無、すなわち、現実に就労させることを請求できるか否かも問題となるが、裁判例（読売新聞社事件—東京高決昭和33・8・2労民集9巻5号831頁）および通説は、特約がある場合や業務の性質上労働者が労務提供について特別の利益を有している場合を除き、一般に、就労請求権は認められないとしている。

(b) 不法行為を理由とする損害賠償請求

　解雇については、それが権利濫用ゆえに無効と主張する以外に、解雇が違法

で不法行為に該当すると主張して、損害賠償請求を行うことも可能である。もっとも、この場合、不法行為の他の要件、とりわけ、損害（精神的苦痛など）が発生していることの立証が必要となる。この損害の発生に関しては、解雇無効を主張することなしに損害賠償のみを請求する場合に、未払賃金相当額が逸失利益と認められるかがとくに問題となる（解雇の経緯等から、引き続き同じ職場で働く意思を有しない等の場合、このような形での請求がなされることがある）。

　この点、裁判例は、解雇が無効であることを争わない場合、未払賃金請求権は発生しないとして未払賃金相当額の逸失利益の発生を否定するもの（わいわいランド事件—大阪地判平成12・6・30労判793号49頁）と、違法な解雇により職を失い再就職に至るまでの収入を断たれたことをふまえ、再就職までの期間など、一定期間の賃金相当額を逸失利益として肯定するもの（インフォーマテック事件—東京高判平成20・6・26労判978号93頁等）とに分かれている。

解答例

❶　Bの労働契約上の地位確認を認める訴訟において、A社側としては、Bが退職届の撤回をしたとしても、法的には有効と認められないと主張する必要がある。退職届の撤回可能性については、Bの退職届の提出が、辞職の意思表示か、合意解約の申込みのいずれに当たるかによって変わってくる。辞職の意思表示であれば、使用者に到達すれば、その後は撤回できないので、2週間の経過により辞職の効力が生じることになるし、合意解約の申込みであれば、使用者の承諾があるまでは撤回は可能となる。どちらの意思表示であるかは、意思解釈の問題となるが、確定的に退職する意思が認められる場合以外は、撤回の可能性が広くなる合意解約の申込みと解されることになる。

　したがって、A社としては、Bの退職届の提出において、退職の意思は確定的なものであるので、Bは辞職の意思表示をしていると解され、それがA社に到達しているので、その後の撤回はできないと主張し、予備的に、辞職ではなく、合意解約の申込みであるとしても、D部長は退職に関して承諾権限があるので、退職届を受領した時点で、労働契約の合意解約が成立していたと主張することになる。

もっとも、後者の主張については、D部長が退職届の取扱いを保留していることからすると、認められにくいかもしれない。また、この点は、Bの退職届の提出を、辞職の意思表示とみたとしても問題となりうるかもしれない。ただ、辞職の場合は、単独行為であるので、D部長が退職届の取扱いを保留したとしても、そのことがBの辞職の意思表示の効力に影響するものではないと主張することになるし、また、退職届が所定の要式とは異なっているという点についても、Bの辞職の意思自体は明確に表示されているので、辞職の効力には影響しないと主張することになる。

❷ Cの労働契約上の地位確認請求が認められるための主張としては、A社による、就業規則所定の解雇事由に該当することを理由とするCの解雇が、解雇権濫用（労契法16条）に該当すると主張することが考えられる。A社は複数の解雇事由に該当すると主張しているので、各々の事由による解雇が解雇権濫用に該当すると主張することになる（なお、「その他各号に準ずるやむをえない事情があるとき」との解雇事由との関係でも、下記各解雇事由についての主張を行うことになる）。

「勤務成績または勤務態度が不良で改善の見込みがないとき」との解雇事由について。長期雇用を予定している労働者について、勤務成績や勤務態度の不良を理由に解雇することは例外的なものであるはずであり、したがって、この解雇事由に該当するかどうかは、使用者が注意ないし指導等を行ったにもかかわらず改善されなかったといった事情の存在が必要であると解される。

本件では、Cは、長期雇用を予定して採用された者であるところ、営業業務担当の従業員のうち営業成績が最下位かせいぜいその1つ上であり、たしかに勤務成績不良である。しかし、海外メーカー向け営業、国内メーカー向け営業を通じて、A社は、Cに対して指導をする人手が限られているとか、C自身の頑張りに期待するというのみで、営業成績を改善、向上させるための指導等を全く行っていない。それゆえ、Cとしては、A社が、Cの勤務成績を改善するための適切な指導等を行っていなかったと主張することが考えられる。

「会社の経営上やむをえない場合」との解雇事由について。A社がこの解雇事由に該当する事実として主張しているのは、需要激減に伴う経営悪化であり、したがって、解雇権濫用に該当するか否かの判断は、いわゆる整理解雇法理に照らして、人員削減の必要性、解雇回避努力義務の履践、人選の合理性、手続の相当性の各要素を総合的に検討して判断がなされるべきである。それゆえ、Cとしては、これらの要素に照らして、上記事由による解雇が解雇権濫用に該当すると主張することが考えられる。

人員削減の必要性については、世界的な金融危機により需要が激減し、経営が相当程度悪化しているので、これを否定する主張は困難と考えられる。

　解雇回避努力義務の履践については、A社は、経費節減、役員報酬および管理職の賃金カット等のほか、希望退職の募集を行っており、この点では解雇回避のための努力は行われていると解される。もっとも、希望退職の募集と並んで解雇回避のための典型的措置とされる配置転換を検討したことは窺われず、この点で解雇回避努力が履践されていないと主張する余地があると思われる。ただし、A社は従業員30名の小規模な企業であり、配置転換を行う可能性は存在しないとみる余地があり、本件解雇に関しては、配置転換の検討を行っていないことが解雇回避努力義務の履践を否定する事情として評価される可能性は高くないと解される。

　人選の合理性については、人選基準そのものあるいはそのあてはめが合理性を欠くと主張することが考えられる。もっとも、A社は、営業担当の従業員を対象として成績の低い順に選定しているところ、一般に、勤務成績は合理的な基準と考えられ、また、成績の評価にあたり、「積極性」や「責任感」といった抽象的な評価基準が用いられる場合には、評価者の恣意が入る可能性がある点で問題があると考えられるが、営業成績については、基本的に数字で客観的に評価されると考えられ、合理性に問題はないと解される。したがって、成績によるという人選基準そのものの合理性を争うことは困難と考えられるので、Cが争うことができるとすれば、あてはめの不合理性（成績評価の誤り）しかなく、この点を主張することが考えられる。なお、そもそも解雇対象者が営業担当の従業員に限定されていることを、人選の不合理性を基礎づける事実として主張することも考えられるが、A社は経営改善策をとるにあたり、技術力については維持と強化が不可欠との判断のもと、技術系の従業員を対象としなかったのであり、この判断にはとくに合理性を否定する事情はなく、また、事務系従業員については、もともと人員数がわずかで削減の余地がないと考えられるので、上記の主張が認められる可能性は低いと解される。

　解雇手続については、退職勧奨の際に簡単に経営状態等について説明がなされたのみであり、解雇実施にあたり、Cらに対して、解雇に至る経緯等について十分に説明、協議が行われていない、と主張することが考えられる。

　仮に解雇が無効であるとしても、Cがこれまでの仕事に実際に就かせてもらうことができるわけではない。これは法的には、労働者に就労請求権が認められるか否かの問題である。労働契約は人的な信頼関係を基礎とす

る関係であり、労務の受領についても、使用者の意向を無視して強制するのは妥当ではないと解されることから、就労請求権は、特約がある場合や、業務の性質上、労働者が労務提供について特別の利益を有している場合を除いては、認められないと解すべきである。

したがって、CがA社との間でCの就労請求権を認める特約を締結している場合を除くと、Cが従事していた業務は一般的な営業業務であり、現実に業務従事し続けることによってのみ、特殊あるいは専門的な技能の維持、向上が可能であるなど、業務の性質上、労働者が労務提供について特別の利益を有しているとの事情は認められないので、Cの上記希望は認められないと解すべきである。

関連問題

1. 希望退職制度における使用者の承認要件の有効性

営業力に優れ成績優秀な従業員であった服部半蔵は、丸ノ内製作所が希望退職を募集したのをみて、この会社にはあまり先がないと思い、割増退職金をもらってより有望な他の会社に移ったほうが得だと考え、希望退職に応募した。ところが、丸ノ内製作所は、半蔵の営業力は失うわけにはいかないとして、半蔵の希望退職の申し出を承認せず、割増退職金を払わなかった。半蔵が退職を翻意しないでいたところ、丸ノ内製作所は、最終的に、通常の自己都合退職の退職金のみ支払った。半蔵は、すでに受け取った自己都合退職金と割増退職金との差額を請求したいと考えている。認められるであろうか。

【希望退職制度（のもとにおける優遇措置）の適用における使用者の承認要件は有効か否か（大和銀行事件—大阪地判平成12・5・12労判785号31頁等を参照）】

2. 被解雇期間における中間収入の取扱い

大江戸純一が、仮に、解雇の1年後に、裁判所により解雇は無効であるとの判決を下された場合、未払賃金はいくらとなるか。なお、純一の丸ノ内製作所における毎月の賃金は20万円、賞与は、上半期（1月〜6月）について6月に賃金の2カ月分、下半期（7月〜12月）について12月に賃金の2.2カ月分であった。純一は、2009年6月末までは職に就かず無収入、7月1日から2010年2月28日までは裁判で解雇の効力を争うかたわら他の会社で働き、合計で120

万円の収入を得ていたとする。

【裁判所が未払賃金の支払いを命じる際、労働者に中間収入があった場合、どのように取り扱われるべきか（本講4(5)(a)を参照）】

3. バックペイと中間収入の控除についての労働委員会の裁量権

丸ノ内製作所が大江戸純一を解雇したのは、実は純一が労働組合の組合員であることを嫌悪してのことであったとする。純一が当該解雇は不当労働行為であるとして労働委員会に救済申立てをして、労働委員会が救済を命じる場合、バックペイにおいて中間収入はどのように取り扱われるべきか。

【司法救済と行政救済で、バックペイにおける中間収入の取扱いはいかなる点で異なるか（「18. 不当労働行為：分会長はつらいよ」および第二鳩タクシー事件—最大判昭和52・2・23民集31巻1号93頁、あけぼのタクシー事件—最1小判昭和62・4・2労判500号14頁を参照）】

| 参 | 考 | 文 | 献 |

・整理解雇法理について
　奥野［竹内］寿＝原昌登「整理解雇裁判例の分析」神林龍編『解雇規制の法と経済』（日本評論社・2008年）117-155頁

4. 雇止め・変更解約告知
そんな辞めさせ方ってありですか

設問　鳥取県出身の吉田正義は、2000年3月に地元の私立大学の文学部英文学科を卒業後、かねてからの夢であったシンガーソングライターになることを夢見て上京した。現実は厳しかったが、夢を実現するために、作曲やギターの練習を続ける日々を過ごしていた。もちろん生活は苦しく、親からのわずかな仕送りとコンビニのアルバイトの収入で何とかしのいでいた。また、東京で出会った仲間とバンド活動をするようになると、これにも費用がかかった。吉田は、もう少し条件のよいアルバイトはないだろうかと思っていた矢先、自宅近くにある高詰予備校が非常勤の英語講師を募集していることを就職情報誌で見つけた。一応、英文学科を卒業していた吉田は、これに応募することにした。吉田は学生時代から音楽三昧の生活であったので、実のところ英語は得意ではなく、採用のための筆記試験の出来も散々であったが、どういうわけか面接にまで残った。面接は、経営者で校長の大泉鈍一郎が直接行い、その場で吉田は、田舎から出てきた真面目な青年というキャラを全面に出してアピールし、何とか採用にこぎつけた。こうして、吉田は2004年4月1日から高詰予備校の非常勤講師として働き始めることになった。

　吉田と高詰予備校との労働契約は出講契約と呼ばれ、それによると、週4日で1日4クラス（1日合計6時間）の英語の授業を担当すること、時給は2500円であること、同校での業務がない時間は他の予備校で講義を担当してもよいこと、契約期間は1年であること、といった条件が書面に記載されていた。契約が更新されるかどうかは明示されていなかったが、受講生のアンケートの結果もふまえて決定するという内規はあった。しかし、実際にはアンケートの結果に関係なく、毎年12月ころに、非常勤講師に対し、翌年度の出講の意思確認書を渡して、それに諾否の意思を記して提出させ、出講を承諾した者との間で翌年度の出講契約を書面により締結するということが行われていた。吉田もこのような方法で、2010年度まで、出講契約を更新してきた。吉田が高詰予備校に雇用されてから2010年度まで、出講を希望した非常勤講師の契約更新が拒否された例はなかった。なお、

4. 雇止め・変更解約告知

　高詰予備校の常勤講師は期間の定めのない労働契約を締結しており、それぞれ授業を担当するだけでなく、高詰予備校の教育方針に関する会議への参加や、宣伝のための活動（高校への出張講義や説明）を行っていた。

　高詰予備校は、2008年ころから入学者が減り、経営は急速に悪化していた。大泉は、経営改善のために自らの報酬を3割カットし、10名いた正職員から希望退職者を募るなどしたが、これに応じる者はいなかった。そのようななか、2010年12月、大泉校長は、当時在籍していた非常勤講師10名全員に対し、経営悪化を理由に、翌年度の出講契約では時給を2500円から2300円に引き下げると通告し、それを前提として翌年度の出講の意思確認書を渡した。吉田以外の非常勤講師のうち7名は引下げに応じて次年度の出講を承諾したが、2名は次年度の出講をしない旨の返答をした。

　一方、吉田は、時給の引下げ提案に頭を抱えていた。このころ、吉田は、鳥取にいたころからの恋人である伊藤真由美と一緒に住んでおり、生活費のかなりの部分を銀行で働いている真由美に負担してもらっていた。一般職採用の真由美の給料は決して高いものではなく、吉田の時給が200円引き下げられると生活を維持することは難しくなりそうだった。転職も頭にちらついていたが、吉田は、高詰予備校で働くようになってから、若者のために英語を教えることに生きがいを感じるようになっており、そのため、音楽活動はほとんどしなくなっていた。それだけ予備校の仕事に打ち込んできたのであり、できる限り、この仕事を続けたいと思っていたのである。また30歳を過ぎている吉田にとって、正社員の仕事を探すのは簡単なことではなかった。それに加えて深刻なのは、故郷の両親に、予備校で常勤の講師をしていると嘘をついており、いまさら別の仕事に転職するとはいい出しにくいという事情だった。

　吉田は意を決して、同月20日に、大泉校長に直談判することとした。吉田は、「2500円から2300円へという、ほんの200円の引下げでも、うちの家計には結構な打撃なんですよ。何とか考え直していただけませんか」と懇請したが、校長の対応は厳しかった。「吉田君、校長の私も2年前から報酬を3割カットしているんだよ。このままでは学校はつぶれてしまうんだ。他の7人も今回の時給引下げに応じてくれているしね。もしこの額で不満というのなら、翌年度の出講の意思がないと判断するよ」といわれてしまった。吉田はなおも食い下がったが、「君の英語力には、ほんとうは失望していたのだよ。生徒アンケートの結果も、実は君はずっと非常勤講師

の中で最低だった。それでも君のやる気を買って雇用し続けていたことを忘れてもらっては困るよ。学校の経営が苦しいときに、自分だけ賃金が下がるのがイヤなんて自己中心的なことをいうとは、君を見損なったよ」といわれてしまい、それに返す言葉を見出せなかった。翌日、大泉校長は、再度、吉田に時給2300円での出講の意思確認文書を送付したが、吉田は諾否を書く欄には何も記入せずに、欄外に、「本校の事情もお察ししますが、私としましては時給2500円での出講契約の締結を要望します。この要望が受け入れられなかった場合には、とりあえず時給2300円で出講いたしますが、納得できる形の決着を希望しているので、時給の引下げについては、労働審判で争わせていただき、その結果に従うつもりです。いずれにしましても、来年度以降もよろしくお願いいたします」と記載して返送した。大泉校長は、これでは吉田が時給引下げに同意したとみることはできないので2011年度の出講の意思がないと判断し、2011年2月末に、同年3月末日をもって高詰予備校と吉田との出講契約は終了する旨を通知した。2011年4月以降、吉田は高詰予備校への出講を拒否されている。

　桂京子は、人材派遣を業とする汐留カンパニーから派遣されて高詰予備校の事務を担当している派遣職員である。桂は、かつて予備校で事務の仕事をしていたが、出産を機に退職し、しばらく休んだ後、2000年9月に汐留カンパニーに登録していた。そのころ、タイミングよく、汐留カンパニーは高詰予備校から事務担当職員を探してほしいと依頼されていたので、桂を派遣することとし、桂もこれに応じた。こうして、2000年11月1日に高詰予備校と汐留カンパニーとの間で、期間を1年とする労働者派遣契約が締結され、同日、汐留カンパニーと桂は、雇用期間を1年、派遣先を高詰予備校とする派遣労働契約を締結した。その後、この派遣労働契約は、2010年10月末日まで毎年更新され、桂は高詰予備校の事務担当職員のなかでは2番目にベテランとなっていた。桂の仕事の評価は非常に高く、「困ったら桂」、といわれるほどであったが、高詰予備校に直接雇用されていた事務担当職員の職務すべての代わりができるわけではなかった。また、桂の更新手続は、桂が高詰予備校から交付された更新意思確認の書類に署名押印し、汐留カンパニーにはそれを提出するだけというもので、更新時に何ら問題が生じたこともなかった。なお、汐留カンパニーは高詰予備校だけでなく、いくつかの予備校にも事務担当職員を派遣しており、それらを渡り歩いて派遣されていた者もいた。

　高詰予備校の経営が悪化するなか、大泉校長は、非常勤講師の賃金の引下

げだけでなく事務担当職員を減らすことも考え始めていた。まず、その対象となったのが桂であった。桂の派遣期間はすでに10年にも及んでおり、これは労働者派遣法に違反していることから、大泉校長は、労働者派遣契約の期間途中だが、2010年8月末日付けで高詰予備校と汐留カンパニーの労働者派遣契約を解除することを、同年6月中に汐留カンパニーに通知した。この通知を受けた汐留カンパニーの社長である空仏まどかは、解除の申入れを受け入れ、同年8月末日をもって、桂に対し、派遣先がなくなったことを理由に解雇することを通知した。これに対し、桂は、高詰予備校に派遣できなくなったとしても、まだ契約期間が残っているのだから、他の派遣先を探してくれないと困る等と空仏にいった。しかし、汐留カンパニーの派遣労働者に適用される就業規則10条では解雇基準に関して、「社員が次の各号の一に該当する場合は、解雇する。1．業務能力が著しく劣り、又は勤務成績が著しく悪い者……、6．労働者派遣契約の解除によって従前の派遣先への派遣が不可能となった場合」とされていたため、空仏には聞き入れてもらえなかった。その後、同年9月末ころ、桂は空仏から改めて、同年8月末日で労働契約が解雇により終了している旨の通知を受けたが、その通知には、桂が解雇を受け入れるかどうかに関係なく、同年10月末日をもって桂との労働契約は終了し、更新はされない旨もあわせて記載されていた。結局、汐留カンパニーは桂への解雇を撤回することはなく、そのまま期間満了日である同年10月末日を迎えてしまった。桂は、9月1日以降、何も仕事に就いていない。

❶吉田は、時給の引下げに同意しなかったことを理由として出講契約が更新されなかったと考え、それは違法であり、何とか出講契約の継続を求めたいと思っている。吉田から相談を受けた弁護士のあなたは、どのように主張して争うか。

❷桂は、汐留カンパニーの対応に納得がいかなかったため、汐留カンパニーを訴えたいといっている。桂から相談を受けた弁護士のあなたは、どのように主張して争うか。

（以下、吉田正義＝A、高詰予備校＝B校、桂京子＝C、汐留カンパニー＝D社、空仏まどか＝Eとする）

4. 雇止め・変更解約告知

解　説

1 ………… 概　観

(1) 設問のねらい

　本設問は、期間の定めのある労働契約の更新拒絶の有効性、期間途中の解雇の有効性、および、いわゆる変更解約告知の有効性について問うものである。

　具体的には、設問❶では、期間の定めのある労働契約の更新拒絶に解雇権濫用法理が類推適用された場合の、労働条件の引下げの提案とそれに同意しないことを理由とする更新拒絶（いわゆる変更解約告知）の適法性について、設問❷では、期間の定めのある労働契約における期間途中の解雇の有効性、および、違法に反復更新されてきた派遣労働契約の更新拒絶に、解雇権濫用法理がそもそも類推適用されるかどうかについて問う。

(2) 取り上げる項目

▶期間の定めのある労働契約の更新拒絶（雇止め）の有効性
▶期間途中の解雇の有効性
▶いわゆる変更解約告知の有効性

2 ………… 労働契約の期間の定め

(1) 期間の定めの意義

　労働契約には、期間の定めのないもの（無期労働契約）と期間の定めのあるもの（有期労働契約）とがある。一般に、前者は正社員が締結し、後者は非正社員（アルバイト、パート労働者等）が締結する。

　労働契約の期間の定めには、次のような意義がある。まず、①期間の定めのある労働契約では、契約期間が満了すれば契約は自動的に終了する。その際、期間の定めのない労働契約の解雇におけるような合理的理由（労契法16条）を必要としない（自動終了機能）。そのため、企業は、2カ月や3カ月など短期の期間を設定し、臨時的需要への対応や雇用調整の手段として期間の定めを利用する。もっとも、実際には、企業は短期の有期労働契約を反復更新することで、継続的な労働需要にも対応している。これが、雇止めに関する法的問題（本講5(2)以下参照）を生じさせる。

　次に、②当該契約期間中、契約当事者が当該契約を解約できるのは「やむを

得ない事由」がある場合に限られ、その事由の発生に過失のある当事者は、相手方に対して損害を賠償しなければならない（民法628条）。これにより、労働者は、当該期間中は契約（雇用）の存続を保障される（雇用保障機能）。その反面、退職も制約されることになり（労働者を拘束する機能）、労基法は労働者の長期間の不当な拘束を回避するために、期間の上限を規制してきた（本講3(1)参照）。他方、企業にとっては、その事業運営のために必要な労働者を一定期間確保することが可能となるというメリットがある。

(2) 期間の定めの有無

労働契約の期間の定めは、とくに理由なく設定することができるが、労働契約の締結に際し、書面により明示することが使用者に義務づけられている（労基法15条1項、労基則5条1項1号）。そのため、労働契約の期間の定めの有無は通常明らかとなるはずであるが、期間の定めの有無について争いがある場合には、当事者の意思解釈によって決定される。たとえば、期間の定めのある特別職を募集する意図をもった使用者が、求人票には「常用」と記載し、かつ、具体的な雇用期間は記載しなかったケースで、期間の定めのない労働契約が締結されたとした裁判例がある（千代田工業事件—大阪高判平成2・3・8労判575号59頁）。なお、期間の定めについて明示義務違反があった場合は罰則の適用がある（30万円以下の罰金。労基法120条1号）が、私法上、期間の定めのない労働契約となるわけではない。もっとも、明示義務違反の事実は当事者の意思解釈の認定に影響を与えうる。たとえば、期間の定めのある労働契約を締結しようとする使用者が、労働者にその旨を十分に明示していなかった場合は、期間の定めのないものと認定されやすいと考えられる（前掲・千代田工業事件参照）。

なお、最高裁によれば、使用者が新規採用にあたり、労働者の適性を評価、判断するために労働契約に期間を定めた場合、当該期間の満了によりその雇用契約が当然に終了する旨の明確な合意が当事者間に成立しているなどの特段の事情が認められる場合を除き、その期間は契約の存続期間ではなく、試用期間であると解するのが相当であるとされている（神戸弘陵学園事件—最3小判平成2・6・5民集44巻4号668頁。試用期間については「5. 採用・採用内定・試用期間：内定は得たけれど」を参照）。

3 ‥‥‥‥‥契約期間の法規制
(1) 期間の上限の規制

　上述のように、期間の定めのある労働契約は「やむを得ない事由」がない限り、期間途中での解約ができない。そのため、長期の契約期間の設定は、労働者に対する不当な人身拘束となりうるという弊害が懸念されてきた。そこで、これを防止するため、労基法は、一定の事業の完了に必要な期間を定める場合を除き、期間の上限を1年としてきた。その後、労基法制定当初に比べ、長期間の労働契約による不当な人身拘束という弊害のおそれが薄れてきたことから、2003年労基法改正により、期間の上限は3年に引き上げられている。

　現行法では、労働契約に期間を定める場合、一定の事業の完了に必要な期間を定めるもののほかは、3年を超える期間について締結してはならない（労基法14条1項）。「一定の事業の完了に必要な期間を定める」場合には、単に「本工事が完了するまで」というだけではなく、具体的な期間（「4年」ないし「4年半」など）を定めなければならない。また、特例として、2003年労基法改正で、高度の専門的知識、技術または経験（専門知識等）を有する労働者（たとえば、博士の学位を有する者、公認会計士、医師、弁護士、社会保険労務士、システムアナリスト。これは自らの労働条件を決めるにあたり、交渉上劣位に立つことのない労働者とされている。平成15・10・22厚生労働省告示356号参照）が当該専門的知識等を必要とする業務に就く場合（同項1号）、または、満60歳以上の労働者（同項2号）との労働契約については、期間の上限は5年とされている。

　2003年労基法改正による期間の上限の3年への引上げおよび5年を上限とする特例は、雇用形態の多様化が進む状況では、有期労働契約が労使双方にとって良好な雇用形態として活用されるようにしていくことが必要であるという認識に基づくものであった（たとえば、満60歳以上の者の特例は、高齢期の雇用機会を拡大する趣旨である）。もっとも、同時に、不当な人身拘束という有期労働契約の濫用的利用も懸念されたため、それに対する必要な措置が講じられるまでの間は、労働者は、1年を超える契約期間を定めた場合でも、一定の事業の完了に必要な期間を定めるもの、および、特例の労働者を除き、契約期間の初日から1年を経過した日以後はいつでも退職できるとされている（労基法137条）。しかし、未だにこの必要な措置は講じられていない状況にある。

なお、労基法14条1項は、1回で定める期間の上限のみを規制するので、更新は許される。たとえば、1年の期間の定めのある労働契約が6回更新され、勤続年数が通算して7年となったとしても、労基法14条違反とはならない。また、期間の定めのある労働契約に自動更新条項を設けることも、労働者の退職の自由が確保されていれば、同様の趣旨から有効となると考えられる。

(2) **上限違反の効果**

　3年（特例の場合は5年）の上限を超える期間を定めた場合、労基法14条に違反し、使用者には罰則の適用がある（30万円以下の罰金。労基法120条1号）。他方、上限を超える期間を定めた場合の私法上の効果には争いがある。①通説・裁判例は、上限を超える期間の定めは労基法13条により無効となり、直律的効力により3年となるとする（自警会東京警察病院事件—東京地判平成15・11・10労判870号72頁など。行政解釈も同様、平成15年10月22日基発1022001号）。これに対して、②使用者は上限である3年を超える期間の拘束を主張できないが、労働者にとって上限を超える期間の定めは不当な人身拘束とならず身分保証となることから有効であり、労働契約はその期間満了により終了するとする説や、③労働契約の期間は「労働条件」というよりその存立の条件であり、短いほうが当然に有利ともいえないとして、労働者の雇用の安定という利益を重視して、労基法13条の直律的効力が生じず、期間の定めそのものがなくなるとする説がある。通説から、②は上限違反の期間であるにもかかわらず、片面的とはいえ期間設定の効果をそのまま認めてよいのか、③は当事者に期間を設定する意思があったことを全く無視してよいのかという疑問が生じるなどと指摘されている。

(3) **必要以上に短い期間を定めないようにする配慮義務**

　労働契約当事者は、3年（特例の場合は5年）を超えなければ、自由に期間の長さを設定でき、短期的な労働需要のために短期の有期労働契約は有用である。しかし、実際には、短期の有期労働契約は、期間の定めのない労働契約と比べ雇用調整が容易であることから、継続的な労働需要のためにも使われる。このことは、有期労働契約によらなくてもよい場合に、それを使用者が利用することで、労働者の雇用の安定が阻害されているのではないかという問題を生じさせうる。また、期間の定めは労働者の雇用保障期間ともなることから、労契法17条2項は、「使用者は、期間の定めのある労働契約について、その労働契約

により労働者を使用する目的に照らして、必要以上に短い期間を定めることにより、その労働契約を反復して更新することのないように配慮しなければならない」と規定し、必要に応じた期間を設定するよう使用者に配慮を求めている。

労契法 17 条 2 項の法的効果については、そもそも現行法では期間の設定の目的に関する規制がいっさいないこと、「必要以上に」という不明確な表現にとどまっていること、同項が必要に応じた期間を設定することを義務づけるものでないこと等から、仮に、使用者が必要に応じた期間を設定しなかったと法的に評価された場合でも、私法上、当該期間の定めが無効となる等の効果は生じないと解される。もっとも、この評価は、後述の期間満了後の雇用継続の合理的期待の有無の判断において、本来必要とされる期間の満了までの雇用継続の合理的期待が肯定される要素の 1 つとなりうる。

(4) 有期労働契約の締結、更新、雇止めに関する基準

労基法 14 条 2 項に基づき、厚生労働大臣は、期間の定めのある労働契約締結時および満了時の紛争を未然に防止するため、「有期労働契約の締結、更新及び雇止めに関する基準」(平成 15・10・22 厚生労働省告示 357 号。改正告示 (平成 20・1・23 厚生労働省告示 12 号) により、②が追加) を定めている。この基準によれば、使用者は、①有期労働契約の締結に際し、労働者に契約期間満了後の更新の有無、更新するまたは更新しない場合の判断基準を明示しなければならない、②3 回以上更新された有期労働契約、もしくは 1 年を超えて継続勤務している者の契約を更新しない場合には、契約期間の満了の日の 30 日前までに予告をしなければならない (あらかじめ契約を更新しない旨明示されている者を除く)、③ ②に該当する労働者が更新しない理由の証明書を請求したときは、遅滞なくこれを交付しなければならない、そして、④有期労働契約 (1 回以上更新し、かつ、1 年を超えて継続勤務) を更新しようとする場合、契約実態や労働者の希望に応じて、契約期間をできる限り長くするよう努めなければならない。

この基準に違反した使用者に対する特別の制裁はなく、私法上の効力も付与されていないが、労働基準監督署長は必要な助言および指導を行うことができる (労基法 14 条 3 項)。なお、この基準は、労働契約内容の理解を促進するために、できる限り書面により確認するものとされている (労契法 4 条 2 項参照)。

4 ……… 期間途中の解雇、退職

(1) 期間途中の解雇

　期間の定めのある労働契約における期間途中の解雇については、「やむを得ない事由があるときは、各当事者は、直ちに契約の解除をすることができる」（民法 628 条）とされている。よって、原則として、「やむを得ない事由」がない限り、期間途中の解雇はできないことになるが、同条が民法上の規定であることから、「やむを得ない事由」よりも緩やかな事由で、ないし、「やむを得ない事由」がなくても解雇ができる旨を契約当事者が合意したり、就業規則等に規定したりした場合、解雇できるのか（同条は任意規定か）という問題が残る。そのような状況で、「雇用契約の当事者を長期に束縛することは公益に反するとの趣旨」である民法 628 条は、「やむを得ない事由」がある場合に当事者の解除権を保障したものといえるため、「やむを得ない事由」を厳格にする（束縛を強くする）合意は無効だが、緩やかな事由により解雇できる旨の合意のみ有効となる（片面的強行性）とする裁判例が現れた（ネスレコンフェクショナリー関西支店事件―大阪地判平成 17・3・30 労判 892 号 5 頁）。

　期間途中の解雇における「やむを得ない事由」を緩和できるのかという問題に関し、労契法 17 条 1 項は、「使用者は、期間の定めのある労働契約について、やむを得ない事由がある場合でなければ、その契約期間が満了するまでの間において、労働者を解雇することができない」と定める。これは、民法 628 条の解釈問題のうち、解雇については「やむを得ない事由があるとき」に該当しない場合は解雇することができないことを明らかにするために規定されたもので、同条は強行規定であると解される。したがって、「やむを得ない事由」を緩和するような合意や就業規則の規定等は無効となると考えられる（このため、上述の裁判例の判断は、労契法 17 条 1 項により否定される）。もっとも、同条は期間途中の解雇の制限をするための規定であるため、期間途中の解雇をする場合の根拠規定は従来どおり民法 628 条に求められる。また、「やむを得ない事由」があることの主張立証責任は使用者が負う（平成 20・1・23 基発 0123004 号）。

　期間途中の解雇に要求される「やむを得ない事由」の内容は、期間の定めのない労働契約における解雇よりも厳格なものと解され（安川電機八幡工場〔パート解雇・本訴〕事件―福岡地小倉支判平成 16・5・11 労判 879 号 71 頁、アウトソーシング事件―津地判平成 22・11・5 労判 1016 号 5 頁等）、期間の満了をまつこと

ができないほど緊急かつ重大なものでなければならない。具体的な内容は個別判断によるが、通常の経営悪化程度では「やむを得ない事由」があったとは認められず、労働者が負傷・疾病により就労不能となった場合や、悪質な非違行為、天災事変や経済的事情により事業の継続が困難となったこと等が考えられる。

近年、派遣労働者の期間途中の解雇に関する紛争が多く生じているが、派遣労働者についても以上と異なるところはない（プレミアライン〔仮処分〕事件—宇都宮地栃木支決平成21・4・28労判982号5頁、平成20・12・10基発1210009号、職発1210002号）。なお、派遣労働者の期間途中の解雇の有効性が争われる場合、労働者派遣契約の解約に伴い派遣労働者の就労場所が消滅し、派遣元会社が派遣料の支払いを受けられなくなったことだけでは「やむを得ない事由」には当たらないと解される（ニューレイバー〔仮処分〕事件—横浜地決平成21・3・30労判985号91頁）。

(2) 期間途中の退職

労契法17条1項は、期間途中の解雇についてのみ対象としているため、期間途中の労働者からの契約解除（退職）など、期間途中の解除に関することは、民法628条の解釈問題として残っている。

有期契約労働者が期間途中に退職する場合も、「やむを得ない事由」が要求される（民法628条）。もっとも、民法628条からは、労働者の退職時の「やむを得ない事由」を緩和する旨、ないし、それがなくても退職できる旨の合意や就業規則の規定等が有効となるかは明らかでなく、学説上争いがある。

5　期間の満了、更新、雇止め

(1) 期間の満了と黙示の更新

期間の定めのある労働契約は、その期間の満了により当然に終了し、労働者および使用者は終了について格別の意思表示をする必要はない。また、有期労働契約の更新は新たな契約の締結であるので、これを更新するか否かは契約当事者の自由意思に委ねられる。ただし、有期労働契約の期間満了後も、労働者が引き続きその労働に従事する場合において、使用者がこれを知りながら異議を述べないときは、従前の雇用と同一の条件でさらに雇用をしたものと推定される（民法629条1項前段）。これを黙示の更新という。

有期労働契約が黙示に更新された場合、通説は、更新後の契約は、期間の定めのない契約として存続すると解してきた（旭川大学事件—札幌高判昭和56・7・16労民集32巻3＝4号502頁等）。これは、黙示の更新の場合には、各当事者は、期間の定めのない雇用の解約の申入れに関する民法627条の規定により、解約の申入れをすることができるとする規定（民法629条1項後段）を根拠とするものである。これに対して、民法629条1項前段にいう「同一の条件」には契約期間も含まれ、黙示の更新の場合には、従前の契約と同一の期間の定めのある労働契約が成立したと解すべきであるとする有力説がある（裁判例として、タイカン事件—東京地判平成15・12・19労判873号73頁）。有力説は、通説では、いったん黙示の更新がなされると、たちまち解雇権濫用法理（労契法16条）の適用を受けた長期の雇用保障のある契約に転化することになり、雇用の実態にそぐわないとする。これに対して、通説を支持する立場からは、解雇権濫用法理の適用において、当該事案における労働者の雇用存続への期待の程度を勘案することは可能であり、また、有期契約締結時の期間、更新可能性の明示の要請が強化されていることから、通説の立場を支持すべきであるとの見解がある。このほか、民法629条1項は継続的関係における弱者に当たる者を保護するための規定と解し、期間の定めのない場合と同じ条件で解約できると規定されていることからすれば、期間の定めのない労働契約となるとの推定が成り立つが、使用者からの反証によりその推定を覆しうることに留意すべきであるとの見解が主張されている。

いずれにせよ、使用者は、期間満了による契約の終了を望む場合、黙示の更新のおそれを回避するために、労働者に対して更新拒絶（いわゆる雇止め）の通知（これは法律行為ではなく、観念の通知に当たる）をする必要がある。

(2) 雇止めに関する法規制

期間の定めのある労働契約はその期間の満了により終了するが、実際には、従前と同じ期間を定めて契約が更新され、労働関係が継続することも多い。使用者は有期契約労働者を継続的労働需要に利用する一方、期間の満了による労働契約の終了には解雇規制が及ばないため、雇用の調整弁として利用してきた。たしかに、期間の定めのある労働契約の更新は新契約の締結であるため、更新するかどうかは契約当事者（主に使用者）の自由である（もっとも、雇用期間が1年を超える有期契約労働者について更新する場合には、期間の定めをできる限り長

くするように努めなければならない、本講3(4)参照）。しかし、期間の定めのある労働契約が反復更新され、労働者が雇用継続の期待を有するようになってくると、無制約に更新拒絶を認めてよいのかという問題が生じてきた。そこで、判例は、一定の場合の更新拒絶に解雇権濫用法理（現在の労契法16条）を類推適用することで、問題の法的解決を図ってきた。雇止めに解雇規制が類推適用される場合、合理的理由のない雇止めは許されず、期間満了によっても労働契約は終了せず、従前の労働契約が更新されたのと同様の法律関係となると解されている（日立メディコ事件—最1小判昭和61・12・4労判486号6頁。判例による法定更新制度といえる）。

雇止めの法規制は、①どのような場合の雇止めに解雇権濫用法理が類推適用されるか、②類推適用された場合に雇止めの適法性はどのように判断されるべきか、という2つの問題に分けられる。

(3) 解雇規制の類推適用の有無

雇止めに解雇規制が類推適用されるケースには、大別して2つのタイプがある。第1は、実質無期契約タイプであり、そのリーディングケースである東芝柳町工場事件（最1小判昭和49・7・22民集28巻5号927頁）は、2カ月の期間で雇用され5回ないし23回契約を更新された臨時工の雇止めの事例で、「期間の満了毎に当然更新を重ねてあたかも期間の定めのない契約と実質的に異ならない状態で存在して」おり、「本件各雇止めの意思表示は……実質において解雇の意思表示にあた」り、「そうである以上、本件各雇止めの効力の判断にあたっては……解雇に関する法理を類推すべきである」とした。

第2は、期待保護タイプであり、そのリーディングケースである前掲・日立メディコ事件は、2カ月の有期契約が5回更新された臨時員の雇止めの事例で、本件労働契約は「期間の定めのない労働契約が存在する場合と実質的に異ならない関係が生じた」とはいえないものの「臨時的作業のために雇用されるものではなく、その雇用関係はある程度の継続が期待されていたものであ」るとして、解雇に関する法理が類推されるとした。

問題は、いずれのタイプにせよ、雇止めへの解雇法理の類推適用の有無はどのような基準で判断されるかである。裁判例では、当該雇用が臨時的か常用的か、更新回数、雇用の通算期間、契約更新の手続および実態、同様の地位にある者の従来の雇止めの状況、雇用継続への期待を抱かせる使用者側の言動、労

働者の雇用継続への期待の合理性等を総合考慮して判断される（カンタス航空事件—東京高判平成 13・6・27 労判 810 号 21 頁参照）。

　たとえば、3 カ月の有期契約が 14 年から 17 年にわたり、半ば自動的に更新され、正社員以上の残業が可能な地位であったパート労働者の労働契約は、実質的には期間の定めのない労働契約と同視できるとしたものがある（前掲・安川電機八幡工場〔パート解雇・本訴〕事件）。他方、1 年の有期契約で、雇止めまで 6 年 5 カ月から 11 年 10 カ月にわたり長期の反復更新が行われていた場合であっても、更新手続がきちんと行われていた（更新の可否は事業部長が決定し、労働者の個別の意思表示を経て契約を締結するという手続が踏まれていた）事例では、実質的に期間の定めのない労働契約と異ならない状態であったとはいえないとされている（三洋電機〔パート雇止め第 1〕事件—大阪地判平成 3・10・22 労判 595 号 9 頁）。しかし、この事例では、契約の継続を期待させるような記載が契約書にあり、使用者の一方的な都合による雇止めが行われたこともなかったこと、反復更新の状況、職務が単純反復作業であるとしても、当該事業部の目的に直接必要不可欠であったこと等から、雇用継続への期待が認められている。また、1 年の期間でタクシーの臨時運転手として雇用された者の初回の契約更新の拒絶であっても、それまで更新拒絶の例がなかったこと、本雇運転手の欠員補充は臨時運転手からのみ行われていたこと等から、雇用継続の期待に合理性があるとされた例もある（龍神タクシー〔異議〕事件—大阪高判平成 3・1・16 労判 581 号 36 頁）。これらに対し、更新回数が 20 回と多数回にわたり、雇用の通算期間が 21 年間と長期にわたっても、職務および責任が正規労働者（常勤講師）と明確に異なる場合には、雇用継続の期待は否定される（亜細亜大学事件—東京地判昭和 63・11・25 労民集 39 巻 6 号 619 頁）。

　また、雇用継続の期待については、労働者が雇用継続の期待が認められる状態になった後、以後の更新をしない旨を契約書などで明示して契約を更新する場合（いわゆる契約不更新条項の挿入）、これにより、労働者の雇用継続の期待が失われるかという問題もある。これについては、使用者が次回契約不更新について労働者に説明し、労働者が契約不更新条項のある契約書に署名押印し、異議を述べなかったこと等から、労働者が契約終了に合意したとして、労働者の雇用継続の期待を認めなかった例がある（近畿コカ・コーラボトリング事件—大阪地判平成 17・1・13 労判 893 号 150 頁）。もっとも、契約更新を希望する労働

者にとっては不更新条項に同意せざるをえないという場合もあり、裁判例には、契約更新にいったん合意した使用者が不更新条項を追加して、契約の反復更新の可能性を排除しようとしたことが、それ自体不合理なものとされた例がある（明石書店事件—東京地判平成 21・12・21 労判 1006 号 65 頁）。

このほか、法律上、長期雇用が想定されていないタイプの有期雇用において、雇用継続の合理的な期待が認められるのか、という問題もある。たとえば、長期間同一の事業所に派遣されてきた期間の定めのある登録型派遣の労働契約の雇止めにあたり、13 年 3 カ月間、27 回にわたり更新されてきたこと、更新手続も形式的なものであったことなどから、労働者は雇用継続に強い期待を抱いていたことは明らかであると認めながらも、同一労働者を同一事業所へ長期間派遣する当該労働契約においては、労働者派遣法の常用代替防止という趣旨に照らし、労働者の雇用継続に対する期待には合理性がなく、保護すべきものではないとして、解雇権濫用法理の類推適用を否定した例がある（伊予銀行・いよぎんスタッフサービス事件—松山地判平成 15・5・22 労判 856 号 45 頁、同控訴審—高松高判平成 18・5・18 労判 921 号 33 頁）。

また、近年、使用者が契約更新時に、従前の労働条件を変更して契約の更新を求め、労働者が労働条件の変更について争っている間に期間が満了し、契約が終了したときに、使用者が、労働契約の終了は雇止めによるのではなく、新契約に合意が成立しなかったためであり、当該労働契約の終了には雇止め法理自体が適用されないと主張する例がみられる（河合塾〔非常勤講師・出講契約〕事件—福岡高判平成 21・5・19 労判 989 号 39 頁）。もっとも、このような主張によると、労働者はいかなる不合理な労働条件の変更であってもそれに合意しなければ、雇止め法理の保護なく契約が終了する危険を負わざるをえず不当であるとして、この主張にかかわらず、雇止めとして判例法理の保護を受けうるとした例がある（ドコモ・サービス〔雇止め〕事件—東京地判平成 22・3・30 労判 1010 号 51 頁）。

(4) 雇止めの適法性

解雇規制の類推適用によって、雇止めには合理的理由が要求されるが、整理解雇の場合、一般に、長期雇用下における雇用保障のある期間の定めのない正規従業員と同程度の合理的理由は要求されず、その要件は緩やかになると解されている（前掲・日立メディコ事件。たとえば、正規従業員に先立って臨時員の削

減をすることは、社会的にみて合理的であるとされる)。このような扱いに対しては、有期契約労働者を雇用の調整弁として利用する使用者の意図をそのまま追認するもので妥当でないとする見解がある。

　雇止めに要求される合理的理由が緩やかに解されるのは、有期契約労働者は採用が正規従業員よりも簡易であるとか、基幹的業務に就いていないことが多いこと、企業との結びつきが正規従業員よりも弱いこと等による。そのため、正規従業員と遜色ない業務に従事している有期契約労働者の雇止めについては、整理解雇の要件が厳格に判断されている（前掲・三洋電機〔パート雇止め第1〕事件、ヘルスケアセンター事件―横浜地判平成11・9・30労判779号61頁。整理解雇については、「3. 解雇・退職：リストラはする方もされる方も大変」を参照)。

6 ……… 変更解約告知

(1) 変更解約告知の意義とタイプ

　変更解約告知とは、労働条件変更の手段として行う解雇のことであり、使用者による労働条件の変更申入れを労働者が承諾しなかった場合に行われる解雇の意思表示である。日本では、就業規則で定められている集団的な労働条件については、合理的な変更という方法がある（労契法10条）ので、変更解約告知は、就業規則で定められていない個別的な労働条件の変更の場合で、指揮命令権等によって変更できない場合に行われることになる。

　変更解約告知は2つのタイプに大別できる。使用者が労働者に労働条件変更の申込みをしつつ、それが受け入れられない場合に解雇するというタイプ（労働者が労働条件変更の申込みを拒否することを停止条件とする解雇、ないし、労働者が労働条件変更の申込みを承諾することを解除条件とする解雇の意思表示）と、使用者が労働者に解雇の意思表示をすると同時に、異なる条件での再雇用（新契約締結）を申し込むタイプである。なお、これ以外には、先に労働条件変更の申込みを行い、それを労働者が拒否したことを理由として解雇をする（労働条件変更の申込みと解雇の意思表示とが条件関係にない）タイプもある。いずれにしても、労働条件の変更に応じるか、それを拒否して解雇の有効性を争うかについての判断を労働者に委ねる点に、変更解約告知の特徴がある。したがって、使用者が解雇と新条件での再雇用を申し込んだものの、再雇用に応じた労働者であっても整理解雇されうることを明示していたようなケースは、変更解約告

知とはいえないと解される（関西金属工業事件―大阪高判平成 19・5・17 労判 943 号 5 頁）。

現在、変更解約告知に関する法規制は存在しない。しかし、変更解約告知は就業規則の変更等で対応できない個別契約により定められた労働条件の変更に有用であるとして、それを独自の法概念ととらえ、その有効性判断のあり方等が議論されている（変更解約告知を独自の法概念ととらえることに批判的な裁判例として、大阪労働衛生センター第一病院事件―大阪地判平成 10・8・31 労判 751 号 38 頁）。もっとも、変更解約告知は、労働条件の変更を承諾するかどうかの判断が労働者のイニシアティブに委ねられているとはいえ、実際には解雇が受け入れられない労働者は労働条件の変更を承諾せざるをえないという状況を作り出しうる。この問題については、後述(3)の「留保付き承諾」を認めることで解決を図ることになる。

(2) 変更解約告知の有効性判断

変更解約告知は労働者が変更に同意しない場合には解雇の効力が生じ、その場合には一般の解雇規制（労契法 16 条）に服することになる。ただし、その際には、変更解約告知の労働条件変更手段であるという特性をふまえた独自の枠組みを構築すべきであるという見解と、通常の解雇と同様の判断枠組みが適用されるとの見解に大別できる。

変更解約告知の特性をふまえて、有効性につき独自の判断枠組みをとった裁判例は、解雇と新条件での再雇用の申込みが行われた事例で、「労働者の職務、勤務場所、賃金及び労働時間等の労働条件の変更が会社業務の運営にとって必要不可欠であり、その必要性が労働条件の変更によって労働者が受ける不利益を上回っていて、労働条件の変更をともなう新契約締結の申込みがそれに応じない場合の解雇を正当化するに足りるやむを得ないものと認められ、かつ、解雇を回避するための努力が十分尽くされているときは、会社は新契約締結の申込みに応じない労働者を解雇することができるものと解するのが相当である」とする（スカンジナビア航空事件―東京地決平成 7・4・13 労民集 46 巻 2 号 720 頁）。また、多くの学説が、これをふまえて、①労働条件の変更の必要性および相当性、②これを解雇という手段によって行うことの相当性、③解雇回避努力を尽くしたことが認められ、手続的要件として、④労働者との協議や説明が十分行われた場合に、変更解約告知が有効となるとしている。

他方で、変更解約告知を独自の法概念ととらえない場合は、通常の解雇と同様の判断枠組みを当てはめて、その有効性を判断することになる。そして、変更解約告知が経済的必要性を主とするものであるときには、整理解雇の法理が適用されることになる（前掲・大阪労働衛生センター第一病院事件参照）。

以上の変更解約告知の有効性判断枠組みについての対立は、変更解約告知の労働条件変更手段としての性格を重視するか、あるいは、解雇としての性格を重視するかという立場の対立といえる。

(3) 留保付き承諾

変更解約告知は、労働者に労働条件変更の承諾か、それを拒否したうえでの解雇の二者択一を迫るものである。これは、解雇紛争をおそれる労働者にとって、使用者による一方的な労働条件変更手段としてしか機能しないおそれがあり、労働条件変更は合意によるという原則（労契法8条）や労働条件対等決定の原則（労基法2条1項、労契法3条1項）に反する事態といえる。そこで、学説上、この問題の解決のために、変更解約告知においては、使用者による労働条件変更の申込みに対して、労働者が労働条件の合理性を争うことを留保しつつ承諾し、暫定的に新労働条件で就労することで、解雇という事態を回避すること（いわゆる留保付き承諾）が認められるべきであると主張される。もっとも、現行法上、留保付き承諾を認める規定はなく、さらに、民法528条により、条件付きの承諾は申込みの拒絶とともに新たな申込みをしたものとみなされるため、留保付き承諾は労働条件変更提案に対する拒絶と新条件での申込みを労働者が行ったと評価され、結局、解雇の効果が発生することになる。したがって、民法528条が適用されるとすると、留保付き承諾は否定されることになる（日本ヒルトン事件—東京高判平成14・11・26労判843号20頁参照）。この見解によると、留保付き承諾の有用性を認めたとしても、それは立法論となる。

これに対し、労働契約の変更には民法528条の適用はなく、解釈論としても、留保付き承諾は認められるとする有力説がある。すなわち、民法528条は契約の成立時の紛争を予防するための規定であり、それを契約内容の申込みである変更解約告知にそのまま適用することは合理的でないし、また、同条により留保付き承諾を労働条件変更への拒絶とみなして解雇の効果を発生させる（労働契約を終了させる）ことは、変更解約告知が労働契約の存続を前提としつつ労働条件変更についての合意模索のプロセスであることの意義を損なうもので妥

当でないとする。また、留保付き承諾をした労働者は、使用者の提案した労働条件のもとで就労する以上、使用者には特段不都合はないといえる。以上から、変更解約告知には民法528条の適用がなく、また、留保付き承諾であっても変更解約告知の解雇の解除条件となる承諾の範囲内と解することが可能であるとして、留保付き承諾は認められると主張するのである（留保付き承諾を認めるものとして、日本ヒルトン事件—東京地判平成14・3・11労判825号13頁）。

解答例

❶　AがB校による雇止め（以下、本件雇止め）が違法であり、AとB校の出講契約が存続すると主張するためには、本件雇止めには解雇権濫用法理（労契法16条）が類推適用され、本件雇止めは合理的理由がなく許されず、期間満了によっても労働契約は終了せず、前年度と同様の出講契約が更新されたと主張する必要がある。

　期間の定めのある労働契約は期間の満了により終了するが、それが反復更新され、期間の定めのない労働契約と実質的に異ならない状態で存在している場合は、雇止めの意思表示は実質的には解雇の意思表示に当たり、解雇権濫用法理が類推適用されると解すべきである。また、期間の定めのある労働契約が期間の定めのない労働契約と実質的に異ならない状態と評価されない場合でも、当該労働契約関係がある程度の継続を期待されていたものである場合には、その期待を法的に保護する必要があり、その雇止めにも解雇権濫用法理が類推適用されるべきである。そして、雇止めに解雇権濫用法理が類推適用されるかどうかは、具体的には、当該雇用が臨時的か常用的か、更新回数、雇用の通算期間、契約更新の手続および実態、同様の地位にある者の従来の雇止めの状況、雇用継続への期待を抱かせる使用者側の言動、労働者の雇用継続への期待の合理性等を総合考慮して判断されるべきである。

　そこで、本件出講契約についてみると、Aの職務内容は常勤講師とは異なるものであったが、6回の更新、通算7年の勤続と長期にわたる反復更新が行われていること、契約更新の手続およびその実態は、B校が非常勤講師に次年度の出講の意思を確認し、それを希望する者と出講契約を更新するというものであり、受講生のアンケート結果が更新の可否に影響するとする内規があったものの、実際にはその結果は更新手続において考慮

されていなかったこと、AがB校に雇用されてから2010年度までに出講を希望した非常勤講師の契約が更新されなかった例はなかったこと等が認められる。これらを総合すると、AとB校の間の出講契約は、その職務内容や更新手続が形骸化していなかったことをみると、期間の定めのない労働契約と実質的に異ならない状態にあるとまではいえないが、反復更新の状況、出講を希望すれば次年度の契約が更新されるという状況にあったこと等を総合すると、Aの出講契約はある程度の継続が期待されていたものであるといえ、本件雇止めには解雇に関する規定が類推適用され、客観的に合理的な理由があり社会通念上相当と認められる場合でなければ権利の濫用として無効となると解すべきである（労契法16条）。

　そこで、この点をみていくと、まず、本件雇止めはB校の経営上の理由によるものであるので、その実質は整理解雇とみることができ、そうすると、人員削減の必要性、解雇（雇止め）を回避する努力、解雇（雇止め）対象者の選定の相当性、手続の相当性を総合的に考慮して、権利濫用に該当するかどうかの判断を行うべきである。これを本件雇止めに当てはめると、B校は人員削減の必要性があるほど経営状況が悪化しているとまでは認められないし、解雇回避についても実質的には校長の報酬カットのみが行われているに過ぎないといえる。もっとも、B校において、非常勤講師と常勤講師は、勤務形態も雇用区分も異なることを考慮に入れると、常勤講師の報酬カットを試みたり、希望退職の募集をしたりすることまでが非常勤講師の解雇を回避する努力として求められるとするのは適切ではない。また、被解雇者の選定の相当性についても、B校はその提示する労働条件に応じなかった者を基準として選定したものであり、公平なものであったといえる。しかし、手続面については、B校によるAに対する説明は必ずしも十分なものとはいえない。以上の点を総合的に考慮すると、B校によるAの雇止めは、客観的な合理性を欠き、社会通念上相当でないと解すべきである。

　また、本件雇止めは、労働条件の変更拒否を理由とする解雇であるという点に着目すれば、これをいわゆる変更解約告知ととらえ、その特性を考慮して整理解雇とは異なる基準により有効性が判断されることも考えられる。その場合には、労働条件の変更の必要性および相当性に着目すべきことになり、それに加えて、これを解雇という手段によって行うことの相当性、ならびに、解雇回避努力が尽くされたと認められ、かつ、労働者への説明や協議が十分に行われた場合にのみ、変更解約告知は有効となると解される。この基準に照らすと、B校の経営状況は本件雇止め以前から悪化しており、人員削減をするほどには至っていなかったものの、時給2500

円から2300円への1割足らずの賃金引下げを必要とする程度には至っていたとみることもできる。とはいえ、これを解雇という手段によって行うことは相当とまではいえず、さらにAへの説明や協議が十分でなかったことを考慮すると、本件雇止めは、変更解約告知ととらえて、その独自の法理を適用しても有効とはいえないと解される。

また、Aは、次年度の出講契約の締結には労働審判での解決を条件としているとはいえ承諾しているので、その範囲では契約が成立していると主張することもできる。しかし、Aは、B校の申し出について、あくまで変更を付して承諾したもので、新たな申込みであると解される（民法528条）ので、Aの申し出を承諾とみることはできないと解すべきである。たしかに、変更解約告知は労働者に労働条件の変更の承諾か解雇かの二者択一を迫るものであり、これは労働者にとって酷な状況となるので、これを回避するために条件を付した承諾をした場合には、使用者はそれを受け入れるべきであるという考え方もあるが、労働審判の結果に従うという労働者の要望を、使用者が受け入れなければならないとする明確な法的根拠は存在していないと解すべきである。したがって、AがB校の申し出を承諾していたことを前提とする主張は適切でない。

なおB校は、本件雇止めは、授業アンケートの結果が最低であったこと等、Aの能力不足を理由に行ったと主張することも考えられるが、これについては、そもそも授業アンケートの結果は契約更新には影響しない扱いが行われていたこと、またAの能力不足について、本件雇止め以前にB校から何ら指摘がなく、改善等も図られていなかったことからすると、これを本件雇止めの合理的理由と認めることはできないと考えるべきである。

❷　Cは、D社に対し、期間途中での解雇が無効であること、それに加えて、雇止めが違法、無効であることを主張して、労働契約上の地位確認および未払い賃金の支払いを請求をすることができると考える。

期間の定めのある労働契約において、使用者は「やむを得ない事由」がある場合でなければ、その期間途中で労働者を解雇することはできない（民法628条、労契法17条1項）。有期労働契約の期間途中での解雇は、期間満了までの雇用の継続の期待を侵害するものであるので、ここにいう「やむを得ない事由」とは、期間の定めのない労働契約における解雇（労契法16条）より厳格なもので、期間の満了をまつことができないほど緊急かつ重大なものでなければならないと解すべきである。D社によるCの解雇は、B校とD社の労働者派遣契約が解除され、派遣先がなくなったことを理由として行われたものであるが、労働者派遣契約は、派遣元会

社と労働者の間の派遣労働契約とは法的に別個のものであり、前者の契約の解除は直ちに後者の解雇の合理的理由とはならない。たしかに、D社はB校への派遣のために、Cと労働契約を締結しているのであり、B校での派遣業務がなくなった以上、労働契約を中途解雇する「やむを得ない事由」があるという考え方も成り立ちそうではある。しかし、D社は、その雇用する派遣労働者を、少なくとも契約期間内は派遣先を確保するなどして雇用することが信義則上義務づけられていると解すべきであり、このような雇用確保措置が認められる以上、「やむを得ない事由」は認められないと解すべきである。以上から、Cは、解雇は無効であることを主張して、解雇期間中の賃金について、民法536条2項に基づき請求することができる。

ところで、D社の就業規則10条6号は、労働者派遣契約の解除によって従前の派遣先への派遣が不可能となった場合を解雇事由と規定している。これは「やむを得ない事由」よりも緩やかな事由で期間途中の解雇を可能とする旨の規定であるが、民法628条のもとではこのような規定の効力が明らかでないという問題があった。この問題をふまえて、労契法17条1項は「やむを得ない事由」がなければ解雇できない旨を明確化したものであるため、これは強行規定と解すべきである。したがって、D社の就業規則10条6号の規定は、「やむを得ない事由」を緩和するものであり、それに基づく解雇は無効であると解すべきである。

次に、D社によるCの雇止めについて、❶で述べたような、解雇権濫用法理が類推適用される場合、合理的理由がなければ雇止めは違法となる。まず、この雇止めに解雇権濫用法理が類推適用されるかについて検討すると、CはB校の正職員と全く同様の仕事をしていたわけではなく、あくまで派遣労働者としてB校に派遣されていたこと、またCの労働契約は10年にわたり反復更新され、更新手続も派遣先であるB校が主体となって行っており、D社との間では形骸化していたとみられることから、期間の定めのない労働契約と実質的に異ならない状態といえるかはさておき、少なくともCの雇用継続の期待は強いものであったといえる。しかし、Cは労働者派遣法の期間制限に違反して派遣されていたのであり、このような雇用継続への期待は、常用代替の防止という労働者派遣法の趣旨からして、合理性が認められないと考えざるをえない。したがって、D社によるCの雇止めには、解雇権濫用法理の類推適用は認められないので、期間満了後の雇用継続と賃金請求についてのCの主張は認められない。

関連問題

1. 定年後再雇用後の雇止め

　旅行が趣味の大江瑠衣は、大学卒業後、旅行代理店である那須ツーリストに入社し、添乗員として長年働いてきた。那須ツーリストでは、就業規則で60歳定年退職制と定年後再雇用制度が設けられていた。この再雇用制度は、高年法9条1項に基づく継続雇用制度を導入したもので、それによれば、再雇用契約期間は1年とし、更新の可能性があること、ただし、65歳を更新の限度とすることとされ、また、定年退職者で再雇用を希望する者のうち、業務を継続するに十分な能力と経験を有する者を再雇用するという旨の再雇用基準が規定されていた（この基準については書面による労使協定が締結されている。同条2項）。

　大江はこの仕事が好きだったので、再雇用を希望し、2012年3月末日で那須ツーリストを定年退職し、翌日から1年の期間を定めて再雇用された。大江は再雇用後も熱心に働き、とくに同世代の寺社仏閣をめぐるツアーの添乗員として好評を博したこともあり、契約は2度更新された。しかし、大江が63歳となる直前の2015年2月末日、那須ツーリストは、大江の体力が落ちてきて、長期ツアーの添乗を務めるのは困難であるため、業務を継続するのに十分な能力がないとして、次回の契約更新をしないことを大江に通知した。2015年3月末日をもって、大江の労働契約は終了し、その後、大江は那須ツーリストでの就労をしていない。

　大江は、この雇止めに納得がいかなかったため、那須ツーリストに対して労働契約上の地位確認請求をしたが、認められるか。

【エフプロダクト〔本訴〕事件―京都地判平成22・11・26労判1022号35頁を参照】

2. 契約不更新条項の効力

　動物が大好きな半田好太郎は、地元の大手ペットショップである猫又ケンネルで6カ月の期間を定めてアルバイト店員として働いていた。すでに10年間働いている半田の労働条件は、他のアルバイト店員と比べて相当に良いものであったため、猫又ケンネルの宇佐見三奈店長は、半田に労働条件の引下げの提案を行っていた。宇佐見店長は温厚な性格であり、半田の能力も認めていたので、できるだけ納得してもらおうと、半田と繰り返し話し合いをしたが、3カ

月経っても同意を得られないままだった。そこで、宇佐見店長は、12年目の春、22回目の契約更新時に、半田に対して、猫又ケンネルの経営状況や他のアルバイト店員とのバランスを考えると、半田の労働条件の引下げが必要であることを再度説明し、これに応じてもらえない場合には、今回の契約更新を最後とする旨を記載した契約書を交付した。半田は労働条件の引下げには応じられないとしながら、契約書に署名押印してこれを提出したため、契約は更新された。その後も宇佐見店長と半田の労働条件引下げの話し合いは行われていたが、一向に進まなかったこともあり、宇佐見店長は23回目の契約の更新をしないことを半田に通知し、期間満了によって労働契約は終了した。

これに対して半田は、本件雇止めは違法であると主張するが、認められるか。
【前掲・近畿コカ・コーラボトリング事件を参照】

5. 採用・採用内定・試用期間
内定は得たけれど

設問　2010年3月、精密機器等の製造・販売を目的とする長田コーポレーションは、2011年4月採用予定の学生に向けた会社説明会を実施していた。ちょうどこの説明会に来ていたのが、西丸大学3年の上沢君と佐藤君、東丸大学4年の横山君だった。3人は、高校の先輩、後輩の仲であった。横山君は、昨年の就職活動（シューカツ）に失敗していて、今年は背水の陣だった。3人とも、適性検査、第1次面接、第2次面接、最終面接を無事突破し、そして、2010年5月7日、ついに内々定をもらうことができた。この日、第1次面接担当者である井上友一人事係長より電話で入社の意思の確認があり、3人とも「よろしくお願いいたします」と答えた。その数日後に、3人のもとに「採用内々定」と題する書面が送付された。この書面は、井上係長名義で作成されており、「採用することを内々定致しました」との文面のほか、同封の入社承諾書を期限までに提出すること、また内定式は同年10月1日を予定しており、日時・場所は後日連絡することが記載されていた。入社承諾書には「私は、2011年4月1日に長田コーポレーションに入社しますことを承諾します」と記載されており、3人はともにこれに署名・押印してすぐに返送した。この時点で、3人のいずれも他に最終面接まで行っていた企業があったが、それらの企業の採用担当者には長田コーポレーションの内々定をもらった旨を正直に伝え、3人のシューカツは終わった。

　2010年9月初め、長田コーポレーションから、内々定者全員に対して、内定式の開催日時・場所の案内および各種証明書類（卒業見込証明書や健康診断書等）を内定式までに準備することを求める文書が送付された。そして、10月1日に同社内で内定式が開催され、これに佐藤君を除く、上沢君、横山君ほか計4名の内々定者が出席し、会社の代表者名義の採用内定通知書と労働条件通知書の交付がなされるとともに、内々定者からは誓約書や各種証明書類等の提出が行われた。

　佐藤君が内定式に出席しなかったのは、内定式の直前に内々定が取り消されていたからであった。佐藤君は、内々定の通知を受けた後、体調を崩し、

どうもおかしいと思って病院に行ったところ、検査の結果、B型肝炎に感染していることがわかった。8月10日のことだった。医師は、きちんと治療を継続していれば、通常の勤務をするのに支障はないといったので、同日、佐藤君は、井上係長に、B型肝炎に感染している事実と、勤務には支障がないので予定どおり来年4月に入社します、と連絡をした。ところが9月10日に、井上係長から電話があって、「うちの会社は残業が多くて、若いときはかなりきつい仕事をやらされるから、病気を抱えていては大変だと思う。君のためにも、違う会社に行ったほうがよい」といわれたので、佐藤君は、「いや、大丈夫です。しっかり頑張ります」と答えた。しかし、翌週、会社から、9月16日付けの採用内々定取消通知書が送られてきた。

　ところで長田コーポレーションでは、ここ数年、経営状況は必ずしも良好ではなく、成果主義賃金制度の導入のほか、出張旅費等の各種経費削減の実施を図るなど、経営改善に向けての努力がなされてきた。すでに2010年1月の時点で、今後の経営改善方針について検討がなされ、引き続き経費削減策を実施していくこと、また新規採用に関しては、即戦力を確保すべく中途採用に力点を置きつつ、新卒採用も将来の幹部人材確保等の観点からこれを停止はしないが、人数は従前の10名から5名に削減することなどが決定されていた。

　しかし、その後、景気の急激な悪化とともに、再度、経営改善策が検討されるようになり、2010年8月初めの時点では、これまでの経営改善策では不十分であるので、新たにパート社員や派遣社員の契約の打切りを決定するとともに、即戦力とならない新卒採用者については、内々定および内定の取消しをも視野に入れる必要がある旨確認された。その後、9月下旬に短期決算の結果が発表されたが、会社の業績は予想を大幅に下回る状態に陥っていた。

　その後も、実際にパート社員や派遣社員の打切りを実施するなど経営改善の努力がなされたが、経営状況は改善せず、このままでは倒産の危険もあると考えた経営陣は、2011年2月末に、内定者の採用をしないこととした。こうして上沢君ら内定者に対して、同年3月1日付けの採用内定取消通知書を送付した。ただ、このなかには、横山君宛のものは含まれていなかった。横山君は、すでに内定が取り消されていたからである。

　実は、横山君には、隠された過去があった。大学2年生の夏休みに大麻所持で逮捕されていたのである。大麻が微量で本人も深く反省しているということで、起訴猶予処分ですんだが、大学からは無期停学処分を受けた。停

学処分は、大学側が、本人の意向や反省の態度を考慮して、結局、半年後には解除され、復学が認められた。横山君は履歴書にこのことを記載せず、また採用面接時に休学理由を質問された際にも、上記事実を秘匿し、その当時に母が病気になり、その看病のために半年間休学せざるをえなかったと虚偽の説明をしていた。当時、横山君は20歳になっていて、事件は実名で報道がなされていたが、2年近く前のことであり、面接担当者も横山君にこのような逮捕歴があるとは想像もしていなかった。しかし、2010年12月ころ、社内の者がたまたまこの事件に関する新聞記事を発見し、横山君に逮捕・停学処分歴があったことが判明したのである。そのため、同年12月15日付けの採用内定取消通知書で内定が取り消された。

　なお、内定式に出席した際に内定者に交付された採用内定通知書には、内定取消事由が記載されており、そこには、①履歴書、身上書等の提出書類の記載等において虚偽の申告があったとき、②2011年3月に卒業できなかったとき、③入社までに健康状態が不良になり勤務に堪えないと認められたとき、④経営状態の悪化等により剰員が生じたとき、⑤その他前各号に準ずるやむをえない事由があるとき、が挙げられていた。

　それから数年経った2014年。長田コーポレーションの経営状況は次第に改善したものの、新卒採用は極力控え、中途採用に力を入れる方針を継続していた。この中途採用の募集に、電気器具等の製造・販売会社で10年近く営業職に従事する34歳の谷上英俊が、人材紹介会社を通じて応募し、2度にわたる採用面接を経て、採用が決定された。谷上が長田コーポレーションへの転職を決意した決め手は、人事担当者から面接時に、「あなたの実績や経験を高く評価しており、即戦力として期待している、初年度の賃金は1000万円を保障する。もちろん、その後の働きぶりによってはこれを上回ることもある」との説明を受けたことであった。その後、長田コーポレーションより交付された内定通知書には、2014年10月8日付けで営業職課長として採用すること、年俸は税込みで1000万円とする旨記載されていた。また谷上が同社に提出した入社承諾書には、「入社から6カ月は試用期間であり、その期間中の実務修習状況等を勘案し、引き続き雇用することが不適当と認められたときは、本採用をしない」との記載がなされていた。谷上は、予定どおり、長田コーポレーションに入社したが、入社後の営業成績は3カ月連続で、それほど高く設定されていたわけでもない目標数値に達せず、また採用面接の際には、即戦力として積極的に営業戦略を立てて営業活動を展開することが要求されていたにもかかわらず、具体的な営業戦略

を立てることなく、指示どおりの方法で営業を展開するのみであった。そのため、長田コーポレーションは、試用期間満了前の2015年1月15日に上記の採用拒否理由および退職日を同年2月15日とする旨を記載した本採用拒否通知書をもって、谷上の本採用を拒否した。

　ちなみに、谷上と同時期に中途採用され本採用に至った者には、試用期間満了日に人事担当者により、本採用に至ったとの簡単な電話連絡がなされただけであった。

❶上沢君、佐藤君、横山君は、それぞれ違う立場から、長田コーポレーションに採用されなかったことに不満をもっていた。3人から相談を受けた弁護士のあなたは、長田コーポレーションに対して、それぞれについて、どのような救済を求めるようアドバイスするか。そのためには、どのような主張をすることが必要となるか。

❷谷上から依頼を受けた弁護士のあなたは、長田コーポレーションに対して、本採用拒否の有効性について争うために、どのような主張をするか。

（以下、上沢君＝A、佐藤君＝B、横山君＝C、長田コーポレーション＝D社、谷上英俊＝Eとする）

解　説

1 ……… 概　観

(1)　設問のねらい

　本設問は、労働関係成立時に生じうる種々の問題を取り上げている。具体的に設問❶ではそれぞれ内定取消し・内々定取消しに対してどのような救済を求めうるのかを問うている。ここでは、一連の採用過程における内定や内々定の法的性質を、どのように解釈するかがとくに問題となってくる。設問❷では、試用期間における本採用拒否の適法性を問う問題である。ここでも、試用期間中の法的性質をどのように解釈するかが問題となる。

(2)　取り上げる項目

　▶採用の自由

　▶採用内定をめぐる問題

　▶採用内々定をめぐる問題

► 試用期間をめぐる問題
► 採用と労働条件の明示

2 採用の自由
(1) 採用の自由

　採用とは、使用者が労働者と労働契約を締結することを意味する。労働契約についても契約の一般原則たる「契約の自由」が妥当し、使用者は誰と労働契約を締結するかの自由＝採用の自由があるといえる（もちろん労働者側にもどの会社と労働契約を締結するかの自由がある）。最高裁も、使用者には、憲法で認められている企業の経済活動の自由（憲法22条・29条参照）の一環として採用の自由があることを確認している（三菱樹脂事件―最大判昭和48・12・12民集27巻11号1536頁）。もっとも、このような採用の自由は全く無制約に認められるものではなく、前記最高裁も、「法律その他による特別の制限」がありうると述べていた。現在では、性別や年齢などによる採用差別を禁止する法律上の規定がいくつか存在し（均等法5条、雇用対策法10条等）、これらの規定に違反する採用拒否は違法となる。

　問題は、このような法律上の明確な制限規定が存在しない（あるいは努力義務規定にとどまる）事由に基づく採用拒否は常に適法となるかである。理論的には、公序違反（民法90条）等を理由に採用拒否が違法と判断される可能性はある。もっとも前掲・三菱樹脂事件最高裁判決は、思想・信条を理由とする本採用拒否について公序違反の成立を否定し、適法と判断している。思想・信条の自由は、私人間には直接適用されないとはいえ、憲法上保障されており（憲法19条）、このような事由に基づく採用拒否をも公序違反と認めない最高裁の判断は、採用の自由を広く尊重する立場であるといえよう。この立場は近年の最高裁でも維持されており、労働組合の組合員であることや正当な組合活動を理由とする採用拒否について、黄犬契約（労組法7条1号後段）に該当する場合を除き、原則として不当労働行為に該当しないと判断されている（JR北海道・日本貨物鉄道〔国労北海道〕事件―最1小判平成15・12・22民集57巻11号2335頁）。

　なお、採用拒否が違法となる場合でも、その救済は（前記の不当労働行為となる場合を除くと）不法行為による損害賠償（民法709条）にとどまり、契約締

結自体を強制させることはできないと解されている。

(2) **調査の自由**

　使用者は採用の決定にあたり、一定の範囲で応募者の能力や従業員としての適格性について調査する必要が生じる。この調査がどこまで認められるかについて、前掲・三菱樹脂事件最高裁判決は、思想・信条を理由とする採用拒否が違法でない以上、使用者が採用の決定にあたり、必要な思想・信条を調査し、そのために関連事項について申告を求めることも違法ではないとして、採用の自由の一環として調査の自由をも幅広く認める立場をとっている。しかし、調査の自由を、ここまで広く認めることには異論もある。とくに現在では、最高裁判決当時には必ずしも意識されていなかった、プライバシー保護に対する要請が高まっていることからすると、調査事項・調査の態様いかんでは、プライバシー侵害の違法行為として不法行為の成否が問題となることもあるであろう。たとえば、採用前の段階でB型肝炎ウイルスの感染検査が行われた事案で、特段の事情がない限り、B型肝炎ウイルス感染についての情報を取得するための調査を行ってはならず、調査の必要性が存する場合でも、本人に対し、目的・必要性を告知し、同意を得た場合でなければ、かかる情報を取得することはできないと述べ、同検査によるプライバシーの侵害（不法行為）につき損害賠償請求を認めた裁判例もある（B金融公庫事件—東京地判平成15・6・20労判854号5頁）。またHIV抗体検査につき同様の判断を行うものもある（東京都〔警察学校・警察病院HIV検査〕事件—東京地判平成15・5・28労判852号11頁）。

　なお、［厚生］労働省「労働者の個人情報保護に関する行動指針」（平成12年）では、①人種、民族、社会的身分、門地、本籍、出生地その他社会的差別の原因となるおそれのある事項、②思想・信条および信仰、③労働組合への加入・活動、④医療に関する個人情報の収集、を原則として禁止している。また同「職場におけるエイズ問題に関するガイドラインについて」（平成7年・平成22年改正）でも採用選考にあたりHIV検査を行わないこととされている。さらに個人情報保護法では、採用に伴い、応募者から直接、個人情報（個人を識別することができるもの）を入手する場合には、「取得の状況からみて利用目的が明らかであると認められる場合」に該当する場合以外は、その情報の利用目的をあらかじめ本人に明示しなければならないとされている（18条2項・4項4号）（また、同法に基づく指針として、厚生労働省「雇用管理に関する個人情報の

適正な取扱いを確保するために事業者が講ずべき措置に関する指針」および同「雇用管理に関する個人情報のうち健康情報と取り扱うに当たっての留意事項」(平成16年)も参照)。

3 ……… 採用内定をめぐる問題
(1) 法的性質

採用プロセスは個々のケースごとに異なる。しかし、新規学卒予定者については、実際に入社する日より相当前から就職活動が開始され、企業側は採用を決定した学生に対して採用内定を通知し、これに対し、内定者は入社誓約書等を提出し、その後、内定期間を経て卒業と同時に入社するというプロセスをたどるのが一般的である。問題となるのは、入社に至る前に内定取消しがなされた場合に、内定者はどのような救済を求めうるのかである。

学説上は、①採用内定は単なる労働契約の締結過程あるいは卒業後に労働契約を締結する旨の予約であり、内定取消しに対しては、不法行為あるいは債務不履行(予約義務違反)による損害賠償請求ができるにとどまると解するもの、②採用内定時点で労働契約が成立しており、内定取消し、すなわち労働契約の解約(解雇)に対しては、労働契約上の地位確認をなしうると解するものなどがあった。

これに対し、最高裁は、新規学卒者の一般的な採用内定のケースにつき、「本件採用内定通知のほかには労働契約締結のための特段の意思表示をすることが予定されていなかったことを考慮するとき、……[応募者]が応募したのは、労働契約の申込みであり、これに対する……[会社]からの採用内定通知は、右申込みに対する承諾であって、……これにより、……労働契約が成立したと解する」ことができるとして、内定時点での労働契約の成立を認める判断を行った(大日本印刷事件—最2小判昭和54・7・20民集33巻5号582頁)。このような判断は、新規学卒者のケースのみならず、中途採用者のケースでもみられるようになっている(インフォミックス事件—東京地決平成9・10・31労判726号37頁等参照)。

もっとも、前掲・大日本印刷事件最高裁判決も、「採用内定……の実態は多様であるため、採用内定の法的性質について一義的に論断することは困難」であり、「事実関係に即してこれを検討する必要がある」としていたのであり、

採用内定の法的性質は、あくまで個々のケースごとの事実関係に即して判断する必要があることには留意が必要である。

(2) 内定取消しの適法性

内定の段階で労働契約が成立していると解される場合、内定取消しは労働契約の解約（解雇）ということになり、解雇権濫用法理（現在では、労契法 16 条）の適用を受けることになる。具体的にどのような場合に内定取消し（解雇）を行いうるかについては、内定期間中の労働契約の性質について、もう少し検討する必要がある。

この点、前掲・大日本印刷事件最高裁判決では、内定段階で成立する労働契約は、誓約書に記載されている取消事由に基づく解約権が留保された始期付「解約権留保付」労働契約であると解していた。もともと（期間の定めのない）労働契約の当事者は解約権（使用者の場合は解雇権）が認められており（民法 627 条 1 項）、最高裁のいう「解約権留保付」労働契約の意味が問題となる。この点については、内定段階では、内定者が卒業できない可能性や、いまだ適格性判定のための資料の収集が十分でない可能性もあるなど、種々の特別な事情が存在するため、通常の労働者（一般の従業員）には認められないような特別な事由に基づく解約を認めるべき場合が少なくないことを考慮すると、「解約権留保付」労働契約とは、通常の労働者に対して行いうる解雇事由に加えて、特別な事由に基づく解約権が留保されている労働契約であると解することができるであろう。

以上のように、内定段階で成立する労働契約を解約権留保付労働契約と解した場合、通常、内定取消しは留保されている解約権の行使によってなされることとなる（ただし、内定取消しは通常の労働者と同様、民法 627 条 1 項による通常の解雇権の行使によってなされる場合もありうる）。この場合、内定取消しの可否は、この留保解約権行使の適法性によって判断されることとなる。そして留保解約権行使の適法性につき、判例は、具体的に採用内定通知書や誓約書等に記載される内定取消事由がそのまま是認されるわけではなく、「採用内定の取消事由は、採用内定当時知ることができず、また知ることが期待できないような事実であって、……解約権留保の趣旨、目的に照らして客観的に合理的と認められ社会通念上相当として是認することができる」かによって判断すべきとしている（前掲・大日本印刷事件）。

上記の判例によれば、内定時に判明していた事情は内定取消事由にはなりえない（前掲・大日本印刷事件では、面接時の印象を理由とする内定取消しを無効と判断された）。他方、留年、健康状態の悪化、虚偽申告等の判明（経歴詐称）、非違行為（内定後のもののみならず、内定前のものも、内定時に判明していないものであれば対象となる）等は、内定取消事由になると解されている。

裁判例では、デモに参加して公安条例違反で逮捕・起訴猶予処分となったためになされた内定取消しにつき、社会通念上相当性が認められるとして有効と判断したもの（電電公社近畿電通局事件—最 2 小判昭和 55・5・30 民集 34 巻 3 号 464 頁）、履歴書等の本籍欄に虚偽の国籍を記載したことが発覚したためになされた内定取消しにつき、解約権行使を適法とするほどの不信義性はないとして違法と判断したもの（日立製作所事件—横浜地判昭和 49・6・19 労民集 25 巻 3 号 277 頁。ただし、国籍差別が真の理由であったとされており、単なる虚偽申告判明のケースではない）などがある。ちなみに経歴詐称を理由に内定取消しを行う場合、学歴や職歴のような労働力評価に直接かかわる事項以外の事項については、そもそも労働者はどこまで真実を告知すべき義務を負っているのかということが問題となりうる（「10. 懲戒処分：セクハラを告発したばかりに…」を参照）。裁判例では、雇用契約の締結に先立ち、企業が、「労働力評価に直接関わる事項ばかりではなく、当該企業あるいは職場への適応性、貢献意欲、企業の信用の保持等企業秩序の維持に関係する事項についても必要かつ合理的な範囲内で申告を求めた場合には、労働者は、信義則上、真実を告知すべき義務を負う」と解されている（炭研精工事件—東京高判平成 3・2・20 労判 592 号 77 頁（最 1 小判平成 3・9・19 労判 615 号 16 頁もこれを支持））。この判断を前提とすると、犯罪歴も、履歴書に賞罰欄があれば記載の必要が生じうる。ただし、ここでいう「罰」とは、確定した有罪判決と一般に解されており、前歴はこれに含まれないと解されている（前掲・炭研精工事件等。なお、マルヤタクシー事件—仙台地判昭和 60・9・19 労民集 36 巻 4 = 5 号 573 頁では、すでに刑の消滅（刑法 34 条の 2）をきたしている前科も原則としてこれに含まれないと解されている）。

内定取消しは労働者側の事由によってだけではなく、会社の業績悪化等使用者側の事由によってなされることもある。このような内定取消しは整理解雇に相当するものであり、整理解雇法理（「3. 解雇・退職：リストラはする方もされる方も大変」を参照）に照らし、その適法性を判断すべきことになろう（前掲・

インフォミックス事件参照)。

　内定取消しが違法となると、当該内定取消しを無効として労働契約上の地位確認を求めることが認められる。またそのような内定取消しが不法行為の要件をみたせば、損害賠償を求めることも可能である（前掲・大日本印刷事件、オプトエレクトロニクス事件―東京地判平成16・6・23労判877号13頁等）。ちなみに内定取消し自体は有効である場合にも、内定から取消しに至る過程において企業側に信義則違反の行為が認められれば、それによって生じた損害の賠償を求めることも可能であろう（採用の前提となる他社との業務委託契約の成立が実現しない可能性があったことを採用過程において説明しなかったことにつき企業側の損害賠償責任が認められたものとして、パソナ〔ヨドバシカメラ〕事件―大阪地判平成16・6・9労判878号20頁参照）。

　なお、内定取消しが解雇であるとすれば、労基法20条の解雇予告規制が適用されるか否かも問題となる。学説上は、試用期間中の者につき、引き続き14日を超えて使用されるに至るまでは予告規制が適用されないこととの均衡上（あるいは、そもそも内定者には賃金が支払われていないゆえ）、適用がないと解する立場が一般的となっている（ただし、その場合でも、民法627条1項に定める2週間の予告期間は必要であると解されている）。

(3) 内定期間中の法律関係

　採用内定により労働契約が成立すると解される場合、労働契約上の義務として、内定者は当然に研修等に従う義務が発生するのかといった問題がある。しかし、当事者間の権利義務関係は個々のケースごとの契約解釈によって決せられるべき問題であり、労働契約上当然に内定者に研修等に従う義務が発生するわけではない。当事者間で明示または黙示の合意があれば、内定者は、学業に支障が生じないなど合理的な範囲で、そのような義務を負うこととなる（宣伝会議事件―東京地判平成17・1・28労判890号5頁参照）。

　なお、内定期間中の労働契約は、現実の入社までは就労が行われないのが通常であるため、判例は「始期付」解約権留保付労働契約と解している。ここでいう「始期」とは、就労の始期（前掲・大日本印刷事件）であるのか、効力の始期（前掲・電電公社近畿電通局事件）であるのかが問題となるが、どちらに該当するかは、やはり個々の事案ごとに事実関係に即して判断されるべきことになろう。ちなみに、前者のように、内定時点で労働契約の効力がすでに発生し

ていると判断される場合には、就業規則の適用が可能と解される。しかし、いまだ就労を開始していないという内定期間の特質に照らして、個々の規定ごとにその適用の可否を判断すべきことになるであろう（たとえば、就労を前提としない会社の信用・名誉を侵害するなどの非違行為に対する懲戒規定の適用はありうる）。

4 ………… 採用内々定をめぐる問題

　上記で述べた採用内定とは、正式な内定通知のことを指し（大卒採用者の場合、日本経団連「大学・大学院新規学卒者等の採用選考に関する企業の倫理憲章」による採用内定開始日である10月1日以降に出されることが多い）、この採用内定通知よりも前になされる採用担当者からの口頭などによる採用決定の簡単な通知は、一般に「内々定」と呼ばれ、採用内定と区別される。

　内々定の法的性質も、個々の事案ごとに事実関係に即して労働契約の成立の有無等を決定すべきことになる。しかし、通常は、内々定の後に「内定」という労働契約締結行為が予定されており、内々定の段階では労働契約の成立についての当事者の確定的な意思の合致があった（労働契約が成立した）とは認められないと解されることが多いであろう（新日本製鐵事件―東京高判平成16・1・22労経速1876号24頁、コーセーアールイー〔第2〕事件―福岡高判平成23・3・10労判1020号82頁参照）。

　以上のように、内々定時点では労働契約が成立していないと解すると、その取消しについては、労働契約上の地位確認を求める余地はなくなる。ただ、その拘束の度合いや取消しに至る企業側の態様によっては、期待権侵害あるいは労働契約締結過程における信義則違反を理由に、企業側に損害賠償責任が発生する場合もありうるであろう（内々定後、内定通知書交付の日程調整を行うなど、一貫して採用の態度をとっていたにもかかわらず、通知書交付の約2日前に具体的説明を行うことなく内々定を取り消した事案につき、損害賠償責任を認めたものとして、前掲・コーセーアールイー〔第2〕事件参照）。

5 ………… 試用期間をめぐる問題

(1) 法的性質

　内定期間を経て、無事に入社日を迎えても、直ちに正式な正社員として就労

できるとは限らない。正社員として本採用する前の試用期間（1カ月から6カ月ほどが一般的）が設けられている場合には、試用期間中あるいは満了後に、適格性の欠如を理由に本採用拒否がなされる可能性もある。そこで、このような本採用拒否の可否が問題となるが、その可否を検討するうえでは、そもそも試用期間の法的性質が問題となる。

　試用期間の法的性質についても、学説上議論がなされてきたが、最高裁は、「就業規則の規定の文言、……当該企業内において試用契約の下に雇傭された者に対する処遇の実情、とくに本採用との関係における取扱についての事実上の慣行のいかん」を考慮しながら、当該ケースごとに判断されるべきであるとしつつも、新規学卒者の一般的な試用期間について「解約権留保付労働契約」と判断した（前掲・三菱樹脂事件）。その後の裁判例でも、通常の試用期間については「解約権留保付労働契約」と解されるのが一般的となっている。

(2) 本採用拒否の適法性

　試用期間の法的性質が上記のように解される場合、本採用拒否は留保解約権の行使（解雇）に当たる。したがって、解雇権濫用法理（労契法16条）に照らして本採用拒否が違法・無効となれば、労働者は労働契約上の地位確認を求めることが可能となる。

　問題は、本採用拒否の適法性の具体的判断である。判例は、新卒労働者の一般的な試用期間のケースにおいて、解約権が留保されている趣旨を、「採否決定の当初においては、その者の資質、性格、能力その他……管理職要員としての適格性の有無に関連する事項について必要な調査を行ない、適切な判定資料を十分に蒐集することができないため、後日における調査や観察に基づく最終的決定を留保する」ためのものと解し、またそれゆえに「留保解約権に基づく解雇は、……通常の解雇……よりも広い範囲における解雇の自由が認められ」るとしている。しかし他方で、それは「解約権留保の趣旨、目的に照らして、客観的に合理的な理由が存し社会通念上相当として是認されうる場合」、より具体的には「採用決定後の調査の結果により、または試用中の勤務状態等により、当初知ることができず、また知ることが期待できないような事実を知るに至った場合において、そのような事実に照らしその者を引き続き当該企業に雇傭しておくのが適当でないと判断することが、……客観的に相当であると認められる場合」にのみ許されると述べている（前掲・三菱樹脂事件）（なお判例に

よれば、試用期間中の身元調査により新たに判明した事実に基づく採用拒否が認められることになるが、学説上は、本来、調査は内定期間中に済ませておくべきであり、実地による判定期間たる試用期間を身元調査の補充期間とすべきではないとして、判例に批判的な見解も有力である）。

要するに、判例は試用期間中の解雇は広く認められるとしつつも、適格性の欠如が判明すれば、それを理由とする本採用拒否をただちに適法と認める立場をとっているというわけではないのであり、本採用拒否は必ずしも容易になしうるものではない。またその後の裁判例では、前掲・三菱樹脂事件で問題となった新規学卒者のケースとは異なり、中途採用者の本採用拒否の適法性が争われるものが多いが、その適法性は比較的厳格に判断されている（オープンタイドジャパン事件—東京地判平成 14・8・9 労判 836 号 94 頁、ニュース証券事件—東京高判平成 21・9・15 労判 991 号 153 頁（いずれも本採用拒否を無効と判断）等参照）。ただし、とくに中途採用者については、新規学卒者とは異なり、即戦力となることが期待されて採用されるのが一般的なことなどもあり、学説上は、その本採用拒否の適法性をもう少し緩やかに判断してもよいとの見解も有力となっている。

なお、判例は、期間の定めのある労働契約の形式をとっている場合でも、その期間の設定が試用目的であり、かつ、職務内容が正社員と変わりがない場合には、当該期間の定めは、期間満了により当然に終了するという明確な合意があるなどの特段の事情が認められる場合を除き、期間の定めのない労働契約における試用期間と解すべきとしている（神戸弘陵学園事件—最 3 小判平成 2・6・5 民集 44 巻 4 号 668 頁）。このように当該期間が試用期間と解された場合には、期間満了を理由とする契約の打切りは、期間の定めのない労働契約における留保解約権の行使（本採用拒否）と解されることとなり、上記で述べた基準のもとでその適法性が判断されることとなる。

6 採用と労働条件明示

使用者は、労働契約の締結に際し、労働条件の明示をしなければならない（労基法 15 条 1 項）。とくに契約期間、就業場所、従事すべき業務、労働時間、賃金、退職事項（解雇事由を含む）については書面交付が義務づけられる（同項、労基則 5 条 2 項・3 項）（また労契法 4 条は、使用者は、労働者に提示する労働

条件および労働契約の内容について、労働者の理解を深めるようにすること（1項）、また労働者および使用者は、労働契約の内容について、できる限り書面により確認をするものとしている（2項））。

明示時期は労働契約締結時である。採用内定時に労働契約が成立していると解される場合には、内定時が明示時期となる。もっとも、内定時点で確定した条件を明示することが難しい場合は、その時点で具体化できる程度（たとえば賃金の場合は見込額）でよいと解すべきである（八州事件—東京高判昭和58・12・19労判421号33頁参照）。

なお、採用過程において、使用者側に労働条件についての不適切な説明や説明不足の事情が認められれば、不法行為（民法709条）に基づき損害賠償を請求しうる可能性がある（日新火災海上保険事件—東京高判平成12・4・19労判787号35頁等参照）。

解答例

❶ まずAおよびCについては、いずれも、当該内定取消しに対する救済として、労働契約上の地位確認を請求しうる可能性があることをアドバイスする。

しかしそのためには、第1に、内定時点で労働契約が成立しており、内定取消しは契約の解約、すなわち解雇であること、また第2に、当該解雇が、無効であるとの主張が必要である。では、この主張は認められるであろうか。

まず第1の点については、5月初めにAらとD社の間で、それぞれ書面により内々定の通知と、それに対する承諾というやりとりがなされた後、10月1日の内定式にて、正式の内定通知の交付と入社誓約書の提出のやりとりがなされ、それ以降はとくに労働契約締結のための行為は予定されていなかったことからすると、10月1日の内定時点において、誓約書記載の採用内定取消事由に基づく解約権を留保した労働契約が成立していたと解することができる。

次に第2の点については、内定取消しは、留保解約権の行使とみることができるが、これは成立した労働契約を使用者から解約することであり、

解雇の一種であることから、労契法 16 条の適用を受けることになる。具体的には、誓約書記載の事由に基づく留保解約権の行使であったとしても、当然に留保解約権の行使が有効とされるわけではなく、客観的に合理的と認められ、社会通念上相当として是認することができない場合には、権利濫用として無効となる。

　そこでまず A に対する内定取消しをみていくと、経営状況の悪化を理由とするものであり、誓約書記載の内定取消事由④に該当するものであるところ、これは整理解雇に相当するものであり、その適法性は、人員削減の必要性、解雇回避努力義務の履践、人選の合理性、手続の相当性の各要素を総合的に考慮し、客観的に合理的で社会通念上相当と認められるかによって判断すべきである。

　まず人員削減の必要性については、景気の急激な悪化による業績の大幅な低下が認められることから、これを肯定することができ、解雇回避努力義務の履践についても、正社員の希望退職の募集は行われないまでも、従前からの各種経費節減策を強化するとともに、パート社員や派遣社員の契約の打切りに踏み切っており、解雇回避のための努力は一応行われていると評価できる。人選の合理性についても、既存の正社員よりも、いまだ就労を開始しておらず、また入社後も社員教育等の特別の訓練を要する内定者を優先対象としたことは不合理とはいえないであろう。もっとも、手続の相当性については、事前に内定取消しの必要性等についての説明や内定者との協議等を一切行うことなく、入社予定日の 1 カ月前に突然一方的かつ簡単な書面通知により内定を取り消していることからすると、その対応はきわめて不誠実なものといえる。以上のことから、A に対する内定取消しは社会通念上相当であるとはいえず、無効であると解され、D 社に対して労働契約上の地位確認を求めることができると解される。

　ただし、A がこのような労働契約上の地位確認請求という救済を望まない場合には、損害賠償請求による救済（民法 709 条）を求める選択肢があることをアドバイスする必要がある。D 社は、すでに 8 月の時点で新規学卒者の内々定・内定の取消しも視野に入れることが社内で確認されていたにもかかわらず、こうした事情を一切説明することなく、入社予定日の 1 カ月前に、一方的な書面通知により内定を取り消していた点に信義則上の説明義務違反が認められると主張し、これによって生じた損害の賠償を求めうる可能性は十分にあると解される。

　これに対し、C に対する内定取消しは、大麻保持による逮捕歴を秘匿し、これがのちに発覚したことが内定取消理由であると解されるところ、履歴書の賞罰欄には有罪判決を受けたものを記載すれば足りると解すべきであ

り、したがって、前歴（逮捕歴）を記載しなかったことは誓約書記載の①の内定取消事由（虚偽の申告があったとき）に該当しない。しかし、面接において休学理由を問われた際に、逮捕による停学処分を受けたことを秘匿し、家族の病気と偽ったことは、①の事由に該当する。もっとも、前述のように、誓約書記載の内定取消事由に該当するだけで当然に留保解約権の行使が有効となるわけではなく、留保解約権の行使が労働者の適格性の有無に関する最終的な決定権を留保したという趣旨に照らして、採用内定当時知ることができず、また知ることが期待できないような事実であって、これを理由として内定取消しをすることが、客観的に合理的と認められ、社会通念上相当として是認することができるものに限られると解すべきである。本件では、その詐称の内容・態様も、将来の幹部人材としての適格性の評価に影響をもたらし、また労使の信頼関係を損なうものであったといえるとともに、それは必ずしも軽微なものとはいえないこと（また秘匿した犯罪内容も、とくに社会問題となっている薬物に関するもので、場合によっては企業の社会的信用や職場の混乱をもたらしうる可能性があったこと）、さらに本件では、逮捕歴があったことは採用内定当時知ることができず、また知ることが期待できない事実であったことからすると、D社による留保解約権の行使は客観的に合理的な理由があり、社会通念上相当と認められるものとして適法と解される。したがって、Cについては、D社の内定取消しに対して法的救済が得られる可能性は低いとアドバイスせざるをえない。

　次に、Bに対する内々定取消しについては、損害賠償請求（民法709条）による救済であれば受けられる可能性があるとのアドバイスをする。というのは、労働契約上の地位確認を請求するためには、前記のとおり、内々定時点で労働契約が成立しているとの主張が必要となる。たしかに、本件では内々定の時点でも内定時点と類似のやりとりがなされているものの、これは労働契約成立のための最終手続ではなく、その後の内定時点で労働契約成立のための手続が予定されている（このことは内々定通知書にも記載されている）。その他、内々定通知書の名義は第1次面接担当者であったことなども加味すると、内々定の時点では両当事者の間に労働契約成立にかかる確定的意思の合致があったとはいえず、この時点で労働契約が成立していたと解することはできないと解される。したがって、Bに対する内々定の取消しは単なる採用拒否にすぎず、労働契約上の地位確認を求めることはできないと解される。

　損害賠償請求をする場合には、労働契約締結上の信義則違反を主張することが考えられる。より具体的には、労働契約の成立（採用内定）は確実

であると期待すべき段階に至った場合において、合理的な理由なくこれを裏切ることは、契約締結過程の当事者を規律する信義則に反するとの主張をすることが考えられる。

　内々定の時点では、Bにこのような期待が生じていたと認められる事情はないが、内定の1カ月前である9月初めには、D社は、内定式開催の案内や各種証明書等の準備等を求めるなど、内々定者に労働契約の締結が確実であるとの期待を抱かせるような動きに出ていたことからすると、少なくとも9月初めの時点で、Bに労働契約の成立が確実であるとの期待が生じていたと解される。そこで、内々定の取消事由が合理的でないなどの事情があれば、損害賠償請求が可能となる。この点、医師の診断によれば、Bは治療を継続していれば、通常の勤務をするのに支障はないとのことであり、D社の仕事がこの通常の勤務の範囲内に収まるものであれば、本件における内々定取消しは合理的理由を欠くことになる。これに対し、もしD社の主張のとおり、D社での仕事が通常の勤務を超えるようなハードなものであれば、上記取消理由自体は合理的といえる可能性はある。しかし、本件の内々定の取消しの態様をみてみると、8月10日の時点でBがこの事実をD社に通知したのに対し、その時点では内々定取消しの可能性があることを説明せず、むしろ9月初めには上記のような採用内定が確実であるとの期待を抱かせるような行動に出た直後に、突然、内々定を取り消しており、このような態様面から、上記信義則違反を問題とすることはできると解される。したがって、Bは損害賠償（慰謝料）を受けられると解すべきである。

❷　Eに対する本採用拒否の有効性を争うためには、第1に、試用期間は労働契約関係にあり、本採用拒否は解雇であること、第2に、当該解雇は、客観的に合理的な理由を欠き、社会通念上相当と認められないとして無効であり（労契法16条）、ゆえにEはD社での労働契約上の地位にあるとの主張をすることが考えられる。

　まず第1の点については、D社において本採用に至ったケースでは、試用期間満了時に新たに労働契約書等のやりとりがなされることなく、人事担当者からの電話連絡のみでそのまま本採用に至っていることが認められるという事実と、またEとD社の間で、内定通知の交付の際に、試用期間中、業務遂行状況等を勘案して不適当と認められたときは本採用が拒否される旨が記載された入社承諾書を提出している事実を併せて考慮すると、試用期間中のEとD社の関係は、入社承諾書記載の本採用拒否事由（適格性の欠如）に基づく解約権が留保された労働契約関係にあると解することができる。そうすると、Eに対する本採用拒否は、この留保された

解約権の行使（解雇）に当たる。

そこで第2の点が問題となる。試用期間における留保解約権の行使も、内定取消しの場合と同様、入社承諾書記載の事由があるというだけでは、当然に有効となるわけではなく、解約権留保の趣旨、目的に照らして、客観的に合理的な理由が存し、社会通念上相当として是認される場合でなければ、権利濫用として無効となると解すべきである（労契法16条）。

そこで、Eに対する本採用拒否の有効性について検討すると、まずEは、試用期間中、期待されていた営業戦略の積極的な展開を行わず、また営業成績も、その目標数値は必ずしも不当に高いわけではなかったにもかかわらず、3カ月連続で達成できなかったというのであり、その能力・適格性の欠如は明らかである。また、この本採用拒否にあたり、D社がEに対して改善指導等を行ったかについては定かではないが、Eはかなりの高待遇で即戦力として期待された中途採用者であることを考慮すると、仮にこのような改善指導等が十分になされていなかったとしても、Eに対する本採用拒否は、客観的に合理的な理由があり、社会通念上相当として是認できるものと解される。結局、EのD社に対する労働契約上の地位確認請求は認められない可能性が高いと思われる。

関連問題

1. 採用と労働条件の明示

(1) 設問の事例で、長田コーポレーションが内定取消しを行わず、上沢君は無事入社できたものの、支払われた給与が、内定式で交付された労働条件通知書に提示されていた額を大幅に下回っていたという場合、上沢君は長田コーポレーションに対していかなる請求をすることができるか。また、内定式の際にはこのような労働条件通知書が提示されず、それ以後も初任給の額について説明されることがなかった場合、求人募集票に示されていた額との差額を請求することは認められるか。

(2) 長田コーポレーションが谷上英俊に支払った給与が、内定通知書に提示されていた額を下回っていたとき、これに対して谷上は長田コーポレーションに対していかなる主張・請求が可能か。
【前掲・日新火災海上保険事件を参照】

2. 採用における調査の自由

　タフネス社では、近年、うつ病に罹患する社員が増え、頭を抱えている。そこで精神的にタフな者を採用すべく、採用面接の際には、「うちの会社は残業も多いし、ノルマも厳しい。はっきりいって仕事はかなりキツイです。相当の覚悟とやる気がないとついていけないということです。うちの会社でやっていく覚悟はありますか」と尋ねて、本人のやる気を確認するとともに、とくに前の会社をすでに辞めて応募してきている転職者については、うつ病等の精神疾患に罹患したことがあるかなど、病歴の申告も求めていた。タフネス社に応募した細井庸介は、前の会社に在職中、社内の人間関係に悩んでうつ病を発症し、病気休職することになったが、そのまま治癒せず、休職期間満了により退職扱いとなった。その後、症状は改善し、上記の採用面接を受けたのだが、面接時にはこのことを隠し、前の会社の退職理由も、「新たに自分の可能性を試してみたかったから」と述べ、うつ病に罹患した事実についてとくに申告しなかった。しかし、タフネス社の社員の友人に、細井の前の会社の社員がいたことから、細井の退職理由が、うつ病罹患による病気休職が期間満了になったことであったという事実が判明し、タフネス社は細井の採用を拒否した。細井は、こうしたタフネス社の一連の行為につき、何らかの法的救済を求めうるか。

【採用時における労働者のプライバシーはどこまで保護されるか（前掲・B金融公庫事件を参照）】

3. 試用期間と有期契約

　花隈印刷では、新入社員の適格性をきちんと見極めるため、今年度から、まずは契約期間1年で採用し、適格性があると認められた者についてのみ、期間満了後、期間の定めのない契約に移行するという方針を打ち立てた。南武大学4年の板倉君は、明るく愛想が良いのが取り柄であるが、なかなか就職が決まらず諦めていた矢先、花隈印刷から採用内定をもらうことができた。同社の採用面接においては、人事担当者から、契約期間は1年で、勤務状況をみて再雇用するか否かを判定する旨の説明を受けていた。また内定を通知される際にも、再度この説明がなされていた。その後、板倉君は無事に卒業し、4月1日付けで花隈印刷に入社したが、その際、交付された辞令書には、契約期間1年とする旨記載されていた。板倉君は、最初の1週間ほどは簡単な新人社員研修を受け、その後は経理部で上司の指示に従いながら、他の社員と同様に業務に従事

していた。そして1年後、板倉君は、誤字等をはじめ初歩的なミスが多く、そのため適格性がないことを理由に再雇用されなかった。板倉君は花隈印刷に対して、雇用の継続を求めることができるか。

【前掲・神戸弘陵学園事件を参照】

参考文献

水町勇一郎「労働契約の成立過程と法」日本労働法学会編『講座 21 世紀の労働法 4 労働契約』(有斐閣・2000 年) 41 頁

篠原信貴「採用内々定の取消と救済のあり方 コーセーアールイー(第 2)事件 福岡地判平成 22・6・2(労判 1008 号 5 頁) 福岡高判平成 23・3・10(労判 1020 号 82 頁)」季刊労働法 233 号 (2011 年) 151 頁

大内伸哉「判例講座 Live ! Labor Law (4) 会社は、どのような場合に採用内定を取り消すことができるの?――大日本印刷事件(最 2 小判昭和 54 年 7 月 20 日民集 33 巻 5 号 582 頁)」法学教室 334 号 (2008 年) 64 頁

大内伸哉「判例講座 Live ! Labor Law (5) 会社は、どのような場合に試用期間後の本採用拒否ができるの?――三菱樹脂事件(最大判昭和 48 年 12 月 12 日民集 27 巻 11 号 1536 頁)、神戸弘陵学園事件(最 3 小判平成 2 年 6 月 5 日民集 44 巻 4 号 668 頁)」法学教室 335 号 (2008 年) 61 頁

6. 賃金と休職
喧嘩に御用心！

設問　六本木情報システム（以下、会社）の三田健一は、同じ会社で働く妻の春子と会社との間で次々とトラブルが起きたこともあり（「2. 就業規則と労働契約：ダブルインカムへのこだわり」を参照）、夫婦関係が少し微妙になっていた。そんなとき、妻の春子の上司の土橋周一課長から、今晩、会社近くの居酒屋喜多八で飲もうと誘われた。2020年3月16日のことである。土橋は、春子の一件が気になっていたので、健一に様子を聞きたいと思っていたのである。春子の同僚で健一と同期の池田拓真も同席した。土橋は、健一よりも5年先輩で、日頃はおとなしい性格だったが、酒を飲むと、気が少し荒くなって周囲の人にからむという悪い癖があった。この日も、最初は、たわいない世間話をしていたのだが、かなり酒が入ったあと、「おまえは、妻の説得もできない男なのか」などといって健一にからんできた。健一が土橋に頼まれて、短時間勤務に応じるよう春子を説得したが、失敗に終わったときのことをいっていたのである。すでにかなり出来上がっていた健一は、「おまえのほうこそ、部下の説得ができないダメ上司だろ」と言い返した。土橋が「先輩に向かって、おまえとは何事だ」とどなり、健一の胸ぐらをつかんだので、健一が土橋に殴りかかろうとし、2人はもみ合いになった。あわてて池田が止めに入ったが、その池田を健一が殴ろうとしたので、池田は健一の身体を強く押しのけた。酔っていて足下がおぼつかない健一がバランスを崩して転倒したところ、健一が池田を殴ろうとしたことに腹を立てた土橋が健一の顔面にパンチを見舞った。それにより健一は頭を強く打ち、動かなくなってしまった。

翌日、目覚めると、土橋は留置所にいた。傷害の容疑で逮捕されてしまったのである。土橋は、前夜の乱闘のことをよく覚えていなかったが、健一が脳挫傷で生死をさまよっているという話を聞いて青ざめた。池田も暴行の容疑で逮捕されたが、2020年3月18日に処分保留のまま釈放となった。しかし、直接暴行を加えた土橋は、健一の容体が重いことから釈放されず、勾留が継続された。結局、健一は一命をとりとめたが、回復の見込みは全く立たない状況にあった。

6. 賃金と休職

　社長の芳賀健司は、社員同士の喧嘩で逮捕者と入院者が出たことに苦り切っていた。とりあえず、釈放された池田には自宅待機命令を出し、健一と土橋をどうするかについての対応を考えていた。まず、健一については、入院が長期化する様子であったので、当初の2カ月は欠勤扱いとし、その後は、就業規則の規定に基づき傷病休職にすることにした。会社の就業規則では、私傷病の場合、2カ月以上欠勤が続いたときには、傷病休職にすると定められていた。傷病休職期間は2年を限度とし、期間満了時に傷病が治癒せず職務に復帰できないときには、退職するものとされていた。また、傷病休職中は無給であるが、1年6カ月までは、健康保険から傷病手当金として標準報酬日額の3分の2が支給されることになっていた。芳賀は、今回の件は業務に関係するものではないとはいえ、社員が起こした事故であったので責任を感じ、春子に見舞金として50万円を支給することにした。春子は、土橋のしたことは、会社にも責任があるのではないかと思い、労災申請と会社への民事訴訟の提起も考えたが、警察から、もとはといえば健一が殴りかかったことが原因だという喜多八の店員の証言があったと告げられたので、健一の名誉が傷つくことを怖れて、労災申請も民事訴訟の提起もしないことにした。

　一方、土橋は勾留されたまま起訴されたが、容疑を認めており、有罪判決が下されることは確実であった。会社の就業規則には懲戒処分として、懲戒解雇、最大14日の出勤停止、労基法91条の定める範囲内での減給、譴責の4種類が定められており、芳賀は、土橋を懲戒解雇にせざるをえないと考えていた。有罪判決が確定したわけではないが、「会社の信用や体面を著しく毀損すること」という就業規則所定の懲戒解雇事由に該当すると判断したからである。退職金については、就業規則上は、退職金の不支給事由に「懲戒解雇がなされた場合」とあったものの、芳賀社長は、土橋の過去20年間の勤続の功労を考慮して、特別に、退職金は自己都合で退職した場合の半額の823万円を支給することにした。ただ芳賀は、土橋が逮捕されたことによって、土橋が責任者として担当していた大型プロジェクトの完成期限を守ることができず、取引先に違約金約1000万円が発生しており、その10分の1は責任者である土橋にも負担してもらう必要があると考えていた。本来であれば賞与における査定で減額すべきものであったが、土橋には賞与をもらう権利はないと判断していたので、退職金の一部で清算させることとし、100万円を控除して723万円を支払うことにした。会社は、顧問弁護士を通じて、勾留されている土橋に対して、この退職金の取扱いにつ

いて説明したところ、土橋は涙を流しながら、社長の温情に感謝し、土橋の弁護士を通して自ら退職届を提出した。芳賀社長は、その翌日、土橋の退職届を受理した。2020年6月19日のことだった。

　会社の就業規則では、2020年から、賞与は、年間で固定部分が2カ月とされ、それに業績と本人の成績による上乗せ部分が最大2カ月となると定められており、後者の上乗せ部分については、以前から、前年度の4月からその年の3月までを対象期間とし、その年の5月に額が決定されていた。そして、そこで決定した額は、通例、夏季賞与として6月30日に、また冬季賞与として12月5日に、半分ずつ支給されていた。ただし、就業規則には、賞与の支給日に在籍しない社員には支給しないという規定もあった。2020年の夏季賞与も6月30日に支払われることになったので、6月19日に退職した土橋には夏季賞与は支払われなかった。

　池田は在宅のまま起訴されたことから、会社は、2020年4月13日付けで、就業規則の規定に基づき起訴休職にすることにした。起訴休職の期間中は無給であった。その後、2021年4月8日に無罪判決が出され、その翌日、池田は職場に復帰した。検察が控訴しなかったため、この判決は確定した。

　一方、健一は、治療が効果をあげていたこともあり、症状は徐々に回復していった。医師からも、軽易な作業ならできるとのお墨付きを得たので、診断書を添えて、2022年3月23日、会社に職場復帰を願い出た。春子から、派遣で来ていた事務職員が3月末に退職するので、会社が新たな事務職員を探しているという情報も入っていた。ところが、会社は、健一に対して、従来のSE（システム・エンジニア）の仕事ができるまでは職場に復帰させることはできないと通告して、結局、2020年5月18日に発令された傷病休職が継続されることになった。その後、会社は、2022年4月15日に、健一に対して、1カ月以内に従前の仕事に復帰できるのであれば、医師の診断書を付けて連絡するよう通知したが、健一からの返事はなかった。健一は、なお両手に軽い麻痺が残っており、SEの仕事をすることは困難だったのである。そこで会社は、休職期間の満了日である同年5月17日、健一に対して会社との雇用契約が終了した旨の通知を行った。

【就業規則（休職の部分のみ）】
第27条　従業員が次の各号に該当する場合には、所定の期間、休職とする。
　① 私傷病による欠勤が60日を超えており、なお療養を継続する必要が

　　　　　あるために勤務ができないと認められた場合　2年
　　　② 刑事事件に関して起訴された場合　2年　（略）
2　休職期間中に休職事由が消滅した場合には、元の職務に復帰させる。
3　休職期間においては、賃金を支給しない。
4　第1項第1号により休職し、休職期間が満了してもなお傷病が治癒せず就業が困難な場合は、休職期間の満了をもって退職とする。第1項第2号以下による休職において、休職事由が消滅しないまま休職期間の満了となった場合も、同じである。

❶土橋は、弁護士のあなたに、退職自体には異議がないが、今後の生活のことを考えると、会社から金銭的に取れるものは取っておきたいので、退職金について、何とか自己都合による退職の場合に支払われるはずの1646万円とすでに受け取った分との差額の請求をすることができないか、また、2020年夏季賞与については、少なくとも固定部分の半分である1カ月分は請求できるのではないか、との質問を受けた。あなたは、どのように回答するか。

❷池田は、無罪判決が出た以上、起訴休職は無効で、休職期間中の賃金が支払われるべきと考えている。池田の主張は法的に認められるか。

❸健一は、2022年3月23日に職場復帰を願い出たとき、軽易な事務作業であれば自分もできると考えていた。健一は妻の春子とは違い、入社時は普通の正社員として採用され、その後に会社の指示でSEの仕事に携わるようになっていた。そうした経緯があったため、会社が、SEの仕事ができない限り復職を認めないというのには納得できかねていた。健一は、会社による退職扱いは不当であり、また遅くとも2022年3月23日以降の賃金は支払われるべきと考えている。健一の考えは、法的にみて正しいか。

（以下、六本木情報システム＝A社、三田健一＝B、土橋周一＝C、池田拓真＝Dとする）

解　説

1　　　　概　観

（1）設問のねらい
本設問は、賃金の請求権の発生要件や発生した賃金請求権の処分をめぐる

様々な論点を問う問題である。また、就業規則等で規定される休職処分について、その処分の有効要件や休職期間満了時の処遇をめぐる論点についても問うている。

具体的には、設問❶では、退職金について放棄ないし合意相殺をすることは賃金全額払いの原則（労基法24条）に反しないか、賞与の支給日在籍要件は有効であるか、設問❷では、起訴休職処分はどのような場合に有効となるか、仮に無効となった場合に休職期間中の賃金請求権はどうなるのか、設問❸では、病気で欠勤中の労働者の復職の申出を使用者が拒否した場合、どのような要件がそろえば賃金請求権が発生するか、また、傷病休職期間の満了時における退職扱いは、どのような場合に認められるのか、について問うている。

(2) 取り上げる項目
▶賃金全額払いの原則
▶賃金請求権の発生要件
▶賞与請求権と支給日在籍条件
▶起訴休職の有効性
▶傷病休職期間満了時の自動退職扱いの有効性

2 ……… 賃金請求権の発生要件

労働契約は、労働者が使用者に使用されて労働し、使用者がこれに対して賃金を支払うことについて、労働者と使用者が合意することによって成立するものである（労契法6条）。ここからわかるように、賃金は、労働の対価として、労働契約の成立に不可欠の要素である。

賃金請求権の発生要件については、労契法には規定がないが、民法624条1項は、「労働者は、その約した労働を終わった後でなければ、報酬を請求することができない」と定めている（なお、同条2項は、「期間によって定めた報酬は、その期間を経過した後に、請求することができる」、と定めている）。この規定については、労働を終わった後に初めて賃金請求権が発生する趣旨の規定と解する見解もあるが、通説は、これは賃金の請求時期について定めた規定であり、どのような要件で賃金請求権が発生しているかは、当事者の合意によって決めることができると解している。もっとも、通説においてもその合意の解釈としては、労務給付があったことを条件として、具体的な賃金請求権が発生すると解

するのを原則としている（ノーワーク・ノーペイの原則。宝運輸事件―最3小判昭和63・3・15民集42巻3号170頁も参照）。いずれにせよ、民法624条は任意規定と解されており、賃金の前払いをする合意は有効である（なお、労基法25条は、非常時においては、使用者に対して、既往の労働に対する賃金の、支払い期日前の支払いを義務づけている）。

　では、労働者が何らかの理由で労働をしていない場合には、賃金請求権は発生しないのであろうか。民法536条2項は、使用者（債権者）の「責めに帰すべき事由」（帰責事由）によって労務を履行することができなくなったときは、労働者（債務者）は反対給付である賃金を請求する権利をもつと定めている（ただし、この規定は任意規定なので、これと異なる合意があれば、その合意が優先される）。たとえば、労働者が労働に従事しようとしたところ、使用者がこれを拒否して労働義務が履行不能となったという場合、労働者が債務の本旨に従った履行の提供をしているならば、使用者に帰責事由が認められ、労働者は賃金請求権をもつことになる。

　最高裁は、現場監督業務に従事するよう指示されていた労働者が、病気のためにその業務に従事することができず、自宅治療命令を受けていたところ、事務作業であればできるとして復職を申し出たが、使用者はこれを認めず自宅治療命令を継続したという事案において、労働者が職種や業務内容を特定せずに労働契約を締結した場合、現に就業を命じられた特定の業務について労務の提供が十全にはできないとしても、その労働者が配置される現実的可能性があると認められる他の業務について労務の提供をすることができ、かつ、その提供を申し出ているならば、なお債務の本旨に従った履行の提供があり、賃金請求権が認められるとしている。最高裁は、その理由として、「そのように解さないと、同一の企業における同様の労働契約を締結した労働者の提供し得る労務の範囲に同様の身体的原因による制約が生じた場合に、その能力、経験、地位等にかかわりなく、現に就業を命じられている業務によって、労務の提供が債務の本旨に従ったものになるか否か、また、その結果、賃金請求権を取得するか否かが左右されることになり、不合理である」からである、とする。そして、ここでいう労働者の配置の現実的可能性は、その労働者の能力、経験、地位、企業の規模、業種、企業における労働者の配置・異動の実情および難易等に照らして判断されるべきものとしている（片山組事件―最1小判平成10・4・9労判

736 号 15 頁)。

　民法 536 条 2 項と類似の規定が、労基法にもある。それが休業手当に関する規定である (26 条)。この規定によると、「使用者の責に帰すべき事由」による休業の場合においては、使用者は、その期間中当該労働者に、平均賃金の 60% 以上の手当を支払わなければならない。ここでいう「責に帰すべき事由」は、民法 536 条 2 項でいう「債権者の責めに帰すべき事由」よりも広く、使用者側に起因する経営、管理上の障害を含むと解されている (ノース・ウエスト航空事件—最 2 小判昭和 62・7・17 民集 41 巻 5 号 1283 頁)。また、労基法 26 条による休業手当は、その支払いが強行規定により義務づけられていること (同 13 条も参照)、違反した場合には罰則の適用があること (同 120 条 1 号)、さらに未払い分には付加金の支払いが命じられることがある (同 114 条) という点で、民法 536 条 2 項との違いがある。

　休業手当の算定基礎となる平均賃金については、労基法で定義されている (12 条)。それによると、これを算定すべき事由の発生した日以前 3 カ月間にその労働者に対し支払われた賃金の総額を、その期間の総日数で除した金額である。ただし、過去 3 カ月間に、業務災害による療養期間、産前産後の休業期間、使用者の責めに帰すべき事由による休業期間、育児・介護休業期間、試用期間がある場合には、その期間は除外される (同条 3 項)。また、臨時の賃金、3 カ月を超える期間ごとに支払われる賃金等は、賃金総額の算定から除外される (同条 4 項)。平均賃金は、休業手当以外にも、解雇予告手当 (20 条)、年次有給休暇手当 (39 条 7 項)、災害補償 (76 条、77 条、79 条~82 条)、減給の制限 (91 条) との関係で意味をもつ。

3 ………賃金に対する法的規制
(1) 賃金額の規制

　賃金をどのように定めるかは、当事者の合意により決められるべきものであるが、完全に当事者の自由に委ねられているわけではない。最賃法は、使用者に対して最低賃金額以上の賃金の支払いを義務づけ (4 条 1 項)、労働契約で最低賃金額に達しない賃金を定めると、その部分について無効とし、無効となった部分は、最低賃金と同様の定めをしたものとみなすとしている (同条 2 項。最低賃金には、労基法が定める労働条件の基準と同様の強行的・直律的効力がある

ということである）。

　最低賃金には、一定の地域ごとに定められる地域別最低賃金と一定の事業または職業にかかる特定最低賃金（かつての産業別最低賃金）とがある。地域別最低賃金は、地域における労働者の生計費、賃金、通常の事業の賃金支払い能力を考慮して定められる（最賃法9条2項）。労働者の生計費を考慮するにあたっては、労働者が健康で文化的な最低限度の生活を営むことができるよう、生活保護に関する施策との整合性に配慮するものとされている（同条3項）。

　このほか、労基法において、出来高払制その他の請負制で使用する労働者については、使用者は、労働時間に応じ一定額の賃金の保障をしなければならないとされている（27条）。そのため、賃金全体を出来高に応じて支払うとする完全出来高制は違法となる。

(2) **賃金の支払いに関する規制**

(a) **賃金の定義**

　労基法上の賃金とは、賃金、給料、手当、賞与その他名称のいかんを問わず、労働の対償として使用者が労働者に支払うすべてのものをいう（11条）。

　使用者の裁量により支給される任意的恩恵的給付は、労働の対償ではないので、賃金には該当しない。退職金や賞与などの手当は、就業規則や労働協約などにより、使用者に支給が義務づけられていて、その支給基準が明確である場合には、賃金に該当する（昭和22・9・13発基17号等。退職金については、シンガー・ソーイング・メシーン事件―最2小判昭和48・1・19民集27巻1号27頁も参照）。

　福利厚生給付も労働の対償ではないので、賃金には該当しない。福利厚生給付の典型と考えられるのは、福祉増進のための資金貸付け、福祉増進や資産形成のための金銭給付、住宅貸与である（均等法6条2号、同施行規則1条を参照）。さらに、企業が業務遂行のために負担する企業施設や業務費も賃金には含まれない。通勤費は、労働者が本来負担すべきもの（民法485条を参照）なので業務費には当たらず、支給基準が定められている場合には賃金に該当する。

　労基法上の賃金に該当した場合には、その支払いについて、以下にみるように法的な保護が認められることになる。

(b) **通貨払いの原則**

　使用者は、賃金を、通貨で支払わなければならない（労基法24条1項）。現

物による支給をするときには、法令や労働協約にその旨の定めがなければならない。この原則は、現物給与は、その価格が不明瞭であり、現金に交換することが不便でもあるので、これを禁止しようという趣旨による。

なお、厚生労働省令で定める賃金について確実な支払いの方法で厚生労働省令で定めるものによる場合は、通貨払いの例外とされている。たとえば、賃金の口座振込は、労働者にとって現金化が困難であるとすると、この原則の趣旨に反するおそれがあるが、労働者が同意していれば、賃金を労働者が指定する銀行その他の金融機関の口座あるいは証券会社の証券総合口座に振り込むことが認められている（労基則7条の2）。

(c) **直接払いの原則**

使用者は、賃金を、労働者に対して直接支払わなければならない（労基法24条1項）。第三者がいわゆるピンハネをして、労働者に賃金が確実に支払われないという事態を避けるためである。とくに未成年者については、親権者等がピンハネをする可能性があることから、別の規定で直接払いが規定されている（同59条）。

労働者が、使用者に対して有する債権を第三者に譲渡した場合でも、その債権の譲受人は直接には会社に賃金の支払いを求めることはできない（小倉電話局事件―最3小判昭和43・3・12民集22巻3号562頁）。また、行政解釈によると、使者（妻や子など）に対する支払いは許されるが、親権者その他の法定代理人、労働者の委任を受けた任意代理人に支払うことは、この原則に違反する（昭和63・3・14基発150号）。

なお、賃金債権の差押えがあった場合に、行政官庁に支払うことは、この原則に違反しない（ただし、民事執行法152条1項2号により、賃金の一定範囲までの差押えは禁止されている）。

(d) **全額払いの原則**

使用者は、賃金を、労働者に対して全額支払わなければならない（労基法24条1項）。この原則は、労働者の経済生活を保護すること、および未払い賃金債権が残ることによる身分的拘束の防止という趣旨による。

この原則については、法令に定めがある場合、または、過半数代表との書面協定（労使協定）がある場合には、例外的に賃金の一部を控除して支払うことが許されている。法令に定めがある場合とは、所得税や住民税の源泉徴収、厚

生年金保険・健康保険・雇用保険の保険料、財形貯蓄金等である。労使協定による控除は、行政解釈によると、「購買代金、社宅、寮その他の福利、厚生施設の費用、社内預金、組合費等、事理明白なものについてのみ、……賃金から控除することを認める趣旨である」とされている（平成11・3・31基発168号等）。組合費の賃金からの控除（チェック・オフ）は、判例上も労使協定が必要と解されている（済生会中央病院事件—最2小判平成元・12・11民集43巻12号1786頁。チェック・オフについては、「14. 労働組合：組合執行部に物申す」を参照）。

　使用者が、自己の賃金債務を、労働者に対して有している債権によって相殺することも、この原則に反すると解されている（関西精機事件—最2小判昭和31・11・2民集10巻11号1413頁）。相殺については、労基法17条で定める前借金相殺のみが禁じられているという見解もあるが、判例は、労働者に賃金の全額を確実に受領させ、労働者の経済生活を脅かすことがないようにしてその保護を図るという同法24条の趣旨（前掲・シンガー・ソーイング・メシーン事件等）を重視し、相殺の場合も、賃金全額払いの原則に抵触するとしている。したがって、相殺をするためには、労使協定が必要となるということである。一方、過払いの賃金を翌月分以降の賃金で清算するという調整的相殺については、判例上、「過払いのあった時期と賃金の清算調整の実を失わない程度に合理的に接着した時期においてされ、また、あらかじめ労働者にそのことが予告されるとか、その額が多額にわたらないとか、要は労働者の経済生活の安定をおびやかすおそれのない場合」であることを条件に、適法とされている（福島県教組事件—最1小判昭和44・12・18民集23巻12号2495頁）。

　また、合意相殺や賃金債権の放棄については、判例上、労働者の自由な意思に基づいてされたものであると認めるに足りる合理的な理由が客観的に存在していれば、この原則に反しないとされている（合意相殺について、日新製鋼事件—最2小判平成2・11・26民集44巻8号1085頁、放棄について、前掲・シンガー・ソーイング・メシーン事件。なお、労働者の相殺への同意が自由意思に基づくものであるとの認定判断は、厳格かつ慎重に行われなければならない、とされている）。個別的な賃金の減額に対する労働者の同意についても、実質的には、賃金債権の放棄と類似の問題があるといえるのであり、そのため、前記の判例をふまえて、その同意が労働者の自由な意思に基づいてされたものであると認めるに足

る合理的な理由が客観的に存在するときに限り有効とする裁判例がある（更生会社三井埠頭事件—東京高判平成12・12・27労判809号82頁等を参照）。

(e) 毎月1回以上、一定期日払いの原則

この原則は、賃金が変則的に支払われると、労働者の生活上の不安定を招くので、これを防止するために設けられている。

この原則は、臨時に支払われる賃金や賞与その他これに準じる賃金に対しては適用されない（労基法24条2項）。「これに準ずる賃金」とは、1カ月を超える期間についての精勤手当、勤続手当、奨励加給または能率手当である（労基則8条）。

(3) 賃金債権の履行確保

賃金債権については、その弁済の確保のために、先取特権が付与されている（民法306条2号、308条）。また、破産法や会社更生法等の倒産手続においても、賃金債権については特別な保護が図られている。

このほか、賃金の支払いの確保等に関する法律は、貯蓄金の保全措置、退職手当の保全措置、退職労働者の賃金にかかる遅延利息、未払い賃金の立替払いについて定めている。未払い賃金の立替払いは、労災保険法上の社会復帰促進等事業の1つとして行われているもので、その内容は、倒産した使用者を退職した労働者に対して、政府が使用者に代わり、未払い賃金の一定額の範囲まで立替払いをするというものである。

4 ……… 賞与および退職金に関する問題

(1) 賞　与

賞与は、法律で支払いが義務づけられているものではないが、ほとんどの会社で制度化されている。多くの場合、夏季と冬季に支払われ、その額は、会社の業績や一定の対象期間における従業員の出勤率や成績を考慮して算定される。なお、賞与は、前述の毎月1回以上、一定期日払いの原則（労基法24条2項）の例外となるが、そこでいう賞与は、「定期又は臨時に、原則として労働者の勤務成績に応じて支給されるものであって、その支給額が予め確定されていないもの」と定義されている（昭和22・9・13発基17号）。

賞与について、支給日に在籍していることが要件とされていることもある。このため、賞与の計算対象期間に在籍していたとしても、支給日までに退職し

ていれば、賞与の支払いを請求することができなくなる。支給日在籍要件がある場合には、賞与請求権は支給日に発生すると解されるので、その要件を満たさずに退職した労働者に賞与を支払わなくても、賃金全額払いの原則（労基法24条1項）には違反しない。

就業規則における支給日在籍要件の合理性は、判例上肯定されている（大和銀行事件—最1小判昭和57・10・7労判399号11頁）。賞与は、過去の労働に対する功労報償という面もあるが、将来の労働に対する意欲向上をも目的とするものであることを考慮すると、支給日在籍要件の合理性（労契法7条）を否定するのは妥当ではなかろう。

ただし、本人の意に反して退職させられた労働者に支給日在籍要件を適用するのは適切でないので、少なくとも整理解雇により退職した者や定年退職者など、任意退職者以外の者には支給日在籍要件を適用すべきではないであろう。また、就業規則で特定の支給日が定められている会社で、賞与についての交渉が遅延して、実際の支給日がずれこんだ場合でも、支給日在籍要件との関係では、実際の支給日ではなく、就業規則所定の支給日を基準に判断すべきであろう（須賀工業事件—東京地判平成12・2・14労判780号9頁を参照）。

賞与の額については、前述のように、計算対象期間における出勤率も考慮して決定するとされている例が多い。ただし、判例によると、賞与の支給要件として、9割以上の出勤率を課したうえで、産前産後休業の日数や勤務時間短縮措置による短縮時間分を出勤率に含めないとすることは、労基法や育児介護休業法がこれらの権利を保障した趣旨を実質的に失わせるので、公序に反して無効となるとされている（東朋学園事件—最1小判平成15・12・4労判862号14頁）。もっとも、この判例も、実際の休業日数や短縮時間分に応じて賞与額を減額することまでは無効としていない（「12. ワーク・ライフ・バランス：仕事と家庭のどちらが大事？」を参照）。

(2) 退職金

退職金も、賞与と同様、法律上は、使用者に支払いが義務づけられているものではないが、多くの会社で導入されている。退職金（退職手当）の定めがある場合には、就業規則において、適用される労働者の範囲、退職金の支給要件、額の計算方法と支払い方法、支払い時期を記載しなければならない（労基法89条3の2号）。

退職金は、一定の勤続年数（通常は3年）以上の労働者に支給するとされていることが多い。また、懲戒解雇された労働者や退職後の競業避止義務に違反した労働者には、退職金を不支給ないし減額とすると定めている例が多い。

こうした不支給ないし減額条項については、まず全額払いの原則（労基法24条1項）あるいは違約金の定めの禁止規定（同16条）に違反するのではないか、という考え方もありうる。しかし、退職金の請求権は、懲戒解雇されずに退職したということが発生要件と解すべきであり、そうである以上、懲戒解雇された労働者には、もともと退職金請求権が発生しないので、上記の規定に違反すると解することは妥当でない（競業避止義務違反についても、退職後一定期間内に禁止された競業行為をすることを解除条件として退職金請求権が発生していると解すべきであるので、同様の議論が当てはまる）。

もっとも、そうした退職金の不支給・減額条項を設けた就業規則が、公序良俗に反して無効である（民法90条）、あるいは合理性を欠くので労働契約の内容とならない（労契法7条）と解される余地はある。この点について、退職金には、賃金の後払い機能があるということに着目すると、事後的な不支給や減額には抑制的であることが求められそうであるが、功労報償的な機能もあるということが重視されて、不支給・減額条項は原則として有効と解されている（競業避止義務違反のケースについて、三晃社事件—最2小判昭和52・8・9労経速958号25頁を参照）。ただし、その場合でも、実際にこの条項を適用できるのは、永年の勤続の功を抹消してしまうほどの重大な不信行為がある場合、あるいは労働の対償を失わせることが相当であると考えられるような顕著な背信性がある場合に限られるというように限定解釈が施される傾向にある（小田急電鉄事件—東京高判平成15・12・11労判867号5頁、中部日本広告社事件—名古屋高判平成2・8・31労民集41巻4号656頁等を参照）。

なお、退職金と同様の機能をもつものとして、企業年金がある。企業年金には、自社年金以外に、法律で規制されている確定拠出年金、確定給付企業年金、厚生年金基金等がある。自社年金については、経済情勢や企業の経営状況の変化等により受給権者の受給額を減額することをめぐって紛争が起こることが多い（最近の紛争事例として、早稲田大学事件—東京高判平成21・10・29労判995号5頁）。

5　休　職
(1)　概　説

　休職は、法律上の制度ではなく、一般には、就業規則や労働協約によって定められている制度である。各休職に共通する特徴は、使用者が、当該労働者の労務への従事を免除することにある。

　休職は、それを適用するかどうかの決定権が、使用者側に留保されているような制度になっていることが多い。つまり、休職事由が発生しても、それだけで自動的に休職扱いとなるわけではなく、使用者の休職命令が必要となる。

　休職の種類としては、業務外の疾病や負傷を理由とする傷病休職、私的な事故を理由とする事故欠勤休職、起訴されたことを理由とする起訴休職などがある。また、出向労働者を出向元会社では休職中としたり、従業員としての身分を保持したまま、労働組合の役員としての業務にのみ従事する者（在籍専従者）を休職とすることもある。傷病休職や事故欠勤休職が認められるケースでは、通常は、普通解雇事由にも該当するので、休職処分とすることは解雇猶予措置としての意味がある。

(2)　休職処分の有効要件

　休職は、就業規則に所定の休職事由が発生している場合に、使用者は命じることができるが、労働者にとっての不利益が生じることもあるので、一定の場合には権利濫用として無効となることもある（労契法3条5項）。

　また、事故欠勤休職のように解雇猶予措置としての意味もある休職については、解雇規制とのバランスも考慮する必要がある。具体的には、労基法20条で解雇予告期間が30日とされていることとの均衡上、休職期間は30日を超えていることを要し、かつ労契法16条との均衡上、解雇の相当性に準じた相当性を必要とする見解が有力である。

　このほか、起訴休職については、裁判例上、職務の性質、公訴事実の内容、身柄拘束の有無など諸般の事情に照らし、起訴された労働者が引き続き就労することにより、会社の対外的信用が失墜し、または職場秩序の維持に障害が生じるおそれがあるか、あるいは労働者の労務の継続的な給付や企業活動の円滑な遂行に障害が生じるおそれがある場合でなければならない、というように休職の要件を限定的に解釈するものが多い（たとえば、全日本空輸事件—東京地判平成11・2・15労判760号46頁）。また、休職によって被る労働者の不利益の程

度が、起訴の対象となった事実が確定的に認められた場合に行われる可能性のある懲戒処分の内容と比較して、明らかに均衡を欠く場合ではないことを要すると述べる裁判例もある（前掲・全日本空輸事件）。

(3) **休職期間中の法律関係**

休職期間中に賃金を支給するかどうかは、原則として、個々の就業規則で定めることができる。ただし、休職のなかには、使用者側の都合によるものもあり、こうした休職について無給と定めることは許されないことになろう。就業規則等に特段の規定がなければ、賃金を全額支払わなければならないことになるし（民法536条2項）、これが「使用者の責に帰すべき事由による休業」に該当する場合には、就業規則等の規定にかかわりなく、平均賃金の6割以上の休業手当を支払わなければならない（労基法26条）。

(4) **復　職**

一般の就業規則では、いったん休職を命じられた場合でも、所定の期間の満了までに休職事由が消滅すれば、復職することができるとされ、逆に、休職事由が消滅しないまま期間満了を迎えれば、そこで自動退職ないし解雇となるという定めとなっている。こうした定めをめぐっては、特に傷病休職の場合において、休職中の労働者は傷病が治癒したとして復職を求めたにもかかわらず、使用者側がこれを認めず、そのまま期間満了により退職扱いとなったという場合に紛争が生じることがある。

これは、治癒をどのように認定するかという問題でもある。休職前に就いていた仕事に従事できるかどうかを基準として認定すべきという見解も有力であるが、裁判例のなかには、労働者が職種等を限定せずに労働契約を締結している場合には、休職前の業務について労務の提供が十全にできないとしても、その能力、経験、地位、使用者の規模や業種、その労働者の配置や異動の実情、難易等を考慮して、現実に配置可能な業務の有無を検討し、これがある場合には、その労働者に配置可能な（軽微な）業務を指示すべきであり、自動退職扱いにしてはならないとするものもある（JR東海事件—大阪地判平成11・10・4労判771号25頁）。こうした判断は、労働者の債務の本旨に従った履行の提供に関する最高裁判決（前掲・片山組事件）の判断を、雇用の終了の場面にも及ぼしたものといえるであろう。

また、休職期間の途中で、労働者が復職を希望したが、使用者がこれを拒否

した場合、その後の期間において労働者の賃金請求権がどうなるか（無給か減額した賃金しか支給していない場合）については、使用者の復職拒否について使用者の帰責事由が認められるかによって決まり、その際には、前掲・片山組事件最高裁判決の考え方がまさに適用されることになる（労基法26条の要件を充足すれば、休業手当の請求も認められる）。

解答例

❶ まず、Cにおいて、A社の就業規則所定の退職金請求権が発生するか、発生するとしたらどの程度の額かが問題となる。この点、Cには、懲戒解雇事由はあると解されるが、A社はCを解雇しておらず、Cは自ら退職届を出しているので、Cは自己都合としての退職金である1646万円を請求することができそうである。これに対しては、Cには懲戒解雇事由があることからすると、A社は、Cを懲戒解雇していないとしても、それと同様に扱うことができ、退職金不支給事由があるので、Cには退職金請求権が発生しないと主張してくる可能性もある。しかし、就業規則の文言上、退職金が不支給となるのは、「懲戒解雇がなされた場合」となっているので、懲戒解雇が現に行われていないCに対して、懲戒解雇が行われたのと同等に扱うことはできないと解すべきである。

　もっとも、Cは、退職届を出すうえで、退職金が723万円であることに同意しており、このことは、1646万円の半額である823万円は退職金を放棄し、また、100万円についても退職金の放棄か、もしくは会社への損害賠償債務と合意相殺したとみることができる。ところで、退職金も就業規則において支給が使用者に義務づけられ、支給基準が明確化されている場合には、労基法11条の賃金に該当すると解すべきであり、該当すると認められた場合には、同法24条1項の定める賃金全額払いの原則が妥当することになる。この点、賃金全額払いの原則は、使用者が労働者に対して債権を有していて、その債権と賃金債務とを相殺する場合には適用されないという考え方もありそうであるが、文言上は、相殺の場合を除くとは書かれておらず、同条の趣旨が労働者に賃金を確実に受領させ、その経済生活を脅かさないことにあることもふまえると、相殺による控除の場合も、賃金全額払いの原則に抵触すると解すべきである。ただ、賃金全額払いの原則は、労働者の保護のためのものであるので、労働者が自らの自由意思

により相殺に同意することまでを否定すると解すべきではない。賃金債権の放棄についても同様で、労働者の自由意思による場合には、賃金全額払いの原則には抵触しないと解すべきである。ただ、この労働者の同意や放棄が、使用者からの強要のない、労働者の真に自由な意思によるものであることが担保されるために、そうであると認めるに足りる合理的な理由が客観的に存在していることが必要と解すべきである。

　Cは懲戒事由があることや取引先に損害を与えたことについて争わず、むしろA社の弁護士の説明を聞いたうえで、社長の温情に感謝し、弁護士を通して退職届を提出していることからすると、退職金についても自由意思で同意したものとみることができ、それが自由意思であると認めるに足りる合理的な理由が客観的に存在していると解すべきである。したがって、退職金に関するCの質問には、請求できないという回答になると考えられる。

　次に賞与についてであるが、A社においては就業規則で支給日在籍要件が定められているため、支給日である2020年6月30日前に退職したCには、賞与請求権は認められない。もっとも、Cは、賞与の計算対象期間である2019年4月から2020年3月まではA社に在籍していたため、5月に決定される賞与額のうち、少なくとも査定に服さない固定部分の半分の夏季賞与の支給請求権はすでに発生しており、それは労働者の同意なしには剥奪できないという考え方もありうる。しかし、賞与には功労報償的な意味だけでなく、将来の労働への意欲向上としての意味もあることを考慮すると、支給日に在籍していて初めて賞与請求権が発生するとする規定には合理性がある（労契法7条）と解すべきである。したがって、支給日に在籍していないCには賞与請求権は発生していないので、賞与に関するCの質問にも、請求できないという回答になると考えられる。

❷　Dは就業規則27条1項2号に基づき起訴休職処分を受けており、同条3項によると、休職期間は無給とされている。もっともDは、その後、無罪判決が確定していることから、起訴休職処分は無効であったと解す余地もありそうである。

　この点を検討するに、まず、就業規則に定める起訴休職制度の合理性（労契法7条）については、起訴された労働者の職務の性質、公訴事実の内容、身柄拘束の有無などの事情によっては、起訴された労働者が引き続き就労すると、会社の対外的信用が失墜したり、職場秩序の維持に障害が生じたりするおそれがあること、さらに労働者の労務の継続的な給付や企業活動の円滑な遂行に障害が生じるおそれがあることを考慮すると、こうした規定に合理性を肯定できると解すべきである。そして、こうした起訴休

職制度の合理性を支える同制度の趣旨をふまえると、起訴休職処分が有効となるのは、労働者が就労し続けることが、対外的信用の失墜、職場秩序の維持への障害、労務の継続給付や企業の円滑な遂行の障害が生じるおそれがある場合に限定されることになる。また起訴休職は、起訴の対象となった事実が確定的に認められた場合に行われる可能性のある懲戒処分の内容と比較して、均衡のとれたものである必要もあると解すべきである。

　以上のような判断枠組みに基づきＤの起訴休職処分についてみると、Ｄは休職処分がされた時点で身柄の拘束を受けていたわけではなく、公判期日への出頭は年次有給休暇の取得により可能であるというべきであるから、労務を継続的に給付するにあたっての障害は存しない。また、Ｄの起訴事実は、もとはといえば被害者であるＢがＣやＤに殴りかかったことから生じたもので、いわば業務外の時間・場所で生じた偶発的なトラブルというべきものであり、Ｄが勤務することによって、職場秩序が乱されたり、企業の円滑な遂行に障害が生じたりするとは考えにくいし、Ａ社の対外的信用が損なわれるとも考えられない。さらに、Ｄが仮に有罪となった場合に、Ｄに課される可能性のある懲戒処分を考えると、懲戒解雇は濫用とされる可能性が高く、他の懲戒処分の内容については、出勤停止も14日を限度としており、減給も労基法91条の定める範囲内となっていて、1賃金支払期の10分の1を超えるものではないことと比較すると、Ｄに対して無給で1年近くもの期間にわたってなされた休職処分は著しく均衡を欠くものである。以上の点を考慮すると、Ｄに対する休職処分は、就業規則の要件を満たしていないか、仮に満たしていると解しても、権利濫用（労契法3条5項）を理由に無効となると解すべきである。

　また、ＤはＡ休職期間中は労務を提供していないものの、それはＡ社の無効な休職処分が原因であることからすると、ＤはＡ社の責めに帰すべき事由により労務の提供ができず、履行不能となったと解されるから、賃金請求権は失わないことになる（民法536条2項）。仮にＡ社の責めに帰すべき事由が認められない場合でも、無効な休職処分が行われている以上は、少なくとも労基法26条における「使用者の責に帰すべき事由による休業」に該当すると解されるので、平均賃金の6割以上の額に相当する休業手当は請求できることになる。

❸　Ｂは、2022年3月23日に復職を願い出たが、従前のSEの仕事はできる状況になかった。このような場合、Ａ社がＢの復職を認めず休職を継続して、その労務の受領を拒絶することが許されるかどうかが問題となる。Ａ社の就業規則27条1項は、「療養を継続する必要があるために勤務ができないと認められた場合」と定めているので、この場合に該当する限り、

A社はBに休職を命じることができると解される。もっとも、賃金請求権との関係では、Bが軽易な事務作業であればできると申し出ていることから、これが債務の本旨に従った履行の提供と評価することができれば、A社は休職処分を解除して復職を認めるべきであり、それにもかかわらず、A社が休職を継続して、Bの労務の受領を拒絶し、それによりBの労務の履行ができなくなったことは、A社の責めに帰すべき事由があると判断され、Bに賃金請求権が認められることになる（民法536条2項）。

それでは、本問において、Bは債務の本旨に従った履行の提供をしたといえるか。A社はBに休職前のSEの業務を命じているため、それが十全にできないときには、債務の本旨に従った履行の提供があるといえないと考えることもできる。しかし、こうした場合でも、労働者が職種や業務内容を特定せずに労働契約を締結していた場合には、その労働者が配置される現実的可能性があると認められる他の業務について労務の提供をすることができ、かつ、その提供を申し出ているならば、なお債務の本旨に従った履行の提供があると解すべきである。そのように解さないと、労働者は、同じ企業において、様々な職種や業務内容を命じられる可能性があるのに、たまたま現に就業を命じられた業務によって、その能力、経験、地位等にかかわりなく、労務の提供が債務の本旨に従ったものになるか否か、また、その結果、賃金請求権を取得するか否かが左右されることになり、不合理であるからである。

Bは、SEという専門性の高い仕事に従事していたが、採用時には職種や業務内容を限定せずに労働契約を締結したものとみられるので、Bの軽易な事務作業の申し出について、それが現実的に配置可能である場合には、履行の提供があったと解すべきである。この点、現実的な配置可能性は、その労働者の能力、経験、地位、企業の規模、業種、企業における労働者の配置・異動の実情および難易等によって判断すべきと解されるところ、A社の企業規模は決して大きいものではないが、たとえこれまで派遣社員でまかなっていたとはいえ、事務職員のポストの空きが出ている以上、そのポストにBを配置する現実的可能性はあったというべきである。そうである以上、Bは債務の本旨に従った履行の提供をしていると解すべきであり、A社は、2022年3月23日以降の賃金を支払わなければならない。

また、Bが受けた退職扱いについては、A社は、就業規則27条4項第1文における「傷病が治癒せず就業が困難な場合」に該当することを根拠としたと考えられる。その規定でいう治癒とは、休職前の業務に復帰できるかどうかを基準にして判断すべきという解釈も考えられるが、前述の賃金請求権の場合と同様、労働者が職種や業務内容を限定せずに労働契約を

> 締結している場合においては、休職前の業務について労務の提供が十全にはできないとしても、配置替え等により現実に配置可能な業務の有無を検討し、これがある場合には、当該労働者に右配置可能な業務を指示すべきであって、「傷病が治癒せず就業が困難な場合」には該当しないと解すべきである。A社は、Bを事務職員のポストに配置可能と考えられるので、Bをそのポストに配置すべきであり、2022年5月17日をもってBを退職扱いにすることは許されないことになる。

関連問題

1. 変更解約告知と変更に対する黙示の承諾の成否

　出版社で期間の定めのないアルバイト社員として働いていた菅井昭雄は、2010年5月14日に、他のアルバイト社員とともに集められ、社長から、会社の業績が悪いので、アルバイト全員の時給を7月1日分から10%引き下げ、これに応じない場合には辞めてもらうという通告を受けた。菅井はとくに返事をしていなかったが、7月末に受け取った給料明細を見ると、時給はこれまでの1000円から900円に引き下げられていた。菅井は、この賃金引下げに納得できなかったので、同年10月になって、会社を相手に、これまでの賃金減額分の支払いと、今後は従来の賃金額を支払うように求めようと思っている。菅井から相談を受けた弁護士のあなたは、会社に対して、どのように主張するか。

【前掲・更生会社三井掉頭事件を参照】

2. 年俸額について合意が不成立の場合の決定方法

　東亜システム開発研究所は、中央官庁からの受託研究等により、調査研究を行う法人であり、その研究員は、20年来、全員に年俸制が適用されていた。就業規則によると、年俸制は、研究員の個人業績評価に基づき、研究所側と従業員との協議により決定するものとされていたが、合意が成立しない場合の取扱いについてはとくに規定がなく、合意が成立しない例はこれまでなかった。実際の年俸額の適用プロセスは、次のようなものであった。毎年1月に研究所側が、その前年の1月から12月までの研究員の個人業績評価を行い、研究所の理事長がこの個人業績評価を参考にして、交渉開始の目安額を計算し、2月

に個別協議が行われ、そこで最終的な合意額が決定され、4月から支給されるというものであった。

2013年1月、研究員の池端宏行は、2013年度の年俸について協議を始めたが、研究所側の個人業績評価は前年度よりも低いもので、最終的に提示された年俸額も10％下がっていた。2012年は成果が全くなかったことが、その理由である。しかし池端は、成果がなかったのは、良い研究成果を出すための準備作業に追われていたからであり、単年で評価されては困ると述べて、研究所の評価を受け入れなかった。こうして協議は平行線をたどり、結局、2013年3月までには合意に至らなかった。2013年4月に池端に振り込まれた賃金は、前月分よりも10％低くなっていた。池端は、年俸額の合意がない以上、前年度の年俸を基礎にした賃金が支払われるべきだと考えている。池端の考えは正しいであろうか。

【「7. 人事考課・降格：出世の夢は露と消えて」解説2(2)を参照】

3．企業年金の受給権と減額可能性

ブルーライン・エアラインは、路線拡大、便数増加の積極的な経営が裏目に出て経営破綻をきたし、銀行をはじめとする多くの債権者が再建計画を協議していた（「17. 団体行動：闘いはいばらの道」を参照）。そのなかで、すでにこの会社を退職している人たち（以下、OB社員）が1人当たり平均毎月25万円という高額の企業年金を受給しており、このことが会社の財政状況の悪化に大きく影響していることが明らかになった。企業年金については、企業年金規程によって支給条件等が定められていたが、会社がその支給額を減額できるという条項は含まれていなかった。ブルーライン・エアラインの顧問弁護士のあなたは、OB社員の企業年金を減額するために、どのような手段をとるか。

参考文献

盛　誠吾「賃金債権の発生要件」『講座21世紀の労働法5 賃金と労働時間』（有斐閣・2000年）

水町勇一郎「成果主義人事と賃金制度——年俸制・賞与退職金」土田道夫＝山川隆一編『成果主義人事と労働法』（日本労働研究機構・2003年）153頁

7. 人事考課・降格
出世の夢は露と消えて

設問

　上坂行人は、1989年4月にイルージョン・コミュニケーションズ株式会社（以下、会社）に入社した。会社は、1968年に創業された総合広告代理店であり、現在では広告業界における大手企業の1つとして名を馳せている。上坂は、東西大学法学部卒で、大学時代の成績は中くらいだった。自分の取り柄は、いろんな人と仲良くできるという協調性にあると思っていたところ、この協調性が会社の雰囲気にぴたっとはまった。2004年4月時点で、上坂は、顧客企業への営業とその製品等の広告を担当する、マーケティング第1事業部の課長代理の役職にあり、職能資格は「スーパーバイザー・1級」であった。同期同学歴の者のなかでも、昇進の先頭グループを走っていた。

　会社は職能資格制度を取り入れており、入社時の上坂の格付けは、「シニアスタッフ・5級」であった。これは、大学卒の新入社員における通常の格付けである。会社の資格としては、「シニアスタッフ」の下に「ジュニアスタッフ」があり、これは大学中退や短大卒の新入社員が最初に付与される資格である。「シニアスタッフ」の上には、「スーパーバイザー」、「マネジャー」の各資格区分があり、各資格区分には下から順に5級～1級の等級区分が設けられていた。

　役職は、おおむねこの区分に対応しており、主任、係長、課長代理は「スーパーバイザー」に位置づけられている従業員から、課長、次長、部長は「マネジャー」に位置づけられている従業員から、それぞれ選任されることとなっていた。

　上坂には、マーケティング第1事業部の社員のなかで目をかけている者がいた。飛高希美である。飛高は、東西大学大学院を修了して経済学修士の学位をもっており、1994年4月の入社当初から期待の社員であった。院卒であるため、当初から「シニアスタッフ・4級」に格付けられ、その後順調に出世し、2004年4月時点では「スーパーバイザー・4級」で、役職は主任であった。

　会社は、創業以来、積極的な営業を仕掛けて広告主となる顧客企業を獲得

する手法を得意とし、これが功を奏して、これまで順調に業績を伸ばしてきた。しかし、21世紀に入り、インターネットが急速に普及するなかで、会社は、インターネットを通じた広告サービス提供の点で他社に後れをとるようになっていた。このため、顧客企業の維持や新規獲得が思うように進まず、同業他社の参入の急増の影響もあって、業績が急速に悪化していった。そして、2004年ころには、経営方針の見直しが急務となっていたのである。

会社は、経営方針見直しの柱に、インターネット広告サービス事業の強化を図ることとともに、従業員の競争意識が向上する人事システムを構築することを据えた。そして、後者についての取組みとして、まず、評価制度の見直しを行うことにした。

会社は、従業員の能力に基づく処遇を行うという趣旨で、創業の際、当時他社でも導入が進み始めていた職能資格制度を採用した。もっとも、実際の運用は、これも他社と同様、年功序列的であり、病気で休職していたり、不祥事を起こしたりした従業員を別とすれば、どの従業員も、一定の勤続年数を経ればより上位の級または資格に昇進し、したがって、賃金も上昇するという取扱いがなされてきた。また、これまで降級や降格が行われたことは一度もなく、毎年3月に本人に伝えられる、人事考課の結果は、上から順にA〜Eの5段階で示されていたが、従来は絶対評価で考課が行われており、E評価をとる者はほとんどいなかった。

会社の経営陣は、従来のような取扱いでは、従業員の競争意識は高まらないと考えた。そこで、会社は、人事考課の結果を厳密に処遇に反映させるため、2004年5月10日に、今後の人事考課の運用について、すべての従業員に対して書面で、以下のように改める旨、告知した。

2004年度以降、従来の絶対評価を相対評価に変え、また、各評価の割合は、Aは全評価対象者の10％、Bは20％、Cは30％、Dは30％、Eは10％とする。昇級または昇格は、A評価が2年連続であった場合か、過去3年間においてB評価以上が2回あった場合に限られる。E評価を1回とった場合、B評価以上の評価1回分が帳消しとなる。5年間に1回もE評価をとらなければ、自動的に昇級または昇格を認める。降格については、2年連続D評価以下となれば降級または降格が行われる。2年連続E評価となれば、就業規則で定める「勤務成績が著しく不良である場合」という解雇事由に該当するとされ、解雇の対象となりうる。

以上の発表は、会社が一方的に発表したものであり、就業規則には、昇格、昇級あるいは降格、降級に関する規定が設けられていなかったので、会社の

7. 人事考課・降格

発表した人事考課の運用方針は、最後の解雇に関する部分を除くと、就業規則に明確な根拠のあるものではなかった。

このような人事考課の運用の変更は、一定の成果をみせ、会社の業績も持ち直しかけていたが、会社の置かれている経営環境を考えると、その未来は決して楽観を許すものではなかった。そこで、会社は、顧問契約をしている経営コンサルタントのアドバイスを取り入れ、思い切って就業規則を変更して、賃金制度から年功的な要素を取り除き、成果主義的な職務給制度とし、年俸制にすることとした。この新たな制度は、具体的には、次のようなものであった。

従業員の従事する職務は、その内容と責任の程度等に応じて8つの給与等級（グレード）に序列化され、上から順に1級～8級とされる。各等級に賃金額の上限と下限が設定される。従業員の具体的な賃金は、その担当する職務の等級の上限と下限の範囲内で、上司との間での話合いを経て設定された業績目標がどれだけ達成されたかの業績評価（A評価からE評価の5段階で、前年の1月から12月までが評価対象期間となる）に基づいて決定される。ただし、業績評価について3月10日までに従業員と上司との間で話合いがつかなかった場合は、次年度の年俸額は使用者が一方的に決定する。また、いかなる場合でも、前年度より20％以上の引下げはしない。

会社には労働組合はなかったが、会社は、三六協定を締結したときに選出した従業員の過半数代表から、この制度変更についての意見を聴取したうえ、この制度変更が、従業員の賃金制度を抜本的に変えて、大きな影響が生じる可能性があることに配慮して、2007年10月15日に、全従業員を対象とした説明会を開催した。説明会では、会社側は、今回の変更は賃金原資の総枠を減少させるものではなく、従業員間の配分を変更するものであり、業績をあげた従業員が報われる制度であるという点を強調した。会社のこの説明が功を奏したのか、その場では職務給制度の導入に異議を申し立てる者はいなかった。もちろん、個々の従業員にとってみれば、担当の職務をより低い等級の職務に変更されることにより賃金が減少する可能性もあるし、業績評価のいかんによっては、職務に変更がなくても賃金が減少する可能性がある制度であったが、多くの従業員は、そのことを十分理解していた。その後、会社は、年度内に、職務給への移行手続を完了し、2008年4月から新しい賃金制度を実施すると全従業員に伝えた。新しい職務給制度における当初の格付けは、2007年度時点の賃金格付けと2007年度の勤務成績をみたうえで決定するものとされた。ただし、2008年度の年俸額は、2007年

度の基本給月額に 17 を乗じた額を下回らないものとされた。17 のうち 5 は、従来賞与として支給してきた部分であった。会社は、変更した就業規則を所轄の労働基準監督署長に届け出るとともに、会社のイントラネットで常時閲覧可能とした。

上坂は、係長になって以降、自身の業務遂行のほかに部下の業務の監督の仕事も加わり、それ以前に比べて思うように仕事ができていないと感じていた。実際、人事考課の評価も以前ほど良くはない状況が続いた。課長代理になって以降も状況は同様であり、2004 年 5 月の人事考課の運用変更後は、2004 年度が B 評価、2005 年度が C 評価、2006 年度が B 評価で、辛うじて 2007 年度に「マネジャー・5 級」に昇級し、役職も課長に昇進したものの、同年度半ばに会社が職務給へ制度変更を行うと聞いた際には、どのように処遇されるかと不安になった。

新しい制度が導入された 2008 年度には、上坂は引き続き課長の役職に配され、その職務は給与等級 3 級に格付けられた。年俸額は 824 万 5000 円であり、月例給与として受ける額は毎月 48 万 5000 円で、2007 年度に「マネジャー・5 級」として得ていた基本給月額と同額であった。しかし、2008 年度の上坂の評価は D 評価であり、旧制度のもとにおける 2007 年度の評価が D 評価であったことも考慮されて、2009 年 1 月 10 日に、2009 年度の上坂の年俸額は 15% 減の 700 万 8250 円とするとの提示を受けた。これは給与等級 3 級における下限の額に近い額であった。上坂は、この年俸額に納得しなかったが、2009 年 3 月 10 日までに上坂と会社側との間で話合いがつかなかったので、結局、2009 年度の上坂の年俸額は、この額に決定された。上坂の不安は的中してしまったのである。

飛高は、当初は、職務給制度の導入に積極的に賛成していた。年功序列よりも、従業員の業績に応じて報われるほうが、組織として風通しもよく働きやすいと考えていたからである。強気な営業が得意な飛高は、周囲が苦戦するなか、2004 年度以降も比較的堅調な成績を残しており、2004 年度と 2005 年度は 2 年連続で A 評価を受けて「スーパーバイザー・3 級」に昇級し、役職も係長に昇進していた。さらに、2008 年度の職務給制度導入の際には、マーケティング第 1 事業部の課長代理に昇進し、飛高の職務は給与等級 4 級に格付けされ、年俸額は 683 万 4000 円となった。月例給与として受ける額は毎月 40 万 2000 円であり、2007 年度の基本給月額と比べると、3 万 5000 円のアップであった。2008 年度も業績評価は A

7. 人事考課・降格

で、2009年度の年俸額は50万円アップした。ところが、2009年度は、世界的な不況に伴い広告需要が激減し、飛高は当初の業績目標に到達せず、業績評価は入社以来初めてのC評価となった。これにより2010年度の年俸額は前年度より30万円のダウンとなった。2010年度も強気の目標を設定したが、十分な成果をあげられずD評価となった。本人も、この評価をやむなしと受け入れた。

会社は、成績が伸びない飛高を営業職務から外すこととし、2011年3月に、就業規則上の「会社は、業務上必要がある場合には配転を命じることがある」という規定に基づき、同年4月1日付けで、マーケティング第1事業部からメディア管理業務部に配置転換し、役職も課長代理から係長へと降格すると決定した。そして、この職務変更に伴い、職務等級格付けも4級から5級へと降格となり、年俸額は5級における上限の額である650万円とされ、前年度より50万円以上の減少となった。これまで高い評価を得て順調に昇進してきた飛高にとって、この降格はショックな出来事であり、企業社会の厳しさを思い知らされることになった。ただ、ここまでの減収はひどいと思ったので、今回の降格と2011年度の年俸額について承服しかねるが、とりあえず命令には従うと会社に伝えた。

一方、内勤部門の1つで、広告コンテンツ制作の管理を行う、メディア管理業務部に配属されていた平垂水は、上坂と同期入社であった。上坂のことをライバル視していたが、かなり差をつけられていた。平は、南北大学社会学部卒で、入社時は上坂と同様「シニアスタッフ・5級」であった。南北大学は、幼稚園から大学までエスカレーター式で進学することでき、平は、大学時代はテニスサークルに精を出し、とくに苦労もせず大学を卒業し、就職活動についても、大学の先輩が多く入社していたこの会社に難なく入社できた。こうしたことから、平は、社会人としての生活を少し甘くみていたところがあった。不祥事などさえ起こさなければ、それなりに昇進してそれなりの年収を得られるだろうと思っていたのである。20代は順調に昇進していたが、30代になると、人事考課はC評価とD評価を行ったり来たりで、徐々に、上坂と差がついていった。2004年4月時点では、まだ「スーパーバイザー・4級」で役職は主任にとどまっており、これは同期入社のなかでは最も遅い出世状況であった。

2004年度と2005年度の人事考課において連続してD評価となった平を、会社は、2006年4月に「スーパーバイザー・4級」から「シニアスタッフ・1級」に降格し、あわせて、主任の役職を解いて平社員とする

措置をとった。これにより基本給月額が6万円減少することとなった。これまで勤務成績不良で降格されたなどという話を聞いたことがなかった平は、この措置にたいへん驚いた。会社は2004年度から始めた制度改革を本気で実践しようとしているのだな、と思った。平は、仕方なく会社の措置に従うことにしたが、仕事に対する意欲は低下し、平の勤務成績はさらに下がっていった。2006年度と2007年度の人事考課はついにE評価となり、会社は、2008年3月20日に、平に対して同年4月20日で解雇する旨を通告した。

❶上坂は、2007年度の就業規則変更と、その後の、2008年度に比べて減額となった2009年度の年俸額の決定について納得できていない。上坂から会社を裁判で訴えたいと相談を受けた弁護士のあなたは、どのように主張して、これらの変更、決定を争うか。

❷飛高は、2011年4月の配置転換とそれに伴う降格について、法的に争おうと考えている。飛高から相談を受けた弁護士のあなたは、どのように主張して、法的にこの処分を争うか。

❸平は、この会社での自分の将来はないと思ったので、解雇は受け入れることにした。しかし、2006年4月の降格とそれに伴う月6万円の大幅な賃金減額という措置には納得できなかった。平から、会社のこの措置について法的に争いたいと相談を受けた弁護士のあなたは、どのように主張して、この措置を争うか。

(以下、イリュージョン・コミュニケーションズ株式会社＝A社、上坂行人＝B、飛高美希＝C、平垂水＝Dとする)

解　説

1 ……… 概　観

(1) 設問のねらい

本設問は、労働者の処遇を決定する基礎となる、使用者による人事考課、および、それに基づく昇進、昇格、降格をめぐる諸問題に関するものである。

企業運営にあたって、一般に、使用者は、従業員を企業組織のなかで適切に位置づけ、その位置づけに則した形で、従業員に対する処遇（賃金など）を行

うことになる。使用者によるこれらの人事上の取扱いについては、労働者の地位、とくに賃金に影響を及ぼすため、いかなる形および程度で法的規制が及ぶかが問題となる。

具体的には、第1に、使用者による人事考課には、どの程度自由な裁量が認められるのか（どの程度法的制約に服するのか）が問題となる。また、第2に、人事評価に基づいてなされる昇進、昇格、降格について、どのような法的制約が及ぶかが問題となる。とくに、降格については、労働者にとって不利益な処遇であるため、その法的コントロールのあり方が重要となる。降格には、指揮命令系統（ライン）上の役職の引下げとしての降格と、賃金処遇制度の一種である職能資格制度上の降格があり、それぞれについて、法的コントロールのあり方が問題となるが、より問題となるのは、後者である（設問❸）。また、近年ではいわゆる成果主義的な賃金制度の導入が進んでおり、そのような制度の一種である職務給制度のもとにおける職務等級の引下げ（降級と呼ばれることが多い）も、同様に問題となる（設問❷）。また、職務給制度については、従来の年功的賃金制度に比べて労働者に不利益をもたらす可能性があり、その導入の可否等も問題となる（設問❶）。

(2) 取り上げる項目
➤日本の賃金制度
➤人事考課をめぐる法的問題
➤昇進、昇格をめぐる法的問題
➤降格をめぐる法的問題

2 日本の賃金制度

(1) 職能資格制度

日本の賃金制度においてこれまで主流であったのは、職能資格制度とリンクして定められる職能給である。職能資格制度とは、職務遂行能力のレベルに応じて資格等級を設定し、その資格に従業員を格付けして昇進や賃金決定をしていくシステムである。職能資格制度は、もともとは年齢給などの年功賃金を改めて、能力主義的な要素を入れるために導入されたものであり、従業員の職務遂行能力についての評価が行われることが前提となっていた。もっとも、実際に能力評価をすることは容易でなく、従業員の格付けは、勤続年数に応じて昇

給、昇格するという、年功的な運用がなされるようになっていった。企業が適切に教育訓練をすることにより、従業員の職務遂行能力は徐々に向上していくと想定されるので、年功的運用は能力主義と必ずしも矛盾するものとは考えられていなかったのである。逆に、職能資格制度における降格は、仕事をして訓練を受けながらも、いったん認められた職務遂行能力が下がるということであり、この制度において予定されていることではなかった。このことは、降格についての法的な扱いにも関係することになる（後述5(1)参照）。

(2) 近年の変化

ここ20年ほどの間に、賃金制度を、年功的な運用がなされている職能給から、成果主義に基づく制度に移行しようとする動きが急速に広まってきている。これには、職能給制度の枠内で、労働者の発揮された能力や成果によって決まる部分を増やすというものから、管理職を中心にした年俸制の導入、さらには、職能給を廃止して職務給制度を導入するなど、様々な動きがみられる。

ここでは、こうした動きと関連する法的問題として、成果主義賃金制度の導入と労働条件の不利益変更という問題、年俸制における評価をめぐる問題について簡単に述べておく。人事考課・査定をめぐる問題は、後述する（3参照）。

まず、賃金制度を、従来の職能給から成果主義賃金に変更する場合、通常は、就業規則の変更が行われることになる。こうした変更が労働者に不利益なものである場合には、労働者との合意を得るか（労契法9条）、そうでなければ、合理的な変更をすることが必要となる（同10条）。

これについて、まず問われるのは、成果主義賃金の導入は、必ずしも賃金が下がることを意味するものではないので、不利益変更には該当しないのではないか、という点である。しかし、成果主義賃金では、成果の評価いかんでは、賃金が下がる可能性があるのであり、そうである以上、不利益変更に該当すると解すべきであろう（ノイズ研究所事件—東京高判平成18・6・22労判920号5頁等も参照）。また、賃金制度の変更である以上、判例上、「高度の必要性」が求められる（大曲市農業協同組合事件—最3小判昭和63・2・16民集42巻2号60頁）が、その必要性は、これまでの裁判例では、従業員の生産性を高めて競争力を強化するという程度のものでよいとされており（前掲・ノイズ研究所事件、ハクスイテック事件—大阪高判平成13・8・30労判816号23頁等を参照）、職能給制度の範囲内での不利益変更の場合よりも、必要性の判断は緩やかなものであるよ

うにもみえる（たとえば、みちのく銀行事件―最1小判平成12・9・7民集54巻7号2075頁と比較せよ）。また、成果主義賃金を導入しても、賃金原資総額が減少しないような場合には、内容の相当性が認められやすいことになろう（前掲・ノイズ研究所事件等を参照）。

　次に、年俸制については、目標管理制度の手法を用い、目標達成という成果を基準として、1年ごとに賃金を決定しようとする仕組みがしばしばとられており、目標達成度の評価などをめぐって、使用者と労働者との間で協議をしても、双方が納得するには至らない場合が生じうる。このような場合に、どちらが最終的な評価決定権をもち、賃金額を決定することになるのかが問題となる。裁判例は、使用者に決定権があるとするもの（中山書店事件―東京地判平成19・3・26労判943号41頁）と、就業規則等に公正な内容の根拠規定がない限り、使用者に決定権はなく、次年度の賃金額について合意が成立しない場合には、前年度の賃金で確定するとするもの（日本システム開発研究所事件―東京高判平成20・4・9労判959号6頁）とが対立している。次年度の年俸額についての合意が成立しなければ、雇用を継続させることはできず、使用者は解雇できることになるはずであるが、その解雇が制限されている（労契法16条）ことを考慮すると、就業規則において使用者に一方的な決定権を認める規定には合理性があると解すべきであろう。なお、いったん確定した年俸額を、その年度中に一方的に不利益変更することは許されない。就業規則の合理的変更であっても、年俸に関する合意が優先することになる（同10条ただし書。労契法制定前の裁判例であるが、シーエーアイ事件―東京地判平成12・2・8労判787号58頁を参照）。

3 ……人事考課をめぐる法的問題

　人事考課とは、使用者が、労働者の勤務成績、勤務態度、能力などを評価することである（業績考課、情意考課、能力考課等がある）。人事考課は、職能資格制度における職能資格の上昇（昇格）や級の上昇（昇級）、定期昇給、ベースアップの個人配分、賞与の額の決定等において、重要な役割を果たしている。

　人事考課は、使用者の広い裁量に委ねられたものと解されている（NTT西日本事件―大阪地判平成17・11・16労判910号55頁等）。もっとも、法律上の差別禁止法理（労基法3条、労組法7条1号、短時間労働法8条）は人事考課にも及ぶし、人事考課における差別が賃金差別や昇進差別につながると、その点

からも違法と判断されることはある（労基法4条、均等法6条1号）。また、定められた評価制度に基づいていないなど、社会通念に照らして著しく不合理な人事考課については、使用者の裁量権の濫用として、不法行為となることもありうる（マナック事件―広島高判平成13・5・23労判811号21頁等を参照）。

　近年では、前述の成果主義賃金制度が広がるなかで、人事考課等の査定において、使用者の裁量を広く認めることを問題として、使用者に公正査定義務や公正評価義務が課されるとする学説も主張されている（人事考課の公正さが問題となった裁判例として、エーシーニールセン・コーポレーション事件―東京高判平成16・11・16労判909号77頁）。

4 ……… 昇進、昇格をめぐる法的問題

(1) 概　説

　一般に昇進といわれる場合、役職や職位の上昇と、職能資格制度における昇格（資格の引上げや等級の引上げ）の双方が含まれる。ただ、後者は基本給に直接に影響を及ぼすことが一般的であるという点で、前者と異なっている。そのため、法的な議論をする場合には、前者のみを昇進とし、後者は昇格と呼んで、区別するのが通常である。なお、降格は、（狭義の）昇進と昇格をあわせた広義の昇進の反対措置であり、したがって、降格にも、（狭義の）昇進の反対措置（役職や職位の引下げ）と、昇格の反対措置（職能資格制度における資格や等級の引下げ）とがあることになる。

(2) 昇　進

　狭義の昇進、すなわち役職や職位への昇進については、会社経営の根幹にかかわる組織的決定という面があり、使用者に広い裁量が認められる（日本レストランシステム事件―大阪地判平成21・10・8労判999号69頁等）。昇進は労働者に有利なものであるので、法的な問題は出てこないように思われるが、一定の差別的な理由により、昇進を遅らせたり、昇進をさせなかったりした場合には、法的な問題が生じる。

　具体的には、現行法で定められている均等待遇原則（労基法3条）、男女差別の禁止（均等法6条1号）、不利益取扱いの禁止（労組法7条1号）、通常の労働者と同視すべき短時間労働者に対する差別の禁止（短時間労働者法8条）に違反する昇進差別は違法となる。ただし、その場合でも、実際に昇進させるかど

うかについては、使用者の裁量的な判断を尊重せざるをえないところが残るため、差別がなかったならば就いていたであろう役職や職位への昇進を求める権利（昇進請求権）までは認められないと解されている（大学の准教授の教授への昇進請求権が否定された裁判例として、関西外国語大学事件―大阪高判平成21・7・16 労経速 2054 号 30 頁）。したがって、この場合の労働者に対する救済は、基本的には、損害賠償（民法 709 条）にとどまることになる（均等法や短時間労働者法に違反する場合には、都道府県労働局長による助言、指導または勧告および調停により是正が図られる途はある（均等法 17 条および 18 条以下、短時間労働者法 21 条および 22 条）。また、昇進差別が不当労働行為となる場合には、労働委員会による救済命令が出されるが、その場合でも、上級・中間管理職への昇進命令を出すことは妥当でないと解されている（中労委〔朝日火災海上保険〕事件―東京高判平成15・9・30 労判 862 号 41 頁等を参照））。

法律上の明示的な差別禁止規定に違反しない場合には、原則として、違法性の問題は生じないと解すべきであろう。

(3) 昇　格

昇格は、前述のように、職能資格制度上の資格や等級の上昇を意味するが、職務等級制における等級の上昇も含まれる。昇格については、人事考課に基づき行われるのが通常で、使用者に広い裁量が認められるものの、やはり昇進の場合と同様、差別的取扱いは違法とされている。また、昇格は、昇進の場合とは異なり、会社の組織的決定というよりも、むしろ労働者の経済的処遇という側面が強く、かつ、これまでは年功的処遇が行われていることが多かったので、違法な昇格差別があった場合における救済に関して、使用者の裁量への配慮が昇進の場合よりも後退し、裁判所が一定の資格・等級への格付けを認める形の救済をなす余地が広いと考えられている。さらに、不当労働行為事件においては、昇格差別の存在が認められる場合に、労働委員会により昇格命令が出されることは少なくない。

ただ、一般的には、法律上の明示的な差別禁止規定に違反した場合であったとしても、昇格について使用者の裁量的な決定という要素が残っている限り、労働者に対して昇格請求権を認めるのは困難と解されている（性差別の事案における同旨の裁判例として、社会保険診療報酬支払基金事件―東京地判平成2・7・4 労民集 41 巻 4 号 513 頁参照）。例外的に、就業規則の規定や労使慣行により、勤

続年数などの客観的な要件を充足すれば昇格できるとされている場合には、昇格請求権が認められる余地はある（性差別の事案における同旨の裁判例として、芝信用金庫事件—東京地判平成8・11・27労判704号21頁参照）。このほか、昇格が職位の上昇とは切り離され、実質的には賃金面での処遇にのみ関係する場合には、労基法（3条ないし4条）に違反し、同法13条を根拠に、昇格請求権が認められるとする考え方もある（性差別の事案における同旨の裁判例として、芝信用金庫事件—東京高判平成12・12・22労判796号5頁参照）。もっとも、この考え方については、労基法13条のいう「基準」が何かが明確ではないという点など、同条の解釈として異論もあるところである（なお、均等法関係については、「11. 雇用平等：女の不満」も参照）。

5 降格をめぐる法的問題

降格には、前述のように、役職や職位の降格と、職能資格制度における降格とがある。両者では、以下にみるように、法的な取扱いがかなり異なっている。

(1) 職能資格制度における降格

このタイプの降格は、本来、職能資格制度上は予定されていないことなので、これを行うためには、労働契約上の明確な根拠が必要となると解されている。たとえば、ある裁判例は、「資格制度における資格や等級を労働者の職務内容を変更することなく引き下げることは、同じ職務であるのに賃金を引き下げる措置であり、労働者との合意等により契約内容を変更する場合以外は、就業規則の明確な根拠と相当の理由がなければなしえるものではな」いと述べている（アーク証券事件—東京地決平成8・12・11労判711号57頁）。この裁判例にいう「就業規則の明確な根拠と相当の理由」は、現行法上は、労契法7条の合理性を意味するものと解することができよう。

ある時点で就業規則に降格規定がない場合に、使用者が、新たに降格規定を設ける場合には、これは就業規則の不利益変更となる。したがって、労働者との合意がない限り、合理的な変更をすることが必要となる（労契法10条）。さらに、これは賃金に関する変更であるので、「高度の必要性」も求められる（前掲・大曲市農業協同組合事件）。

降格の根拠規定がある場合、降格措置は、使用者による評価に基づき行われる。前述のように評価（人事考課）については、使用者の裁量に委ねられるが、

それが権利濫用となるときには、降格措置は無効となると解すべきである。こ れは職能資格制度における降格だけでなく、職務等級制度における降格にも、 同様に当てはまる。

　なお、降格は、職務内容を変更することなく行われるものもあるが、職務内 容を変更して、それに応じて降格するという場合もある。こうした降格的配転 は、配転命令の有効要件と降格措置の有効要件の双方が問題となり、どちらの 要件も充足しない限り、全体として無効となると解される。ある裁判例は、 「従前の賃金を大幅に切り下げる場合の配転命令の効力を判断するにあたって は、賃金が労働条件中最も重要な要素であり、賃金減少が労働者の経済生活に 直接かつ重大な影響を与えることから、配転の側面における使用者の人事権の 裁量を重視することはできず、労働者の適性、能力、実績等の労働者の帰責性 の有無及びその程度、降格の動機及び目的、使用者側の業務上の必要性の有無 及びその程度、降格の運用状況等を総合考慮し、従前の賃金からの減少を相当 とする客観的合理性がない限り、当該降格は無効と解すべきである」とし、降 格が無効となった場合には、賃金減少の原因を根拠づけることができなくなる から、そうした賃金減少をもたらした配転自体も無効となると述べている（日 本ガイダント仙台営業所事件―仙台地決平成14・11・14労判842号56頁）。

(2) 役職や職位の降格

　(1)に述べた降格と区別されるべきものが、役職や職位の降格である。これは、 職能資格制度における降格とは異なり、基本給に必ずしも影響するものではな いものの、役職手当など、その職位に付着する手当がある場合には、そうした 手当が支払われなくなるという意味での金銭的な不利益が生じうる。

　この意味の降格については、一般的には、職能資格制度上の降格とは異なり、 労働契約上の根拠などはとくに必要とされず、人事権の行使として、当然に認 められるものと解されている。たとえば、ある裁判例は、人事権について、 「使用者が有する採用、配置、人事考課、異動、昇格、降格、解雇等の人事権 の行使は、雇用契約にその根拠を有し、労働者を企業組織の中でどのように活 用・統制していくかという使用者に委ねられた経営上の裁量判断に属する事柄 であり、人事権の行使は、これが社会通念上著しく妥当を欠き、権利の濫用に 当たると認められる場合でない限り、違法とはならないものと解すべきであ る」と述べている（バンク・オブ・アメリカ・イリノイ事件―東京地判平成7・

12・4労判685号17頁）。

また、最近の裁判例も、人事権の行使として行われた降格処分について、「このような人事権は、労働者を特定の職務やポストのために雇い入れるのではなく、職業能力の発展に応じて各種の職務やポストに配置していく長期雇用システムの下においては、労働契約上、使用者の権限として当然に予定されているということができ、その権限の行使については使用者に広範な裁量権が認められるというべきである」としたうえで、降格処分の有効性については、「その人事権行使に裁量権の逸脱又は濫用があるか否かという観点から判断していくべきである」とし、「その判断は、使用者側の人事権行使についての業務上、組織上の必要性の有無・程度、労働者がその職務・地位にふさわしい能力・適性を有するか否か、労働者がそれにより被る不利益の性質・程度等の諸点を総合してなされるべきものである」と述べている（東京都自動車整備振興会事件—東京高判平成21・11・4労判996号13頁）。

(3) 懲戒処分としての降格

なお、降格は、懲戒処分として課されることもある。その場合には、懲戒処分に関する法理の適用を受けることになる（これについては、「10. 懲戒処分：セクハラを告発したばかりに…」参照）。たとえば、懲戒処分としての降格は、就業規則の規定がなければ、原則として課すことはできない。

人事権の行使としての降格処分が、制裁的な効果をもつ場合には、懲戒処分としての降格とみて、懲戒処分に関する法理を適用すべきとする考え方もありうる（東京都自動車整備振興会事件—東京地判平成21・1・19労判996号25頁）が、使用者が懲戒処分として課していないにもかかわらず、その降格を、懲戒処分と判断して懲戒処分に関する厳格な法理を適用するのは適切ではなかろう（ただし、労働者の不利益の大きさなどを考慮して、権利濫用性を基礎づける事情に含めることは可能である（労契法3条5項））。

解答例

❶ Bは、2007年度の就業規則変更（以下、本件就業規則変更）が無効である、または、就業規則変更が有効であったとしても、Bに対するA社の評価は不当に低いので無効である、さらには、A社が一方的に年俸額を決定することは不当である、と主張することが考えられる。具体的には、次のように主張することになる。

　まず、本件就業規則変更は、労契法の制定前のことであるが、労契法は同法制定以前の判例法理をそのまま踏襲したものなので、労契法の規定に則して検討してよいと考えるべきである。そうすると、Bは、本件就業規則変更が自分に適用されないことを主張するために、本件就業規則変更に同意していないこと（労契法9条参照）、そして、変更された就業規則が、周知がなされていないか、合理性がないゆえに、労契法10条の要件を満たしていないことを主張することになる。本設問では、A社は、本件就業規則変更について、従業員に対して説明会を開催しているが、それはA社が一方的に行っているのであり、その説明会に参加して反対の意見を述べなかったからといって、従業員が本件就業規則変更に同意をしたとみることはできない。他方、A社は、就業規則を従業員がいつでも知ることができる状況に置いているので、周知の要件は充足している。

　そこで問題となるのは、合理性の有無である。この点、本件就業規則変更は、これまでの年功的な賃金制度を成果主義的な年俸制に改めるもので、評価次第では賃金が上がる可能性があるものであるから、そもそも不利益変更ではないという考え方もありうる。しかし、担当職務の格付け次第では賃金が下がる可能性があるし、業績評価次第では職務に変更がなくとも賃金が下がる可能性があり、変更前は職能資格制度のもとでの年功的な賃金であったことを考慮すると、不利益変更が行われたと解すべきである。なお、2004年以降の運用では、人事考課の結果次第で降格や降給があることになっているが、就業規則の変更がなされていたわけではないので、この運用と本件就業規則変更の内容を比較して不利益変更でないとみるのは適切ではない。

　合理性の有無については、労働条件の変更の必要性の有無や程度が問題となるが、変更される労働条件が重要な労働条件である賃金の場合には、高度の必要性に基づくものでなければならないと解される。そこで、Bは、A社は、業績の急速な悪化を理由に、2004年ころから、従業員の競争意

識が向上する人事システムを構築してきており、それをより徹底するために本件就業規則変更を実施したが、この程度の理由では、高度の必要性がないと主張することが考えられる。また、変更後の就業規則の内容の相当性については、賃金原資が引き下げられていない点、年俸額の引下げ幅の上限を20％としている点、制度導入当初はそれまでの賃金の基本給額を保障している点などは、A社に有利な事情であるが、年俸額の引下げの20％という上限はそれほど労働者に有利なものとはいえないこと、賃金保障も1年だけであること、年俸額の決定が年度内にできない場合には翌年の年俸額についてA社が一方的に決定できるとしている点について、変更内容は相当性を欠くと主張することが考えられる。

ただし、A社は丁寧な説明をして従業員に制度変更の内容の理解をさせていたにもかかわらず、Bを含む従業員は異議を述べていなかった点で、変更に対する黙示の承諾があったと判断される可能性があること、そうでなくとも、従業員側への説明を適切にしていることは、合理性を肯定する要素に考慮されること、意見聴取や労働基準監督署長への届出という変更手続も適切に履践されていること、さらに、賃金原資が引き下げられていないことを総合的に考慮すると、変更後の就業規則に拘束力が認められる可能性もある。

仮に変更後の就業規則に拘束力が認められたとしても、Bは、A社の評価が不当であると主張することが考えられる。この点、会社による従業員の評価は、その広い裁量に委ねられており、法律で禁止されている差別事由（労基法3条、均等法6条1号、労組法7条1号、短時間労働者法8条など）に該当している場合や就業規則で定めている手続に従ったものでないなど、裁量権の濫用があったという事情がない限り、その評価の違法性を争うことはできないと解される。Bについての業績評価は、法律で禁止されている差別事由に該当しているとみることはできず、また、とくにA社の評価に裁量権の濫用があるということはできないので、この点についてのBの主張が認められる可能性は低いであろう。

もっとも、A社の評価に問題がないとしても、Bは、年俸額の引下げを使用者が一方的に決定することは適法とはいえないと主張して争うことが考えられる。これについては、話合いがつかない場合、最終的には使用者が一方的に年俸額を決定する旨定めた本件就業規則変更の合理性を争う方法もある。また、端的に、こうした決定方法は公序に反して無効（一部無効）であり、当事者間で賃金額についての合意がない場合は、継続的な労働契約関係の特質を考慮すると、従前の賃金額となるとするのが合理的な意思解釈であると主張することも考えられる。たしかに、こうした主張は、

就業規則に特段の定めがない場合には認められうる。しかし、A社の就業規則のように使用者の一方的決定に関する規定があり、本来、使用者は賃金額が決まらない場合には解雇できるはずが、解雇権濫用法理（現在の労契法16条）のもとで解雇が制限されていることをふまえると、そのような規定は合理的（現在の労契法10条）または有効と解すべきであるので、やはり、この点についてのBの主張が認められる可能性は低いであろう。

❷　Cへの配転命令は、就業規則上の根拠があるが、配転命令により職務が変更されるとともに、変更後の新たな職務の格付けが低いことから降格されて降給となっている。このような配転と降格の双方を内包する配転命令の効力を考える場合には、配転としての要件だけではなく、降格としての要件も満たす必要があり、もし降格としての要件を満たさない場合には、その降格の原因となった配転命令自体も無効となると解すべきである。そこで、Cとしては、降格が無効であると主張することになる。

　まず、A社においては、明示的な降格規定はないものの、職務等級制度のもとでは、職務が変更されることにより降格となる可能性があることは当然に予想されていることであるので、A社に職務を変更する配転命令権が根拠づけられている限り、それに伴う降格の権限も認められると解すべきである。したがって、Cは、降格規定がないことを根拠に、Cを降格できないと主張することはできない

　そこで、賃金を減少させる降格そのものが許容されず、したがって配転も無効となると主張することになる。降格の前提となる使用者の評価については、その裁量に委ねられることになるが、降格が労働者にとって大きな経済的不利益をもたらすものであることを考慮すると、労働者の適性、能力、実績等の労働者の帰責性の有無およびその程度、降格の動機および目的、使用者側の業務上の必要性の有無およびその程度、降格の運用状況等を総合考慮し、従前の賃金からの減少を相当とする客観的合理性がない限り、その降格は裁量権の濫用となり、無効となると解すべきである。

　Cは十分な成績を出すことができず、業績評価も低かったというのであり、そのことはCも認めている。たしかに、降格と年俸額については、異議をとどめているので同意をしているわけではない。ただ、そうだとしても、Cの業績が低かったことには争いがなく、降格後は、その等級における上限の額の賃金の支給が決定されていることからすると、Cの降格が、客観的合理性がなく、裁量権の濫用で無効と主張するのは困難であろう。

　また、Cは役職も課長代理から係長へと降格されているので、このような降格も人事権の濫用であると主張することが考えられる。もっとも、役職の降格は、労働者を企業組織のなかでどのように活用・統制していくか

という使用者に委ねられた経営上の裁量判断に属する事柄であって、その裁量は、職務等級の降格よりもいっそう広く認められるべきであり、社会通念上著しく妥当性を欠くような場合を除き、裁量権の濫用とは認められないと解すべきである。したがって、この点でも、やはりCの主張は認められ難いと考えられる。

❸　A社では、降格に関する規定がないため、Dを降格させる法的な根拠がないと主張することになる。この点、降格は、人事権の1つとして、使用者の裁量に委ねられている事項であるとする考え方もあるが、少なくとも、職能資格制度における降格は、いったん獲得した職務遂行能力が減退したことを認めることを意味し、これは職能資格制度においては本来予定されていなかったことであるので、降格を実施するためには、労働契約上の根拠が必要となると解すべきである。この根拠は、降格を明示する就業規則の合理的な規定でもよい（労契法7条）が、A社の就業規則には降格に関する規定は存在していないので、労働者の同意がない限り、降格はできないことになる。そこでまず、Dが職能資格制度における「スーパーバイザー・4級」から「シニアスタッフ・1級」への降格について同意しているとみられるかが問題となるが、労働契約関係において、使用者が労働者に対して優越的な地位にあるということを考慮すると、労働者にとって不利益な処分について、労働者が異議を述べていないというだけで、黙示の承諾を認めるのは適切ではない。Dは、積極的に降格を受け入れているわけではないので、降格についての同意があったと解すべきではない。したがって、Dは、この降格は無効で、「スーパーバイザー・4級」の資格にあり、それに相当する賃金の支払いを求める権利があると主張することになる。なお、Dは、具体的には、降格前の賃金とすでに支払われた賃金との差額についての支払いを求めることになるが、その請求は、2年の時効（労基法115条）にかかっていない範囲となる。

　一方、主任から平社員への降格については、❷の解答で述べたように、A社には役職の降格に関して広い裁量権があり、A社が裁量権を濫用したと認められる事情もないので、平社員への降格は有効と解さざるをえない。したがって、この点のDの主張は認められない。

関連問題

1. 役職や職位の降格と権利濫用の成否

2000年1月当時、古賀秋重は、みずき銀行福岡支店の総務課課長として勤務していたが、管理職に成果主義的な年俸制を導入しようとする会社提案に反対していた。50歳に達していた古賀は、部長の足立憲一から、会社の方針に従えないのならば、関連会社への転籍もあることをにおわされていた。古賀は転籍を望んでいなかったため、同年4月に転籍を正式に打診されたときにも、それを拒否した。すると、同年6月、古賀は、課長から主任へと2段階降格となり（みずき銀行では、課長の下に、係長、主任の役職があった）、仕事はとくに与えられず、社内公募による異動先を探すという任務だけが与えられた。この降格に伴い、古賀の役職手当は2万5000円の減額となった。古賀は、この降格処分を法的に争うことができるか。

【役職や職位の降格が権利濫用とされるのはどのような場合か（前掲・バンク・オブ・アメリカ・イリノイ事件、プロクター・アンド・ギャンブル・ファー・イースト・インク〔本訴〕事件—神戸地判平成16・8・31労判880号52頁を参照）】

2. 賞与と人事考課

食料品の製造、販売を業とする株式会社中部フードの営業課の職員である芦田孝文は、曲がったことが大嫌いで、会社に対して不満があると、それをすぐに直訴するタイプの社員であった。もっとも、社長の平松徹は、そういう芦田をむしろ可愛がっていた。2009年4月に起きた商品の異物混入事件の後始末に対する会社の対応について、社長や役員を批判するビラを芦田が社内で配布したときには、さすがに平松も渋い表情を浮かべていたが、それでも芦田の行動は表立って問題とはされなかった。その後、この異物混入事件がマスコミで大きく取り上げられたことから、平松をはじめとする経営陣は引責辞任をし、2010年4月に、中部フードの取引先であるみずき銀行の常務をしていた大澤仁茂が社長として招聘された。大澤は、平松社長時代の自由な雰囲気が不祥事の原因となったと判断して、会社の再建のためには、規律を厳しくする必要があると考えた。そこで、役員会で検討を始め、その際、2009年5月に芦田が行ったビラ配布も問題とされた。中部フードでは、7月10日に夏季賞与が支払われるが、就業規則において、賞与額は個々人の勤務成績に関する評価を考

慮して決定され、最も低いE評価を得た者には賞与を支給しないと定められていた。夏季賞与における評価期間は、前年度の12月1日から当年度の5月31日とされていた。2010年の夏季賞与において、芦田の評価は、直属の上司である係長の行う第1次評価ではC評価であり、課長の行う第2次評価でもC評価であったが、役員会ではビラ配布のことが持ち出され、最終評価はE評価となった。芦田は、夏季賞与の不支給について、法的にどのように争うことができるか。

【人事考課に基づき支給が決定される賞与について、人事評価が違法とされるのはどのような場合か（前掲・マナック事件等を参照）】

| 参 | 考 | 文 | 献 |

土田道夫=山川隆一編『成果主義人事と労働法』（日本労働研究機構・2003年）

8. 配転・出向・転籍
異動の結末

設問　田辺金一郎は、生まれたときからずっと京都に住んでいて、大学も地元の京都学院大学を選んだ。そんなこともあり、就職先も京都の企業を探していた。金一郎たち2011年4月採用予定者の就職活動は、いわゆる氷河期のまっただ中だったのでたいへん厳しいものであったが、何とか、京都市に本社がある高倉紡績から内定を得ることができた。高倉紡績は、繊維や医薬品の製造販売、不動産の賃貸や管理を総合的に営む大手企業であった。

　高倉紡績は、本社が京都というだけで、支店は全国に広がっており、金一郎のように総合職で入社した者には全国転勤もありえたが、入社前説明会で受けた説明では、転勤はそれほど頻繁ではないということであった。高倉紡績は、部門別管理の観点から、事業部門内での異動を基本としていたからである。とはいえ、全く事業部門間の異動がないわけではなく、そうした異動となると住居の移転を伴うような転勤も十分にありえた。実際、総合職の従業員は、最低でも1回、多い者では4、5回は住居の移転を伴う転勤を経験していた。就業規則にも、14条1項において、「会社は、業務上の必要性がある場合には、社員に配置転換を命じることができる」という規定があった。入社前説明会では、社員の家族に病人がいて、社員自らが看護しなければならないような場合には、業務上の必要性があっても配置転換を命じないことがあると説明されていた。

　高倉紡績は、もともと繊維の製造販売を中心に行っていたが、徐々に多角的に事業を展開するようになり、現在では、高倉紡績を中核とする高倉グループと呼ばれる企業グループを形成していた。高倉グループのなかには、繊維の専門商社で流通業を行う高倉商事と情報システムの開発およびサービスの提供を営む高倉情報システムがあり、いずれも高倉紡績の子会社であった。高倉紡績の従業員の人事異動は、同社内のみならず、高倉商事や高倉情報システムを含むグループ企業内で行われる場合もあった。就業規則14条2項には、「前項の規定は、他のグループ企業への異動の場合にも適用する」と定められていた。

　他のグループ企業への人事異動は「グループ間異動」と呼ばれており、こ

れについても入社前説明会において詳しい説明があった。それによると、「グループ間異動」が命じられた従業員は、高倉紡績に在籍したまま、異動先のグループ企業で就労することになるが、その後、数年経ったところで、高倉紡績に復帰するのが通例であるということであった。高倉紡績では、「グループ間異動」について、とくに詳細な規程が設けられており、そこでは、異動後3年以内に復帰させること、賃金や資格制度については異動後も高倉紡績の制度が適用されること、その他の事項については異動先の就業規則が適用されることなどが定められていた。なお、就業規則やそれに付随する規程などの内容は、上記の「グループ間異動」に関する規程も含め、高倉グループ内のどの会社でもほぼ同一であり、企業グループ内の各会社の就業規則は、従業員であれば誰でもイントラネットで閲覧できる状態になっていた。

　金一郎は、入社以降10年間、一貫して、京都本社にある繊維事業部の営業課に配属されていた。当時、役職は主任であったが、そろそろ係長に昇進する時期となっていた。ちょうどそんなとき、金一郎は人事部から、2021年4月から医薬品事業部の製品開発係長に異動しないかと打診された。2021年2月22日のことだった。会社は、金一郎を係長に昇進させる人事を進めることをすでに決めていた。将来の幹部候補としてより広い視野をもってもらいたいと考えて、他部門での就労を経験させようとしたのである。金一郎は、係長への昇進には大いに惹かれたものの、医薬品事業部に配属されると、勤務地が横浜市になり転居することになるので、できればこの異動は避けたいと考えていた。金一郎は、独身で子供もいなかったが、住み慣れた京都を離れることはどうしても躊躇されたのである。結局、人事部には、できればこれまでどおりの勤務地で仕事がしたい旨の希望を伝えた。

　高倉紡績は、住居の移転を伴う転勤については、可能な限り、従業員の希望を重視するという方針をとっていたので、金一郎の今回の異動についても、金一郎の希望を尊重することとした。しかし、係長に昇進させるとすると、社内では適当な部署がなかったので、子会社である高倉商事営業部の係長職に金一郎を異動させることとした。高倉商事の営業部は大阪市内にあり、金一郎の住む京都からは十分に通える距離であった。金一郎は、高倉商事の営業部は残業が多いということで有名だったので、心から喜べる異動ではなかったが、すでに横浜への異動命令を断っている以上、これに応じざるをえないと考えた。

　こうして、2021年4月に、金一郎は高倉商事の営業部第1課に配属さ

れた。当初は新しい環境で新鮮な気持ちで働いていたものの、しばらくすると、懸念していた残業の多さに直面することになった。金一郎は上司の紺野修次課長の命令に対して、「そんなことは自分でやれ、ばかやろう」と暴言を吐いたり、紺野の命令を全く無視する態度をとるようになった。さらに、金一郎は、紺野は交際費を自分勝手に使っているなどと、事実無根の誹謗中傷を行うようにもなっていった。高倉紡績は、こうした金一郎の言動を放置すると高倉商事との間の今後の出向措置に支障をきたすことや、金一郎が高倉商事の服務規律に違反して高倉商事の企業秩序を乱していることを考慮して、高倉紡績の就業規則（懲戒規定はグループ会社間で同一）の定める「職場秩序を侵害すること」と「会社の名誉または信用を毀損したこと」という懲戒事由に該当することを理由に、金一郎に対して、その弁明を聴取したうえ、同就業規則の定めるなかで最も軽い懲戒処分である譴責処分を課した。過去に同じような事案で同じような処分をした例があったため、高倉紡績は、これにならって、金一郎にも同じような処分を課したのである。そして、異動後2年目の2022年4月に、金一郎を高倉紡績の不動産部門に復帰させた。

　高倉紡績の不動産部門に復帰した金一郎の勤務先は奈良になった。前の職場と違い、いやな上司がいない点はよかったが、懲戒処分に付されたことのショックは引きずっていた。そんなとき、高倉紡績が組織再編を考えているという噂が、従業員の間で流れ始めた。高倉紡績の業績は、全体としてみればそれほど悪くはなかったが、医薬品事業部門の業績が良好であるだけで、残りの2部門である繊維部門と不動産事業部門の業績は年々悪化していた。そこで、高倉紡績は、部門別管理を強化するために、人事部や経理部などの管理部門だけを残して、医薬品部門、繊維部門、不動産部門を分社化し、高倉製薬、高倉ファイバー、高倉不動産を新たに設立し、当該部門で就労している従業員については、残務処理のために一部の従業員を残して分社先に移転させ、分社1年後には、全従業員を分社先に移転させることにした。2024年6月13日、高倉紡績は、高倉紡績への復帰を予定していたこれまでの異動とは異なり、今回は完全に分社先へ移籍させることから、全従業員に対して分社および移籍についての説明会を開催した。説明会では、就業規則14条2項でいう異動には、今回のような復帰を予定しない移籍も含まれると説明した。また、現在の賃金水準は維持されるものの、賃金制度や資格制度は、高倉紡績とは異なる分社先の独自の制度が適用されること、賞与についても部門別管理を強化する観点から、分社先の業績に応じて変動す

る業績賞与制度が適用されること、退職金は移籍時にいったん清算されることを説明した。高倉紡績が分社化を行ってから1年後の2025年8月1日、金一郎は、高倉不動産への異動を命じられた。

❶高倉紡績が、金一郎に医薬品事業部への異動を命じるかどうかを検討している段階で、異動命令を拒否することができないかという相談を金一郎から受けた。弁護士のあなたは、どのように答えるか。

❷金一郎から、高倉紡績が金一郎に対して課した懲戒処分の有効性を争いたいという依頼を受けた。弁護士のあなたは、どのように主張を構成するか。金一郎の主張は認められるか。

❸金一郎から、高倉不動産への異動を拒否することができるかどうかという相談を受けた。弁護士のあなたは、どのように答えるか。

(以下、田辺金一郎＝A、高倉紡績＝B社、高倉商事＝C社、高倉不動産＝D社とする)

解　説

1 ……… 概　観

(1) 設問のねらい

多くの日本企業では、いわゆる正社員の勤務先や職種は固定されず、様々な勤務先や職種への変更が広く行われている。こうした変更は、1つの企業内だけにとどまらず、企業間をまたぐ場合があり、とくに近時では、分社化などによる企業の組織変更とともに行われるケースが増加している。本設問は、こうした人事異動をめぐる様々な法的問題について問うものである。ここではとくに、人事異動が同一企業内で行われる場合と企業間で行われる場合とでは、その法的要件は異なるのか、異なるとすればどのようにか、人事異動が企業間で行われる場合、労働契約上の権利義務関係はどのようになるのかといった問題を取り扱う。

(2) 取り上げる項目

▶配転、出向、転籍の法的根拠と要件

▶出向中の法律関係

2 配転・出向・転籍の定義と意義

配転とは、職務内容または勤務場所を相当の長期間にわたって変更する人事異動であり、組織の柔軟性や機動性を確保するとともに、長期雇用の実現を可能にするために多くの企業で広く実施されている。

出向とは、元の企業との労働契約関係を維持したまま、元の企業から労務指揮権を出向先に譲渡して、労働者が当該出向先で就労するというもので、グループ企業の人材不足の補充、出向先の経営指導や技術指導、企業グループの結束力の強化、雇用調整、ポスト不足への対応、本人の経営管理能力の向上など、多様な目的のために実施されている。これに対して、転籍とは、元の企業との労働契約関係を解消したうえで、他の企業との間で労働契約関係を成立させ、当該企業で就労することであり、元の企業を退職して就労先の企業と新たに契約を締結する形態（再雇用型）と、元の企業が使用者たる地位を就労先の企業に譲渡する形態（譲渡型）とがある。出向は、一定期間が経過すれば、元の企業に復帰して就労する場合が通例であるが、転籍は元の企業への復帰を予定していない場合が多い。

配転は同一企業内で行われるのに対して、出向と転籍は、グループ企業間や取引関係にある企業間で行われる人事異動である。すなわち、出向や転籍は、労務を提供する相手方という労働契約の中心的な要素が変わるという点で、労働契約内容のより大きな変更といえる。また出向と転籍とでは、元の企業との労働契約関係が存続するかどうかに違いがあり、存続しない転籍のほうが、労働者に対する不利益が大きいものとなる可能性がある。このため、配転、出向、転籍で比較すると、転籍が最も要件が厳格となり、配転が最も要件が緩やかになると解されている。

3 配　転

(1) 法的根拠

配転、出向、転籍についてまず問題となるのは、そのような人事異動を使用者が命じることができる法的根拠の所在である。このうち配転の法的根拠については、包括的合意説と契約説が対立してきた。包括的合意説とは、職種や勤務地を特定する合意が締結されていない限り、労働契約の締結に伴って当然に配転命令権が生じるとする考え方である。労働者は労働力の処分権を使用者に

委ねたのであるから、労働契約の締結に伴って使用者に配転命令権が生じるとみる。

これに対して、契約説とは、配転命令権は、労働契約の予定する範囲内でのみ生じるという考え方であって、その範囲は労働契約の解釈を通じて画されると考える。配転命令権は、労働契約の締結に伴って当然に生じるのではなく、あくまで個々の労働契約の解釈から導き出されるとするのである。配転の法的効力が問題となった東亜ペイント事件（最2小判昭和61・7・14労判477号6頁）において、最高裁判決は、就業規則上の配転条項の存在と配転の頻繁な実施に言及して使用者の配転命令権を肯定しており、契約説に近い考え方を採用した。

多くの企業では、通常、就業規則上に、業務上の必要性があるときは配転を命じるとする配転条項が規定されている。配転は、組織の柔軟性の確保とそれによる雇用保障、あるいは人材教育に資するものであり、こうした配転条項には合理性が認められると解されるので、それは労働契約の内容となることになり、したがって使用者の配転命令権も肯定されることになる（労契法7条）。

配転命令権の根拠との関係で問題となるのは、職種の限定や勤務地の限定に関する合意の存否である。契約説の場合はもちろん、包括的合意説であっても、このような限定が合意されていれば、使用者の配転命令権が否定されることになるからである。また、就業規則に配転条項がある場合であっても、職種限定や勤務地限定の特約があると判断されれば、それは労働者に有利な内容であるので、その特約が就業規則に優先することになる（労契法7条ただし書）。

こうした特約は、明示の合意によるものである必要はなく、黙示的な合意であってもよい。もっとも、一般的な裁判例の傾向としては、明確な合意がある場合、あるいは職種別、コース別採用のような場合を除くと、長期勤続を予定した正社員の場合には、勤務地や職種を限定する特約が認定されるケースは少ない。高校卒業後、40年あまり同一府県内で勤務してきた労働者について、勤務地限定の合意の有無が問題となった近時の裁判例でも、これが否定されている（NTT西日本〔大阪・名古屋配転〕事件―大阪高判平成21・1・15労判977号5頁）。また、職種の限定については、病院の検査技師や大学教員について、職種限定の合意が認められた例はあるものの、機械工として採用され、二十数年にわたって機械工として就労してきた者（日産自動車村山工場事件―最1小判平成元・12・7労判554号6頁）や、24年間アナウンサーとして働いてきた女性

社員(九州朝日放送事件—最1小判平成10・9・10労判757号20頁)について、職種限定の合意を否定した判例に典型的に示されているように、正社員については職種限定の黙示の合意は簡単には認められていない。裁判所は、長期雇用を前提として採用した正社員は、まさにその雇用保障のゆえに、一定の専門性がある場合であっても、職種限定合意の成立に否定的な姿勢を示してきたのである。もっとも、近時の裁判例では、そのような特約があったとまでは認めなくても、職種(キャリア)や勤務地に対する合理的な期待を、以下の権利濫用審査の段階で考慮するものもみられる(X社事件—東京地判平成22・2・8労経速2067号21頁、日本レストランシステム事件—大阪高判平成17・1・25労判890号27頁)。

(2) 権利濫用

職種や勤務地を限定する合意がなく、使用者の配転命令権が肯定される場合であっても、当該配転命令権の行使が権利濫用となる場合には、当該配転は無効となる(労契法3条5項)。前掲・東亜ペイント事件最高裁判決は、使用者の転勤命令権につき、①業務上の必要性が存在しない場合、②業務上の必要性があっても、配転命令が不当な動機・目的をもってなされた場合、もしくは③労働者に対して通常甘受すべき程度を著しく超える不利益を負わせるものであるとき等の特段の事情が存在するときには、権利濫用になると判示している(このような枠組みは、勤務地変更のケースだけでなく、職種変更のケースにも妥当するものと解すべきである)。

もっとも、これまでの裁判例によると、権利濫用に該当するとして配転命令を無効とした例は必ずしも多いとはいえない。前掲・東亜ペイント事件最高裁判決は、①の業務上の必要性について、余人をもって容易に代えがたいといった高度の必要性に限定されるものではなく、労働力の適正配置、業務の能率推進、労働者の能力開発、勤務意欲の高揚、業務運営の円滑化など、企業の合理的運営に寄与する点が存在すれば足りると説示し、業務上の必要性を緩やかに認める基準を示していたし、②についても、退職を余儀なくする意図に基づく配転や反組合的な目的による配転のような場合にのみ、これに該当するものとされていた。

さらに、③については、病気の家族の介護が必要で、転居に伴って労働者に大きな不利益が生じるような配転の場合には、権利濫用に該当するとされてき

たものの、それ以外については権利濫用に該当するとされてこなかったということができる。ただ、近時では、2001年育児介護休業法改正により、転勤に際して労働者の育児や介護の状況に配慮する必要がある（26条）と定められたことに伴い、使用者がこうした配慮を十分に行わないで命じた転勤命令を権利濫用と判断する例もある（ネスレ日本〔配転本訴〕事件—大阪高判平成18・4・14労判915号60頁）。さらに労契法3条3項で、ワーク・ライフ・バランス配慮規定が設けられたことからすると、今後は、使用者が労働者の生活上の不利益に十分に配慮しないでなされた転勤命令は、権利濫用と判断される可能性もあろう（「12. ワーク・ライフ・バランス：仕事と家庭のどちらが大事？」を参照）。

　このほか、上述したとおり、労働者のキャリアに対する合理的な期待を重視して、権利濫用を肯定する例も散見されるようになってきている。配転に伴う賃金減額を考慮して権利濫用を認める裁判例もある（「7. 人事考課・降格：出世の夢は露と消えて」を参照）。

　このように、ワーク・ライフ・バランスの要請、職務等級制度や役割等級制度の拡大、キャリア形成の責任が労働者個人に比重を移しつつあることといった背景事情が、配転に関する権利濫用の判断に影響を与えているとみることもできよう。

4 ……… 出　向

(1) 出向命令権の法的根拠

　労契法14条では、出向に関する規定が設けられているものの、出向命令権の所在に関する言及がない。そのため、いかなる根拠に基づいて、出向を命じる権利が使用者に存在するのかという点がまず問題となる。この点について、出向は、企業外への人事異動であるため、同一企業内の人事異動である配転とは異なる考慮が必要であると考えられており、「使用者は、労働者の承諾を得なければ、その権利を第三者に譲り渡すことができない」と規定する民法625条1項ならびに労働条件の明示義務を定める労基法15条を拠り所として、出向には「当該労働者の承諾その他これを法律上正当づける特段の根拠」を要するとした例（日立電子事件—東京地判昭和41・3・31労民集17巻2号368頁）が、先例的裁判例に位置づけられている。

　問題は、ここでいう「労働者の承諾」および「特段の根拠」の具体的内容で

ある。学説上は、出向の都度、本人の同意を要するとする個別的同意説、採用の際の事前の同意でもよいとする説、就業規則、労働協約における一般的、抽象的な規定によるものでよいとする説、出向の都度の個別的同意は必要ではないけれども、就業規則や労働協約において、出向先での労働条件や処遇、出向期間、復帰条件等が出向労働者の不利益に配慮した形で規定されていることが必要であるとする説など、様々な見解が主張されている。

近時の最高裁判決（新日本製鐵〔日鐵運輸第2〕事件—最2小判平成15・4・18労判847号14頁）は、①就業規則に「会社は従業員に対し業務上の必要によって社外勤務をさせることがある」と規定されていたこと、②労働協約である社外勤務協定において、処遇等に関して出向労働者の利益に配慮した詳細な規定が設けられていることから、個別的同意なしに出向を命じることができるとしている。

もちろん、就業規則に出向規定がある場合、その内容に合理性が認められれば、労働契約の内容となるので（労契法7条）、その規定を根拠に出向命令を発することができるということになるはずである（なお、個別的同意説に立ち、それが強行的な原則であるとする立場によれば、就業規則の規定がたとえ合理性をもっていても、それだけを根拠に出向命令を出すことはできなくなる）。ただ、配転の場合とは異なり、出向は労務提供先の変更があるという点で労働者に大きな不利益が発生する可能性があること、あるいは民法625条1項の趣旨も考慮すると、その合理性は厳格に判断されるべきであろう。なお、労働協約の出向規定については、これに組合員が拘束されるかは、規範的効力（労組法16条）の問題となる（非組合員も、一般的拘束力（同17条）により拘束される可能性がある）が、出向についても、民法625条1項の趣旨を考慮して労働者の個別的同意が必要であり、協約自治の限界を超えるという考え方もありうる（協約自治の限界については、「16. 労働協約：反故にされた約束」を参照）。

(2) 出向命令権の権利濫用

出向命令権が認められた場合でも、その行使が権利の濫用に該当する場合には無効となる。前掲・新日本製鐵〔日鐵運輸第2〕事件最高裁判決は、出向措置を講じる必要性と対象となる人選基準の合理性があること、出向命令によって労働者の労務提供先は変わるものの、労働者がその生活関係、労働条件等において著しい不利益を受けるものとはいえず、出向命令の発令に至る手続に不

相当な点もないとして、出向命令が権利濫用に当たらないと判示した。労契法14条も、上記最高裁判決を意識して、「使用者が労働者に出向を命ずることができる場合において、当該出向の命令が、その必要性、対象労働者の選定に係る事情その他の事情に照らして、その権利を濫用したものと認められる場合には、当該命令は、無効とする」として、権利濫用判断の要素を示している。

(3) **出向中の法律関係**

出向とは、一般には上述したとおり、出向労働者と出向元とが労働契約関係を維持したままで、出向先との間にも労働契約関係を成立させることである、と解されている。ただ、このときの労働契約関係を、出向先と出向元の間に完全な意味での二重の労働契約関係が成立した（二重の労働契約説）とみるのか、出向元の労働契約関係の一部が出向先に移転したに過ぎず、1つの労働契約関係が出向元と出向先に配分されたとみるのかについては争いがある。いずれにしても、出向の場合は、出向先との間にも（部分的とはいえ）労働契約関係が成立することになり、その意味で、指揮命令権のみが受入企業に移転する労働者派遣とは区別される、と解されている。また、出向は、形態としては職安法4条6号の労働者供給に該当するが、通常、出向は「業として」行われるものではないために、その場合には、同法44条による労働者供給事業には当たらない、と解されている。

では、上記の理解を前提としたとき、出向先と出向元は、出向労働者について、結局、どのような権利を有し、どのような義務を負うのか。この点については、出向元と出向先の出向協定の内容、労働者と出向元の合意内容によるものの、合意が明確ではない場合には、労働契約関係の地位の基礎的な部分（解雇権など）は出向元に残り、就労にかかわる権利義務は出向先に移転すると解すべきである。もっとも、とくに労働契約上の付随義務については、ケースバイケースの判断によらざるをえないといえよう。たとえば、在職中の競業避止義務は、基本的には出向先に生じるが、場合によっては出向元との関係でも問題となりうる。また、安全配慮義務を負うのは、基本的には指揮命令を行う出向先であると考えられるが、裁判例のなかには、出向労働者が出向先での仕事に困難が生じたとして出向元に相談してきた場合には、出向元は、出向先の会社に勤務状況を確認したり、出向の取止め、休暇取得、医師の受診の勧奨等の措置をとるべき注意義務を負うとするもの（A鉄道〔B工場C工場〕事件─広島

地判平成 16・3・9 労判 875 号 50 頁）もある。

　しばしば問題となるのは、懲戒権限の帰属についてである。まず、懲戒解雇権は、労働契約関係の存否にかかわる権利であるので、出向元に帰属すると解される。懲戒解雇以外の懲戒処分権については、出向元と出向先との間の出向協定、および、出向元と労働者との同意によるものの、懲戒処分は明確な契約あるいは就業規則上の根拠があって初めて認められる使用者の権限であると解されるので、出向先が懲戒処分を行うことを定めた明確な出向協定、あるいは、出向先が懲戒処分を行使することに対する労働者の同意がなければ、出向先は懲戒処分を行うことはできないというべきであろう。

　さらに、関連して、出向元が懲戒処分権を保持するとしても、出向先での非違行為によって、出向労働者が出向元に対する義務に違反したといえるか、さらには、出向元の企業秩序が具体的に侵害されたといえるかが問題となる。懲戒処分を行うには、就業規則にその種別と事由が定められているほか、労働者が企業秩序遵守義務や誠実義務等の義務に違反し、それによって企業秩序が具体的に侵害されたこと（あるいはそのおそれ）が必要であると解されるからである（「10. 懲戒処分：セクハラを告発したばかりに…」を参照）。この点については、出向労働者は、出向先においてその指揮命令に従って労働することが、出向元との関係における労働契約上の義務であると解されるため、出向先での服務規律違反により出向元の企業秩序が侵害されたと解される場合がありうるのであり、そのような場合には出向元は懲戒処分を行うことができる。

　出向元と出向先のどちらが、労基法、労災保険法、労安衛法等の労働保護法の責任を負うのかという点も問題となり、これについては、当該事項の実質的権限を有するものが責任を負う。たとえば、労基法上の労働時間、休日に関する規定についての使用者責任、労安衛法の事業者責任は、出向先に適用されると解されている。

　なお、出向元は、出向中の労働者の出向を解除し、出向元に復帰させる権利をもっていると解されている。労務提供先の再変更なので、労働者の同意が必要とも考えられるが、判例は、出向中であっても、「労働者が出向元の指揮監督の下に労務を提供するという当初の雇用契約における合意自体には何らの変容を及ぼさず、右合意の存在を前提とした上で、一時的に出向先の指揮監督の下に労務を提供する関係となっていたにすぎない」と述べており、改めて労働

者の同意が必要とは解していない(古河電気工業・原子燃料工業事件―最2小判昭和60・4・5民集39巻3号675頁)。

5 ……… 転　籍
(1) 転籍命令権の法的根拠
　転籍は、転籍元との労働契約関係が解消される点で出向とは異なり、出向のように就業規則や労働協約上の規定だけでは転籍を命じることはできず、転籍の際の労働者の個別的な同意が必要であるとするのが、通説、裁判例である。転籍元の企業と合意解約して転籍先と新たに契約を締結するタイプ(再雇用型)であっても、転籍元から転籍先へ労働契約上の地位の譲渡が行われる場合(譲渡型)であっても、労働者の個別的な同意が必要になる。採用の際の包括的な同意で転籍を命じることができるとする裁判例(日立精機事件―千葉地判昭和56・5・25労判372号49頁)もあるが、社内配転と同様の運用がなされてきた例外的な事情のもとでの判断であるといえよう。労働協約上に転籍が規定されている場合であっても、このような転籍に関する規制は集団的規制になじまず、協約自治の限界を超えるものというべきであり、転籍の際の労働者の個別的な同意が必要になる。

(2) 転籍後の労働関係
　上述したように、転籍では元の企業との契約関係は切断され、転籍先のみが使用者となる。そのため、当然のことながら、出向と異なり、転籍元は懲戒処分を行うことができない。転籍後における賃金などの労働条件については、基本的には、転籍時の合意によって処理されるが、労働条件に関する明確な合意がない場合には、労働条件をどのように決定すべきかが問題となる。裁判例には、譲渡型の場合には、転籍元の就業規則が引き継がれ、それを引き下げるのは労働条件の不利益変更となるとしたものもある(ブライト証券・実栄事件―東京地判平成16・5・28労判874号13頁)。

(3) 転籍と事業譲渡・会社分割
　分社化と関連して、労働者の転籍が行われるケースが増加している。一般的に、分社化を行う法的な手段には、典型的には会社分割と事業譲渡があり、このうち、事業譲渡によって労働者を分社先に転籍させるには、①事業譲渡契約当事者間で、労働契約の承継の合意をすることに加えて、②労働者を転籍させ

るために、当該労働者の個別的同意が要求されると解されている（民法625条1項）。このため、分社先に移転したくない労働者は、移転を拒否することによって分社元にとどまることができる。このことは他面において、企業の機動的な組織再編を妨げるおそれがある。そこで、使用者は、会社分割のスキームを利用して、労働者の同意を得ずに、分割先に労働契約を承継させることができるとされている。一方、事業の全部譲渡の場合のように、譲渡元の解散が予定されている場合には、逆に、譲渡契約当事者間で、労働者の労働契約承継を排除する合意をした場合に紛争が生じる。このときには、譲渡元の解散に伴い解雇された労働者が、譲渡先との間の労働契約関係の存在確認を求めて提訴するということがしばしば起こる（「19. 企業組織の変動：買収って労働者のため？」を参照）。

解答例

❶　B社がAに医薬品事業部への配転を命じるには、そのような命令を発する法的権限がB社に存在することが必要になる。この点、B社の就業規則14条1項には、業務上の必要性があれば配置転換を命じることができる旨の規定があるので、B社がこの規定を根拠として配転を命じることができるかどうかが問題となる。

労契法7条によると、労働契約を締結する場合において、使用者が、合理的な労働条件が定められている就業規則を、労働者に周知させていた場合には、労働契約の内容は、就業規則に定めるところとなる。労契法7条で求められる周知がどのようなものであるかは、就業規則が労働契約の内容となるのに適したものかどうかという観点から解釈すべきであり、そうすると、就業規則が、その適用される事業場の労働者が知ろうと思えば知りうる状況に置かれていれば十分と解すべきである。B社の従業員は就業規則の内容をいつでも知りうる状況にあったことからすると、周知の要件は満たしていると解される。そこで、問題となるのは、就業規則の内容に合理性があるかどうかである。一般的に、配転は組織の柔軟性の確保とそれによる雇用保障、あるいは人材教育にも資するものであることを考慮すると、包括的な配転条項であっても、労契法7条の合理性は肯定されるべきであるので、B社の配転規定についても合理性が肯定されるべきである。

しかしながら、AとB社との間に職種限定や勤務地限定の特約が存在すれば、その特約が就業規則に優先するので（労契法7条ただし書）、B社は特約で限定された職種や地域を超えて配転命令を出すことはできない。Aは、全国転勤がありうる総合職として入社したものの、10年間一貫して京都本社に勤務してきたために、この点から勤務地限定合意が成立しているか否かが問題となる。さらに、入社以来10年間、繊維事業部の営業職に従事してきたので、職種限定合意が成立しているか否かも問題となる。
　この点については、まず、Aが総合職として採用された経緯や、B社における配転命令の実施の状況などを考慮に入れると、長期間同一勤務地で勤務してきたという事実のみによっては、勤務地限定に関する黙示の合意を認めることはできないと解すべきである。同様に、職種限定の同意についても、B社では、必要な場合には、異なる部門間にわたる異動が行われてきたという実態があるので、総合職として採用されたAが営業職に10年就いていただけでは、職種限定に関する黙示の合意を認めることもできないと解すべきである。
　またB社は、Aの昇進に伴い、他部署を経験させる必要があると考えており、このことに業務上の必要性があると認められるため、B社は、就業規則14条1項に基づき、Aに対して配転を命じる法的権限があるということができる。
　もっとも、Aに対して配転を命じる法的権限があっても、それが権利濫用となる場合には、配転命令は無効となる（労契法3条5項）。具体的には、業務上の必要性があったとしても、不当な動機や目的がある場合、または、労働者に通常甘受すべき程度を著しく超える不利益を負わせる場合などの特段の事情がある場合には、配転命令は権利濫用で無効とされるべきである。
　この点について、B社の配転命令に、不当な動機や目的はみられないし、Aには転居という不利益が伴い、これは軽視することはできないものの、こうした不利益は、全国に支店をもつB社に総合職として採用されたAにとっては通常甘受すべき程度を著しく超える不利益と評価することはできない。したがって、本件配転命令は、権利濫用に該当しないと解さざるをえない。
　以上により、B社の異動命令は業務上の必要性に基づく有効な命令で、権利濫用には当たらないので、AはB社の異動命令を拒否することはできないと回答することになる。
❷　AがB社の懲戒処分の有効性を争うためには、まず、B社が、C社に出向中のAに対して懲戒処分を行う権限を有していないことを主張し、

またB社が懲戒権限を有している場合でも、Aの行為は懲戒事由に該当していないことを主張し、さらにAの行為が懲戒事由に該当して懲戒処分を課すことができる場合であっても、当該懲戒が、当該懲戒にかかる労働者の行為の性質および態様その他の事情に照らして、客観的に合理的な理由を欠き、社会通念上相当であると認められないので、権利濫用で無効である（労契法15条）と主張する必要がある。

B社では「グループ間異動」についての規程（以下、出向規程）があり、それによると、賃金や資格制度以外については、異動先の就業規則が適用されることになっている。就業規則には懲戒規定があることから、Aの場合にも出向中はC社の就業規則の懲戒規定が適用されることになる。AはC社への出向に同意しており、また、C社の懲戒規定の存在や内容についても知っているか、知りうる状況にあったことからすると、C社はAに対して懲戒処分を行う権限を有していると解される。そうである以上、B社は、もはや懲戒権限を有しないと主張することが考えられる。では、このような主張は認められるであろうか。

出向当事者（A、B社、C社）において、懲戒権限を完全にC社に移転させ、B社に懲戒権限を残さないという合意があったと解することができれば、この主張は認められよう。しかし、出向規程において、そのような趣旨の明示の規定があるわけではない。むしろ、出向の場合には、B社とAとの間に基本的な法律関係が残っていることを考慮すれば、Aの行為がB社の企業秩序を侵害したといえる場合にまで、B社の就業規則上の懲戒事由の適用をしないということに、出向当事者が合意していると解することは適切ではないであろう。したがって、AがC社で労務を提供する過程においてであっても、Aの行為が、B社とC社に共通である就業規則上の懲戒事由に該当する事由が生じた場合には、C社のみならず、B社も懲戒処分を行う権限を有すると解すべきである。

もっとも、B社の主張するAの懲戒事由は、「職場秩序を侵害した場合」と「会社の名誉または信用を毀損した場合」であるが、Aは、Aの行為によってB社の「職場秩序」を侵害したとはいえないので、懲戒事由該当性がないと主張することが考えられる。

このAの主張は認められるであろうか。B社は、Aの行為は、B社とC社との間の円滑な出向措置を妨げるもので、B社の今後のグループ間異動に支障をもたらすという点で企業秩序を侵害するものであると主張しているが、Aの行為はC社での労務遂行過程で行われたもので、これをB社の「職場秩序」を侵害したとみるのには無理がある。また、Aの行為は、B社のC社における信用を毀損したという意味では、「会社の名誉ま

たは信用を毀損したこと」という懲戒事由に該当するともいえそうであるが、グループ会社間の問題であるので、これにより、B社の企業秩序を侵害されたとみるのは困難であり、実質的には、B社の就業規則の懲戒事由該当性は否定されるべきである。

仮にAの行為が懲戒事由に該当したとしても、Aは、権利濫用になると主張することが考えられる。しかし、Aに対する懲戒処分は、B社においては最も軽い譴責処分であり、また同種の前例を踏襲した処分であることを考慮すると相当な処分とみることができ、手続的にも問題はないので、懲戒事由に該当すると判断された場合には、権利濫用であるということもできないと考えられる。

❸ B社は、AのD社への転籍について、就業規則14条2項の「他のグループ企業への異動」も含むと説明しているので、同条1項をそのまま適用すれば、業務上の必要があれば異動を命じることができることになる。もっとも、民法上は、労働者を転籍させる場合、使用者は当該労働者の同意を得る必要がある（625条1項）とされているが、その趣旨は、雇用契約のように人的・継続的な関係においても、労働者にとってどの使用者と契約関係に入るかにより大きな影響が生じうるので、労働者の同意なしには使用者の地位の変更は認められない、というものと解される。

しかも、転籍は、当初の使用者との間の労働契約を解消してしまうという重大な効果が発生するものなので、使用者は、転籍を行う際には、転籍対象の労働者から、転籍時点において具体的な同意を得る必要がある。この趣旨を考慮に入れると、就業規則14条2項の規定は、それが転籍を一方的に命じるという内容であるとすると、労契法7条でいう合理性を認められるのは困難と解される。

また、B社は、「グループ間異動」については規程を設けて、賃金や資格制度については異動後もB社の制度が適用されるという取扱いをしているにもかかわらず、D社への移籍については、賃金や資格制度などはD社の定めによると述べている。このことは、B社がD社への移籍を、就業規則14条2項で想定している「他のグループ企業への異動」として取り扱っていないと解することもできる。そうだとすると、B社は、そもそも就業規則を根拠として転籍を命じることはできないのであり、Aの具体的同意があって、D社への転籍が生じるものと解すべきである。

以上より、Aは、B社による転籍命令を拒否することができる、と回答することになる。もっとも、B社は分社化により管理部門以外の部署は存在しなくなるので、Aは余剰人員として整理解雇の対象となる危険性は残る。

関連問題

1. 個別的労働条件の変更手段と変更解約告知

仮に、高倉紡績が繊維事業部を廃止することを決定し、そのために、田辺金一郎を医薬品部門に異動させることにしたが、金一郎は、繊維事業部への配属に限定するという部門別採用で高倉紡績に入社していたとした場合は、金一郎は異動命令を拒否することができるか。金一郎が拒否した場合、高倉紡績は、金一郎を解雇することができるか。

【個別的労働条件は、どのようにすれば変更できるか（スカンジナビア航空事件—東京地決平成7・4・13労民集46巻2号720頁を参照）】

2. 出向からの復帰と労働者の同意の要否

金一郎は、高倉商事から高倉紡績に復帰するとき、喜びはしたものの、一応、自分の意向も確認してもらいたいと思っていた。会社は、出向中の労働者に対して、一方的な復帰命令を発することができるのであろうか。

【前掲・古河電気工業・原子燃料工業事件を参照】

3. 事業譲渡または会社分割と労働契約の承継

高倉紡績が、高倉不動産の分社化と同時に、高倉紡績の不動産部門の事業をすべて高倉不動産に譲渡していた場合、金一郎は高倉不動産への転籍命令を拒否することができるか。高倉紡績が分社化につき、会社分割の手法を用いて行っていた場合は、どうか。

【「19. 企業組織の変動：買収って労働者のため？」を参照】

4. 転籍の同意の説明義務

金一郎は、会社の方針に逆らうわけにもいかないので、仕方なく同意して高倉不動産に移籍することにした。しかし、もともと不動産部門は業績がきわめて悪かったため、高倉不動産は分社化されてから半年後には、賃金の引下げや人員調整などのリストラを行う決定をした。金一郎は、高倉紡績が不動産部門の業績悪化の重要な情報を伝えていない以上、金一郎の転籍の同意は無効であると考えている。金一郎の考え方は正しいか。

【転籍の同意の有効性は、事後的に争うことができるか】

5. 出向中の法律関係、取締役の労働者性と安全配慮義務

釜田宏は、高倉紡績不動産事業部の営業部長として勤務してきたが、高倉紡

績における不動産事業部、医薬品事業部、繊維事業部の分社化の際に、高倉不動産の営業部門責任者である取締役として出向することを命じられた。宏は、分社後、もともと業績が良くなかった不動産部門を分社化して設立された高倉不動産の業績を回復させるために、懸命に努力し、深夜まで毎日働いたために、うつ病に罹患してしまった。宏は、高倉紡績に対して、安全配慮義務違反の損害賠償責任を追及することができるか。

【出向中の労働者に対する安全配慮義務は、出向元、出向先のいずれが負うのか】

参考文献

日本労働法学会編『講座21世紀の労働法4 労働契約』(有斐閣・2000年)

9. 労働時間・休日
怒れる働きバチ

設問

尾針一矢は、パッケージ等の製造、販売等を目的とするアドバンスト・パッケージング・アイディアズ・アンド・ソリューションズ株式会社（以下、会社）の営業開発部の課長の地位にあり、主に新規商品の企画・立案等の業務を担当している。その人柄は明るく真面目で温厚と、絵に描いたようないい人キャラであり、尾針が怒るところを全く想像できないと社内の誰もが口にするほどであった。

2011年3月、尾針の上司で、社内きってのやり手と評される営業開発部長の剛田憲太は、長年の努力が実り、大手健康食品会社であるヘルスフード社が開発した新商品のパッケージデザインの仕事の獲得に成功し、早速、社内に半年間の予定で特別プロジェクトを立ち上げ、そのメンバーを自ら選定したうえで、尾針をリーダーに抜擢した。尾針は、この抜擢にかなりのプレッシャーを感じつつも、会社のため、また剛田の期待に応えるためにも、リーダーとしてプロジェクトを完成させようと決意を新たにしていた。もっとも、プロジェクト開始後はプレッシャーを感じる暇もないほど忙しく、平日は、始業時刻1時間前の午前8時に出社し、退社するのは午後11時という状況であった。こうした早出出勤や残業は、必ずしも剛田が逐一指示したわけではなかったが、プロジェクト中も従来の仕事が軽減されるわけではなく、昼休み以外は息つく暇なく業務に取り組んでも、その処理が間に合わないからであった。ちなみに、会社では、土曜日と日曜日が休日とされており、社内の方針で基本的に休日出勤はしないこととされていた。

もともと尾針は健康優良児で、また30代に入ってからは毎朝の青汁豆乳を欠かさないなど、健康にはかなり気を遣っていた。そのおかげか、これまで風邪ひとつ引いたことはなく、いつも元気に仕事をこなしていた。しかし、さすがに6月中ごろには疲れがピークに達しており、昼休みに食事もとらず、ひたすら仮眠していることも少なくなかった。そのやつれた姿は誰が見ても、まとまった休養を要する状態であった。ちょうどそのころ、1週間後の6月20日に社内の役員と部長で組織する経営企画会議において、プロジェクトの大詰め作業前の最終チェックを受けるとともに、取引先にも

中間報告するという重大な予定を控えていたこともあり、剛田部長は尾針をはじめプロジェクトのメンバーを集め、改めて活を入れ、平日は夜の11時まで残業、休日も返上し、死に物狂いで準備に取り組むように指示するに至った。尾針は疲れた体に鞭を打つようにして、プロジェクトメンバーのリーダーとして懸命に準備に取り組んでいたが、これまでの疲れの蓄積により、とうとう金曜日（6月17日）には立っていることもままならなくなり、その日の残業を拒否し、土曜日（6月18日）の休日出勤についても体調不良を理由に欠勤した。翌日曜日（6月19日）、何とか出勤した尾針は、何度も剛田や他のメンバーに謝罪したが、尾針の体調を気遣う他のメンバーとは異なり、プロジェクトの成功に命をかける剛田だけは、「リーダーとしての自覚に欠ける」として叱責する始末であった。

　このようなハプニングに見舞われつつも、9月中ごろにはプロジェクトは無事完了し、尾針はひたすら安堵感にひたっていた。しかしその直後、会社は、尾針の上記時間外勤務・休日出勤命令拒否は、プロジェクトリーダーとしての自覚と責任感に欠ける行動であり、また今後、社員が簡単に残業を拒否するようになっては困るということで、就業規則の懲戒規定（「正当な理由なく業務命令に従わなかったとき」）に基づき、尾針を減給処分に付した。「入社以来、またとくにこの半年間は、自らを無にして会社のために仕事に取り組んできたにもかかわらず、まさかこのような処分を受けるとは……」。さすがの尾針も、会社に対する怒りをどうにも抑えきれなかった。結局、このプロジェクトをきっかけに、社内の者は初めて「怒れる尾針」を目にすることになった。

　会社の就業規則（社内に備え付けられるとともに、社内のパソコンから閲覧可能である）には、所定労働時間は「午前9時から午後6時（午後0時から午後1時を休憩時間）とする」、「休日は土曜日、日曜日および祝日（ただし日曜日を法定休日とする）」とされ、さらに「業務上の必要性がある場合には、三六協定の範囲内で時間外勤務および休日勤務を命じることがある」旨の規定が設けられていた。三六協定は、会社と尾針が勤務する本社の従業員の過半数が加入する労働組合（組合規約により課長以上は非組合員とされている）との間で締結され、所轄労働基準監督署長にも届出されている。

　三六協定には、時間外・休日労働事由を「①販売目標のためにやむをえない場合、②納期が迫りやむをえない場合……、⑦その他業務の内容によりやむをえない場合」とする記載が、また、時間外労働時間数の延長可能時間数を月45時間とする記載があった。ただ、同協定には特別条項が付されて

おり、「納期の切迫した特別な臨時業務に対応する場合には、上記の時間を超えて、1カ月80時間とする（ただし1カ月の延長時間を超えて労働させることができる回数は、1年間で6回までとする）」などの記載がなされていた。

また、会社の就業規則によると、時間外勤務については「通常の労働時間の賃金の125％（ただし時間外勤務時間数が月60時間を超えた場合には、150％とする）」、法定休日勤務については「通常の労働時間の賃金の135％」、深夜勤務（午後10時から午前5時まで）については「通常の労働時間の25％」の時間外勤務手当、休日勤務手当、深夜勤務手当を支払う旨定められていた。しかし、管理職については特別な規程があり、「管理職（課長職以上）については時間外勤務手当を支給しない。ただし管理職手当（5万円）を一律に支給する」旨が定められていた。

会社の基本給は等級・職位ごとに定められており、一般職は35万円、主任は40万円、課長は45万円、部長が50万円等となっている。尾針は課長への昇進にともない、基本給の額が月45万円に上がるとともに、月5万円の管理職手当も付くようになった。また、上記プロジェクトリーダーに就任期間中は、これに加えて、月10万円の特別勤務手当が支給されていたが、上記の就業規則に基づき、時間外勤務手当はいっさい支給されなくなった。なお、プロジェクト期間中、他のプロジェクトメンバーである非管理職の社員には、従来どおり残業時間数に応じて残業代が支給されていたが、それに加えて特別勤務手当が支給されていた。ただその額は、リーダーである尾針とは異なり、その職責が比較的軽いということもあり5万円であった。

❶弁護士のあなたは、会社の対応に怒りを覚えた尾針から、懲戒処分の有効性について争いたいという依頼を受けた。あなたは、訴訟において、どのように主張を構成していくか。また、尾針の請求は認められるか。
❷尾針が、懲戒処分に付されたことのみならず、プロジェクト期間中、かなりの長時間労働に従事したにもかかわらず、それに対して時間外勤務手当が支給されなかったことに対しても不満を覚え、その支払いを請求することにした。この請求は認められるか。会社からなされうる反論を想定しながら、請求の可否、また請求が認められる場合には、その額がどうなるかについて検討しなさい。

（以下、尾針一矢＝A、会社＝B社、剛田憲太＝Cとする）

解　説

1 ……… 概　観

(1)　設問のねらい

設問❶は、Aが拒否した時間外労働命令および休日労働命令の適法性・有効性を問う問題である。労働者に時間外労働義務が発生するには、どのような要件を具備する必要があるのか、といった点などが主な論点となる。

設問❷は、Aが行った残業についての、労基法37条に基づく割増賃金請求の可否について問う問題である。とくに本件では、Aが労働時間規制から適用除外される管理監督者に該当し割増賃金の支払いも不要となるか、あるいはAの管理監督者性が否定され割増賃金の支払いが必要となるが、Aに支払われた定額の各種手当をもって割増賃金は支払い済みであるといえるのか、といった点のほか、使用者による明示的な指示に基づかないでなされた残業の労基法上の労働時間該当性が主な論点となる。

(2)　取り上げる項目

▶労基法上の労働時間
▶時間外・休日労働の有効要件
▶割増賃金
▶管理監督者の適用除外

2 ……… 労基法上の労働時間

(1)　総　論

労基法は、週40時間、1日8時間を法定労働時間と定め（労基法32条）、これを超える労働をさせた使用者には、法所定の例外要件を満たさない限り、罰則の適用を予定するとともに（同119条）、超えた時間数に応じて法所定の割増賃金の支払いを義務づけている（同37条）。このような規制のもとでは、労基法上、どのような時間が「労働時間」と評価され、算定の対象となるのかが問題となる。しかし、労基法は、このような「労働時間」についての明確な定義規定を置いていない。

学説上は議論があるが、現在では、一応、3つの最高裁判例により、判例上は、労基法上の労働時間は「労働契約、就業規則、労働協約等の定めのいかん

により決定されるべきものではな」く、当該時間が「使用者の指揮命令下に置かれ」ているか否かで客観的に判断するとの立場が確立している（三菱重工業長崎造船所事件—最1小判平成12・3・9民集54巻3号801頁、大星ビル管理事件—最1小判平成14・2・28民集56巻2号361頁、大林ファシリティーズ〔オークビルサービス〕事件—最2小判平成19・10・19民集61巻7号2555頁）。したがって、労基法上の労働時間の該当性は、就業規則等の取扱いのいかんによらず、あくまで客観的に「使用者の指揮命令下」にある時間といえるかどうかで判断すべきことになる。

(2) **具体的判断**

判例における具体的判断をみてみると、所定労働時間外になされる「業務の準備行為等」についても、それが「事業所内において行うことを使用者から義務付けられ、又はこれを余儀なくされたとき」は、特段の事情のない限り、「使用者の指揮命令下に置かれたもの」として労働時間に該当すると判断されている（前掲・三菱重工業長崎造船所事件）。要するに、本業務のみならず、業務の準備行為等であっても、それが使用者によって義務的なものとなっていれば労働時間性が肯定される。

使用者によって義務的なものとなっていたかどうかについては、使用者による明示的な指示や強制があった場合のみならず、使用者が労働者が業務に従事していることを知っている（知りえた）にもかかわらず、これを黙認しているような場合にも、使用者からの黙示の指示があったとして、これが肯定されることもある（前掲・大林ファシリティーズ事件参照）。

また労基法上の労働時間は、必ずしも実作業に従事している時間のみならず、実作業と実作業の間に生じる待機時間も労基法上の労働時間と解されている。そして上記のとおり、労基法上の労働時間は客観的に判断されるため、たとえ休憩時間とされている時間であっても、実際にはこうした待機時間であると客観的に判断される場合は、当該時間は労働時間とされる。この場合、使用者には労基法34条の休憩付与義務違反が生じるが、それによる損害は、慰謝料にとどまると解されている（住友化学工業事件—名古屋高判昭和55・3・30労判299号17頁（最3小判昭和54・11・13判タ402号64頁もこれを支持））。ただし、当該時間が労働時間と判断されたことにより、法定労働時間を超えることになった場合には、割増賃金（労基法37条）の請求が可能である。

このほか、ビルの警備員等に付与される仮眠時間についても、当該時間につき「労働契約上の役務の提供が義務付けられていると評価される場合には、労働からの解放が保障されているとはいえず」、労働時間に該当すると判断されている（前掲・大星ビル管理事件）。

3 時間外・休日労働命令の有効要件
(1) 時間外・休日労働の適法化要件
(a) 総説
　労基法は、上述のような法定労働時間規制のほか、労働者に少なくとも週1回（あるいは特定の4週につき4日以上）の休日を付与することも義務づけている（労基法35条）。使用者がこのような法定労働時間・休日規制に違反し、労働者に時間外労働または休日労働をさせることは違法であり、これについては罰則の適用も予定されている（同119条）。もっともこれには例外があり、①災害その他非常事由による臨時の必要がある場合（同33条）、または②労使協定の締結・届出がある場合（同36条）には、使用者は適法に労働者に時間外・休日労働を行わせることができ、また罰則の適用を受けることもない。より日常的な時間外労働や休日労働の必要に対応しうるのは、法律上、時間外労働事由、休日労働事由に限定のない②ということになる。

(b) 三六協定による時間外・休日労働
　労基法36条によれば、使用者は、労使協定（「三六協定」と称される）を締結し、これを労働基準監督署長に届け出た場合、その労使協定で定めるところに従って時間外・休日労働を行わせることができる（労基法36条1項）。三六協定は各事業場単位で締結する必要があり、使用者は当該事業場の労働者の過半数代表、すなわち当該事業場の労働者の過半数で組織する労働組合があればその労働組合（過半数組合）、そのような労働組合が存在しない場合には、労働者の過半数を代表する者（過半数代表者）と締結しなければならない。
　三六協定に記載すべき事項（①時間外・休日労働の具体的事由、②業務の種類、③労働者の数、④時間外・休日労働の上限（労基則16条1項）、⑤協定の有効期間（同16条2項））のうち、時間外労働の上限については、厚生労働大臣に限度基準を定める権限が認められており（労基法36条2項）、1週15時間、1カ月45時間、2カ月81時間、3カ月120時間、1年360時間等の限度基準（平成10・

12・28労働省告示154号）が定められている。

限度基準を超える三六協定については、労基法は、労使協定の当事者に対して三六協定をこの「基準に適合したものとなるようにしなければならない」（労基法36条3項）と定めるにとどまり、その履行確保は労働基準監督署長の助言・指導に委ねるものとなっている（同条4項）。このことから行政解釈（平成11・3・31基発169号）では、限度基準を超える三六協定は「直ちに無効とはならない」と解されている。学説上も、限度基準はあくまで行政指導の根拠となるに過ぎず、これを超える三六協定を無効にするまでの効力を有するものではなく、このような三六協定のもとで時間外労働をさせても、使用者は労基法違反として罰せられることはないとの立場が有力である（ただし、学説では限度基準を超える三六協定の存在は、後述の時間外労働命令権の濫用の有無等を判断する際に考慮されうる旨述べるものもあり、この点は上記行政解釈でも同趣旨のことが述べられている。この考え方によると、結果として、限度基準を超える三六協定に基づく時間外労働命令は、原則として無効となるであろう）。

なお、この限度基準には、例外が認められている。すなわち、限度基準を超えて労働させなければならない特別な事情が生じる場合に備えて、この基準を超えて労働時間を延長させることを定めておけば（特別条項付協定）、それに従って限度基準を超えて働かせることが許容されている（ただし、この特別な事情とは、臨時的なものに限られ、具体的には、一時的または突発的な時間外労働の必要があり、全体として1年の半分を超えないことが見込まれるもの等とされている（平成15・10・22基発1022003号））。

(2) **時間外労働・休日労働義務**

上記のように三六協定が有効に締結・届出されていても、三六協定自体は、使用者が労働者に時間外・休日労働させても労基法違反の責任を問われないという免罰的効果、また、時間外・休日労働させる旨の労働契約上の定めを無効にしないという労基法の強行的規制を解除する効果をもつに過ぎない。すなわち、三六協定自体は労働者に時間外・休日労働義務ないし使用者に時間外・休日労働命令権を発生させるものではない。このような義務や権利を発生させるためには、別途法的根拠が必要となる。

まず三六協定が過半数組合によって締結され、かつ当該三六協定が労働協約としても締結されたというような場合、少なくとも組合員である労働者につい

ては、当該三六協定すなわち労働協約が、労働契約上の根拠となって労働者に時間外・休日労働義務が発生すると解する余地もある。三六協定の免罰的効果は、当該事業場の労働者全体に及ぶものの、労働協約の規範的効力は、拡張適用がなされる場合（労組法17条）を除くと、当該組合員以外の労働者には及ばない。したがって、通常は、非組合員に対する関係では、別途法的根拠が必要になる。

　学説上は、このような法的根拠につき、時間外・休日労働は労基法の法定労働時間・休日規制の例外であること等を重視し、個々の労働者の（その都度あるいは事前の）個別的同意がなければ、使用者は時間外・休日労働をさせることはできないとする見解もある。しかし、最高裁は、時間外労働義務の存否が問題となったケースで、この考え方を採用せず、就業規則において三六協定の範囲内で一定の業務上の事由があれば時間外労働をさせることができる旨を定めているときは、当該就業規則の規定が合理的なものである限り、具体的な労働契約の内容をなすから、労働者はこれを根拠に時間外労働義務を負うと判断した（日立製作所武蔵工場事件—最1小判平成3・11・28民集45巻8号1270頁）。現在では、合理的な就業規則はその周知により労働契約内容になるとの労契法7条が根拠となるであろう。

　問題は、どのような場合に、当該就業規則上の時間外労働規定が「合理的」と判断されるかである。この点、上記最高裁は、当該就業規則が依拠する三六協定が、①時間外労働の上限を定め、かつ、②時間外労働に所定の事由を必要としている（また、その事由も相当性を欠くということはできない）ことをもって、その合理性を肯定した。①②はもともと三六協定の必要記載事項であり、また②の時間外労働事由の相当性も、当該事案における時間外労働事由はかなり抽象性の高い包括的内容であったにもかかわらず、これを肯定していることからすると、その合理性の判断は相当に緩やかであったといえよう。もっとも近年では、長時間労働問題の深刻化や、ワーク・ライフ・バランスへの配慮の要請が高まり、これを受けて労契法3条3項にも、「労働契約は、労働者及び使用者が仕事と生活の調和にも配慮しつつ締結し、又は変更すべきものとする」との規定が設けられている。そこで学説では、こうしたワーク・ライフ・バランスの理念を考慮し、合理性判断をより厳しくすべしとの見解も有力になりつつある。

また、就業規則上の時間外労働規定の合理性が認められ、それを根拠に使用者が時間外労働命令を行いうるとしても、時間外労働をさせる業務上の必要性に比して、時間外労働をすることによって労働者が被る不利益が相当に大きいような場合には、当該時間外労働命令は権利濫用として（労契法3条5項）無効と解されうる（また、業務上の必要性が認められなければ、当該時間外労働命令はそもそも有効要件を欠き無効と判断されうる）。このような権利濫用の成否等の判断場面でも、ワーク・ライフ・バランスの理念に配慮し、使用者による時間外労働命令の有効性を厳しく判断される可能性があるであろう。

　なお、休日労働については、最高裁は明確な立場を示していない。しかし現在では、時間外労働の場合と同様に、労契法7条に基づき、就業規則上の休日労働規定が合理的であり、かつ周知されていれば、これを労働契約上の根拠として、使用者は労働者の個別的同意なくして休日労働命令を行うことができると解される可能性が高い。ただし、休日労働規定の合理性判断あるいは休日労働命令権の濫用の成否の判断については、休日労働は本来労働義務が設定されていない日の労働であることから、時間外労働命令の場合より厳格に解すべきというのが、学説上有力な見解となっている。ワーク・ライフ・バランスの理念は、休日労働の有効性について、時間外労働命令以上に厳格な判断を求めることになろう。

(3) 法内残業・法定外休日労働および休日振替

　このように、使用者による時間外・休日労働命令の有効性は、①労基法所定の要件（三六協定の締結・届出等）を満たしているか否か、②使用者は時間外・休日労働命令権を有しているか否か、③②の権利の存在が認められる場合には、当該権利行使が権利濫用に当たらないか否かで判断していくこととなる。もっとも、ここで注意すべきは、①の労基法の規制が問題となるのは、あくまで法定労働時間を超える労働および法定休日における労働（時間外労働・休日労働）である。したがって、所定労働時間を超えるが、いまだ法定労働時間を超えない法内残業（たとえば、所定労働時間7時間の会社で、終業後2時間残業した場合の前半1時間の労働）や法定外休日労働（たとえば、週休2日制の会社で、法定休日以外の休日になされる労働）については、労基法の規制対象とはならず、三六協定の締結・届出を要しない。そこで、法内残業・法定外休日労働命令の有効性は、もっぱら②および③の点のみが審査されることになる。また、法内

残業や法定外休日労働については、後述の労基法所定の割増賃金の支払いも不要である。したがって、これらの労働にいかなる賃金を請求できるかは、当該労働契約の内容に委ねられることとなる。

なお、いったん休日と特定された日であっても、事前に労働日に変更したうえでその日に労働させ、代わりにその前後の労働日とされていた日を休日に変更する措置（休日振替）をとれば、もともと休日であった日の労働は、休日労働ではなく労働日における労働となり、休日労働に対する割増賃金を支払う必要はなくなる。そして裁判例は、このような振替には必ずしも労働者からの個別同意が必要というわけではなく、業務上の必要に基づき休日の振替を行うことがある旨の就業規則の規定があり、それに従ってなされる限りは、有効と判断している（三菱重工業横浜造船所事件―横浜地判昭和55・3・28労判339号20頁）（ただし、振替により休日・労働日が変動した後も、週休制（または変形休日制）を満たしている必要がある）。しかし、このように事前に休日を労働日に変更することなく当該休日に労働させ、事後的に別の労働日を休日とする措置（事後の振替）は、いくら事後的に休日を与えたとしても、労働させた日は休日労働にほかならず、当該休日労働に対する割増賃金の支払いが必要となる。

4 ············ 割増賃金

(1) 総　説

労基法37条は、使用者が労働者に時間外労働・休日労働、深夜業（午後10時から午前5時）に従事させた場合には、法所定の割増賃金を支払うことを義務づけている。労基法37条の文言からは、法所定の要件（労基法33条・36条）を満たしてなされた時間外・休日労働がその支払い対象となっているかのようにも読めるが、こうした法所定の要件を満たさない違法な時間外・休日労働に対しても、当然その支払いが必要である（小嶋撚糸事件―最1小判昭和35・7・14刑集14巻9号1139頁）。

(2) 法所定の割増賃金の計算方法

割増賃金の額は「通常の労働時間又は労働日の賃金」（以下、通常の賃金）に割増率および時間外労働時間数を乗じて計算する。

割増率は、時間外労働・深夜労働の場合はそれぞれ25％以上、休日労働の場合は35％となっている（労基法37条4項、平成6・1・4政令5号）。ただし

2008年労基法改正（2010年4月1日施行）により月60時間超の時間外労働については割増率が50％に引き上げられている（労基法37条1項ただし書。ただし、中小企業は当分の間適用が猶予される（附則138条））。なお、この引上げ分の割増賃金については、労使協定により有給の休暇の付与によって代えることも認められている（労基法37条3項）。

ここで問題となるのは、労基法37条に基づきその支払いが義務づけられるのは、割増部分（時間外労働の場合であれば、25％分）のみであるのか（25％説）、それとも通常の賃金（100％）をも含む賃金（125％）なのか（125％説）、という点である。前者の考えによれば、割増賃金が未払いの際に裁判所により支払いが命じられうる付加金（労基法114条）の額も通常の賃金の25％となり、後者であれば、125％となるという違いが生じる。また、前者の考えによれば、後者の考えとは異なり、100％部分については基本的には契約の自由が妥当し、通常の賃金よりも低い賃金額を合意することが可能となりうる。学説上は議論があるが、裁判例の傾向は、後者の125％説が一般的となっている。

割増賃金の算定基礎賃金たる通常の賃金については、労基則19条1項に定められており、たとえば、時給制の場合はその額、月給制の場合はその金額を月の所定労働時間で除した額となっている。ただし、この算定基礎賃金の計算にあたっては、①家族手当、②通勤手当（以上、労基法37条5項）のほか、③別居手当、④子女教育手当、⑤住宅手当、⑥臨時に支払われた賃金、⑦1ヵ月を超える期間ごとに支払われる賃金（以上、労基則21条）は算入されない。また、通常の賃金とは、時間外労働や深夜労働ではない通常の労働時間に労働がなされた場合に支払われる賃金という意味も含まれており、時間外労働や深夜労働に対して支払われる手当は、通常の賃金とはいえず、割増賃金の算定基礎には算入されないと解される（昭和41・4・2基収1262号）。

(3) **割増賃金の定額払制の可否**

上記のような法所定の計算方法によることなく、使用者が定額の手当を支払う場合（定額手当払型）、あるいは割増賃金を含めて定額の総賃金で支払う場合（基本給組入型）には、このような支払いによって労基法37条に基づく割増賃金支払義務を履行したといえるのかが問題となる。

行政解釈は、労基法所定の計算によらなくても、結果として、支払い額が法所定の計算方法による割増賃金額を下回らない限り、労基法37条違反が成立

することはないとの立場をとってきており（昭和24・1・28基収3947号）、判例も基本的に同様の立場になっている。ただ判例では、基本給組入型の場合には、法所定の計算方法による割増賃金額を上回っているか否かの判定が可能となるよう、通常の賃金部分と割増賃金部分の割合が明示されている必要があると解されており（高知県観光事件―最2小判平成6・6・13労判653号12頁、創栄コンサルタント事件―大阪高判平成14・11・26労判849号157頁（最2小決平成15・5・30（判例集未登載）も不受理）、小里機材事件―最1小判昭和63・7・14労判523号6頁（原審支持））、また、法所定の割増賃金を上回っているか否かの判定が可能な定額手当払型の場合も、その趣旨が割増賃金の代替であることが問題とされる（ことぶき事件―最2小判平成21・12・18労判1000号5頁参照）（ちなみに、定額手当が割増賃金の代替のみならず複数の趣旨で支給されている場合には、やはり、どの部分が割増賃金部分かが明示されている必要があろう）。以上のような要件を満たしていない場合には、法所定の割増賃金は支払い済みとはいえず、結局、法所定の計算方法による割増賃金を別途支払う必要が生じる（また、これらの要件が満たされている場合でも、法所定の計算方法による額を下回っている場合には、その差額の支払いが必要であることはいうまでもない）。

5 ……… 特別な労働時間制度

(1) 総　説

　労基法は、上記のような原則的な労働時間規制に対し、多様な就労形態等に対応するため、一定の要件のもとで、①変形労働時間制（労基法32条の2・32条の4・32条の5）、②フレックスタイム制（同32条の3）、③事業場外労働のみなし労働時間制（同38条の2）、④専門業務型・企画業務型裁量労働のみなし労働時間制（同38条の3・38条の4）といった、労働時間規制の弾力的な運用を認める特別な労働時間制度を認めている。

　①は、1週・1日単位ではなく、より大きな単位で労働時間規制を行う制度であり、当該単位期間における総労働時間の平均が法定労働時間内に収まっていれば、法定労働時間を超える週や日があっても、割増賃金の支払いや三六協定の締結・届出も要しないとされる。(a)1カ月（以内）単位、(b)1年（以内）単位、(c)1週間単位の3種類があり、24時間勤務体制や業務に繁閑のある勤務形態に対応しうるものとなっている。また②は、労働者に労働時間の選択が

認められる制度である。その選択は、1カ月以内の期間の総労働時間の平均が法定労働時間を超えない範囲で行うこととされ、必ずしも1週・1日の労働時間を問題にしない点では、①と共通するものとなっている。これらはいずれも、労使協定の締結により（①(a)は「就業規則その他これに準ずるもの」によっても）導入することができる（ただし、労使協定の労働基準監督署長への届出は、変形労働時間制においては、導入要件ではないものの、罰則付きで義務づけられている）。

　③や④のみなし労働時間制とは、実際に働いた時間にかかわらず一定の時間労働したとみなすという制度である。③はとくに手続的要件は課されていないが、単に事業場外で労働に従事するだけでなく、労働時間の算定が困難であることが要件となっている。また、みなし労働時間はできるだけ実際に働いた時間に近いものであることが要請されており、原則は所定労働時間であるが、通常業務の遂行に必要とされる時間がこれを超える場合には、当該必要な時間をみなし労働時間としなければならない（なお、この通常必要時間を労使協定で定めることも可能である）。これに対し④は、研究開発などの専門業務に従事する者や企業の中枢部門における企画立案等業務に従事する者で、使用者の具体的な指示・命令によることなく、自らの裁量で労働を遂行する労働者が対象となる。ただし、その導入にあたっては、前者の専門業務型については労使協定の締結、また後者の企画業務型については労使委員会の決議・届出といった要件が課されている（なお、専門業務型の場合、労使協定の労働基準監督署長への届出は、導入要件ではないものの、罰則付きで義務づけられている）。みなし労働時間は労使協定や労使委員会の決議で定めることになるが、その際、③で述べたような要請はない。みなし労働時間を法定労働時間以下に設定すれば、実際の労働時間数が法定労働時間を超えていても、割増賃金の支払いが不要となり、労働時間の長さではなく成果に応じた賃金支払いが可能となる。

　なお、上記のみなし労働時間制度は、あくまで労働時間の算定方法に関する特例である。したがって、休憩（労基法34条）、休日（同35条）、深夜労働に対する割増賃金の規制（同37条）はそのまま適用され、また法定労働時間を超えるみなし労働時間については、三六協定の届出・締結と割増賃金の支払いが必要となる（同36条・37条）。

(2) 労働時間規制の適用除外

　このほか、労基法は制定当初より、農業・畜産・水産業従事者（労基法41条

1号)、監督もしくは管理の地位にある者（管理監督者）および機密の事務を取り扱う者（同条2号)、監視・断続的労働者で労働基準監督署長の許可を得た者（同条3号）については、労働時間、休憩および休日に関する規制を適用除外してきた（41条)。これらの者については、時間外・休日労働に関する三六協定の締結・届出は不要であり、また、時間外労働・休日労働に対する割増賃金（同37条）も不要となる。ただし、年次有給休暇に関する規制および深夜業の規制は適用除外されない。したがって、管理監督者についても、深夜労働に対する割増賃金の支払いが必要となるが、こうした深夜労働の割増賃金を含めて所定賃金が定められていることが明らかな場合には、別途の支払いは不要と解されている（前掲・ことぶき事件を参照)。

　これらの適用除外者は、労使の合意（就業規則、労働協約などを含む）で自由に決められるものではなく、あくまで一定の判断基準に従って客観的に判断される。とくに問題となる管理監督者の範囲については、行政解釈は、1）「労働条件の決定その他労務管理について経営者と一体的な立場にある者」で、「労働時間、休憩、休日等に関する規制の枠を超えて活動することが要請されざるを得ない、重要な職務と責任を有し｣、2）「現実の勤務態様も、労働時間等の規制になじまないような立場にある者」であり、3）「基本給、役付手当等において、その地位にふさわしい待遇がなされているか否か、ボーナス等の一時金の支給率、その算定基礎賃金等についても役付者以外の一般労働者に比し優遇措置が講じられているか」否かで判断するとしている（昭和22・9・13発基17号、昭和63・3・14基発150号)。裁判例も基本的には同様の観点から判断しており、1）については、業務の決定権、労務管理における指揮監督権限、部下の採用や人事考課をはじめとする人事案件に関する最終決定権限（あるいはそれに相当する権限）の有無のほか、企業経営全体に関する重要事項の意思決定への実質的に関与の有無が、2）については、出退勤などの時間・勤怠管理を受けていないなど、勤務時間についての自由裁量の有無が、3）については、一般の労働者に比べて優遇されていたかといった点が検討されている（日本マクドナルド事件—東京地判平成20・1・28労判953号10頁等)。ただし、最近の裁判例では、1）の基準を若干緩和し、少なくともある部門全体の統括的な立場にあり、部下に対する労務管理上の決定権限等につき一定の裁量を有し、人事考課・機密事項に接しているかによって判断すべしとするものも登場しており（東和シ

ステム事件—東京高判平成21・12・25労判998号5頁等参照)、裁判例の判断傾向には揺らぎもみられる。

解答例

❶ Aに対してなされた懲戒処分を無効と主張するためには、第1に、Aが拒否した残業・休日出勤命令自体が無効であったと主張することが考えられる。もし、これらの命令が無効となれば、Aには命令違反行為はなかったことになり、本件懲戒処分は懲戒事由を欠くものとして無効と解されることになるからである。第2に、懲戒事由に該当するとしても、懲戒処分が権利濫用で無効であると主張することも考えられる（労契法15条）。

まず、第1の残業・休日出勤命令を無効と主張するためには、これが労基法に違反する命令であるとの主張をすることが考えられる。使用者は、労基法所定の要件を満たさない限り、適法に労働者を法定労働時間を超えてあるいは法定休日に労働させることはできない（労基法32条・35条）。この点については、Aへの残業命令は法定労働時間を超えるものであり、また、休日出勤命令は法定休日における労働には該当しないものの、週の法定労働時間を超える労働である。しかし、B社は当該事業場の過半数組合との間で書面の協定（三六協定）を締結し、所轄労働基準監督署長への届出をなしており（同36条1項）、また同協定で定められた時間外労働時間数の上限は、厚生労働大臣の定める限度基準を超えるものであるとはいえ、当該基準が例外として認める特別条項を付したものとなっているので、これを労基法違反と主張することはできない。

もっとも、三六協定が有効に締結され、届出がなされていても、三六協定自体は労基法の規制を解除する効果をもつに過ぎず、使用者に時間外労働を命令する権利を発生させるものではない。使用者が時間外労働を有効に命じるためには、別途労働契約上の根拠が必要となるのであり、Aはそのような根拠がないと主張することが考えられる。この点、B社の就業規則に、会社は業務上の必要に基づき労働者に時間外労働を命じうる旨の時間外勤務規定が定められているので、この就業規則が周知されていて、その内容が合理的であれば、当該規定を根拠に、使用者は労働契約上時間外労働命令権を有することになる（労契法7条）。B社の就業規則は周知されているので、Aは、その内容に合理性がないゆえに、時間外労働命令

の労働契約上の根拠となりえないと主張する必要がある。
　そこでB社の時間外勤務規定の合理性を検討するに、まず、同規定はその具体的内容を三六協定に委ねていると解されるところ、その三六協定は特別条項が付されているとはいえ、時間外労働時間数の上限は厚生労働大臣の限度基準を大幅に上回るものである。また、限度基準を超える時間外労働事由は、「納期の切迫した特別な臨時業務に対応する場合」に限定されているものの、そもそもこの基準を超えない部分の時間外労働事由のなかには、「⑦その他業務の内容によりやむをえない場合」といった、恒常的な長時間労働を招くおそれがあるとともに、労働者がどのような場合に時間外労働をなしうるかの予測を困難にするようなものも含まれている。こうした時間外勤務規定は、労契法3条3項に定める仕事と生活の調和の理念に照らしても合理性を有しているとはいえず、労働契約内容たりえないと解すべきである。したがって、B社のAに対する時間外労働命令は、労働契約上の根拠を欠くものとして無効と解される。
　また、Aが拒否した時間外労働命令は、三六協定に定める時間外労働時間数の上限を超えている可能性があり、もしそうであれば、労基法36条1項に定める要件を満たさないか、あるいは就業規則上の時間外労働命令の要件を満たさないものとして、無効と解すべきことになる。
　なお、もし仮に上記のように解されず、時間外勤務規定が合理的であり、これを根拠に使用者が時間外労働命令を発しうると解されるとしても、Aは長時間労働が常態化するなかで体調不良の状態にあり、時間外労働命令拒否にはやむをえない事由があったといえる。そうすると、B社の時間外労働命令は、その業務上の必要性が大きいことを考慮しても、権利濫用（労契法3条5項）にあたり、Aは、やはり無効であると主張することができる。
　休日出勤命令についても、就業規則上の休日勤務規定の内容が合理的であれば、これを根拠にB社は休日勤務を命じることができると解されるが、休日勤務はもともと労働義務のない日における労働であり、時間外労働の場合に増して、労働者への配慮が必要となると解すべきである。この点、B社の休日勤務規定は、休日勤務事由が時間外労働の場合と同様に網羅的に定められているに過ぎず、またそれにもかかわらず、たとえば、労働者への事前の告知を休日勤務の要件とするなど、労働者の事前の予測性を高めるための配慮も見受けられない。ゆえに、B社の休日勤務規定は合理性の要件を満たさず、休日出勤命令は労働契約上の根拠を欠くものとして無効と解すべきである。
　第2の点については、仮にAに対する懲戒処分は懲戒事由に該当する

としても、Aのこれまでの勤務態度や長時間労働が常態化していたという事情を考慮すると、減給処分は重すぎるものであり、権利濫用として無効であると主張することができる。

❷　Aの時間外勤務手当の請求に対するB社の反論としては、第1に、Aは労基法41条2号の管理監督者にあたり、割増賃金規制をはじめとする労働時間規制が適用除外される、第2に、仮にAが管理監督者に該当しなくても、Aには十分な額の管理職手当および特別勤務手当を支給しており、時間外勤務手当の不支給は、これによって十分補塡されている、第3に、Aの長時間労働は、B社が明確に残業を指示したものを除けば、いわば自発的になされたものであり、そもそも労働時間に該当しない、といったものが考えられる。

　第1の点については、B社の就業規則によれば、管理職（課長職以上）については時間外勤務手当の対象外としており、これは課長職以上が管理監督者に該当することを前提とした取扱いといえる。しかし、管理監督者の範囲は、労働契約、就業規則等で決められるものではない。管理監督者該当性は、これが強行法規である労基法の労働時間に関連する規定の適用除外を認めるものであることからすると、労働時間の規制になじまないような職務や責任を負っているかどうかについて客観的な観点から判断すべきである。具体的には、①経営者と一体性をもつような職務権限を有しているか、②厳密な時間管理を受けず、自己の勤務時間に対する自由裁量を有しているか、③その地位に相応しい待遇を受けているか、という点に照らし、客観的に判断すべきである。そこで具体的に検討していくと、まず③に関しては、Aは課長昇進後は基本給5万円と管理職手当5万円の合わせて月額10万円アップしており、課長以下の社員に比べてそれなりに優遇されている（また、プロジェクトリーダー就任期間中は、月例賃金だけで月60万円の収入となる）ということができ、ここからただちにAの管理監督者性を否定することは難しい。しかし、①については、Aが部下の人事等にどの程度関与していたかは定かではないものの、Aはプロジェクトのメンバーの選定すら関与しておらず、また営業開発部における業務内容・量の決定や人員配置に関する権限は、主に部長Cが有していることが窺われることからすると、Aが部門全体の統括的な立場になかったことはもとより、経営企画会議のメンバーですらないAが、B社の企業経営に関する重要事項に関与する立場にあったとは到底認められない。また②についても、上記のとおり、Aは時間外・休日労働の指示を受け、これを拒否したことを理由に懲戒処分を受けていることや、自らの業務量を決定できる立場になかったことからすると、勤務時間についての自由裁量

が認められていたとはいえない。以上のことから、Aは管理監督者に該当しないと解すべきである。

　そこで、第2の点が問題となるが、たしかに労基法37条の割増賃金の支払いは、法所定の計算方法による割増賃金を下回らない限りは、定額の手当の支給をもってこれに代えることも可能である。そこで、Aに支払われていた管理職手当および特別勤務手当が割増賃金に代わる趣旨のものであれば、これをもってすでに割増賃金は支払い済み、あるいはこれを既払い分として、B社が支払うべき割増賃金額から控除することができるものと解される。

　まず、管理職手当については、管理職としての職責に対する対価と解する余地があるものの、就業規則の規定からは、管理職については時間外勤務手当が不支給となる代わりに管理職手当を支払うこととしているものと解されること、また管理職といっても、課長と部長では職責の重さが異なるにもかかわらず、管理職手当は一律である一方、基本給の額は職位等に応じて異なっていることからすると、むしろB社では職責の重さに対する対価は基本給の額に反映させる形で対応しているものと推測される。そうすると、管理職手当は時間外勤務手当に代わるものと解すべきであり、B社が支払うべき割増賃金額から既払い分として控除されるべきと解される。他方、特別勤務手当については、時間外勤務手当の支給対象である一般の社員にも支給されていることからすると、プロジェクトという特別の職務に対する対価としての性格をもつものに過ぎず（そしてリーダーであるAにはその職責に対応する形で、他の一般社員よりも増額されている）、これを割増賃金の既払い分として取り扱うことはできないと解される。

　また、第3の点については、労基法上の労働時間は、使用者の指揮命令下に置かれているか否かによって客観的に判断すべきである。本件では、B社が明確に時間外労働を命じた場合はもちろん、それ以外の残業についても、Aにはそもそも所定労働時間内にこなすことができないような業務量が与えられ、またB社も所定労働時間外にAが残業に従事せざるをえないことを容易に知りえた（あるいは知っていた）と解されるところ、それに対して明示的な禁止もせず、また業務量を軽減することなく、黙認していたことからすると、B社による黙示の命令があったと解され、ゆえに指揮命令下に置かれた時間として労働時間に該当すると解すべきである。したがって、平日についての時間外労働時間数は6時間（午前8時から午後11時のうち休憩時間を除く14時間から法定労働時間8時間を差し引いた時間）と算定すべきである。

　以上を前提に、平日についてB社が支払うべき具体的な未払割増賃金

額の計算式を示すと、①〔通常の労働時間……の賃金（労基法37条1項）〕×②時間外労働時間数（1日6時間）×③割増率（125％）という計算式に基づいて算定された割増賃金額から管理職手当5万円を控除した額ということになる（ただし、月60時間を超える残業部分については割増率150％で計算することとなる）。

なお、上記の計算式のうち、①の割増賃金の算定基礎賃金たる「通常の労働時間……の賃金」とは、当該労働が、時間外・深夜ではない通常の労働時間になされた場合に支払われる賃金と解されるゆえ、割増賃金およびこれに代わる手当はこの算定基礎賃金から除外されることになる。上記のとおり、管理職手当は割増賃金に代わる手当としての性格をもつゆえ、割増賃金の算定基礎賃金からも除外されるべきものと解され、Aの割増賃金の算定基礎賃金は、基本給月45万円に特別勤務手当10万円を加えた計55万円を月の所定労働時間で除した額（労基則19条1項4号）と解される。

関連問題

1. 不活動時間の労働時間性

設問のヘルスフード社は、介護サービス事業も展開しており、有料老人ホームを運営している。同老人ホームでは、①午前6時から午後3時（休憩1時間）と、②午後0時から午後9時（休憩1時間）、③午後6時から翌午前9時（午後10時から午前5時までは仮眠時間帯とし、何もなければ仮眠室で睡眠をとってよいこととする）の3種類の勤務時間が用意されている。①②については複数のスタッフが配置されるが、③については1名しか配置されない。そのため、午後9時から午前6時までは、③の勤務者が1人で入居者のトイレや徘徊等に対応する必要があったが、実際上は、様々なトラブルが発生し、1人で対応することが困難な場合が少なくなかった。そこで、会社はオンコール当番制度を設け、当日勤務していた者のなかから1名をオンコール当番者に指名し、指名された者は、午後9時から午前6時までの間は、③の勤務者からのヘルプの連絡にいつでも対応できるよう、自宅等で待機することとされた。実際、このオンコール当番者が、呼出しに応じて③の勤務者とともにトラブル等に対応することは少なくなく（1週間に3～4回）、その対応時間は平均3時間ほどであった。

会社の就業規則によると、介護職員の賃金は月給制で、割増賃金については、

労基法の規定どおりに、時間外労働、深夜労働、休日労働に対して法所定の額を支払うものとされていた。上記の仮眠時間（午後10時から午前5時）およびオンコール当番時間（午後9時から午前6時）については、実際に作業に従事した時間（実作業時間）については労働時間として算定されるが、それ以外の待機時間については労働時間として算定されていなかった。したがって、割増賃金の支払い対象となるのも、実作業時間のみであった。もっとも、会社は仮眠時間やオンコール当番時間中の待機時間は、上記のように労働時間ではないものの、職員にはそれなりに負担がかかっていると考え、これらの勤務1回につき、それぞれ宿泊手当2800円およびオンコール手当3600円を支払っていた。

なお、会社が仮眠時間およびオンコール当番時間中の実作業時間に対して割増賃金を支払う際、100%部分は上記宿泊手当およびオンコール手当をもって支払い済みであるということで、結局、これら実作業に従事した時間については、職員らの月の所定賃金を月の所定労働時間で除した額である1400円×0.25（深夜労働重複時は0.5）×実作業時間数という計算式に基づく額のみを支払っていた。

以上のようなヘルスフード社の仮眠時間およびオンコール当番時間の取扱いは適法か。

【奈良県〔医師時間外手当〕事件—大阪高判平成22・11・16労判1026号144頁等を参照】

2. 事業場外労働のみなし労働時間制

また、ヘルスフード社は訪問介護事業も展開しており、訪問介護の職員の奈良橋哲夫らは、会社の作成する訪問先や時間を記した予定表に従って、外回りの訪問介護業務に従事していた。もっとも、同社は時間延長サービスを提供している関係で、予定訪問件数等は余裕をもって設定しており、奈良橋らは次の予定に支障が出ない程度で、柔軟にこうしたサービスに対応することが求められ、その業務遂行については一定の裁量が認められていた。

会社の就業規則によると、訪問介護職員の労働時間は「午前9時から午後6時（うち休憩時間1時間）とする」とされていたが、実際には上記の時間延長サービスの関係で、この所定労働時間を超えることも少なくなかった。会社は、時間外延長サービスを提供した場合には、その日のうちに携帯電話あるいは直接会社に報告するよう指示していたため、こうした状況を把握していた。しか

し、日給8000円以外に時間外手当を支払うことはしていない。奈良橋らが時間外手当を請求した場合に、この請求は認められるか。会社からなされる反論をふまえて検討しなさい。

【阪急トラベルサポート事件―東京地判平成22・9・29労判1015号5頁等を参照】

3. 休憩付与義務

和菓子が大好きな大学3年生の山田花子は、夏休みに和菓子の製造販売会社の製造ライン（流れ作業）の短期アルバイトに採用された。採用時の契約では、勤務時間は「午前6時から午後3時。休憩時間は午後0時から午後1時」、バイト代は日給7200円（交通費別途実費支給）となっていたが、受注の増加で生産が追いつかず、昼食も15分で食べるよう指示され、それ以外の時間はトイレに行くこともままならず、花子はずっと働き詰めであった。不満をもった花子から相談された弁護士であるあなたは、どのようなアドバイスをするか。

【休憩付与義務違反があった場合には、どのような法的制裁が課されるか】

4. 休日振替

花丸大学では、1月から3月にかけては多様な入試が実施されるため、就業規則上休日となっている土曜日や日曜日に職員が出勤する回数が多くなる。就業規則には「業務上の必要がある場合には休日を他の日に振り替えることがある」との規定があるところ、大学は、職員に対し、土曜日と日曜日の両方あるいはいずれかに出勤を命じられた場合には、事後的に、翌週ないし翌々週の平日のうちから希望する日に必ず代休（1日ないし2日）をとるよう指示していた。代休日の賃金がカットされることはなかったが、土曜日、日曜日に出勤したときに休日労働手当が支払われることもなかった。花丸大学のこのような措置は適法か。

【休日の事後の振替は、法的にはどのような意味があるか】

参考文献

東京大学労働法研究会『注釈労働時間法』（有斐閣・1990年）
荒木尚志『労働時間の法的構造』（有斐閣・1991年）
石嵜信憲＝橘大樹『労働時間規制の法律実務』（中央経済社・2011年）

10. 懲戒処分
セクハラを告発したばかりに…

設問

　若葉生命（以下、会社）は、生命保険業を営む会社であり、全国に支店を有している。2013年2月当時、広瀬夏美は、会社と雇用契約を締結して、埼玉営業所で生保レディとして勤務していた。埼玉営業所では、夏美のほかにも多数の生保レディが働いていた。
　埼玉営業所の所長である黒田洋次は、入社当初から、夏美に目を付けており、同年3月ころには、勤務時間終了後に、携帯メールでたびたび夏美を食事に誘うようになっていた。夏美は、黒田のメールがあまりに執拗で困惑したものの、仕事上、黒田との関係が気まずくなるのを恐れて、しぶしぶ食事に付き合うようになったが、そのときには職場の同僚の生保レディである秋子にも同席を頼んでいた。
　黒田は、当初は楽しくおしゃべりをしているだけであり、夏美も徐々に黒田への警戒心を弱めていた。しかし、同年7月ころになると、黒田は、秋子が欠勤しているときをねらって2人きりでの食事に誘うようになり、夏美が断り切れずにそれに応じているうちに、嫌がる夏美に無理矢理キスをしたりするようになっていった。夏美は、そこで初めて黒田への警戒心を緩めた自分を反省し、秋子の忠告も受け、同年9月に、きっぱり黒田の誘いを断ることとし、また、黒田から誘われないようにするため、メールアドレスも携帯電話の番号も変更した。ところが、黒田は同僚の生保レディを通じて夏美の連絡先を聞き出し、再び執拗に夏美への連絡を繰り返した。夏美は、黒田の一連の行動を不気味に感じ、仕事に行くのが憂鬱になっていた。
　夏美は、黒田の行為はセクシュアル・ハラスメント（以下、セクハラ）に当たるはずだと思いながらも、どうしようかと1人悩んでいた。そんなとき、黒田からセクハラの被害にあっている生保レディが他にも何人かいるという話を複数の同僚から聞いた夏美は、黒田のことがどうしても許せなくなり、このような人物を所長にしている会社にも腹が立ってきた。夏美は、これまでも、終業後に会社のパソコンを使って、インターネットの掲示板に投稿したことがあったが、同年10月2日、「若葉生命のセクハラの実態」というスレッドを立てて、自分が受けたセクハラの実態について匿名で書込み

行為を行った。書込みには、埼玉営業所という営業所名が出されており、黒田はＫ田となっていたが、簡単に特定できるものであった。また、夏美は他の営業所で働く複数の友人から、そこでもセクハラ行為があるという事実を聞いていたので、「若葉生命では、埼玉営業所以外でもセクハラが蔓延している」というようなことも書き込んだ。

　この書込みは、翌日、たまたまこの掲示板を見た若葉生命の従業員、高橋久信の目にとまり、高橋が本社のセクハラ対応窓口に通報したことから、会社の上層部に知られることとなった。会社は、直ちに調査を開始し、埼玉営業所所長の黒田によるセクハラが女性従業員の間で問題となっている事実をつかんだ。さらに詳しく調査を行ったところ、黒田が夏美を勤務時間後もしつこく追い回して迷惑をかけているという事実や、夏美以外の生保レディに対しても同様の行為をした事実が明らかとなった。会社は、こうしたセクハラ行為を放置しておくことはできないと考え、2013 年 12 月 10 日、就業規則上の懲戒解雇事由（56 条 6 号）に該当することを理由に黒田を懲戒解雇とし、また、退職金規程に基づき、退職金を全額不支給とすることを決定して、本人に通告した。

　会社では、これまで、従業員を懲戒解雇処分に付したという例はなかった。2012 年 12 月に、従業員が路上で警察官とトラブルを起こし、公務執行妨害で現行犯逮捕されたという事件があったが、そのときも減給処分にとどめていた。また、20 年前に今回と同じような上司による女性従業員に対する問題が起きたときも、その上司に下されたのはやはり減給処分であった。ただ、会社は、20 年前と比べて、企業内におけるセクハラに対する世間の目がはるかに厳しくなっており、企業倫理の向上に対する企業の真摯な姿勢を社会にアピールするためにも、黒田には厳しい処分で臨むことにしたのである。

　会社は、15 年前に就業規則にセクハラ禁止に関する規定を整備し、当初はセクハラ防止の周知啓発に努めていた。ただ、ここ 10 年ほどは、セクハラの防止に対する取組みを積極的に行っていなかった。また、社内のセクハラ対応窓口は、定年間近の男性従業員 1 名に 1 年ごとに交替で担当させてきたが、とくに専用の部屋があるわけではなく、電話や電子メールでの相談があればそれを受け付けるという体制がとられているだけであった。しかも、ここ数年は相談案件がほとんどなかった。そもそも若い従業員は、こうした窓口の存在すら知らない者がほとんどであり、会社のセクハラ防止体制は十分に機能しているとはいえない状況にあった。

一方、会社は、今回のインターネットの掲示板への書込みは、セクハラ問題の発覚の端緒になったとはいえ、「セクハラを許す若葉生命の社風に問題あり」といったような会社に対する誹謗、中傷を含んでいて看過できないものであり、この書込みを行ったのは、従業員に違いないと考えて調査を行った。そして、2013年10月10日に、それが夏美であることが判明すると、会社は直ちに夏美を呼び出して、書込みを削除するように命じた。短期間しかアップされていなかったせいか、この書込みについての顧客やマスコミなど社外からの問い合わせは一度もなかった。しかし、会社は、夏美が会社の名誉を毀損したことを理由に、就業規則56条3号に基づき減給処分とした。なお、会社は、黒田と夏美が違反行為をしたことは明確であるとして、懲戒処分を行う前に、両者に対して弁明の機会は与えなかった。

【就業規則（抜粋）】
（懲戒）
第56条　従業員が下記各号の一に該当したときは、情状に応じて、譴責、減給、出勤停止、懲戒解雇とする。
　（略）
　③　会社の名誉・信用を損なう行為をしたとき
　（略）
　⑥　職務、職位を悪用したセクシャル・ハラスメントに当たる行為をしたとき
　（略）
第58条
　①　懲戒処分が予見されるような場合は、倫理委員会を招集して、審議を行う。
　②　社長は倫理委員会事務局より報告を受けた後、直ちに以下に定める倫理委員会を招集し問題解決にあたる。
　（略）
　⑤　委員会は懲戒すべき事実について、必要に応じ本人や関係者の意見を聴きながら公正に審議し懲戒処分を決定する。

【退職金規程（抜粋）】
（退職金の支給除外）
第8条
　退職金は、次の各号の一に該当する場合は支給しない。

① 勤続3年未満の者
② 懲戒解雇された者
③ 懲戒解雇に相当する行為があった場合

❶会社の処分に納得がいかない黒田から依頼を受けた弁護士のあなたは、懲戒解雇の有効性を争うために、どのように主張を構成するか。
❷自分は被害者であるのに懲戒処分を受けるのはおかしいと考えている夏美から依頼を受けた弁護士のあなたは、懲戒処分の有効性を争うために、どのように主張を構成するか。

（以下、若葉生命＝A社、広瀬夏美＝B、黒田洋次＝Cとする）

解 説

1 概 観

(1)設問のねらい

労働者が企業秩序を侵害する行為をしたとき、使用者は、その制裁として、懲戒処分を課すことがある。本設問は、このような懲戒処分をめぐる法的なルールについての理解を問うものである。懲戒処分をめぐる法的論点は多岐にわたるが、本設問では、労働者の勤務時間外の行為と、企業の不正行為を告発する行為に対して、企業が懲戒処分を課す場合における有効要件（懲戒事由該当性、懲戒処分の相当性、懲戒手続等）について問うものである。

(2)取り上げる項目

► 私生活上の行為と懲戒処分
► 懲戒処分の相当性と懲戒手続
► 内部告発による不利益処分からの保護

2 労働者の企業秩序遵守義務

懲戒処分は、労働者の企業秩序を侵害する行為に対して、使用者が課す制裁処分である。こうした懲戒処分は、労働者のいかなる義務違反に対して、どのような根拠に基づいて行われる処分であるのか。この点について判例は、使用者は、企業の存立と事業の円滑な運営の維持のために必要不可欠な企業秩序を

定立する権限を有し（富士重工業事件—最3小判昭和52・12・13民集31巻7号1037頁）、「労働者は、労働契約を締結して雇用されることによって、使用者に対して労務提供義務を負うとともに、企業秩序を遵守すべき義務を負い、使用者は、広く企業秩序を維持し、もって企業の円滑な運営を図るために、その雇用する労働者の企業秩序違反行為を理由として、当該労働者に対し、一種の制裁罰である懲戒を課することができる」（関西電力事件—最1小判昭和58・9・8労判415号29頁）、と述べている。ここでいう企業秩序遵守義務は、職場内や労務の遂行に関係のある義務のみならず、職場外での行為に関係する義務をも含むものであり、労働義務、誠実義務などの多様な義務と重複し、それらを包摂する。もちろん、労働者のこうした企業秩序遵守義務は、無制限に認められるものでもなく、後述するように、労働者のプライバシーや人格的利益への配慮等の視点から、義務違反の成否が個別具体的に検討されることになる。

一般的に、使用者は、労働者が企業秩序に服するという観点から負っているこうした広い義務を、服務規律として就業規則に具体化している。就業規則の服務規律の内容は、企業によって様々であり、その内容も多岐にわたるが、大枠としては、①労働者の就業の仕方および職場のあり方に関する規制（遅刻、早退、欠勤などの手続、服装規定、職務専念規定、上司の指示・命令への服従義務など）、②企業財産の管理・保全のための規定（会社施設の利用の制限、会社財産の保全など）、③労働者の地位・身分による規律（企業の信用の保持、二重就業の規制、守秘義務など）に分類することができる。

本設問で問題となっているセクハラについては、均等法11条において、職場におけるセクハラに関する必要な雇用管理上の措置が使用者によって講じられなければならないことが規定されており、就業規則にはセクハラを禁止する旨の規定が整備されていることが通例である。

3 懲戒処分の法的根拠

以上のように、労働者が企業秩序遵守義務に違反した場合、使用者は、懲戒処分という制裁を労働者に課すことがあるが、法的には、なぜ使用者が労働者を懲戒処分に付すことができるかが問題となる。損害賠償請求や契約の解除といった手段ではなく、懲戒処分を行うことのできる法的根拠が問われなければならない。

懲戒処分の法的根拠について、学説では、従来、2つの考え方が提起されてきた。1つは、使用者の懲戒権は、労働契約上の特別な根拠に基づいて初めて発生するという考え方（契約説）である。これによると、就業規則上の規定や労働契約上の根拠規定がなければ、使用者は懲戒権を行使することができないとされる。懲戒処分は、契約解除や損害賠償請求といった民法に規定されている制裁手段とは区別されるために、契約上の特別な根拠が必要であるとされるのである。就業規則上の懲戒規定についても、労契法7条の合理性と周知の要件を満たさなければ、使用者の懲戒権が法的に根拠づけられないことになる。一方、懲戒処分の法的根拠に関するもう1つの考え方は、労働契約の締結に伴って、使用者は、当然に懲戒権を取得するというものであり、就業規則に特段の根拠がなくても、使用者は懲戒権を行使することができるとする（固有権説）。

懲戒権の法的根拠について明確に説示した裁判例はないものの、最高裁判決は、使用者が労働者に懲戒処分を課すには、あらかじめ就業規則において懲戒の種別および事由を定めておく必要がある（フジ興産事件—最2小判平成15・10・10労判861号5頁）としており、少なくとも、就業規則に根拠がない場合であっても懲戒権の行使が行われうるとする意味での固有権説は否定しているということができよう。もっとも、労働契約の締結に伴って、使用者は、当然に懲戒権を取得するけれども、懲戒権の行使につき、就業規則上の規定が求められるとする見方もできることからすると、固有権説と契約説の違いをことさらに強調する実益は小さいとみることができる。そもそも、懲戒の種別や事由は、就業規則の相対的必要記載事項であり（労基法89条9号）、常時使用する労働者が10人未満の小規模事業場を除くと、懲戒の種別および事由は就業規則に定められている。

なお、懲戒の根拠規定については、そうした規定が設けられる以前の事案に対して遡及的に適用されてはならないし、また、過去に懲戒処分を下した事案について、再度、二重に処分を行うことも許されないと解されている。これは、懲戒処分が刑罰と同様の不利益な処分であることから、刑罰に適用されるのと類似の原則を当てはめるべきと解されていることによる。

4 ………… 懲戒の手段

　懲戒処分には、譴責、戒告、減給、出勤停止、降格、懲戒解雇・諭旨退職といったものがあり、このうち、譴責、戒告が最も軽い処分である。譴責とは、始末書を提出させて将来を戒める処分を指し、戒告は、将来を戒めるのみで始末書の提出を伴わない処分をいう。

　減給とは、本来ならば労働者が受け取れるべき賃金、つまり、発生した賃金請求権から一定額を控除する懲戒処分である。遅刻や欠勤によって労働義務を履行していない部分について賃金を控除することは、制裁としての減給ではない。制裁としての減給処分については、「1回の額が平均賃金の1日分の半額を超え、総額が1賃金支払期における賃金の総額の10分の1を超えてはならない」とする労基法91条が適用され、その面からの規制を受ける。「1回の額が平均賃金の1日分の半額を超えてはならない」とは、1回の事案に対しては、減給の総額が平均賃金の1日分の半額以内でなければならないことを意味する（昭和23年9月20日基収1789号）。1回の事案について、平均賃金の1日分の半額以内の額を何日にもわたって減給してもよいという意味ではない。「総額が1賃金支払期における賃金の総額の10分の1を超えてはならない」とは、1賃金支払期に発生した複数の事案に対する減給の総額が、当該賃金支払期における賃金の総額の10分の1以内でなければならないという意味である（同基収1789号）。仮に、これを超えて減給の制裁を行う必要が生じた場合には、その部分の減給は、次期の賃金支払期まで処分の実施を繰り延べなければならない。

　出勤停止とは、一定の期間、出勤を停止し、この間の賃金を支給しない処分であり、業務命令として発せられ賃金を支給される自宅待機命令と区別される。

　降格とは、役職、職位、職能資格を引き下げる措置である。こうした降格は、懲戒処分として行われるだけでなく、人事権の行使として行われることもある（人事権の行使としての降格については、「7. 人事考課・降格：出世の夢は露と消えて」を参照）。降格が懲戒処分として行われる場合には、懲戒に関する法理が適用されるので、就業規則の明文の根拠が必要となるという点で、人事権の行使としての降格と区別される。

　出勤停止や降格の懲戒処分は、賃金の不支給や減額を伴うので、減給制裁に関する労基法91条が適用されるかどうかが問題となる。まず、出勤停止につ

いては、通説・行政解釈によると、出勤停止期間中の賃金を受けられないことは出勤停止の当然の結果であり、本来支払われるべき賃金以下の額を支給することを定める減給制裁に関する労基法91条の規定は適用されないと解されている。降格についても、職務の変更に伴う当然の結果であり、労基法91条の適用はないと解されている。

懲戒解雇は、懲戒処分のなかで最も重い処分である。労基法20条但書の「労働者の責に帰すべき事由」に該当する場合には、解雇予告手当も支給されない場合もある（ただし、行政手続上は、労働基準監督署の除外認定を受ける必要がある。労基法20条3項、19条2項）。懲戒解雇については、退職金の不支給を伴うことが多い。もっとも、退職金の不支給の効力は、永年の労働者の勤続の功労を抹消するほどに背信的な行為があったのか否かという観点から判断され、懲戒解雇の効力とは区別されるべきものである。したがって、懲戒解雇を正当化する事由が、同時に、永年の勤労の功労を抹消するほどに背信的であるといえる場合には、懲戒解雇に伴う退職金の不支給の効力が認められるが、そうでない場合には退職金の不支給の効力は否定されることになる（「6. 賃金と休職：喧嘩にご用心！」を参照）。

なお、諭旨退職とは、一定の期間内に辞職の意思表示をすることを求める措置であり、それに応じて辞職した場合には、退職金が支給されることが多い。一方、一定の期間内に辞職の意思表示をしない場合には懲戒解雇にされる場合が多く、その場合には、退職金は支給されなくなる。

5 ……… 懲戒事由

懲戒処分を課すためには、労働者の問題とされている行為が、就業規則に定める懲戒事由に該当する必要がある。もっとも、実際に、裁判所が、懲戒事由該当性の判断をするうえでは、これを限定解釈する傾向にある（これは、労契法7条により、就業規則が労働契約の内容となるための要件とされている合理性の判断をしているとみることもできよう）。ここでは、代表的な懲戒事由を取り上げて、裁判例の動向を概観することとする。

(1) 経歴詐称

労働者が入社の際に、最終学歴、職歴、犯罪歴などの経歴を詐称する行為は、多くの就業規則において懲戒事由として定められている。労働者の経歴は、会

社の人事管理における重要な判断要素であるので、それを詐称する行為は、重大な非違行為と考えられているのである。とりわけ最終学歴は、労働力の評価だけでなく、企業にとってきわめて重要な人事に関する判断を誤らせるという意味で、企業秩序の侵害にもつながる事項であるので、これを高く詐称する場合だけでなく、低く詐称する場合にも、労働契約上の信義則に基づき求められる真実告知義務に違反し、懲戒解雇事由に該当すると解されている（炭研精工事件—最 1 小判平成 3・9・19 労判 615 号 16 頁）。ただし、学説には、経歴詐称を懲戒事由とすることに消極的な見解も多い。

(2) **職務懈怠**

無断欠勤や遅刻、出勤不良、職場離脱等の行為は、労働契約上の労働義務の一部を履行していないことを意味するので、その程度が著しい場合には、普通解雇の対象となると解される（労契法 16 条も参照）が、その行為が他の労働者の就労に悪影響を及ぼすような場合には、企業秩序を侵害したとみることができ、その場合には懲戒事由に該当すると解される。

(3) **業務命令違背**

上司の指示や命令に違背する行為は、懲戒事由となる。通常の労務指揮や業務命令、転勤命令や時間外労働命令に違背する行為がその典型である。上司の指示や命令が権利の濫用となるなどの理由で無効となる場合には、労働者はこれを拒否してもよい。労働契約で予定されている範囲を超える危険な労務指揮がなされた場合も同様である（千代田丸事件—最 3 小判昭和 43・12・24 民集 22 巻 13 号 3050 頁）。

判例には、所持品検査命令を拒否した労働者に対する懲戒解雇の有効性について争われた事件がある。こうした検査は、労働者の人格やプライバシーを侵害する危険性が高いために、これがどこまで許されるかはデリケートな問題となる。最高裁は、「所持品検査は、これを必要とする合理的理由に基づいて、一般的に妥当な方法と程度で、しかも制度として、職場従業員に対して画一的に実施されるものでなければならない。そして、このようなものとしての所持品検査が、就業規則その他、明示の根拠に基づいて行なわれるときは、他にそれに代わるべき措置をとりうる余地が絶無でないとしても、従業員は、個別的な場合にその方法や程度が妥当を欠く等、特段の事情がないかぎり、検査を受忍すべき義務があ」ると述べている（西日本鉄道事件—最 2 小判昭和 43・8・2 民

集 22 巻 8 号 1603 頁)。

(4) **職場規律違反**

職場で定められている規律に違反する行為も代表的な懲戒事由となる。これにも様々なタイプの行為があるが、代表例の1つは、企業施設の無断利用である。実際に問題となるのは、休憩時間中の企業施設の利用と組合活動を行うための企業施設の利用である（後者の問題については、「17. 団体行動：闘いはいばらの道」を参照）。

休憩時間中の企業施設の利用については、労基法上は、休憩時間の自由利用の原則が定められているものの（34条3項）、判例によると、その場合でも労働者は企業秩序を維持するための規律に従う義務があり、休憩中は労務提供とそれに直接付随する職場規律に基づく制約は受けないが、それ以外の企業秩序維持の要請に基づく規律による制約は免れないとされており、休憩時間に食堂や休憩室で平穏な態様で行ったビラ配布についても、その目的や内容に問題があるので就業規則違反となり懲戒事由に該当するとの判断がなされている（目黒電報電話局事件—最3小判昭和52・12・13民集31巻7号974頁）。ただし、この判決も、形式的には懲戒事由に該当するとしても、実質的に事業場内の秩序風紀を乱すおそれのない特段の事情が認められる場合には、懲戒事由該当性は否定されると判断していることにも注意を要する。

このほか、勤務時間中に職場のパソコンを私的に利用することや、業務と関係のない私的な電子メールのやりとりをするという、インターネットの私的利用の問題は、職場規律違反という側面からとらえることもできるが、裁判例においては、職務専念義務に違反するか否かという側面からとらえられる傾向にある。たとえば、ある裁判例は、労働者のプライバシー保護の観点から、パソコンの私的な利用であっても、職務遂行の妨げとならず、会社の経済的負担も軽微であるといえる場合には、職務専念義務違反とならないとしている（F社Z事業部〔損害賠償請求〕事件—東京地判平成13・12・3労判826号76頁。懲戒処分を有効とした裁判例として、K工業技術専門学校事件—福岡高判平成17・9・14労判903号68頁）。

(5) **私生活上の行為**

勤務時間外の私的な活動は、個人の私的自由に委ねられている領域であり、企業の懲戒権は及ばないようにも思われる。しかし、判例は、一般論として、

「企業秩序は、通常、労働者の職場内又は職務遂行に関係のある行為を規制することにより維持しうるのであるが、職場外でされた職務遂行に関係のない労働者の行為であっても、企業の円滑な運営に支障を来すおそれがあるなど企業秩序に関係を有するものもあるのであるから、使用者は、企業秩序の維持確保のために、そのような行為をも規制の対象とし、これを理由として労働者に懲戒を課することも許される」と述べている（関西電力事件―最1小判昭和58・9・8労判415号29頁）。

もっとも、実際に懲戒事由該当性を判断する際には、企業秩序への影響の有無を厳格に解する傾向にある。たとえば、私生活上の犯罪の懲戒事由該当性が争われた事件で、最高裁判決は、営利を目的とする会社がその名誉、信用その他相当の社会的評価を維持することは、会社の存立ないし事業の運営にとって不可欠であるから、会社の社会的評価に重大な影響を与えるような行為については、それが職務遂行と直接関係のない私生活上で行われたものであっても、これに対して会社の規制を及ぼすことは当然認められなければならないが、当該非違行為の性質、情状のほか、会社の事業の種類・態様・規模、会社の経済界に占める地位、経営方針および従業員の会社における地位・職種等諸般の事情から総合的に判断して、会社の社会的評価に及ぼす影響が相当重大であると客観的に評価される場合でなければならないと説示している（日本鋼管事件―最2小判昭和49・3・15民集28巻2号265頁）。

また、設問で問題となっている勤務時間外の性的言動に基づく懲戒処分の効力が問われた裁判例としては、業務の過程で知り合った女子学生に対する執拗な性的言動によって6カ月の懲戒休職処分がなされた事案につき、労働者の私生活上の言動であっても、原告の労働者は業務の過程で知り合ったという点で業務関連性があり、被害女性本人のみならずその家族にも当該性的言動が知れ渡った等として、懲戒処分の効力を認める例がある（X社事件―東京地判平成19・4・27労経速1979号3頁）。一方、自動車学校においてスクールバスの運転手として就労する労働者が、女性教習生と交際し、付近住民に悪評が立ったこと等を理由とする懲戒解雇処分の効力が争われた事案につき、職場規律違反が顕著なものではなく、当該自動車学校に業務阻害、取引阻害その他の社会的評価の低下毀損等の損害が生じたということはできないとし、懲戒事由該当性を否定する例もある（豊橋総合自動車学校事件―名古屋地判昭和56・7・10労民集32

巻 3 = 4 号 42 頁)。

(6) **無許可兼業**

労働者の私生活上の行為に関しては、いわゆる二重就業、兼業、副業等も問題となる。企業のなかには、二重就業につき、企業の許可を得るべきことを就業規則に定めるところもあり、こうした許可制に違反した労働者に対する懲戒処分の効力がしばしば問題となる。この点について、裁判例および通説は、勤務時間外は本来的には労働者の自由に委ねられていることを重視して、本来の業務に支障をきたす場合、会社の信用や体面を汚す場合、ライバル企業での就労の場合になどに限定して許可制を定める就業規則の規定の効力を認めている。

(7) **誠実義務違反**

労働者は、労働契約上の付随義務として、使用者の利益を不当に侵害しないように誠実に行動する義務があるとされている。その代表例は、競業避止義務と秘密保持義務であり、これらの義務が就業規則で規定され、懲戒事由として定められている場合には、それに違反する場合にも、懲戒処分の対象となる(これらの義務は、退職後においても問題となることがある。詳細は、「20. 労働契約上の付随義務：技術者の裏切り」を参照)。

誠実義務(とくに秘密保持義務)との関係では、会社の内部情報を外部に漏洩して会社の不正を告発すること(内部告発)が、会社の名誉や信用を保持する義務(誠実義務)や秘密を漏洩しない義務(守秘義務)に反する行為として懲戒処分の対象となるかが問題とされることがある。本設問も、この点が問われている。

内部告発は、会社の利益を害する側面があるものの、消費者や株主の利益に資する可能性があること、また、このような告発を契機として、会社の不正が是正されるという効果が期待されること(実際に、食品の産地偽装等の会社の不正行為が内部告発を通じて明らかにされることも少なくない)、さらに、労働者には「表現の自由」が認められていること、といった点で通常の誠実義務違反とは異なる面があるので、この点を考慮に入れることが必要となる。裁判例では、こうした観点から、①内部告発の内容が真実である場合、ないし、真実であると信じることについて相当な理由がある場合、②内部告発の公益性、③告発手段・方法の相当性を総合考慮して、内部告発が正当であると認められた場合には、懲戒事由該当性が否定されるという基準がおおむね確立されている(大阪

いずみ市民生協事件—大阪地堺支判平成15・6・18労判855号22頁)。

もっとも、内部告発は、企業を倒産に追い込む可能性のある行為でもあり、どのような内部告発が正当なものとして懲戒事由の該当性が否定されるかの判断には困難が伴う。とくに、問題となるのは③の告発の手段や方法の相当性であり、たとえば、匿名での通報、企業秘密の不正な取得を通じた告発、同僚のプライバシーを侵害するような形の告発等については、内部告発の手段や方法に問題があると考えられる場合がある。もっとも、裁判例では、こうした不正な手段が介在した内部告発についても、目的の公益性や真実性を考慮して、その正当性が認められるケースが多い。

より大きな問題となるのは、企業内での不正是正の努力をしないまま内部告発を行った場合であり、このような場合には、基本的には、内部告発の正当性は認められない。労働者は使用者に対する誠実義務を負っており、企業内でまず不正是正の努力を行うことが求められるからである（首都高速道路公団事件—東京高判平成11・10・28判時1721号155頁等)。しかし、企業の経営者層が不正を行っている場合など、内部での不正の是正が期待できないような状況にあるときには、労働者にこうした内部努力は要求されないと考えられている（トナミ運輸事件—富山地判平成17・2・23労判891号12頁)。

労働者の内部告発については、以上のように展開されている判例法理に加えて、企業コンプライアンスの向上を図る観点から、「公益通報」を行った労働者に対する不利益取扱いを禁止する公益通報者保護法が制定され、2006年より施行されている。同法は、「公益通報」を、①労務提供先に使用され、事業に従事する労働者から、②不正の目的ではなく、③公益を害する事実である当該労務提供先の犯罪行為や法令違反行為についてされる通報であると定義し（2条)、公益通報の通報先を、労務提供先、行政機関、行政機関以外の第三者の3つに区分して不利益取扱いからの保護要件を定めている。このように、公益通報者保護法は、公益通報に対する保護要件をきめ細かに規定しており、労働者の内部告発については、上述した判例法理ではなく、同法を通じて解決される事例が増加していくと考えられる。しかし、同法は、通報対象事実を犯罪行為を中心としたものに限定しており、その射程が限定されている。設例のインターネットの掲示板への書込みも、セクハラに関するものなので、公益通報者保護法の対象となる通報ではない。そのため、公益通報者保護法ではなく、

判例法理に則して懲戒処分の有効性が判断されることになる（6条3項も参照）。

6 ……… 懲戒権の濫用その他
(1) 労契法の規制

労働者の問題となる行為が懲戒事由に該当する場合には、使用者は懲戒権を行使することができるが、その場合でも、労契法15条は、「当該懲戒が、当該懲戒に係る労働者の行為の性質及び態様その他の事情に照らして、客観的に合理的な理由を欠き、社会通念上相当であると認められない場合は、その権利を濫用したものとして、当該懲戒は、無効とする」と定めている。この規定は、これまでの判例の考え方（たとえば、ネスレ日本〔懲戒解雇〕事件―最2小判平成18・10・6労判925号11頁）を明文化したものと解されている。

なお、懲戒解雇については、労契法15条と16条のいずれが適用されるのかが問題となるが、懲戒解雇は企業秩序違反に対する制裁罰としての性質を有する措置であって、普通解雇とは区別されるべきものであるから、懲戒解雇には労契法15条が適用されるべきであろう。ただし、懲戒解雇の場合であっても、労基法上の解雇規制は適用される（19条や20条など）。

(2) 権利濫用性の判断

どのような場合に懲戒権の濫用となるかは、ケースバイケースの判断となるが、まず、労働者の問題となる行為の性質や態様に照らして、選択された具体的な懲戒処分が重きに失するという場合には、懲戒権の濫用となる（労契法15条）と解される。また、その企業における同種事案での先例や他の事例との均衡がとれていない場合などにおいても、懲戒権の濫用となると解される。

(3) 懲戒手続

懲戒処分については、就業規則等において、本人に対する弁明の機会付与の手続や賞罰委員会の設置などの規定が設けられる場合がある。こうした規定がある場合には、それらの手続を経ない懲戒処分が権利の濫用として無効になるか否かが問題となる。裁判例のなかには、就業規則に定められている賞罰委員会を経ていないからといって、それのみをもって懲戒処分が当然には無効とならない旨の判断を下すものもあるが、少なくとも、就業規則に規定されている懲戒手続を経なければ、懲戒権濫用と判断される可能性が高くなるのが裁判例の趨勢であるといえよう。

より大きな問題となるのは、こうした手続が就業規則に整備されていない場合であっても、本人への弁明の機会を付与する必要があるのかという点であり、裁判例も、就業規則に規定がなくても本人への弁明の機会を与える必要があるとするものと、そうでないものとに分かれている。もっとも、本人に対して弁明の機会を与えないことは、労契法15条の「その他の事情」として、懲戒処分の権利濫用性を補強する要素になるということはできよう。

(4) 懲戒事由の追加的主張

懲戒処分が行われた後に、懲戒事由の追加的主張が認められるか否かといった点も問題となる。この問題について、判例は、休日の取得を理由として懲戒解雇した後に、採用の際の年齢詐称を追加的に主張した事案につき、特段の事情がない限り、使用者が懲戒処分時に認識していなかった事情を追加的に主張することはできないとしている(山口観光事件—最1小判平成8・9・26労判708号31頁)。判例は、懲戒処分が労働者の企業秩序違反行為に対する秩序罰であり、具体的な懲戒の適否は、その理由とされた非違行為との関係において判断されるべきとするのである。

もっとも、以上のことは、使用者が懲戒権行使時に認識していなかった事情の追加的主張を否定したのであって、認識していたものの、たまたま欠落した懲戒理由に関する追加的主張を否定したものとまではいえない。また、「特段の事情」がある場合には追加的主張が認められる。当該懲戒処分を根拠づける事実に包摂されるような事情は、労働者の防御の範囲を逸脱するものではなく、追加的主張が認められる特段の事情の1つになると考えられよう。このような場合に追加的主張を認めることで、紛争の一体的解決を図ることもできる。たとえば、ある裁判例(富士見交通事件—東京高判平成13・9・12労判816号11頁)は、懲戒当時に使用者が認識していた非違行為については、それが、たとえ懲戒解雇の際に告知されなかったとしても、告知された非違行為と実質的に同一性を有し、あるいは同種もしくは同じ類型に属すると認められるものまたは密接な関連性を有するものである場合には、それをもって当該懲戒の有効性を根拠づけることができるとしている。

解答例

❶ 使用者が労働者に対する懲戒処分を行うには、就業規則にあらかじめ懲戒の種別および事由を定めておく必要がある。懲戒処分は、労働者の様々な義務違反行為に対して、民法に根拠をもつ解除や損害賠償請求といった責任追及手段とは異なる特別な制裁手段を課すものであるため、契約上の特別な根拠が必要とされるからである。また、労基法上も、懲戒（制裁）の制度を設ける場合には、その種類と程度は必ず就業規則に記載しなければならない事項となっている（89条9号）。

もっとも、就業規則上の懲戒事由に形式的に該当する行為であっても、実際に、それを根拠として懲戒処分を課すためには、企業秩序を具体的に侵害していることが必要である。懲戒処分は、企業秩序侵害行為に対する制裁手段と解すべきであり、また、労働者に対する重大な不利益処分であるので、労働者の利益が不当に侵害されないように配慮する必要があるからである。

さらに、労働者の非違行為が、就業規則に定める懲戒事由に該当し、使用者が労働者を懲戒することができる場合であっても、当該懲戒が、当該懲戒にかかる労働者の行為の性質および態様その他の事情に照らして、客観的に合理的な理由を欠き、社会通念上相当であると認められない場合は、その権利を濫用したものとして、当該懲戒は無効になる（労契法15条）。

具体的には、使用者が選択した懲戒処分が、非違行為に照らして重きに失しないか、前例や他の従業員に対する処分の点からみて公平性を欠いていないか、本人に対する弁明機会の付与等の手続保障が欠けていないか、といった点が、権利濫用性の判断において考慮されると解すべきである。

以上から、弁護士としては、Cのセクハラ行為が、企業秩序を侵害していないので、実質的には懲戒事由に該当しないこと、また懲戒解雇処分はCのセクハラ行為に対しては重きに失すること、A社の先例に照らすと、Cへの懲戒解雇は均衡がとれず公平性に欠くこと、A社の懲戒手続には瑕疵があることを主張することになる。そこで、このような主張が裁判において認められるかどうかを検討することにする。

A社の就業規則56条6号にはセクハラ行為を懲戒解雇事由とすることが規定されているので、A社のCに対する懲戒解雇処分には、就業規則上の根拠があるといえる。ただ、CのBに対する行為のように労働者の行為が勤務時間外に行われた場合については、それは私生活上の問題であり、企業の懲戒権は及ばないと考えることもできそうであるが、私生活上

の行為であっても、企業秩序を侵害する場合はありうるので、そのような場合には、使用者の懲戒権は及ぶと考えられる。もっとも、労働者の私生活の自由も十分に尊重に値する必要があり、労働者の私生活上の行為が企業秩序を侵害するものであるのかは慎重に検討する必要がある。

この点については、Cは、上司という立場を利用したセクハラ行為によって職場の秩序を乱したということができ、また、Cのセクハラ行為が、結果として、インターネットの掲示板を通じて公表されたことによって、CはA社に対してその社会的評価に悪影響を与え、A社の企業秩序を侵害したということができるので、Cのセクハラ行為が私生活上の行為であるとしても、懲戒事由に該当すると解すべきである。

このように、Cのセクハラ行為は懲戒事由に該当するとしても、A社の選択した懲戒解雇処分を課すことは権利濫用となる可能性はある（労契法15条）。A社のCに対する懲戒解雇は、退職金の不支給が定められており、また実際上、Cの転職を困難にする可能性が高いなど、きわめて不利益性の大きい重大な処分であること、またA社がセクハラ防止の周知啓発を徹底していたわけではないことからすると、A社のCに対する懲戒解雇は重きに失すると考えられる。さらにA社が他の従業員の非違行為に対して行ってきたこれまでの懲戒処分と比較したとき、20年前の処分を考慮することは適切でないとしても、2012年の公務執行妨害罪で現行犯逮捕された従業員への処分が減給処分であることと比較すると、Cに対して懲戒解雇を行うことは公平性に欠けている。また、A社の就業規則58条5号には、懲戒処分を行うときには、処分対象者の労働者に弁明機会を付与することが規定されているにもかかわらず、そのような手続を経ずになされたものであって、手続保障の観点からみても問題がある。以上より、Cの行為は、懲戒事由に該当する行為であるとしても、懲戒解雇を課すことは権利の濫用であって無効と解される。

❷ ❶と同様、懲戒処分の有効性を争うためには、懲戒事由該当性が認められないこと、また仮に認められても、懲戒処分が権利濫用であることを主張することになる。

そこで、このような主張が裁判において認められるかどうかを検討することにする。

まず、自らに対するCのセクハラ行為を外部に公表したBの行為が、A社の就業規則56条3号の「会社の名誉・信用を損なう行為をしたとき」に該当するかが問題となる。Bの行為は、形式的にはこの規定に違反するように思われるが、それが企業内の不正行為を外部に告発するいわゆる内部告発であり、内部告発については、企業組織における不正是正の契機と

なって公益に資する場合があり、労働者にも表現の自由が保障されていることを考えると、内部告発が正当なものと認められる場合には、懲戒事由該当性は否定されるべきである。

　内部告発の正当性の判断は、通報事実が真実であるか、また真実であると信じることについて相当の理由があるか、通報が公的な利益の確保を目的としているか、告発の手段や方法が正当であるか、といった点を総合考慮して、判断すべきである。ここでとくに問題となるのは、労働者の内部告発が、企業内に対する通報がなされないまま行われたという点で、手段、方法の相当性についてである。たしかに、使用者に対して誠実義務を負う労働者は、まずは企業内に不正を通報し、企業内での不正是正に努めるべきであり、企業内への通報をしないまま、いきなり外部に通報する場合には、原則として、内部告発の手段、方法に不相当な面があると解すべきである。ただし、企業内に通報しても、当該不正が是正されることが期待されない場合に、外部にいきなり通報する行為は不相当と評価されないと解すべきである。

　Bは、Cのセクハラ行為をインターネットの掲示板に書き込み、A社の名誉や信用を損なう行為に及んだものであり、こうした行為の懲戒事由該当性の判断は、前記の内部告発の正当性の判断基準に照らして行うべきである。まず、Bが書き込んだCのセクハラ行為は事実であり、また、Cが他の従業員にセクハラをしていたということや、A社の他の営業所でセクハラが行われているという事実は、複数の同僚や友人から聞いていたことからすると、Bは、掲示板に書き込んだ事実を真実と信じることについて相当の理由があったということができる。また、告発の手段、方法の相当性については、企業内部に通報することなく、事業所内で会社のパソコンから、インターネットの掲示板を通じて外部に告発している点では相当性を欠く面があるが、A社のセクハラ対応窓口は事実上機能しておらず、A社による不正の是正が期待できないような事情があったことからすると、Bがインターネットの掲示板への書込みという手段に出たこともやむをえず、これが相当性を欠くものとはいえない。さらに、告発の公益性については、Cに対する私怨を晴らすという側面がみられるものの、セクハラが蔓延している会社の職場環境を改善するという目的もあることから、公益性が希薄であるとは言い切れない。これに加えて、Bの書込みは短期間で削除されていることからすると、実質的には企業秩序の侵害をしていないと評価することも可能である。以上の諸点を総合的に考慮すると、Bの内部告発は正当なものというべきであり、A社の就業規則の懲戒事由に該当しないと解すべきである。なお、セクハラ行為の通報は公益通報者保護

> 法の通報対象事実に含められていないので、A社のBに対する懲戒処分については、同法による保護が及ばない。
> 　仮にBの告発の公益性が欠如しており、セクハラ相談窓口に相談せずにいきなりインターネットの掲示板に書き込んだ点で正当性を欠くとしても、その行為に対する減給処分という制裁が重すぎること、とくに公務執行妨害罪で現行犯逮捕された従業員に対する懲戒処分が減給処分にとどまっていることと比較すると、Bの行為に対して減給処分は重すぎるとみられること、さらに就業規則58条5号所定の手続が踏まれていないことを考慮すると、Bの減給処分は権利濫用であり、無効と解される。

関連問題

1. 懲戒事由の事後的な追加の可否

　若葉生命は、懲戒解雇をより確実にするために、訴訟係属中に、黒田による他の生保レディに対するセクハラ行為も懲戒事由として追加したいと考えた。この事実は、懲戒解雇の有効性の判断において考慮されるか。
【前掲・山口観光事件を参照】

2. 労働者の調査協力義務

　若葉生命は、秋子に黒田のセクハラについての調査協力を求めたところ、秋子はこれを拒否した。若葉生命は、秋子に懲戒処分として譴責処分とした。この譴責処分は有効か。
【富士重工業事件―最3小判昭和52・12・13労判287号7頁を参照】

3. 会社による私用メールのチェックと労働者のプライバシー

　若葉生命は、黒田のセクハラの事実関係を調査するために、黒田に無断で、会社のネットワークシステムの管理者を通じて、黒田が会社で使用しているパソコンのメールをチェックした。今後のセクハラ防止対策を徹底するために、事実関係をできる限り詳しく調査するためである。しかし、黒田は、いくら会社で使用しているパソコンであるからといって、自分にはプライバシーがあるのであり、こうしたメールチェックは不当であると考え、若葉生命に対して損害賠償請求を行った。この請求は認められるか。
【F社Z事業部事件―東京地判平成13・12・3労判826号76頁を参照】

11. 雇用平等
女の不満

設問　近畿デパートは、京阪神を中心に展開している中堅百貨店であり、2011年1月31日時点で、1010名の正社員がいる。正社員の職務はとくに限定されておらず、主には各店舗での接客業務であるが（855名）、それ以外の業務に従事する者もいる（155名）。正社員は週休2日制で、勤務時間は、早番が8時半から17時半まで（途中の休憩時間は1時間）、遅番は12時から21時まで（途中の休憩時間は1時間）となっている。また、近年は不況の影響もあって、実際の労働時間も、年末年始やバーゲン期間を除けばおおむね所定労働時間内に収まっている。

近畿デパートには、このような正社員のほか、約3000名のサポートスタッフと呼ばれるパートタイム社員もいた。サポートスタッフの職務内容は、店舗での接客応対であり、接客業務を担当する正社員と違いはない。サポートスタッフは、期間を1年とする有期契約で各店舗で採用され、正社員と同様、週5日勤務であるが、1日の所定労働時間は5時間で、勤務時間帯は8時半から13時半、11時半から16時半、13時から18時、16時から21時の4パターンから選ぶこととなっていた。ただ、年末年始やバーゲン期間には、サポートスタッフにも正社員と同様、早出や残業が命じられることがあり、1日の労働時間が8時間を超えるようなこともあった。

一方、賃金面においては、正社員とパートタイム社員との間では大きな違いがあった。正社員については、就業規則において職能資格制度が設けられており、その資格に応じた賃金が定められていた。これに対し、サポートスタッフは時給制であり、その額は一律で、採用時は1200円である。その後、契約期間が3年目に入るときと7年目に入るときに、その時給がそれぞれ150円ずつ増えるものとされていた。

正社員の賃金の決定方法を具体的にみると、次のようなものであった。まず、従業員は資格によって格付けされ、資格ごとに設定された賃金レンジ内で、等級に応じて賃金額が決められている。具体的な資格としては、課長待遇資格、係長待遇資格、主任待遇資格などがあり、これらに対応する職位として、課長、係長、主任などがある。そして、近畿デパートでは、各役職へ

の登用（昇進）についても、資格保有者のなかから人事考課（上からS、A、B、C、Dの5段階評価）の結果をふまえて選抜されてきた。

　資格の付与（昇格）については、年に一度の見直しが行われている。主任待遇資格までの昇格は、勤続年数等に応じて自動的に行われ、原則として5年で主任待遇資格まで昇格し、係長待遇資格から上の昇格は、本人が希望した場合に、昇格試験によって決められる。昇格試験では、勤続年数や勤怠状況などで機械的に決まる一定の受験資格をもつ者について、筆記試験の得点と（50点）、過去3年間の人事考課の結果（50点）とを合算して合否が決定される。昇格試験の合格率をみると、係長待遇資格で受験者の70%前後、課長待遇資格では40%前後で推移してきた。近畿デパートにおいて、男性正社員は、入社後、早い者で10年、遅い者でも15年でほぼ全員が係長待遇資格に昇格し、その後、要した期間に違いはあるものの、平均して5年で課長待遇資格に昇格している。2011年1月末時点で、近畿デパートには課長待遇資格の者が120名存在し、このうち課長の職位にある者（役職者）は32名である。

　川本美咲は、大学卒業後の1990年4月に、近畿デパートに正社員として入社した。それ以来ずっと、阿倍野店の紳士洋品販売スタッフとして接客業務に従事しており、近畿デパートの基幹的業務である大阪梅田本店の経営企画室や外販部に配置されたことはなかった。美咲は、自分では、仕事ぶりに特段の問題はなく、むしろ他人よりもよく働いていると思っていた。

　ところが、美咲は主任待遇資格までは自動的に昇格したものの、以降は昇格試験に落ち続け、主任の地位にとどまっていた。同期の大学卒の男性正社員48名の全員が、今では最低でも課長待遇資格まで昇格しているにもかかわらず、美咲と同期入社の大学卒の女性正社員16名は美咲と同じような状況であった。実は、近畿デパートでは、大学卒または短大卒で採用された女性正社員の約7割が入社後20年以内に退職しており、美咲たちだけでなく、これまでも女性正社員のなかで係長（待遇資格）以上に昇進、昇格した者はいなかったのである。

　美咲らの昇進、昇格が遅いのは、人事考課の評価が低いことにも原因があった。近畿デパートの人事考課制度では、勤怠、積極性、協調性、専門業務知識などにつき評点をつけ、その合計点で評価が決まる仕組みであったが、評点のつけ方については上司の裁量に委ねられていた。美咲の評価は最低ランクのDが常で、たまにCとなることがあるくらいであった。美咲と同期入社でやはり接客業務に従事している女性正社員も、ほとんどが美咲と同じ

ような評価であった。昇格試験では、人事考課が点数の半分を占めるので、人事考課が低いと合格するのは至難の業なのである。一方、同期入社の男性正社員に聞いてみると、店舗での接客業務やその他販売に従事する者でD評価を受けたのは、顧客から頻繁にクレームがあるにもかかわらず、改善がみられなかったようなときにほぼ限られており、そのような場合以外は、通常はA評価であり、営業成績が悪いときに、たまにB評価になる程度であった。

　このようなこともあり、2011年4月ころ、美咲は同期の女性正社員5名とともに、会社に対して、人事考課や昇進、昇格について男女差別があり、会社がこの状態をこのまま放置するのであれば、労働基準監督署に告発するという内容の抗議文書を提出した。その後、美咲たちは人事担当取締役に呼び出され、話し合いをする機会をもつことができたので、自分たちの主張を直接伝えた。会社は、男女差別があったということは認めなかったが、昇格基準を明確化する必要はあると考え、その点について改善するため、美咲たちに対して就業規則の変更を検討すると回答した。

　約1年後の2012年4月1日に、就業規則は変更されたが、その内容は、美咲たちの納得のいくものではなかった。たしかに、課長待遇資格以上への昇格制度について変更が行われた。その内容は、従来の試験制度はそのまま維持したうえで、遅くとも入社後20年経過すれば自動的に課長待遇資格に昇格することができるということにし、これを現在在籍している社員すべてに遡及的に適用するという画期的なものであった。ところが、課長待遇資格への昇格には、1つの条件が付加されていた。それは転勤経験を有することである。その一方で、会社がとくに認めた場合にも昇格することができるという、例外的な特別条項も設けられた。

　美咲たちには転勤経験がなく、新制度のもとでも、課長（待遇資格）以上への昇格要件を満たさなかった。美咲たちだけでなく、近畿デパートの女性正社員において転勤経験のある者は490名中23名しかいなかった。というのも、近畿デパートでは、これまで転勤については、就業規則上、会社が業務の必要があれば命じることができるとなっていたが、実際の運用では、女性正社員については、本人の同意がない転勤は実施しないこととしており、ほとんどの女性正社員は転勤に同意してこなかったのである。また、これまで新規出店の場合には、部長級の者数名を責任者として必ず配置し、さらに、課長または係長の社員を、既存の各店舗から配転してきたが、それ以外の従業員の大多数は新店舗向けに新規に採用することで対応してきたため、男性

正社員でも転勤を経験した者の割合は半数程度であった。そして、今後も近畿圏内で店舗の拡大が予定されるものの、同様の配置の方針が維持される予定であった。

　2013年4月には、美咲たちの後輩である男性正社員15名が課長待遇資格に昇格していたが、このうち7名は転勤経験がなく、特別条項に基づき昇格が認められた者であった。一方、入社後20年以上が経過した美咲ら女性正社員のなかには転勤経験者はおらず、特別条項による昇格対象となった者もいなかった。

❶美咲は、2012年4月の就業規則改正以前において、会社の賃金制度には女性差別があると考えている。この美咲の考えは法的に正しいか。仮にこれが正しいとすると、美咲は法的にどのような救済を求めることができるか。

❷美咲は、2012年4月の就業規則改正後も、近畿デパートは従来の女性差別を実質的に継続していると考えているが、この考えは法的に正しいか。

❸近畿デパートでサポートスタッフとして働く篠原恵は、阿倍野店の紳士洋品販売課での勤続が10年目（契約更新9回）となって、美咲らと同内容の販売業務を担当するベテランである。しかし、恵の時給は1500円であり、毎月の賃金額は、諸手当を除いた時間比で見ると、美咲らのそれの約5割にとどまっている。恵はこうした扱いが不当であると感じているが、法的にはどのような主張ができるだろうか。

（以下、近畿デパート＝A社、川本美咲＝B、篠原恵＝Cとする）

解　説

1 ………… 概　観

(1) 設問のねらい

　設問❶は、男女の賃金差別に関して、労基法4条や均等法の規制内容、および、昇進、昇格差別における救済方法を問うものである。設問❷では、転勤経験の有無が昇格要件として導入されており、一見すると、性中立的な基準に基づいた処遇格差の適法性が問われている。ここでは、均等法7条で禁止される間接差別が中心的な内容となる。設問❸は、いわゆるパートタイマーと正社員

との賃金格差に関して、法的にどのような救済方法があるのかを問うものである。

(2) **取り上げる項目**
　▶雇用平等をめぐる多様な論点
　▶男女平等、均等法の規制内容
　▶パートタイム労働者と雇用平等

2 ……… 雇用平等をめぐる多様な論点

　雇用関係は個別の契約関係であると同時に、労働力を集団的に利用するという側面もあり、とくに後者の点で、使用者による労働者間の差別や異別取扱いが問題となる。雇用平等をめぐる論点は多岐にわたるが、法律で差別が明確に禁止されるものとしては、次のようなものがある（不当労働行為としての差別禁止については、「18. 不当労働行為：分会長はつらいよ」を参照）。

　まず、労基法3条は、使用者に対して、労働者の国籍、信条または社会的身分を理由とした、賃金、労働時間その他の労働条件についての差別的取扱いを禁止している。ここでいう「国籍」には人種も含まれ、「信条」には政治的信条および宗教的信条も含まれる。また、「社会的身分」とは、自己の意思をもって離れることのできない生来の身分や、それに準じる身分を指す。これに対して、パートタイマーや有期雇用などは、労基法3条でいう「社会的身分」に含まれず、こうした契約形態の違いに基づく労働条件の格差は、同条に違反するものではないと解されている（日本郵便逓送事件―大阪地判平成14・5・22労判830号22頁）。なお、労基法3条は、賃金、労働時間、配置転換、懲戒処分、解雇などあらゆる労働条件の差別を禁止している。ただし、判例によると、ここでいう「労働条件」は採用後のものを指し、募集、採用時の差別は同条の規制対象ではない（三菱樹脂事件―最大判昭和48・12・12民集27巻11号1536頁）。

　労基法3条は、性差別については規定していないが、同法4条で賃金面での性差別を禁止している。これは、労基法そのものが、時間外労働や深夜労働などで女性を特別に保護していたことに起因するが、法改正により女性保護から母性保護へと規制の軸が変化し、女性を特別に保護する規制が縮小するなかで、現在では、均等法によって賃金以外の労働条件についても性差別が禁止されている（5条～8条）。また、日本では伝統的に男性正社員と女性パートタイム労

働者といった、性による職域分離がみられ、その処遇格差が問題とされてきた。これは、労基法4条違反と評価される場合もありうるが、正社員のなかに女性もいるような場合には同条違反とは評価できない。

このように、従来は、正社員とパートタイム労働者との間の賃金差別を直接禁止する規定はなかったが、後述のように2007年の短時間労働者法の改正により一定の差別が禁止されることになっている。

以上のほか、近年では、年齢を理由とした異別取扱いが問題となるケースも増加している。このうち、募集、採用時の年齢差別は、雇用対策法によって禁止されている（10条）。これに対して、日本の多くの企業では、年齢、勤続年数を考慮した人事管理が、程度の差はあるにせよ定着していることもふまえて、定年制度をはじめ、採用後に年齢によって処遇格差を設けることについては、一般に禁止されていない。また、募集、採用時の年齢差別に関しても、「労働者がその有する能力を有効に発揮するために必要であると認められるときとして厚生労働省令で定めるとき」には、例外的に異別取扱いが許容される。たとえば、年齢による制限を最小限のものとする観点からみて合理的な制限である場合、すなわち、新卒採用のケースで、「長期間の継続勤務による職務に必要な能力の開発及び向上を図ることを目的」とする場合などで、幅広い例外が認められている（雇用対策法施行規則1条の3）。

さらに、こうした法律上の明文の差別禁止規定がない場合であっても、公序良俗（民法90条）や権利濫用（労契法3条5項）などの一般条項を根拠として、異別取扱いが違法、無効とされ、法的救済が図られることはある。実際、均等法の制定前において、男女間の定年格差は公序良俗違反により無効とされていた。

このように、雇用平等をめぐる論点は多岐にわたるが、以下では、実際上、とくに問題となることが多い男女差別の問題と、パートタイム労働者と通常の労働者との均等（均衡）待遇をめぐる問題を中心にみておくこととする。

3 ……… 男女平等、均等法の規制内容

(1) 労基法における差別禁止規制

前述のように、労基法は、性別については、男女同一賃金の原則を規定するにとどまる（4条）。

ここでいう賃金とは、労基法11条の「賃金、給料、手当、賞与その他名称の如何を問わず、労働の対償として使用者が労働者に支払うすべてのもの」が含まれる。本原則は男性および女性の双方を保護対象とした両面的な規制であり、女性に有利な差別も禁止される。賃金についての性差別的な事例としては、たとえば、男女で異なる賃金制度が適用されている場合（秋田相互銀行事件—秋田地判昭和50・4・10労民集26巻2号388頁）、一時金の支給率を男女で異なるものとしている場合（日本鉄鋼連盟事件—東京地判昭和61・12・4労民集37巻6号512頁）、家族手当の支給について男女で異なる条件をつける場合（岩手銀行事件—仙台高判平成4・1・10労民集43巻1号1頁）などで労基法4条違反が問題となっている。

　もっとも、労基法は「賃金」差別を禁止するにとどまるので、採用、配置、昇進など賃金以外の男女差別は禁止されない（これらは均等法により規制される）。また、労基法4条は、「女性であることを理由」とする差別を禁止しているので、年齢や勤続年数、扶養家族の有無や人数、職務内容など、性別以外の理由による賃金格差であれば、原則として、本条違反とはならない。ただし、一般的に女性の勤続年数が短いこと、能率が低いこと、主たる生計維持者ではないことなどを理由に、実際にそうであるかどうかを問わず、ステレオタイプに男女で異別取扱いをしている場合には、本条違反が問題となる余地もある（昭和22年9月13日基発17号。裁判例として、三陽物産事件—東京地判平成6・6・16労判651号15頁等）。なお、最近の裁判例では、比較対象となる男女で厳密には同一労働に従事していないケースでも、男女間の賃金格差から差別を推認して法違反を認めたものがある（昭和シェル石油事件—東京高判平成19・6・28労判946号76頁等）。

　職能資格制度上の昇格差別は、それによって男女の賃金額に格差が生じているとしても、職能資格が、職務や責任などの違いを体現する限り、賃金についての差別ではなく、また、女性であることを直接の理由としていない点で、労基法4条違反とはならない。ただし、職能資格が組織内での管理職としての地位（職位）と区別することができ、もっぱら賃金処遇上の問題にとどまるケースでの昇格差別となれば、労基法4条違反の賃金差別として問題となる余地は残る。裁判例でも、昇格制度が主に賃金処遇のあり方にとどまっており、かつ男性については年功的に運用されていたケースで、男女の昇格格差について、

労基法 4 条の賃金差別の側面を有するとし、労基法 13 条を類推適用することによって副参事に昇格したことの確認請求と差額賃金請求を認めたものがある（芝信用金庫事件—東京高判平成 12・12・22 労判 796 号 5 頁）。同様に、職種別賃金制度が年功的に運用されていたケースでの男女間の昇格差別について、労基法 4 条違反のゆえに不法行為が成立するとして、差額賃金相当額の損害賠償請求を認めたものもある（シャープエレクトロニクスマーケティング事件—大阪地判平成 12・2・23 労判 783 号 71 頁等）。

(2) 均等法による規制

さらに 1985 年に制定された均等法によって、募集、採用、配置、昇進、教育訓練など、賃金以外の労働条件差別も禁止されている（5 条〜8 条）。均等法は、2006 年改正により、女性保護を目的とするという片面的な性質をなくしており、現在では男性労働者も均等法違反を理由に救済を求めることができる。

均等法の禁止規定は抽象的なものであり、法は指針によって、法違反となりうるケースを詳細に規定することを予定している（10 条 1 項）。これにより制定された「労働者に対する性別を理由とする差別の禁止等に関する規定に定める事項に関し、事業主が適切に対処するための指針」（平成 18 年厚生労働省告示 614 号）では、たとえば、昇進、昇格差別について、「一定の役職への昇進に当たって、能力及び資質の有無等を判断する場合に、その方法や基準について男女で異なる取扱いをすること」は均等法違反となるとしている。もっとも、このように男女で明確に異なる扱いがされている場合であればともかく、性差別が問題となるケースのなかには、いわゆる総合職と一般職とで区別するコース別雇用制のように、性別を直接の理由としない場合もある。こうしたケースは、性中立的な基準、措置であって均等法 5 条、6 条に違反するとはいいがたいが、一方の属性の者に著しい不利益をもたらしうる。このように、一見すると中立的な基準ではあるが、結果として差別的な効果をもたらすものを違法とするのが、間接差別の禁止という考え方である。2007 年の均等法改正により、日本でも間接差別の概念が立法化されている。

同法でいう間接差別とは、「労働者の性別以外の事由を要件とするもののうち、措置の要件を満たす男性及び女性の比率その他の事情を勘案して実質的に性別を理由とする差別となるおそれがある措置として厚生労働省令で定めるものについて……合理的な理由」なしに講じることを指す（7 条）。直接差別（た

とえば女性であることを理由とする差別）と比較すると、間接差別では、結果的に格差を生じさせていることが問題とされ、使用者の差別的取扱いを行う意思（故意）はとくに要件とされない点に特徴がある。EU 諸国では、パートタイム労働者と通常の労働者との賃金格差についても、男女の間接差別の問題として扱われてきた。このように、間接差別の概念は広い射程をもち、差別状態を実質的に是正することに寄与しうる反面、あまりに不明確で法的安定性を欠くという問題もある。そこで、現時点では、均等法の間接差別に該当するものは、具体的に次の３つに限定されている（均等法施行規則２条）。すなわち、①労働者の募集または採用にあたって、身長、体重または体力を要件とすること、②コース別雇用管理における「総合職」の労働者の募集または採用にあたって、転居を伴う転勤に応じることができることを要件とすること、③労働者の昇進にあたり、転勤の経験があることを要件とすることである。

　ただし、こうした取扱いであっても、それぞれ使用者に合理的理由がある場合には均等法違反とはならない。この合理性について、均等法７条では、「当該措置の対象となる業務の性質に照らして当該措置の実施が当該業務の遂行上特に必要である場合、事業の運営の状況に照らして当該措置の実施が雇用管理上特に必要である場合」が例示されており、その判断は、あくまで個別具体的な事案ごとに総合的に行われる。前記の指針では、昇進に関して合理性が否定される場合として、たとえば、①「広域にわたり展開する支店、支社がある企業において、本社の課長に昇進するに当たって、本社の課長の業務を遂行する上で、異なる地域の支店、支社における勤務経験が特に必要であるとは認められず、かつ、転居を伴う転勤を含む人事ローテーションを行うことが特に必要であるとは認められない場合に、転居を伴う転勤の経験があることを要件とする場合」や、②「特定の支店の管理職としての職務を遂行する上で、異なる支店での経験が特に必要とは認められない場合において、当該支店の管理職に昇進するに際し、異なる支店における勤務経験を要件とする場合」が、合理性のないものとして例示されている。

　このように、現在では、労基法４条と均等法で男女間の様々な労働条件の差別が禁止されている。しかしながら、均等法は、制定当時には努力義務規定を設けるに過ぎず、差別禁止の対象となる事項も限定的であった。ただ、男女差別に限らず、こうした法律上の差別禁止規定がない場合でも、前述のように、

一般条項である公序良俗違反の問題として異別取扱いの違法性を争うことは可能である。たとえば、男女の昇格差別についても、均等法の改正以前から、男女が同一の試験で採用され業務内容も同じであるにもかかわらず、男性職員についてのみ勤続年数を基準として一律に昇格させた措置は、合理性を欠く公序違反の不法行為（民法709条）であるとして、使用者の損害賠償責任を認めたものがある（社会保険診療報酬支払基金事件—東京地判平成2・7・4労民集41巻4号513頁）。

以上のような差別禁止規制のほかにも、均等法では、使用者にセクシュアルハラスメント（以下、セクハラ）の防止に必要な措置を講じることなどが求められている（11条以下）。セクハラについては、その加害者が被害者に対して人格権侵害等を根拠に損害賠償責任を負うほか（民法709条）、場合によっては使用者も損害賠償責任を負う（同715条、415条）。この点、均等法11条に私法上の効力はないものの、同条および指針（「事業主が職場における性的な言動に起因する問題に関して雇用管理上講ずべき措置についての指針」平成18年厚生労働省告示615号）に基づく雇用管理上の対応を行っていれば、使用者の責任は免責されるとの立場が有力である（「10. 懲戒処分：セクハラを告発したばかりに…」も参照）。

(3) **法違反の効果、救済方法**

労基法3条、4条違反には罰則がある（119条1項）。これに対して、均等法違反の場合に罰則はないが、同法5条、6条、7条、9条1項〜3項の諸規定は、いずれも強行規定と解されている。したがって、これらの法律上の諸規制や公序良俗に違反する法律行為は無効となるし（労基法13条、民法90条）、事実行為であっても対象労働者に財産的または精神的な損害を与えた場合には不法行為として使用者に損害賠償責任が生じうる（民法709条）。

もっとも、こうした法違反の事実から、労働者に差別的取扱いの是正を求める請求権がただちに発生するわけではない。差別的な解雇や配転命令のように、使用者の権利行使を無効とすれば足りる場合とは異なって、たとえば、賃金差別のケースで、差別がなかったとすれば得られたであろう賃金との差額賃金請求が可能かどうか、あるいは、昇格差別等のケースで、具体的な昇進、昇格請求が可能かどうかについては、別途検討を要する。

まず、前者について、仮に契約上の差額賃金請求が可能となれば、過去に受

けた損害を填補するにとどまる不法行為とは異なり、将来に向けた差別状態の解消につながる。また、賞与や退職金、年金などの算定で賃金額が考慮される点をふまえれば、不法行為でなく労働者の賃金請求権として構成することの意義は軽視できない。しかし、労基法4条によって差別的な取扱いを無効としても、無効となった部分を補充する規範は明らかでなく、このことは同法13条によっても違いはない。学説では、就業規則など労働契約上の明確な根拠がない場合には、差額賃金請求までは認められず、不法行為による損害賠償ができるにとどまるとの立場が有力である。

　一方、昇進、昇格差別における救済方法に関しては、次のような問題がある。まず、一般に、昇進とは役職（職位）の上昇を指し、昇格とは職能資格制度上の資格の上昇を意味する。この昇進、昇格は、試験や人事考課等をふまえて、使用者の発令によって効力を生じるものであって、使用者の裁量に委ねられる部分が大きい。とくに役職への昇進人事は、そもそも対象ポストの数や構成につき使用者の経営判断が尊重されるべきであるし、また、ある労働者の管理職としての適性評価のうえでも使用者の裁量は軽視できない。こうして昇進については、原則として企業の裁量が尊重されるべきと解されている。一方、昇格については、昇進に比べると単なる経済的処遇としての側面が強くなり、組織内での地位や権限の付与という性格が後退することで、使用者の裁量の範囲は相対的に縮小する。

　前述のように、均等法6条では昇進、昇格差別も禁止されており、また、たとえば労基法も国籍や信条等による労働条件差別を禁止するなど（労基法3条）、昇進、昇格人事もすべて使用者の裁量に委ねられるわけではない。ただ、こうした違反の場合にも、使用者の裁量を無視することはできず、昇進については、労働者の特定管理職への昇進を使用者に強制するという昇進請求権までは原則として認められないし、昇格差別の場合についても、差別禁止規定から直接に昇格請求権を認めることは困難と解されている。通説によると、労働者に昇進または昇格請求権が認められるのは、その基準が就業規則等において明確に制度化されている場合や、昇格制度について、賃金処遇としての側面が強く、使用者の裁量の余地が小さい場合に限られる。

　なお、以上のほか、労基法や均等法違反の差別に対する救済方法として、労基法に違反する場合には労働基準監督署からの行政指導がありうるし、均等法

に違反する場合には、都道府県労働局長による助言、指導、勧告（17条）、紛争調整委員会による調停（18条以下）、さらには厚生労働大臣による助言、指導、勧告（29条）、企業名等公表などの措置（30条）もありうる（「7. 人事考課・降格：出世の夢は露と消えて」も参照）。

4 パートタイム労働者と雇用平等
(1) 学説および裁判例の展開

いわゆる正社員とパートタイム労働者との賃金格差は、当事者が選択した契約形態の違いに基づくものであって、原則として契約自由が妥当すると解される。すなわち、前述のように、労基法3条の「社会的身分」には、こうした後天的な事情による労働条件差別は規制対象に含まれないと解されているし、同法4条は男女の賃金差別を禁止しているが、正社員とパートとの格差が「女性であることを理由」とする差別に該当する場合でなければ、同条違反とはならない。また、均等法の改正によって一定の間接差別も禁止されることとなったが、現在のところ射程が限られており、正社員とパートタイム労働者との異別取扱いは含まれない。したがって、この問題については、主として、公序良俗違反（民法90条）や不法行為（同709条）といった一般条項の適用により、救済されるかどうかが問題となる。後述のように、現在では、短時間労働者法によってパートタイマーに対する差別も禁止されているが、その射程は限られており、現在もなお救済の可否が一般条項に委ねられる余地は大きい。

学説は、救済否定説と救済肯定説とに大別される。前者は、日本の賃金制度として年功給や生活給の性格が強く、職務を基準とする決定システムが定着していないなかでは、同一（価値）労働同一賃金原則が成立しているということは困難であるとし、賃金格差は、労使自治や国家の労働市場政策に委ねるべきとする。これに対して救済肯定説は、憲法14条、労基法3条、4条の根底には「同一（価値）労働同一賃金」によるとの理念があり、合理的理由のない著しい賃金格差は公序違反とする。同様に、従来から、短時間労働者法で通常の労働者との「均衡処遇」が努力義務とされていた（3条）ことに着目して、正社員との著しい処遇格差は不法行為になるとする見解や、正社員と同一の義務を負う非正社員を合理的な理由なく差別することは、憲法14条の精神である平等取扱原則に照らして公序違反とする立場などもある。

一方、これまでの裁判例をみると、女性臨時社員と女性正社員とで仕事の内容や勤務時間が同一であったにもかかわらず、賃金額が正社員の3分の2にとどまっていたケースで、救済を認めた例がある（丸子警報器事件―長野地上田支判平成8・3・15労判690号32頁）。この事件では、労基法3条および4条の根底には、およそ人はその労働に対し等しく報われなければならないという均等待遇の理念というべき普遍的な原理が含まれており、その理念に著しく反する賃金格差は公序に違反するとされ、女性正社員の賃金の8割相当額との差額分について損害賠償請求が認められている。しかし他方で、その後の裁判例では、雇用形態の違いによる賃金格差は、契約自由の範疇の問題であるとして救済が否定されており（前掲・日本郵便逓送事件等）、裁判例の立場も定まっていない。

(2) 短時間労働者法

　こうしたなか、正社員と非正社員との格差が社会問題となり、2007年の短時間労働者法の大改正により、現在では、この問題について一部ではあるが立法的な解決も図られている（2008年4月施行）。短時間労働者法は、1週間の所定労働時間が通常の労働者（正社員）に比べて短い「短時間労働者」を規制対象とする（2条）。これに対して、いわゆる「擬似パート」のように、正社員と1週間の所定労働時間が同じである非正社員は、同法の適用対象とならない。ただし、所定労働時間が通常の労働者と同一の有期労働者については、同法の定義する「短時間労働者」に該当しないものの、同法の趣旨を考慮すべきとされており（「事業主が講ずべき短時間労働者の雇用管理の改善等に関する措置等についての指針」平成19・10・1厚生労働省告示326号）、この指針もふまえて、「擬似パート」にも同法が類推適用される可能性はある。

　具体的な規制内容をみると、同法は、パートタイム労働者の労働条件が不明確となりがちなことをふまえて、労基法15条の労働条件明示義務に加えて、使用者に対して、昇給、退職手当、賞与の有無についても文書の交付等による明示を義務づけている（6条、同法施行規則2条）。また、使用者がパートタイム労働者に適用される就業規則を作成、変更する際には、労基法上の義務に加えて、短時間労働者の過半数代表の意見聴取にも努めなければならない、と定められている（7条）。

　さらに、同法は、「通常の労働者と同視すべき短時間労働者」については、短時間労働者であることを理由とした差別を禁止する（8条1項）。この通常の

労働者と同視すべき短時間労働者とは、①通常の労働者と、業務の内容とそれに伴う責任の程度といった職務内容が同一であり（職務内容同一短時間労働者）、②期間の定めのない労働契約によって雇用されており、③雇用関係が終了するまでの全期間において、職務内容と配置の変更の範囲が通常の労働者と同一と見込まれる者をいう。なお、②については、有期雇用の場合であっても、それが反覆継続しており、雇止めに対する規制が及ぶような場合であれば保護の対象に含まれる（8条2項）。このような短時間労働者に対する差別的取扱いが禁止されるのは、賃金、教育訓練、福利厚生施設の利用その他の待遇一般に及んでいる。これらの規制に違反する法律行為は無効となるし（民法90条）、事実行為であれば不法行為として損害賠償責任が生じうる（同法709条）。

また、短時間労働者法は、このような「通常の労働者と同視すべき短時間労働者」以外の短時間労働者についても、使用者が通常の労働者との均衡を考慮しつつ、賃金を決定するよう努めることなどを求めている（9条）。なお、短時間労働者に限定されず、より一般的に、労契法3条2項でも、「労働契約は、労働者及び使用者が、就業の実態に応じて、均衡を考慮しつつ締結し、又は変更すべき」ことが確認されている。これらの規定は、それ自体で私法上の効力を発生させるものではないが、公序良俗違反や不法行為といった一般条項を介して判断に影響をおよぼす可能性は残る。

さらに、短時間労働者法は、職務内容同一短時間労働者について、原則として、通常の労働者と同じ教育訓練を実施すること（10条1項）、通常の労働者が利用する福利厚生施設（給食施設、休憩室、更衣室）の利用機会を短時間労働者にも与えるよう配慮すること（11条、同法施行規則5条）、通常の労働者への転換を促進するために、短時間労働者に対して一定の転換推進措置を講じること（12条1項）を求めている。なお、以上のような短時間労働者法上の義務規定に関する紛争については、都道府県労働局長による助言、指導、勧告（21条1項）、および、紛争調整委員会による調停（22条1項）という紛争解決制度も設けられている。

解答例

❶ Bらは、A社の取扱いは労基法4条違反の男女賃金差別、および均等法6条に違反する昇格差別であるとして、差額賃金の支払いと課長待遇資格にあることの確認を請求することができる。

まず、労基法4条違反が成立するためには、A社の人事考課や、昇進、昇格時の男女での異別取扱いを賃金差別として構成する必要がある。A社では、男性従業員について少なくとも課長待遇資格までは年功的に昇格しており、役職者の4倍にも及ぶ資格保有者が存在することから、A社の職能資格制度は賃金処遇上のものとみるべきである。そして、A社はこうした職能資格制度について、Bらの批判にもかかわらず差別的な運用を継続したのであり、そこではBらが女性であることを理由に差別するA社の意思が窺われ、労基法4条違反が成立すると解する。同時に、A社の取扱いは、均等法6条で禁止される男女の昇格差別ともなる。そして、Bらについて人事考課でD評価とされる理由は特段見当たらないことから、A社による人事考課は労基法4条および均等法6条違反として違法ないし無効となると解すべきである。

次に、救済方法について、A社の人事考課とそれに基づく昇進、昇格差別は、労基法4条および均等法6条違反の違法なものとして、少なくとも、差別がなかったとすれば得られたであろう賃金額との差額分について不法行為に基づく損害賠償請求（民法709条）が可能である。さらに、A社の職能資格制度では、男性について課長待遇資格までは年功的な運用がされている実態がみられ、女性についてもこうした取扱いが労働契約の内容になるべきものと解される。そして、A社では、課長待遇資格までは資格と職位とを明確に区別した運用がされており、資格の付与につきA社の裁量の余地は小さいものと評価できることから、Bらの課長待遇資格までの昇格請求権、および差額賃金請求権についても認められると解すべきである。これに対して、A社では昇進については年功的な運用がされているとは評価できず、仮に労基法4条や均等法6条に違反するA社の取扱いが違法、無効となるとしても、それを補充する規範を欠くために、Bらが課長の職位にあることの確認請求（昇進請求）については困難と解される。

❷ A社の新たな昇格制度の運用実態は、均等法7条で禁止される男女の間接差別に該当するものであり、Bらは設問❶でみた直接差別のケースと

同様の救済を求めることができる。

　均等法7条では男女の間接差別が禁止されており、昇進、昇格の基準として転勤要件を課すことは、それが性別を理由とした差別意思に基づかない場合であっても、合理性が認められる場合でなければ男女の間接差別として違法となる（均等法施行規則2条）。A社の制度変更後も、昇格した男性正社員の約半数は転勤経験がないのであり、実質的に女性に不利な運用状況がみられる。そして、転勤要件を課す必要性について、①A社では、これまで転勤が命じられることは稀であり、また、あくまで本人の希望に基づいて実施されてきたこと、②今後の店舗拡大が予定されるとしても、少なくとも課長待遇資格の者の配転については、本人の希望を重視してきた経緯があることからすると、課長待遇資格への昇格に際して、転勤経験があることを要件に課す必要性が高いとはいいがたし、実際にA社は転勤経験のない7名の男性正社員を昇格させている。そうすると、Bら女性にとって、とくに不利となっているA社の取扱いは、それを正当化できる合理的理由はみられないのであり、均等法7条の間接差別として違法と解すべきである。なお、救済方法としては、設問❶の直接差別のケースと異なる扱いをすべき理由はなく、不法行為による損害賠償請求にとどまらず、差額賃金請求および課長待遇資格への昇格請求まで認められると解すべきである。

❸　Cは、短時間労働者法8条に基づいて、サポートスタッフであることを理由として、正社員と差別的取扱いを受けない地位にあることを確認し、Bらと同一基準で時間に比例した賃金支払いを求めること、または、公序良俗違反を理由として不法行為に基づく損害賠償を請求することが考えられる。

　短時間労働者が短時間労働者法8条に基づいて救済を受けるためには、「通常の労働者と同視すべき短時間労働者」であることが必要で、そのためには①短時間労働者と通常の労働者との職務内容が同一であること、②期間の定めなく雇用されていること、③雇用関係が終了するまでの全期間において、通常の労働者と比較して、職務内容と配置の変更の範囲が同一と見込まれることの立証が必要である。

　Cは期間1年の有期雇用を反覆継続した結果、勤続年数は10年に達しており、雇止め制限法理が適用される可能性が高いものとして、短時間労働者法8条による差別禁止の対象となると解すべきである（8条2項参照）。次に、Cの日常的な業務内容でBら通常の労働者らと異なるところはみられず、また、時間外労働に対する拘束性も異ならないのであり、結局、両者の職務内容に違いはないというべきである。問題は、雇用関係が終了

213

するまでの全期間において、Cと通常の労働者とを比較して、職務内容と配置の変更の範囲が同一と見込まれるかどうかである。この点、店舗採用であるCと比較して、Bら正社員は場合によっては配転を命じられる可能性はあるが、現実には、A社での配転は本人の希望を重視してきた経緯があり、Bらのような正社員でも転勤の可能性は低いと考えられる。そして、店舗採用のCと通常の労働者とで、少なくとも過去10年間は、職業キャリア形成の点で大きな違いがなかったこともふまえれば、将来のキャリア形成についても、CとBらとで異なるところはないと見込まれる。したがって、Cは、短時間労働者法8条に基づき、サポートスタッフであることを理由として、正社員と差別的取扱いを受けない地位にあることを確認し、Bらと同一基準で時間に比例した賃金支払いを求めることができると解される。

なお、仮にCが「通常の労働者と同視すべき短時間労働者」ではないとしても、A社による異別取扱いは公序良俗違反（民法90条）と評価でき、Bらとのキャリア形成の違い等をふまえたうえで、賃金について均衡処遇が要請されるべきものといえるものであり（労契法3条2項、短時間労働者法9条を参照）、Cに対する取扱いのように、女性正社員の半分にとどまるという著しい賃金格差は違法なものとして、Cは不法行為に基づく損害賠償（民法709条）を請求することができるものと解すべきである。

関連問題

1. 昇格差別における司法救済と行政救済

近畿デパートでは、正社員の約80％に当たる823名で組織される多数組合のほか、正社員30名で組織される少数組合があり、近畿デパートおよび多数組合と長期にわたり対立関係にある。こうしたなか、少数組合の組合員である横手淳也ら10名については、全員が課長待遇資格への昇格試験の受験資格を有し、昇格試験を受験した者について筆記試験の結果で合格者平均を10点〜15点程度上回っていたにもかかわらず、係長待遇資格以上の者はいない状況にある。少数組合が労働委員会に不当労働行為の救済を求め、これが認められた場合、設問❶のような男女差別のケースと比較して、救済方法の点でどのような違いがあるか。

【第二鳩タクシー事件—最大判昭和52・2・23民集31巻1号93頁、中労委〔オリエンタルモーター〕事件—東京高判平成15・12・17労判868号20頁を参照】

また、仮に、横手らが昇進、昇格を希望せずに組合を脱退してしまった場合にはどうか。

【旭ダイヤモンド工業事件—最3小判昭和61・6・10民集40巻4号793頁を参照】

2．うつ病と解雇

川本美咲は、近畿デパートとの間での紛争を抱える一方、夫の不倫が発覚するなど家庭生活にも悩むようになった。さらに、子どもが家出をして万引き等の非行を繰り返すという日々が続くなか、美咲は頭痛を感じて病院に行ったところ、「抑うつ状態」と診断された。美咲は会社には、うつ病の事実を秘密にしていたが、診断結果が気になり接客上のミスが目立つようになった。ある日、美咲は会社にミスの続く原因を問われたので、うつ病である旨を申告した。会社は美咲の接客に不安を覚え、「身体または精神の故障で業務に堪えないとき、または不完全な労務提供しかできないとき」という就業規則の条項に基づいて、美咲を解雇する旨を通告した。しかし、美咲は、うつ病の原因の一端は会社にもあり、このような措置は不当であると感じている。美咲が裁判所に救済を求めるとき、どのような主張が考えられるか。また、仮に、美咲に長時間労働や過剰なノルマが課されており、それが原因でうつ病になってしまった場合はどうか。

【東芝〔うつ病・解雇〕事件—東京高判平成23・2・23労判1022号5頁を参照】

参考文献

大木正俊「非典型労働者の均等待遇をめぐる法理論（文献研究労働法学（第2回））」季刊労働法234号（2011年）223-242頁

下井隆史「パートタイム労働者の法的保護」日本労働法学会誌64号（1984年）14頁以下

鈴木芳明「パートタイム雇用と労働契約・就業規則」日本労働法学会誌64号（1984年）27頁以下

土田道夫「パートタイム労働と『均衡の理念』」民商119巻4＝5号（1999年）552頁

水町勇一郎『パートタイム労働の法律政策』（有斐閣・1997年）228頁

12. ワーク・ライフ・バランス
仕事と家庭のどちらが大事？

設問　ジャーニー図書出版（以下、会社）の大阪支社で働く田原俊夫は、毎日がウキウキであった。同じ支店で働く綾子のハートを見事に射止め、2010年2月に結婚にこぎつけることができたからだ。2人は大阪市内に新居を構え、新婚生活をエンジョイし、そして翌2011年の11月22日には子供にも恵まれた。子供は、真彦と名付けられた。

　会社は、出産を控えた社員や、育児期間中の社員へのサポートという面では、標準的といえるものだった。会社の就業規則によれば、女性社員は産前6週間、産後8週間休暇を取得することができるし、男性社員、女性社員のいずれも、子の満1歳の誕生日（ただし、父母ともに取得する場合は子が満1歳2カ月となる日）の前日まで育児休暇を取得することができた（女性社員については、産後8週間を除く）。ただし、これらの休暇中は無給であるとされていた。

　田原夫妻は真彦が生まれる前から、力を合わせて育児をしようと話し合っていたので、交互に育児休暇を取得することとした。そこで、綾子は、2011年11月24日から2012年1月18日まで産後休暇を、引き続いて同月19日から9月18日まで8カ月間の育児休暇を取得した。一方、俊夫は、出産日の翌週月曜である11月28日から綾子の産後休暇終了日の2012年1月18日まで1回目の育児休暇を取得し、その後、綾子が育児休暇を取得して育児に専念している間は職場に復帰し、綾子の育児休暇終了後の2012年9月19日から2013年1月18日まで2度目の育児休暇を取得した。

　会社の就業規則（17条）には、賞与に関する規定があり、夏季と年末に賞与が支払われていたが、そこには賞与の支給要件として、賞与の対象期間の出勤率が90％であることとされており、しかも産前産後休暇や育児休暇の期間は欠勤扱いになるとされていた。

　綾子は2012年度夏季賞与および年末賞与の対象期間、俊夫はこれに加えて2013年度夏季賞与の対象期間において、出勤率が90％に満たなかったので、その間の賞与が支給されなかった。なお、これらの賞与の対象期

間中、俊夫は2回の育児休暇を取得している期間を除き、また綾子は産後休暇と育児休暇を取得している期間を除くと、無欠勤であった。

　2015年12月、田原夫妻は田舎で独り暮らしをしていた俊夫の父良男を呼び寄せて同居することにした。妻に先立たれた良男も高齢となってきたので、1人で生活させていることが心配となってきたからである。また、やんちゃになってきた真彦の面倒をみてもらえれば助かるという思惑もあった。田原夫妻は共働きのまま育児と家事を分担しており、保育園への送り迎えも曜日を決めて分担して行っていたからである。実際、良男が来てからは、保育園の送り迎えはすべて任せることができ、育児の負担はずいぶんと軽くなった。

　ところが、そんな日も長くは続かなかった。2016年6月2日、良男が突然、脳梗塞で倒れてしまったからだ。そのため、田原夫妻は育児に加え、良男の介護も行わなければならなくなった。俊夫は、2016年6月3日から同年9月2日まで、3カ月の介護休暇を取得したが、悪いことは重なるもので、復職しようとしていた矢先、真彦が転んで鎖骨と足を骨折して、2週間入院することになってしまった。

　良男の介護と真彦の入院準備や看護で大変なので、俊夫は、さらに9月5日から2週間ほど休暇を取ろうと思い、会社に年次有給休暇（以下、年休）の申請をした（会社は土日週休2日制なので、休日を除く10日間の年休の申請をした）。俊夫には2016年度は20日の年休があったので、年休の申請には何も問題がないと思っていた。ところが、俊夫の上司の諸干亘課長は、9月8日に開かれる出版記念パーティーの準備から片付けまでを5日から始まる週に社員総出で行うため、ただでさえ人手が足りず、その期間の年休申請を認められるのはせいぜい1名だが、すでに2名から年休の申請がされていたことから、その週は年休を取得せず、9月12日からにしてほしいといった。俊夫は、綾子が出勤するので自分は休ませてもらえないか、もし2人とも出勤すると、父親と子供の面倒をみる者がいなくなってしまうので、人手が足りないなら、以前から会社の業務が忙しいときに応援を頼んでいる関連会社に、今回も頼んでもらえないかと、諸干課長に再度掛け合った。ところが、独身の諸干課長は、もともと部下の家庭の事情について冷淡なところがあったためか、関連会社に応援を要請せず、結局、俊夫の5日から9日までの年休申請は認められなかった。なお、同じ時期に年休を申請した他の2名のうち、前の週から体調を崩し、その療養のために5日から7日まで年休を申請していた者は申請を認められたが、5日から13日

まで海外旅行を計画していた者については認められなかった。俊夫は少し悩んだが、やむなしと考えて諸干課長の指示に反して、当初申請した全日を欠勤した。会社は、9月5日から11日までのうち休日を除く5日分の賃金をカットし、就業規則45条1項に基づいて、俊夫を戒告処分とした。

　俊夫は復職したが、この出来事があってからか、諸干課長との関係はぎくしゃくするようになっていた。そのような状況のなか、2017年6月、俊夫は中井広正部長に呼ばれ、「今度、島根県松江市に支社を出して、業務拡大を図ることになった。是非責任者として異動してほしい」といわれた。しかし、俊夫は仕事だけでなく、家事、育児、介護を綾子と分担しており、大阪市内から松江市への異動となれば、単身で赴任せざるをえない状況であったため、この要請を断った。すると中井部長は、単身赴任先の住居費用の約9割、介護にかかる費用への対応として特別手当（3万円）の支給を申し出て、再度異動を提案した。しかし、俊夫はこれにも応じなかったため、中井部長は「手当等でかなり特別な配慮をしているのに、異動を断るとは何事か。仕事と家庭とどちらが大事なのだ」などといって、俊夫の要望を受け入れなかった。そして、同年7月10日、会社は就業規則23条に基づき、俊夫に対して、同年8月1日からの松江支社への異動を命じた。しかし、俊夫はこれを拒否し、8月1日になっても松江支社に出勤しなかった。このため、会社は、同年9月5日に俊夫を懲罰委員会に呼び出して弁明を聴取したうえで、同月12日に、就業規則45条2項に基づいて、俊夫を懲戒解雇処分にすることを決定し、俊夫にその旨を通告した。

【就業規則（抜粋）】
第17条　賞与
1　会社は、その業績および従業員の勤務成績を考慮して、6月に夏季賞与を、また12月に年末賞与を支給することがある。
2　夏季賞与は前年11月16日からその年の5月15日まで、また年末賞与はその年の5月16日から11月15日までの期間を対象とする。
3　前項の期間に在籍していた者のうち、支給日に在籍し、出勤率が90％以上の者を賞与の支給対象とする。
4　産前産後休暇、育児休暇および介護休暇中の日数は欠勤日として取り扱う。
第23条　配転
1　会社は、従業員に対して、配置転換を命じることがある。

2 前項に基づく配置転換が住居の移転を伴う場合には、3週間前に通告をする。
第 45 条　懲戒の事由
1 従業員が次のいずれかに該当する場合、戒告、譴責、減給ないし出勤停止とする。（略）
　④　正当な理由なく、無許可の欠勤、遅刻または早退を繰り返し行ったとき（略）
2 従業員が次のいずれかに該当する場合、懲戒解雇とする。（略）
　③　正当な理由なく業務上の指示命令に従わなかったとき（略）

❶田原夫妻は、ジャーニー図書出版に対して、産前産後休暇や育児休暇を取得したために賞与が支給されないのは、法がこのような休暇を認めている趣旨に反すると考えている。田原夫妻から相談を受けた弁護士のあなたは、どのような論拠で、賞与の支払いを請求するか。この請求は認められるか。

❷俊夫は、2016 年 9 月 5 日からの年休の取得につき、5 日分が欠勤とされたことに納得がいかなかった。俊夫は、カットされた賃金の支払いと戒告処分の無効を会社に対して求めたいと考えている。俊夫から、このような請求ができるかと相談された弁護士のあなたは、どのように回答するか。

❸俊夫は、2017 年 9 月 12 日に通告された懲戒解雇は、その前提となる転勤命令が無効であるので、従う必要がないと考えている。俊夫から相談を受けた弁護士のあなたは、どのように主張を構成するか。

（以下、田原俊夫＝A、田原綾子＝B、ジャーニー図書出版＝C 社とする）

解　説

1 ………… 概　観

(1) 設問のねらい

本設問は、産前産後休業および育児休業取得を理由とする不利益取扱いの適法性、年休の時季指定と使用者による時季変更権の行使の適法性、さらに、育児や介護を行う労働者に対する配転命令の有効性を問うものである。

具体的には、設問❶では、C 社において、A と B に対して、賞与の支給要件たる出勤率の算定において育児休業取得日を欠勤扱いとすることの有効性、

設問❷では、家族の介護および看護等を目的としてAが行った年休の時季指定に対して、C社による時季変更権行使が事業の正常な運営を妨げる場合に行われたものと評価できるか、そして、設問❸では、育児や介護を実際に行わなければならないAに対する配転命令の有効性を問う。

(2) 取り上げる項目
  ▶育児休業などの取得を理由とする不利益取扱い
  ▶年休の取得と時季変更権の行使
  ▶育児、介護を行う労働者に対する配転命令の有効性

2 ワーク・ライフ・バランスと労働法
(1) 総説

少子高齢化による社会保障財政の悪化、仕事と育児・介護との両立が困難な状況、そして、長時間労働による労働者の健康や生活への悪影響等の問題の改善が必要であることから、近年、ワーク・ライフ・バランス（仕事と生活の調和）が注目されている。2007年末に、ワーク・ライフ・バランス推進官民トップ会議により、「仕事と生活の調和（ワーク・ライフ・バランス）憲章」と「仕事と生活の調和推進のための行動指針」が策定され、2009年の民主党政権誕生後も、2010年6月末にこれをふまえた新たな合意が形成されている。

ワーク・ライフ・バランス憲章によれば、ワーク・ライフ・バランスが実現した社会とは、具体的には、①就労による経済的自立が可能な社会、②健康で豊かな生活のための時間が確保できる社会、③多様な働き方・生き方が選択できる社会であるとされる。また、行動指針は、ワーク・ライフ・バランスの実現に向け、2020年までに達成すべき数値目標を定めている（たとえば、週労働時間60時間以上の者の割合を10%から5割削減すること、年休取得率は47.4%から70%へ引き上げる等）。行動指針に挙げられている長時間労働の抑制、年休取得率の引上げ、メンタルヘルスケア、テレワーカーの増加、短時間勤務制度の整備、第1子出産後継続就業率の上昇、男性の育児休業取得率の引上げ等は、労働法の分野に深くかかわるものである。

(2) ワーク・ライフ・バランスと労働法規

ワーク・ライフ・バランスに関連する労働法規としては、まず、労基法上の一連の労働時間規制が挙げられる。法定労働時間や時間外労働の上限の規制や

休憩、休日、年休の規制などは、仕事の時間の上限を画して、生活のための時間を確保することをねらいとしたものといえる（労基法32条、36条、34条、35条、39条）。また、各日の始終業時刻を個々の労働者に委ねるフレックスタイム制（同32条の3）は、労働者の生活上のニーズに応えやすい労働時間制度であり、これもワーク・ライフ・バランスに関連するものである（労働時間については、「9. 労働時間・休日：怒れる働きバチ」を参照）。

また、育児介護休業法は、事実上、家庭責任を負うことが多かった女性が仕事と生活の調和をとることを可能とし、女性の社会参加をサポートするというものであり、男女の平等を目指した均等法をさらに一歩進めた意味がある。

さらに、2007年に制定された労契法では、「労働契約は、労働者及び使用者が仕事と生活の調和にも配慮しつつ締結し、又は変更すべきものとする」と定め、労働契約当事者にワーク・ライフ・バランスへの配慮を求めている（3条3項）。同項は、具体的な法律効果を直接定めたものではなく、理念規定にとどまると解されているが、労働契約にかかわる法的紛争において、その解決のための指導理念として援用される可能性はある（たとえば、配転命令の権利濫用性の判断。詳しくは、「8. 配転・出向・転籍：異動の結末」を参照）。

3 ………… 育児介護休業法

(1) 総　説

少子高齢化による労働力人口の長期的な減少に対処するために、女性労働力の活用が求められ、これを進めるためには、職業生活と家庭生活の調和の促進が必要であるとされた。これに応えるものとして、1991年に育児休業法が制定された。その後、1995年に介護休業制度（当時は努力義務）が導入された後、1999年には、育児休業および介護休業付与を法的に義務づける育児介護休業法が制定され、数度の改正を経て内容的に補充され、現在に至っている。

育児介護休業法は、育児休業（5条）、介護休業（11条）を保障するだけでなく、ワーク・ライフ・バランスの実現のために、子の看護休暇（16条の2）、介護休暇（16条の5）、小学校就学の始期に達するまでの子を養育する労働者や家族介護をする労働者に対する時間外労働の制限（17条）と深夜業の制限（19条）等を規定し、事業主は、3歳に満たない子を養育する労働者に対する所定外労働の制限（16条の8）および所定労働時間の短縮措置（23条。家族介

護をする労働者については、所定労働時間の短縮その他の介護を容易にするための措置）を実施する義務を負う。

　これらに関する紛争について、労働者からの苦情を受けた事業主は自主的な解決を図るよう努めなければならない（52条の2）。また、これらの紛争に対して都道府県労働局長は助言、指導または勧告をすることができる（52条の4）。さらに、当該紛争について当事者の双方または一方からの調停の申請により、紛争調整委員会による調停が行われる（52条の5）。なお、厚生労働大臣は育児介護休業法の施行に関し必要があるとき、事業主に対して報告を求め、または助言、指導もしくは勧告をすることができ（56条）、この勧告に従わない企業名が公表されることがある（56条の2）。

(2) 不利益取扱いの禁止

　産前産後休業や育児休業、介護休業期間中は、年休（労基法39条）とは異なり、賃金を保障する法規定はない。そのため、これらの休業期間中の賃金支払いについては労働契約当事者の合意に委ねられることになり、就業規則等に規定のない限り、労務の提供がない以上、無給と解すべきことになる（ノーワーク・ノーペイの原則）。もっとも、これらの休業中の所得保障は、一定の範囲で別途設けられている。産前産後休業については、健康保険によって産前42日（多胎妊娠の場合98日）、産後56日まで、休業期間1日につき標準報酬日額の3分の2相当額が、出産手当金として支給される（健康保険法102条）。また、雇用保険から、育児休業については、休業前賃金の50％（雇用保険法61条の4、同附則12条）が育児休業給付金として、介護休業については休業前賃金の40％（雇用保険法61条の6）が介護休業給付金として支給される。

　他方、各法令には、産前産後休業、育児休業、介護休業取得が労働者の不利益とならないようにするための規定がある。まず、平均賃金の算定においてこれらの期間と賃金は控除され（労基法12条3項2号・4号）、年休の権利発生のための出勤日の計算においては、出勤したものとみなされる（同39条8項）。さらに、事業主は、労働者が産前産後休業を理由として、当該女性労働者に対して解雇その他不利益な取扱いをしてはならない（均等法9条3項）とされ、また、育児介護休業法によって義務づけられた育児休業、介護休業、子の看護休暇、介護休暇、所定外労働の制限、時間外労働の制限、深夜業の制限、所定労働時間の短縮などの措置について、労働者が申し出たこと、またはこれらの

措置を労働者が受けたことを理由として、当該労働者に対して解雇その他不利益取扱いをしてはならない（10 条、16 条、16 条の 4、16 条の 7、16 条の 9、18 条の 2、20 条の 2、23 条の 2）。これらの明文をもって「～してはならない」とする規定は原則として強行規定と解されるべきであり、これらの規定に違反した不利益取扱いは違法、無効となる。ここにいう解雇その他不利益取扱いについては、厚生労働省告示による指針（平成 18・10・11 厚生労働省告示 614 号および平成 16・12・28 厚生労働省告示 460 号）によれば、休業期間中を無給とすることや、退職金や賞与の算定にあたり、現に勤務した日数を考慮する場合に、休業した期間は働かなかったものとして取り扱うことは、不利益取扱いには該当しないが、退職金や賞与の算定において、休業期間を超えて働かなかったものとすることや、育児休業等の申し出等をしたことのみで賃金等を減額することは、不利益取扱いに該当する。

　ところで、産前産後休業、育児休業、介護休業を取得した日数を、たとえば、昇給や賞与の支給条件たる出勤率の算定において、欠勤として扱うような場合には、これらの休業を取得することが結果として経済的不利益につながることになる。このような取扱いは、労働者がこれらの休業を取得することを抑制し、ひいては労基法や育児介護休業法がこれらの休業を保障した趣旨を没却させるおそれを生じさせる。そこで、このような権利行使を抑制するような制度が法的に許されるかが問題となる。この問題について、判例は、当該制度の趣旨、目的、労働者が被る不利益の程度、権利行使の事実上の抑止力など諸般の事情を総合考慮して、それが労基法等により保障された権利の行使を抑制し、権利保障の趣旨を実質的に失わせるといえる場合には、公序に反するものとして無効となる（民法 90 条）とする立場をとっている。たとえば、所定の要件を欠く生理休暇取得を減少させて出勤率の向上を図るという目的で精皆勤手当の支給条件たる出勤日数算定において生理休暇を欠勤扱いとする制度は、生理休暇の取得を一般的に抑制する趣旨に出たものではなく、労基法 67 条違反とはならず、適法なものであるとしたもの（エヌ・ビー・シー工業事件—最 3 小判昭和 60・7・16 民集 39 巻 5 号 1023 頁）、従業員の出勤率の低下防止等の観点から、前年度出勤率 80％ 以上であることをベースアップを含んだ昇給の条件とした制度は、一応の経済的合理性を有しているものの、年次有給休暇、産前産後の休業、労働災害による休業などを欠勤扱いする点は、後続年度の賃金や退職金

額にも影響し経済的不利益は大きく、公序違反になるとしたものなどがある（日本シェーリング事件―最1小判平成元・12・14民集43巻12号1895頁）。なお、判例の基準によって違法とされた不利益取扱いは、現在では均等法9条3項（産前産後休業を欠勤扱いした場合）、育児介護休業法10条（育児休業を欠勤扱いした場合）および16条（介護休業を欠勤扱いした場合）によって禁止される不利益取扱いと解される余地もある。

　さらに、賞与の支給条件である出勤率を90％以上とする制度（90％条項）のもとで、産前産後休業や育児のための勤務時間短縮措置（当時の育児介護休業法10条に基づく措置）を受けることを欠勤扱いとしていたという事案で、労働者に賞与を全額不支給という不利益を被らせること、労働者の年間総収入に占める賞与の比重が相当大きく、賞与不支給による労働者の経済的不利益は大きなものであること、労働者が産前産後休業を取得し、または勤務時間短縮措置を受けた場合には、それだけで出勤率90％を下回り、賞与が支給されない可能性が高いこと等から、90％条項は勤務を継続しながら出産し、または育児のための勤務時間短縮措置を請求することを差し控えようとする機運を生じさせるものと考えられ、上記権利等の行使に対する事実上の抑止力は相当強いものであるとして、90％条項で産前産後休業、勤務時間短縮措置を受けたことを欠勤扱いするのは、無効であるとされている（東朋学園事件―最1小判平成15・12・4労判862号14頁）。

　ただし、この場合、産前産後休業や勤務時間短縮措置を受けたことによる不就労分について賞与の額を減額することは、労働者は法律上産前産後休業中や勤務時間短縮分について賃金請求権を有していないことなどから、直ちに公序に反し無効なものということはできないとされている（前掲・東朋学園事件）。なお、こうした不就労分の減額は、均等法9条3項、育児介護休業法10条および16条で禁止されている不利益取扱いにも該当しないと解される。

4　　　　配転（転勤）とワーク・ライフ・バランス

(1)　配転（転勤）に関する判例法理における生活上の不利益

　勤務地の変更、特に転居が必要となるような配転（転勤）は、当該労働者だけでなく、その家族に大きな影響を与える。そこで、ワーク・ライフ・バランスの実現という観点からは、労働者の抱える育児や介護の負担に十分な配慮を

しない転勤命令はどこまで許容されるのかが問題となる。

　判例によれば、転勤命令は、一般に、業務上の必要性が存しない場合、または業務上の必要性が存する場合であっても、当該転勤命令が他の不当な動機ないし目的をもってなされたものであるとき、もしくは、労働者に対し通常甘受すべき程度を著しく超える不利益を負わせるものであるとき等、特段の事情の存する場合でない限りは、権利の濫用になるものではないとされる（東亜ペイント事件—最2小判昭和61・7・14労判477号6頁。詳しくは、「8. 配転・出向・転籍：異動の結末」を参照）。

　判例は、たとえば、神戸から名古屋への転勤命令につき、高齢の母と同居し、妻と2歳の子をもつケースで、妻は仕事を辞めることが困難な状況であったために当該労働者が単身赴任を強いられることは、「転勤に伴い通常甘受すべき程度を著しく超える」ものではないとする等、単身赴任自体は労働者が通常甘受すべきものであるとする（前掲・東亜ペイント事件）。他方、裁判例には、転勤によって家族帯同ではなく、単身赴任をしなければならない合理的な事情のある場合には、使用者は、信義則上、労働者に対する経済的、社会的および精神的不利益を軽減、回避するために社会通念上求められる措置をとるよう配慮すべき義務があるとしたものもある（帝国臓器製薬事件—東京高判平成8・5・29労民集47巻3号211頁）。

　転勤命令の有効性はケース・バイ・ケースの判断となるが、判例は、労働者の生活上の不利益については「通常甘受すべき程度の不利益」とする傾向にある。ただし、下級審の裁判例では、労働者が負担する家族の介護や看護が困難になるような状況がある場合は、通常甘受すべき程度を著しく超える不利益を労働者に負わせると評価する傾向にある（たとえば、躁うつ病の疑いのある長女と脳炎の後遺症により定期的なフォローが必要な状態の次女がおり、隣接地に居住する両親の体調の不調により実質上面倒をみている労働者への転勤命令（北海道コカ・コーラボトリング事件—札幌地決平成9・7・23労判723号62頁）、要介護状態の老母、非定型精神病に罹患する妻を抱える労働者に対する遠隔地への転勤命令（ネスレ日本〔配転本訴〕事件—大阪高判平成18・4・14労判915号60頁）等）。

(2) 配転（転勤）とワーク・ライフ・バランスへの配慮

　ところで、2001年改正で付加された育児介護休業法26条は、転勤により子の養育または家族の介護を行うことが困難となる労働者について、事業主は、

当該労働者の子の養育または家族の介護の状況に配慮しなければならないと規定する。裁判例および同条からは、配慮義務に違反したことから当該転勤命令が直ちに無効となるかは明らかではない（配慮をしなかったことから直ちに転勤命令は違法となるものではないとする裁判例として、前掲・ネスレ日本事件）が、この配慮がなされない場合は、同条の趣旨に反し、当該転勤命令は権利の濫用として無効となりうる（明治図書出版事件—東京地決平成14・12・27労判861号69頁、前掲・ネスレ日本事件）。

同条が設けられる前の判例として、夫婦共働きをしながら保育園への子の送迎を協力して行っていた女性に対する転勤命令につき、これに応じると通勤時間が延び、子の送迎ができなくなる状況は、通常甘受すべき程度の不利益であるとしたものもある（ケンウッド事件—最3小判平成12・1・28労判774号7頁）が、現在でも維持されるかどうかは疑問の余地がある。

同条にいう配慮の内容として、当該労働者の子の養育または家族の介護の状況の把握、労働者本人の意向の斟酌、転勤の場合の子の養育または家族の介護の代替手段の有無の確認などが挙げられているが（平成16・12・28厚生労働省告示460号）、これらはあくまで例示に過ぎない。したがって、同条の求める配慮は、ここに例示されていない転勤に伴う不利益の軽減や回避も含めて解されることになる（前掲・ネスレ日本事件参照）。

また、同条の配慮義務は、転勤によって子の養育または家族の介護が困難となることが前提とされている。しかし、労契法3条3項に照らすと、転勤命令の有効性判断においては、子の養育または家族の介護が困難となる場合のみならず、労働者の生活に影響を及ぼすような転勤一般につき、何らかの配慮をすることが使用者に要請されると解される可能性がある。そしてこの配慮の有無は、当該転勤命令の権利濫用の判断に際して1つの判断要素になりうると考えられる。

5 年次有給休暇

(1) 総説

労基法39条による年休の保障は労働者を労働義務から解放し、休息や余暇を保障することで、労働者の健康で文化的な生活を実現することを目的とする。ワーク・ライフ・バランスの観点からは、年休は労働者の生活時間を確保する

ものとして重要である。

　労働者の年休権は、6カ月以上継続勤務し全労働日の8割以上出勤することで、勤続年数に応じた日数分（10日から20日まで）発生する（労基法39条1項〜3項）。そして、労働者が時季を指定して年休を請求した場合（時季指定権の行使）、使用者が適法な時季変更権を行使しない限り、指定した日の労働義務が消滅する。労働者の時季指定権は、使用者による適法な時季変更権の行使がなされることを解除条件とする形成権と解されており、年休取得に使用者の承諾は不要である（林野庁白石営林署事件—最2小判昭和48・3・2民集27巻2号191頁）。

　なお、年休には労働者の時季指定権行使により取得する自由年休（労基法39条5項）と、労使協定に基づく計画年休（同法39条6項）とがある。

　また、判例によれば、「年次休暇の利用目的は労基法の関知しないところであり、休暇をどのように利用するかは、使用者の干渉を許さない労働者の自由である」として、年休自由利用の原則が確立している（前掲・林野庁白石営林署事件）。そのため、使用者は、年休の利用目的を考慮して時季変更権を行使することは許されない（弘前電報電話局事件—最2小判昭和62・7・10民集41巻5号1229頁）。

(2)　時季指定権の行使

　「時季」指定には季節の指定後、労使の調整を経て具体的時期が決定されるものと、始期と終期を特定した具体的時期の指定とがある（前掲・林野庁白石営林署事件）。

　労働者の時季指定権行使がいつまでに行われなければならないかについて、法律上の規定はない。よって、当日の時季指定も許される。ただし、時季指定権行使の時点が指定日直前であるような場合には、使用者による時季変更権の行使が適法と認められやすくなる。また、代替要員の確保を容易にするために就業規則などで年休の時季指定の期限を定めることは合理的なものといえ、有効とされる（電電公社此花電報電話局事件—最1小判昭和57・3・18民集36巻3号366頁）。ただし、所定の期限を経過した後でも年休の時季指定が直ちに無効となるわけではく、この事情が時季変更権行使の適法性判断に影響するにとどまると解される。

(3) 時季変更権の行使

使用者は、時季指定された年休を与えることが「事業の正常な運営を妨げる」場合、時季変更権を行使して、当該年休の成立を妨げることができる（労基法39条5項但書）。ここにいう「事業」とは、部や課など、当該労働者の担当業務を含む相当な単位の業務とされる。

「正常な運営を妨げる」場合とは、当該労働者の年休指定日の労働が事業の運営にとって不可欠であり、かつ代替要員を確保するのが困難である場合と解される。より具体的には、「一般的には、当該労働者（年休請求者）の所属する事業場を基準として、事業の規模、内容、当該労働者の担当する仕事の内容、性質、繁閑、代替勤務者の配置の難易、時期を同じくして年休を請求した者の人数等諸般の事情を考慮して、客観的、合理的に判断されるべきものである」（名古屋鉄道郵便局事件—名古屋高判平成元・5・30労民集40巻2＝3号393頁）。これは蓋然性で足り、結果的に事業が正常に運営されても、時季変更権行使の適法性判断には影響しない。

使用者は労働者が年休権を行使することを妨げてはならない（前掲・林野庁白石営林署事件）だけでなく、できるだけ労働者が指定した時季に休暇を取得することができるよう状況に応じた配慮をすることが要請される（前掲・弘前電報電話局事件）。したがって、使用者が通常の配慮をすれば代替要員配置が客観的に可能であるのにそれをしなかった場合には、事業の正常な運営を妨げる場合に当たるとの主張は認められない。他方、通常の配慮をすることが客観的に不可能な場合には、使用者が具体的な行為をしなくても、時季変更権の行使は違法とはならない（電電公社関東電気通信局事件—最3小判平成元・7・4民集43巻7号767頁）。

また、長期の年休の時季指定について、判例は、長期休暇は事業の正常な運営に支障をきたす蓋然性が高いとして、時季指定前の調整を経ることなく労働者が時季指定した場合には、休暇の時季、期間についての修正または変更を行うかに関し、使用者に合理的な範囲での裁量的判断の余地を認めている（時事通信社事件—最3小判平成4・6・23民集46巻4号306頁）。

(4) 不利益取扱いの禁止

労基法附則136条は、年休を取得した労働者に対して、賃金の減額その他不利益な取扱いをしないようにしなければならないと規定するが、判例によると、

この規定は使用者の努力義務を定めたものに過ぎないとされる（沼津交通事件―最２小判平成５・６・25民集47巻６号4585頁）。これに対して、学説上は、労基法39条には、年休取得を理由として不利益取扱いをしてはならない私法上の義務が含まれ、労基法附則136条はそれを確認した規定であり、不利益取扱いは労基法39条違反として無効となるとする立場、労基法附則136条を強行法規と解して不利益取扱いを同条違反として無効となるとする見解などもある。

労基法附則136条が努力義務規定と解されても、判例によれば、年休取得を理由とする不利益取扱いは、育児・介護休業の場合と同様、年休権保障の趣旨を実質的に失わせる取扱いは公序に反して無効となる（前掲・日本シェーリング事件）。この具体例としては、昇給条件としての出勤率算定において、年休取得日等を欠勤とする取扱いが権利行使に対する事実上の抑制力が相当強いため無効とされたもの（前掲・日本シェーリング事件）、賞与の算定において年休取得日を欠勤として扱い、賞与を減額することは許されないとしたもの（エス・ウント・エー事件―最３小判平成４・２・18労判609号12頁）、タクシー会社で交番表作成後に年休を取得した乗務員に対して皆勤手当を支給しないことは、交番表作成後の欠員は代替要因確保が困難で、これを避ける配慮をした者に皆勤手当を支給する趣旨であったこと、皆勤手当の額が相対的に大きいものではないことなどから、公序に反する無効なものとまではいえないとしたものがある（前掲・沼津交通事件）。

これに対し、年休についてはその他の休業とは異なり、有給での付与を使用者に義務づけていることから、賞与など賃金について年休取得日を出勤日と同様に扱うことを義務づける趣旨が、年休権には含まれていると解すべきであるという批判もある。

解答例

❶　ＡおよびＢに対する賞与が支払われなかったのは、ＡおよびＢが賞与の支払い対象となる期間において、産後休暇および育児休暇の取得が欠勤として取り扱われ（以下、本件欠勤扱い）、就業規則で定められた賞与支給

の条件である出勤率90％を下回ったためである。そこで、AおよびBによるC社に対する賞与の支払い請求が認められるためには、本件欠勤扱いが違法であり、その結果、AおよびBの出勤率が90％を超えていたと主張することが考えられる。なお、C社就業規則の産前産後休暇および育児休暇は、労基法上の産前産後休業、育児介護休業法上の育児休業とみることができるので、以下はそれを前提とする。

　まず、労基法、均等法および育児介護休業法によれば、年休とは異なり、産前産後休業および育児休業期間における賃金の支払いは使用者に義務づけられていない。そのため、これらの休業期間中の賃金支払いは労働契約に委ねられ、就業規則等に規定のない限り、無給と解すべきである。また、従業員の出勤率低下の防止などの観点から、賞与の支給について一定の出勤率を課すことも相当と解される。しかしながら、本件欠勤扱いのように、法律上保障された権利を行使したことにより賞与が全額不支給となるというような不利益が生じる取扱いについては、それにより法律上保障されている権利行使を著しく抑制し、権利保障の趣旨を実質的に失わせるような場合には、上記の法規定に基づき、ないし、それ自体が公序良俗に反し無効（民法90条）となると解すべきであり、これは、個々の事案ごとに、産後休業および育児休業保障の目的、労働者が被る不利益の程度および権利行使に対する事実上の抑止力など諸般の事情を考慮して判断されると解すべきである。

　本件欠勤扱いによりAおよびBの出勤率が90％を下回ったとして賞与が不支給とされた期間は、Aは育児休業、Bは産後休業および育児休業の取得日を除き、無欠勤であった。このように、AおよびBは法律で保障されている産後休業ないし育児休業を取得しただけで賞与全額不支給とされているが、この状況はC社の他の労働者にとっても同様と考えられる。そうすると、本件欠勤扱いは、AおよびBだけでなく、これらの休業を取得するC社の労働者にとって、大きな不利益といえる。したがって、本件欠勤扱いを規定するC社の就業規則17条4項において、このような大きな不利益を労働者に課すことによって、法律上保障されている権利行使を著しく抑制するものであり、公序良俗に反するものとして無効である（民法90条）と解される。

　また、産前産後休業ないし育児休業の取得を理由とする解雇その他の不利益取扱いは明文で禁止されており（均等法9条3項、育児介護休業法10条）、強行規定と解されるため、これに違反する法律行為は無効となる。本件欠勤扱いは、産前産後休業ないし育児休業を取得することで賞与が不支給となるおそれがきわめて高く、これらの規定にいう不利益取扱いに該

当するので、この点からも、無効と解される。したがって、産後休暇ないし育児休暇を除き無欠勤であったAおよびBは、C社就業規則17条3項の賞与支給要件を満たし、Aは2012年度夏季および期末賞与ならびに2013年度夏季賞与、Bは2012年度夏季および期末賞与の支払いをC社に請求することができると考える。

❷　Aがカットされた賃金の支払いおよび戒告処分の無効をC社に求めるには、Aの欠勤が無断欠勤ではなく、適法な年休取得であり、よって、これらの処分はいずれもその前提を欠き無効であると主張することが考えられる。Aの欠勤が適法な年休取得であることを主張するためには、C社による時季変更権の行使が違法であることを主張する必要がある。

　まず、年休の利用目的は自由であり、使用者はこれに干渉してはならない（年休自由利用の原則）。また、労働者による年休の時季指定が事業の正常な運営を妨げる場合、使用者の時季変更権の行使は適法となる（労基法39条5項但書）が、これは、当該労働者の労働が指定日の事業の運営に不可欠であり、代替要因の確保が困難な場合と解され、具体的には、当該労働者の所属する事業場を基準として、事業の規模、内容、当該労働者の担当する仕事の内容、性質、繁閑、代替勤務者の配置の難易、時期を同じくして年休を請求した者の人数等諸般の事情を考慮して客観的、合理的に判断されるべきである。また、使用者は労働者の年休取得を妨げてはならず、できる限り労働者が指定した時季の年休取得が可能となるように状況に応じた配慮をしなければならないと解すべきである。

　この点につき、Aの年休の申請期間の業務は社員総出で行われるものとされており、Aの年休取得がC社の事業の正常な運営を妨げるおそれがあることは認めざるをえない。しかし、以下の理由により、C社の本件時季変更権行使は違法となると解すべきである。まず、C社は同期間に1名の病気療養を目的とする年休申請を認めているが、これがAが年休を申請した父親の介護および子供の看護という目的よりも優先して年休を取得させる理由となっている場合には、使用者は労働者の年休の利用目的を考慮して時季変更権を行使しているといえ、年休自由利用の原則に反し、C社の時季変更権の行使は違法、無効となると解すべきである。また、C社はAの年休申請に対して状況に応じた配慮を行っていない。すなわち、たしかにAの年休の申請期間において、C社のなかで代替要員を確保するのは困難であったと考えられるが、以前からC社は業務の繁忙期には関連会社に応援を頼んでいたのであり、それにもかかわらず、今回はAの求めに応じず、応援を頼んでいない。このことは、C社はできる限り労働者の指定した時季に年休取得が可能となるような状況に応じた配慮を怠

ったといえるのであり、もしC社がこのような配慮をしていれば事業の正常な運営を妨げる事由は生じていなかったと解されるので、C社のAの時季指定に対する時季変更権の行使は違法と解すべきである。

したがって、Aは適法に年休を取得したと解すべきであり、適法な時季変更権の行使を前提とするC社の賃金カットおよび戒告処分は違法、無効となる、と回答することになる。

❸ 就業規則に転勤を命じる根拠が明示されている場合、使用者は労働者に転勤を命じることができるが、それが権利の濫用に当たる場合は無効となる（労契法3条5項）。業務上の必要性が存しない場合、または、業務上の必要性が存する場合でも、不当な動機または目的による転勤命令や、労働者に対し通常甘受すべき程度を著しく超える不利益を負わせる転勤命令は、権利の濫用に当たり無効となると解すべきであり、これは事案ごとに判断されるものと考える。なお、転勤命令により労働者が単身赴任せざるをえず、育児ないし介護が困難となる場合、使用者は労働者の育児ないし介護の状況に配慮しなければならないし（育児介護休業法26条）、転勤命令は、労働者の仕事と生活の調和に配慮して行われるべきである（労契法3条3項）ため、これらの配慮の有無は、転勤命令の権利濫用性判断の1つの要素となると考える。

そこで、Aに対する転勤命令（本件転勤命令）をみるに、C社によれば、本件転勤命令は業務拡大によるものであり、業務上の必要性は認められる。他方、本件転勤命令により、Aは、相当に遠隔地に転居をせざるをえないばかりか、Aの配偶者であるBがC社でAと同じ支社に勤務しているため、BがC社を退職するなどをしない限り、Aは単身赴任をせざるをえないことは明らかである。その場合、Aは、それまでAおよびBが協力して分担してきた家事、育児および介護を従前と同様に行うことがきわめて困難となるという大きな不利益を被る。これに対し、C社は単身赴任時に生じる住居費用や介護費用負担などの不利益を、特別手当の支給により緩和する申し出をしたが、このような経済的な不利益の軽減は労働者の育児ないし介護の負担を直ちに緩和するものでもなく、C社は本件転勤命令において育児ないし介護の状況への配慮（育児介護休業法26条、労契法3条3項）が十分でなかったと考えられること、また、C社がA以外の者を転勤させることを検討した事実もみられないことをふまえると、本件転勤命令は、労働者に対し通常甘受すべき程度を著しく超える不利益を与えるもので、権利の濫用に当たり無効であると解すべきである。なお、Aとともに Bに対しても同時に転勤を命じれば、AとBが同時に転居して家事、育児および介護を共同して行うことができるといえなくもない。しか

> し、この場合でも、転居に伴う環境の変化により、従前と同様の育児および介護を行うことが困難となるおそれもある。したがって、これは、Ａはもちろんのこと Ｂ までもが大きな不利益を被る結果となるうえ、育児および介護の状況への配慮が十分であったとは到底いうことはできない。よって、本件転勤命令は無効であり、それに従わなかったことを理由とする Ａ に対する懲戒解雇は、その前提を欠き無効であると回答することになる。

関連問題

1. 年休の取得理由と時季変更権行使の適法性

10名の従業員がいるステーキレストラン・ミディアムに雇用されるコックである焼杉五郎は、2011年6月1日に名古屋で開催されるコンサートに交際相手と行こうと思って、同年5月上旬に、店長に「6月1日はコンサートに行くので、年休をとります」と伝えていた。この日は水曜日で、店が忙しくない日だった。これに対して、店長は、「コンサートに行くのに年休とる必要はないだろう。夕方から行けばよい」といって、焼杉の年休申請を認めなかった。しかし、焼杉はコンサートの前のグッズ販売にどうしても行きたかったので、再三年休を取るといい続け、6月1日はレストランを休んで、13時半頃からコンサート会場に行き、並んでグッズを買い、ツアーTシャツに着替えて、交際相手とコンサートを楽しんだ。

翌日、出勤すると、店長は激怒して、「Tシャツ欲しさに無断欠勤するとは何事だ。減給だ」といい、焼杉は減給処分を受けた。この処分は適法か

【年休の取得について、使用者はどこまで介入できるか】

2. ジャーニー図書出版では、賞与額は、(基本給×3.0)−(基本給÷20)×欠勤日数という計算式により算出されている。会社は、設問❶において、田原夫妻の賞与の支払い請求が認められるとした場合、産前産後休暇や育児休暇で欠勤した日数を、この計算式における欠勤日数に含めることはできるであろうか。

【前掲・東朋学園事件を参照】

12. ワーク・ライフ・バランス

参考文献

特集「ワーク・ライフ・バランスの概念と現状」日本労働研究雑誌599号（2010年）
特集「ワーク・ライフ・バランスの実現に向けて」ジュリスト1383号（2009年）

13. 労働災害
冬美の悲劇

設問　萬田薬品は、医薬品の製造、販売を中心とした事業を展開する株式会社である。

　原口剛史は、大学卒業後、2000年に萬田薬品（以下、会社）に入社して20年目の43歳であり、営業課の医療情報担当者（MR）として勤務していた。午前8時に出勤し午前0時ころに帰宅するという忙しい毎日であったが、忙しく仕事をすることにある種の充実も感じていた。剛史は、真面目、几帳面、誠実で責任感が強く、同僚からの信頼も厚かった。しかし、自責傾向があったほか、物事に柔軟に取り組むことが苦手で、自己の意に添わないことについては拒否的反応を表に出しやすいタイプでもあった。

　剛史は、父親の慎次、妻の冬美、子供2人と暮らしていた。剛史は幼い頃に母親を亡くしたため、父親に養育され、慎次に対する愛情は人一倍強く、1年前に慎次が脳梗塞で倒れてからは、ときに落ち込むことがあった。慎次の介護は、妻の冬美が行っていた。

　剛史は、仕事についてはこれまでとくに不満はなく、上司や同僚との人間関係も円滑であったが、新しく上司として赴任してきた赤井義弘と上手く付き合うことができずに悩んでいた。赤井は、単純で一途な性格であり、相手の言うことを最後まで聞かず、大きな声で一方的に、しかも相手の性格や言い方等に気を配ることなく、上司にも部下にも傍若無人に話すことから、癖が強いという印象を周りからもたれていた。自分の仕事はよくできるものの、部下との間では、ものの言い方から口論になる等、衝突することが多かった。前後を考えないで、決めつけたようなものの言い方をし、個人攻撃にわたることもあった。

　剛史は、このような性格の赤井とそりが合わず、徐々に赤井から疎まれるようになった。赤井から過剰なノルマを課されるようになったこともあって、剛史の仕事に対する意欲は減退し、赤井からは、「給料泥棒」、「存在自体が目障りだ」、「お前がどこに飛ばされようとも、俺はお前が仕事しない奴だと言い触らしてやる」、「お前は対人恐怖症だろう」といった厳しい言葉を浴びせられるようになった。赤井の乱暴なものの言い方は、営業課で有名であり、

営業課の従業員のなかには、赤井の言動はパワーハラスメントに該当し、このままでは自殺者が出る可能性があるなどと人事課に通報する者もいた。しかし、会社は、赤井が腕のよい営業マンで、彼のいる部署はいつも成績が良好であることもあって、その言動についてとくに対応をとることはなかった。

剛史は、精神的に不安定になって、眠れない日が続いた。剛史は、それまで冬美に仕事の話をすることはめったになく、仕事上の愚痴をこぼしたり、弱音を吐いたりすることもなかった。しかし、次第に、剛史は、父親の介護を理由に仕事を休むようになり、冬美に今の会社を辞めたいというようになった。しかし、冬美が、慎次の治療や子供の養育費のこともあるので、何とか今の会社で勤務してほしいと頼んだため、剛史は「頑張ってみる」と答えて辞職を思いとどまった。

剛史は、精神的に不安定な状況がなかなか改善しないので、朝がつらい、胸が締め付けられる、熟睡できない等の症状を訴えて、病院で診察を受けたところ、うつ病であると診断され、休職することになった。主治医は、薬物による治療を行うとともに、入院を勧めたが、剛史は、入院すると休職期間が長くなって家族に迷惑をかけると思い、自宅で療養することにした。さらに、自宅で療養している際、薬にばかり頼るのではなく、自分で治そうとすることも大事だと考えて、医師から処方された薬を自らの判断で半分にしたり、飲むのを止めたりしていた。こうしたこともあって、剛史の症状はさらに悪化し、ついに、ある朝、自宅付近のビルから飛び降り、全身打撲により死亡した。2021年2月1日のことだった。

剛史の遺書には、「もう頑張れなくなりました」、「疲れました」、「すみません」、「ごめんなさい」といった謝罪の文言が繰り返され、「自分は欠点だらけの腐った欠陥品」などの極度の自虐的な表現も複数認められた。

❶ 剛史の妻である冬美は、専業主婦で、剛史の収入で生計を立てていたので、剛史の自殺によって生活が苦しくなった。そこで、冬美は、労働基準監督署に対して、遺族補償年金をはじめとする労災保険法に基づく給付の支給を求めた。冬美は、労災保険法上の給付を受けることができるか。

❷ 労働基準監督署は、2021年12月に、冬美の申請を認容して、遺族一時金2000万円、遺族特別一時金500万円と遺族特別支給金300万円の支給決定を行った。冬美は、当初この決定に満足していたが、これだけでは今後幼い子と義父を抱えて生活をするのには不十分と考えた。その他の社会保険給付の支給は、まだされていなかった。そこで、2024年

2月4日、弁護士のあなたに相談してきた。
(a) 冬美は、会社に対して損害賠償請求を行うことができるかと尋ねた。あなたは、どう答えるか。
(b) 冬美は、剛史のような自殺の場合には、会社に対する損害賠償請求を行っても損害額が大幅に減額されるという噂を耳にしていた。あなたは、どう答えるか。
(c) あなたが、一般的な相場により試算したところ、剛史の死亡による損害の額は、逸失利益が8000万円、死亡慰謝料として2600万円、葬儀費用として150万円となった。また、あなたは、剛史側の落ち度は2割であると判断した。弁護士報酬として損害額の1割を上乗せし、遅延損害金は考慮に入れないとすると、最終的に、冬美と2人の子供が会社に対して請求できる額は総額でいくらになると、彼女たちに答えるか。

(以下、原口冬美＝A、原口剛史＝B、赤井義弘＝C、萬田薬品＝D社とする)

解 説

1 ……… 概 観

(1) 設問のねらい

過労死やうつ病自殺に対する法的救済には、遺族が、①業務上の災害であるとして労災保険法上の給付を求めるケースと、②使用者の「過失」を問題として、使用者に対して安全配慮義務違反（あるいは不法行為）に基づく損害賠償を求めるケースとがある。

そもそも、この2つは、労働基準法が使用者の損害賠償責任を無過失責任化し、労災保険法がこれを保険化した、という点において一定の関係を有している。また、それぞれが被災労働者の損害補填という機能をもっており、その意味で、相互に重畳的な関係にもある。ただ、両者の間には、損害賠償が「過失責任」であるのに対して、労災保険が「無過失の補償責任」を基礎とする点で差異がある。さらに労災保険は、給付範囲の拡大や年金制度の導入などにより、被災労働者の生活保障という社会保障的性質を併有するところとなっており、損害補填の保険にとどまらない機能を果たしている。

本設問は、近時とくに問題となっているうつ病自殺という労働災害に焦点を

当てて、一定の共通点をもちながらも、相互に異なる性質をもつ上記の法的救済について、どのような法的問題があるのかを検討する点に趣旨がある。具体的には、うつ病自殺に対する労災保険の業務上外認定はどのように行われているのか（設問❶）、安全配慮義務（あるいは不法行為）に基づく使用者の民事損害賠償責任についてはどのように考えられているのか（設問❷(a)）を問うものである。また、労働者の過失と損害賠償責任の関係（設問❷(b)）や、使用者の損害賠償責任と労災保険法上の保険給付との調整（設問❷(c)）についても問うている。

(2) 取り上げる項目
► うつ病自殺と過労死の業務起因性
► うつ病自殺と過労死に関する使用者の損害賠償責任
► 労災保険給付と損害賠償額との調整

2 労災保険法と業務起因性

(1) 労基法の災害補償と労災保険法

労基法75条以下では、業務上の負傷、疾病、障害、死亡（以下、「傷病」とする）に対する使用者の「無過失」補償責任が定められている。この労基法75条以下の補償責任は、その履行につき、刑罰の適用による担保があるが、資力に乏しい使用者の場合には、労基法上の使用者の補償責任が機能しない場合がある。こうした点が考慮され、業務上の傷病に対する労基法上の使用者責任を十全なものとするために制定されたのが、労災保険法である。労災保険法に基づく労災保険制度は、国家が、保険の管掌者として、使用者に対して保険料の納付義務を課し、労働者の業務上の傷病に対して給付を行う、というものであって、労災保険の給付がなされれば、使用者は労基法上の災害補償の責任を免れることになる（労基法84条）。

(2) 業務起因性

労災保険法上の給付を受けたい被災労働者またはその遺族は、事業場を管轄する労働基準監督署長に保険請求を行う。この請求を受けて、労働基準監督署長は、保険給付の支給あるいは不支給処分を行い、最終的には、政府が、労働基準監督署長の決定に基づいて労災保険給付を被災労働者あるいはその遺族に行うこととなる。

労災保険給付を請求するにあたり、被災労働者あるいは遺族が立証する必要があるのは、当該傷病の発生が「業務」に基づいて生じたものであることである。使用者の「無過失」責任を保険化した労災保険法では、被災労働者あるいは遺族は、使用者の故意あるいは過失を立証する必要がないのである。そのため、労災保険法上の給付をめぐる紛争の中心的論点は、当該傷病が「業務上」生じたものであるか、換言すると、業務と傷病との間の一定の因果関係（これを「業務起因性」と呼ぶ）があるか、という点に集中する。

行政解釈では、以上の業務起因性が認められるためには、まずその前提として、当該傷病が労働関係のもとで生じたこと（これを「業務遂行性」と呼ぶ）が必要であるとされており、「業務遂行性」と「業務起因性」という基準に則して、傷病の業務上外認定を行うという実務が定着している。

業務遂行性は、具体的には、被災労働者が、事業主の支配下または管理下にあり、業務に従事している場合、業務に従事していなくても、事業主の支配下または管理下にある場合（たとえば、事業場での休憩時間中や作業終了後に被災した場合）、事業主の支配下にあるが、その管理を離れて業務に従事している場合（出張中や外勤中に被災した場合）に認められることになる。

業務遂行性があったとしても、当該傷病と業務との間に一定の因果関係（業務起因性）が存在しなければ、「業務上」の傷病であるとは認められない。そこで、この業務起因性の存否がどのように判断されるのかが問題となる。この点について、裁判例と行政解釈では、業務上の傷病であるというためには、業務と傷病との間に相当因果関係が存在しなければならず、この相当因果関係は、「業務に内在又は随伴する危険が現実化した」ものと評価できるか否かで判断されるべきとする考え方が、おおむね定着している。労災保険法に基づく労災保険制度は、被災労働者に対する損害補償責任を過失の有無を問わずに使用者に負わせるという危険責任の法理に基づくものであるためである。

ただ、とりわけ、過労死やうつ病自殺に関する業務上外認定については、業務以外の要因（たとえば、ストレス耐性や持病などの労働者の個人的資質）と業務上の要因が混在する場合（原因競合のケース）が多く、また、どのような労働者を基準に業務の過重性を判断するのか（過重性の判断基準）といった点が問題となる。前者については、業務が疾病等の発生にとって相対的に有力な原因になっていることを必要とすると考えるのか（相対的有力原因説）、業務が疾病

等の発生にとって共働原因となっていることをもって足りるとするのか（共働原因説）などが問題となり、後者については、過重性の判断基準を同種労働者とするのか本人とするのか、という点が問題となる。

3 ………… 過労死の業務起因性

　過労死問題として議論される業務上の脳心臓疾患に伴う死亡について、行政解釈（平成13・12・12基発1063号）によれば、脳心臓疾患は、労働者の基礎疾患が加齢や一般生活等における種々の要因により増悪して発症に至るものがほとんどであり、本来的には業務に従事することによって発症するとはいえないものの、業務が相対的に有力な原因となって、基礎疾患がその自然経過を超えて著しく増悪して脳心臓疾患を発症させる場合もあり、このような場合には、当該脳心臓疾患は業務上の傷病として認められるとされている。

　行政解釈では、基礎疾患の著しい増悪を引き起こすことが医学経験則上認められる業務による明らかな過重負荷として、(a)発症直前から前日までの間において、発症状態を時間的および場所的に明確にしうる「異常な出来事」に遭遇したこと、(b)発症に近接した時期において、とくに過重な業務に就労したこと、(c)発症前の長期間にわたって、著しい疲労の蓄積をもたらすとくに過重な業務に就労したこと、が挙げられて認定基準が具体化されている。ここで、とくに過重な業務に就労したか否かは、同僚労働者または同種労働者の観点から客観的かつ総合的に判断される。また、労働時間の長さは業務量の大きさを示す指標であって、過重性の評価の最も重要な要因であるので、評価期間における労働時間については十分に考慮することとされている。たとえば、上記のうち(c)の長期間の過重業務の場合には、発症前1カ月間におおむね100時間または発症前2カ月ないし6カ月にわたって1カ月当たりおおむね80時間を超える時間外労働が認められる場合は、業務と発症との関連性が強いと評価できるとされている。いずれにしても、①業務が相対的に有力な原因である場合に業務上であるとされること、②過重な業務の判断基準が被災労働者本人ではなく同種労働者であることに、以上の行政解釈の特徴を求めることができよう。

　もっとも近時の裁判例では、業務による過重な負担によって基礎疾患が自然的経過を超えて増悪した場合には、業務に内在する危険が現実化したものとして業務起因性が認められるとされつつ、具体的な判断においては、行政解釈よ

りも緩やかに業務起因性が認められる傾向にある。なかには、身体障害者の過労死事案につき、業務の過重性の判断基準に関して、労災保険法の趣旨からすると平均的な労働者を基準とするのが自然であるが、労働に従事する者には身体に障害を抱えている労働者もいるわけであるから、少なくとも身体障害者であることを前提として業務に従事させた場合で、その障害とされている基礎疾患が悪化して災害が発生したときには、業務起因性の判断基準は、当該労働者本人によるべきであるとする裁判例（国・豊橋労基署長〔マツヤデンキ〕事件—名古屋高判平成22・4・16労判1006号5頁）もある。

4 うつ病自殺の業務起因性
(1) 総　説

以前から問題とされてきた過労死に加えて、近年急激に増加している紛争事例が、うつ病自殺をめぐる業務起因性である。これについては、①当該うつ病が業務に起因したものであるのか、②「労働者が、故意に負傷、疾病、障害若しくは死亡又はその直接の事故の原因となった事故を生じさせたとき」は労災給付を行わない旨を規定する労災保険法12条の2の2第1項によって業務と自殺の因果関係が中断されないのか、という点が問題となる。

(2) 精神疾患の業務起因性

(a) 行政解釈

うつ病等精神疾患に関する業務起因性を検討するには、精神疾患の発生原因を明らかにする必要があるが、これについては、「ストレス—脆弱性」理論に基づいて精神疾患の成因を理解する見方が定着している。「ストレス—脆弱性」理論とは、すべての精神障害を考えるときには、ストレスと脆弱性との両方を視野に入れなければならないというものであり、ストレスが非常に強ければ、個体側の脆弱性が小さくても精神障害が起こるし、逆に脆弱性が大きければ、ストレスが小さくても破綻が生じる、という考え方である。

行政解釈（平成11・9・14基発544号）では、この「ストレス—脆弱性」理論により、「労働者が受けた心理的負荷」と「労働者が兼ね備える固有の個体側の要因」がどのように関係したかによって精神障害の発病が把握される。「労働者が受けた心理的負荷」については、さらに「業務上の負荷」と家庭環境等の「業務外の負荷」に区別され、精神障害の業務起因性について、①業務上の

心理的負荷、②業務外の心理的負荷、③個体側の要因について具体的かつ総合的に検討することとされている。業務上の心理的負荷については、疾病の発病前の「おおむね6ヶ月の間」に業務による強い心理的負荷が「客観的に」あったか否かで判断される。「客観的に」とは、「本人がその出来事及び出来事に伴う変化等を主観的にどう受け止めたかではなく、同種の労働者が、一般的にどう受け止めるかという観点」を意味する（同種労働者基準説）。行政解釈では、「職場における心理的負荷評価表」を通じて、業務上の心理的負荷が評価される仕組みが導入されており、個別の項目について心理的負荷が強度Ⅰ〜Ⅲで評価され、その結果、業務上の心理的負荷が「強」と判断されれば、基本的に業務起因性が認められることになる。

なお、近年よく問題となる上司のパワーハラスメントについては、上記の「職場における心理的負荷評価表」（平成21・4・6基発0406001号により改正）では、「ひどい嫌がらせ、いじめ、又は暴行を受けた」という項目に該当し、強度Ⅲで評価される。また、親の病気については、「職場以外の心理的負荷評価表」（同上）において、強度Ⅱで評価される（職場における心理的負荷が「強」と判断される場合であっても、強度Ⅲで評価される職場以外の心理的負荷があり、それが極端に大きいと判断されると、業務起因性が否定される可能性がある）。

(b) 裁判例

精神疾患の業務起因性に関する裁判例でとくに問題とされているのは、心理的負荷の基準を同種労働者とするのか、本人とするのか、という点である。裁判例のなかには、精神障害の成因については「ストレス―脆弱性」理論によるのが相当であるとしながら、「今日の社会においては、何らかの個体側の脆弱性要因を有しながら業務に従事する者も多」く、このような点と労災保険制度が「危険責任の法理にその根拠を有することを併せ考慮すれば、何らかの個体側の脆弱性を有しながらも当該労働者と職種、職場における立場、経験等の面で同種の者であって、特段の勤務軽減を要することなく通常業務を遂行することができる労働者を基準として、当該労働者にとって、業務による心理的負荷が精神障害を発症させる程度に過重であるといえる場合に、業務に内在する危険性が現実化したものとして、業務と当該疾病との間に相当因果関係を求めるのが相当である」、とするものもある（池袋労基署長事件―東京地判平成22・8・25労経速2086号14頁）。また、同種労働者にはその性格傾向が最も脆弱である

者も含まれるという観点から、被災労働者が同種労働者の性格傾向の多様さとして通常想定される範囲を外れるものでない限り、当該被災労働者を基準とすべきとする裁判例もある（豊田労基署長〔トヨタ自動車〕事件—名古屋地判平成13・6・18労判814号64頁）。このように、裁判例のなかには、労災保険法の補償責任が無過失責任であることを強調して平均的な労働者を基準とすべきとする行政解釈よりも緩やかな判断を行うものが散見されるようになってきている。

(3) 故意による因果関係の中断

うつ病自殺の業務起因性については、「労働者が、故意に負傷、疾病、障害若しくは死亡又はその直接の事故の原因となった事故を生じさせたとき」は労災給付を行わない旨を規定する労災保険法12条の2の2第1項によって、業務と自殺の因果関係が中断されないのか、という点が問題となる。

この点について、当初の行政解釈（昭和40・7・31基発901号）は、自殺は原則的には労災保険の対象とはならないとしてきた。行政解釈は、原則的に自殺は労災保険の対象とならないが、例外的に「精神異常あるいは心神喪失の状態」に陥って自殺した場合についてのみ労災保険の対象とするとしてきた。しかし、裁判例において、以上の枠組みを否定する例が見受けられるようになったこと（たとえば、大町労基署長事件—長野地判平成11・3・12労判764号43頁）等から、行政解釈が変更され、「業務による心理的負荷によってこれらの精神障害が発病したと認められる者が自殺を図った場合には、精神障害によって正常の認識、行為選択能力が著しく阻害され、又は自殺行為を思いとどまる精神的な抑制力が著しく阻害されている状態で自殺が行われたものと推定し、原則として業務起因性が認められる」と解釈されるに至った（平成11・9・14基発544号）。近時の裁判例でも、こうした基準がおおむね確立しているといってよい。

5……安全配慮義務違反および不法行為に基づく損害賠償請求

(1) 総　説

以上の労災保険制度に基づく給付の請求に加えて、被災労働者は、安全配慮義務違反あるいは不法行為法上の注意義務違反に基づき、使用者に対して損害賠償請求をすることができる。もっとも、使用者は、労基法や労災保険法による補償が行われた場合には、後述するように、その価額の限度において、安全

配慮義務や注意義務違反に基づく損害賠償責任を免れることができる。

　安全配慮義務とは、労働者の生命及び身体等を危険から保護するように配慮する義務であって、「ある法律関係に基づいて特別な社会的接触の関係に入った当事者間において、当該法律関係の付随義務として当事者の一方又は双方が相手方に対して信義則上負う義務として一般的に認められるべきもの」として裁判例において形成されてきたものであり（陸上自衛隊八戸車両整備工場事件─最3小判昭和50・2・25民集29巻2号143頁等）、現在では、労働契約については、労契法5条において、「使用者は、労働契約に伴い、労働者がその生命、身体等の安全を確保しつつ労働することができるよう、必要な配慮をするものとする」と規定されるところとなった。こうした義務に違反した場合、使用者は、労働契約上の債務不履行の責任を問われることになる。なお、元請会社と下請会社の従業員との間のように直接的な労働契約がない場合でも、それに労働契約に準じる法律関係があるとして、安全配慮義務が認められることもある（大石塗装・鹿島建設事件─最1小判昭和55・12・18民集34巻7号888頁等）。

　以上に加えて、使用者は、不法行為法上の注意義務として、「その雇用する労働者に従事させる業務を定めてこれを管理するに際し、業務の遂行に伴う疲労や心理的負荷等が過度に蓄積して労働者の心身の健康を損なうことがないよう注意する義務を負う」（電通事件─最2小判平成12・3・24民集54巻3号1155頁）とされている。

　こうした安全配慮義務と不法行為上の注意義務については、損害賠償請求の消滅時効や帰責事由の立証責任、あるいは履行請求が可能かどうかという点で違いがあり、そもそも区別されるべきところもあるが、過労死やうつ病自殺の損害賠償請求事案に関する多くの裁判例は、「業務の遂行に伴う疲労や心理的負荷等が過度に蓄積して労働者の心身の健康を損なうことがないよう注意する義務」として、両者の義務内容をほぼ同じ内容のものとして把握し、その成立要件として、(i)死亡が業務によって引き起こされたものであるか否か（業務と死亡との間の相当因果関係の存否）、(ii)結果の予見が可能であったにもかかわらずそれを回避する義務に違反したのかを問題としている。そこで、以下では、過労死とうつ病自殺に関する事案に焦点を当てて、(i)と(ii)に関する裁判例の状況を概観することとしたい。

(2) 業務と死亡との間の相当因果関係

うつ病自殺や過労死に関する安全配慮義務あるいは注意義務違反に関する近時の裁判例の多くは、死亡と業務の間に相当因果関係があるか否かをまず問題とし、その後に、当該災害の結果を回避すべき義務違反が使用者に存在したのかを判断している。そして、前者の業務と死亡との間の相当因果関係については、うつ病自殺や過労死に関する労災保険法の業務起因性の判断基準に依拠する例が多い。過労死の場合には、業務による過重な負担によって基礎疾患が自然的経過を超えて増悪したか、うつ病自殺の場合には、「ストレス―脆弱性」理論によりながら、業務上の負担がうつ病発症の原因といえるのか、という基準に則して判断される。もっとも、業務起因性に関する行政解釈に依拠する例（音更町農業協同組合事件―釧路地帯広支判平成21・2・2労判990号196頁）もあれば、労災保険法の業務起因性の判断基準を参照しつつ、使用者の過失や過失相殺が問題となる安全配慮義務と危険責任に基づく労災保険法の違いを指摘して、業務が共働原因になったに過ぎない場合でも相当因果関係が認められるとする例（デンソー〔トヨタ自動車〕事件―名古屋地判平成20・10・30労判978号16頁）もあり、相当因果関係の具体的な判断は裁判例によって多様である。

(3) 予見可能性と安全配慮義務違反

安全配慮義務あるいは不法行為法上の注意義務違反は、無過失責任である労基法や労災保険法の補償責任と異なり、使用者の「過失責任」であるために、当該災害を予見することが可能であったにもかかわらず、業務上生じた災害という結果を回避する義務に違反したのかが問題になる。

前述したように、使用者は、「業務の遂行に伴う疲労や心理的負荷等が過度に蓄積して労働者の心身の健康を損なうことがないよう注意」し、労働者の生命および身体等を危険から保護するよう配慮すべき義務を負っており、その具体的内容としては、おおむね、労働時間を適切に管理し、労働時間、休憩時間、休日、休憩場所等について適正な労働条件を確保し、健康診断を実施したうえ、労働者の年齢、健康状態等に応じて従事する作業時間および作業内容の軽減等適切な措置をとるべき義務が指摘される（グルメ杵屋事件―大阪地判平成21・12・21労判1003号16頁）。もちろん、こうした義務の具体的内容は、当該労働者の置かれた具体的状況に応じて決定されるべきものである。この点について、ある裁判例（前掲・デンソー〔トヨタ自動車〕事件）は、通常であれば、客観的

にみて平均労働者をして精神障害等の疾患を発生させるような過重なものにならないように注意すれば足りるとしても、それに至らない程度の過重な業務に従事させている労働者にそのまま業務に従事させれば心身の健康を損なうことが具体的に予見されるような場合には、その危険を回避すべく、負担を軽減するなどの業務上の配慮を行う義務があるとしている。

このように、安全配慮義務は、労働者が置かれている個別・具体的な状況に応じて異なるものでもあり、使用者の予見可能性に対応した結果回避義務であるということができる。そのため、使用者に結果の予見可能性が存在しないとして安全配慮義務を否定する裁判例も散見される。たとえば、立正佼成会事件（東京高判平成20・10・22労経速2023号7頁）は、使用者の予見可能性につき、健康悪化が生じることの抽象的な危惧に関する認識可能性で足りると解することはできず、労働者にうつ病が発症することを具体的に予見することまでは必要ないものの、業務に伴って心理的負荷等が過度に蓄積することによって何らかの精神障害を引き起こすことが具体的客観的に予見可能であることが必要であるとして、安全配慮義務違反を否定している。もっとも、長時間労働の継続などにより疲労や心理的負荷等が過度に蓄積して労働者の心身の健康が損なわれるおそれがあることは広く知られているところであり、うつ病の発症およびこれによる自殺はその一態様であって、使用者としては、こうした結果を生む原因となる危険な状態の発生自体を回避する一般的な義務があるということができよう。これに加えて、使用者が個別の労働者の健康悪化を具体的に予見できた場合には、そのような状況の労働者に対応した安全配慮義務が求められるといえよう。

(4) **過失相殺**

過労死やうつ病自殺については、使用者の安全配慮義務違反によるものだけではなく、労働者の個人的資質や基礎疾患といった素因、あるいは、労働者側の自己管理に対する配慮不足とが競合している場合が少なくない。そこで、過労死やうつ病自殺においては、労働者と使用者に損害を公平に分担させるという観点から、民法722条2項あるいは民法418条を適用ないし類推適用して被災労働者に認められる損害額を減額する過失相殺が問題になる。

まず、労働者の基礎疾患や性格等といった素因については、裁判例のなかには、本人の性格傾向を斟酌して損害額を減額したもの（三洋電機サービス事件

―東京高判平成14・7・23労判852号73頁）もあるが、前掲・電通事件最高裁判決は、労働者の性格はもとより多様であって、そうした多様性が通常想定される範囲を超えるものない限り、労働者の性格が当該災害の発生や損害の拡大に寄与したとしても、そのような事態は使用者として予想すべきであるから、裁判所は、使用者の損害賠償額を決定するにあたり労働者の性格を斟酌することはできないとしている。

　一方、過労死の事案につき、裁判例の多くは、労働者の自己健康管理への配慮不足に基づく過失相殺を認めている。たとえば、ある裁判例（榎並工務店〔脳梗塞死損害賠償〕事件―大阪高判平成15・5・29労判858号93頁）は、労働者の身体的な素因自体を過失相殺等の減額事由とすることはできないとするものの、使用者に対する適切な報告を怠った労働者側の過失に基づいて損害額を減額している。また、飲食店店長の過労死事案につき、会社に対して、労働者の不足や勤務状況および自己の業務の状況等を報告して自らの業務軽減措置を求めることも店長の任務に含まれるとしつつ、そうした措置が不十分であったとして、過失相殺を認めた例（前掲・グルメ杵屋事件）もある。

6　労災保険給付と損害賠償との調整

　日本では、被災労働者に対する損害補填について、労災保険法や労基法の災害補償と使用者の民事損害賠償責任が併存しているために、これらの2つの調整が問題となる。まず、労基法84条2項では、労基法上の災害補償を行った使用者は、同一の事由については、民事上の損害賠償責任を免れることとされている。労災保険給付が行われた場合については明確な規定が存在しないが、労基法84条2項が類推適用され、労基法上の災害補償と同じように取り扱われる（三共自動車事件―最3小判昭和52・10・25民集31巻6号836頁等）。

　労働災害が第三者によって引き起こされたケース（第三者行為災害）で保険給付が先になされた場合、政府は、その限度で被災労働者が有している第三者に対する損害賠償請求権を取得する（労災保険法12条の4第1項）。一方、被災労働者が先に損害賠償を受けた場合には、政府は、その限度で保険給付を行わないことができる（同2項）。

　労災保険給付と民事損害賠償の調整については、さらに次のような問題がある。まず、過失相殺と労災保険給付の控除の関係である。これには、過失相殺

を行った後で、労災保険給付の控除を行う方法（控除前相殺説）と、労災保険給付を控除した後に過失相殺を行う方法（控除後相殺説）とがある。控除後相殺説によるほうが労働者に有利であって、労災保険の社会保障的側面を強調したときには、労働者の過失に基づいて生じた損害を含めたものから労災保険給付を控除する方法によるべきことになる。しかし、最高裁判決は、控除前相殺説によるとしている（前掲・大石塗装・鹿島建設事件）。労災保険給付は、あくまで業務に内在する危険の現実化に対してなされるものであり、労働者の過失に基づく損害を補償するものでないから、過失相殺を行って使用者側に請求できる損害額を確定した後に、労災保険給付の控除を行うべきであるといえよう。

　労災保険給付と民事損害賠償の調整については、労災保険制度には、一時金だけではなく、将来にわたって給付が行われる年金給付が導入されており、これらの年金給付の将来分と損害賠償とをどのように調整するのかが問題となる。裁判例では、年金給付を控除すべきとする考え（控除説）と控除すべきでないとする見解（非控除説）が対立してきたが、昭和52年の最高裁判決は、第三者の行為による災害（仁田原・中村事件―最3小判昭和52・5・27民集31巻3号427頁）や使用者の行為による災害（前掲・三共自動車事件）について、非控除説を採用し、これにより法解釈論上の対立が一応解消された。しかし、非控除説によると、事業主の保険利益が失われることや被災者に対する二重補塡が帰結されることになるために、1980年の労災保険法改正において、使用者の行為による災害につき、労災保険給付と損害賠償の調整規定が整備された。使用者は、障害補償年金または遺族補償年金の「前払一時金」の最高限度額の限度で損害賠償の履行を猶予され、損害賠償が猶予されている間に、年金給付または前払一時金が支給されたときには、その給付額の限度で損害賠償責任を免れる、とする旨が定められた（労災保険法64条）。ただ、以上の調整規定は、障害補償年金と遺族補償年金に限られ、しかも、前払一時金の最高限度額を超える部分を対象としていない。この点に関して、控除説からは、上記調整規定が不十分であるとされ、労災保険の将来給付分の控除を否定することは、使用者による労災保険料負担の軽視につながると批判されているが、いずれにしても、労災保険の年金給付と損害賠償の調整については、一応の立法的解決が図られた。

　もっとも、労災保険法上の特別支給金と損害賠償の調整については立法的解

決がなされていない。労災保険は、必要な保険給付のみならず、被災労働者の社会復帰の促進、被災労働者およびその遺族の援護、労働者の安全および衛生確保等を図るために社会復帰促進等事業を行うことができ（労災保険法2条の2）、特別支給金は、こうした社会復帰促進等事業の一環として支給されるもので、「特別支給一時金」（休業特別支給金、障害特別支給金、遺族特別支給金、傷病特別支給金）と「ボーナス特別支給金」（障害特別年金、障害特別一時金、遺族特別年金、遺族特別一時金、傷病特別年金）がある。

このような特別支給金と損害賠償の調整については、損害賠償から特別支給金を控除すべきという考え方（控除説）と控除すべきではないという考え方（非控除説）があるが、コック食品事件最高裁判決（最2小判平成8・2・23民集50巻2号249頁）は、次のように述べて、非控除説を採用した。労災保険法による保険給付は、労働者の損害を補填する性質を有しており、保険給付と損害賠償の調整については、労基法84条2項の類推適用がなされ、年金給付と損害賠償については労災保険法64条において調整規定が定められているが、これに対して、特別支給金は、社会復帰促進等事業として行われるものであり、保険給付のような調整規定がないことからすると、特別支給金は損害補填の性質を有すると解することはできず、損害賠償から控除されるべきではない、と説示したのである。

解答例

❶ 労災保険法に基づく保険給付は、労働者の業務上の傷病について行われるが、AがBのうつ病自殺について労災保険給付を受けるためには、Bのうつ病自殺が業務に起因している必要があると解される。もっとも、ここで業務起因性が認められるためには、業務と傷病との間に単なる条件関係が存在するだけでは足りず、業務と傷病との間に相当因果関係が存在していることが求められるというべきである。

そこで相当因果関係の具体的な判断基準が問題となるが、労災保険法が業務に内在する危険が現実化して生じた労働者の傷病につき、使用者等に過失がない場合であっても、その危険を負担して損害補填の責任を負わせ

るべきであるとする危険責任の法理に基づくものであることからすると、相当因果関係の有無は、労働者の傷病が業務に内在または通常随伴する危険が現実化したものと評価しうるか否かによって決定されるべきである。

　Ｂの自殺についても、上司であるＣの一連の言動による心理的負荷がＢの精神障害を発症させる程度に過重であり、それが業務に内在または随伴する危険の現実化であるか否かが問題となる。一般に、企業等の労働者と上司との間で意見の相違等により軋轢が生じる場合があることは、組織体である企業において避けがたいものであるが、そのような軋轢が通常想定される範囲を超える場合には、労働者に精神障害を発症させる程度に過重であると解すべきである。

　とくに精神障害の発症の原因については、一般的には、ストレスが非常に強ければ、個体側の脆弱性が小さくても精神障害が起こるし、逆に脆弱性が大きければ、ストレスが小さくても破綻が生じる、という「ストレス――脆弱性」理論が受け入れられているが、今日の社会においては、何らかの個体側の脆弱性を有しながらも業務に従事する者も多い。このような点と労災保険制度が上記のように危険責任の法理に基づくものであることを併せて考慮すると、何らかの個体側の脆弱性要因を有しながらも当該労働者と職種、職場における立場、経験等の面で同種の者であって、特段の勤務軽減を要することなく通常業務を遂行できる労働者を基準として、当該労働者にとって業務による心理的負荷が精神障害を発症させる程度に過重であるといえる場合に、業務に内在する危険性が現実化したものとして、業務と当該疾病との間に相当因果関係を認めるのが相当である。労働者本人を基準として心理的負荷を評価する考え方（本人基準説）もあるが、労災保険制度が業務に客観的に内在する危険に対する危険責任の法理に基づいていることからすると適切ではない。

　なお、労災保険法12条の2の2第1項は、労働者の故意による事故を労災保険の給付の対象から除外しているが、その趣旨は、業務とかかわりのない労働者の自由な意思によって発生した事故は業務との因果関係が中断される結果、業務起因性がないことを確認的に示したものと解するのが相当である。自殺行為のように外形的に労働者の意思的行為とみられる行為によって事故が発生した場合であっても、その行為が業務に起因して発生したうつ病の症状として発現したと認められる場合には、労働者の自由な意思に基づく行為とはいえないから、同規定にいう故意には該当しないものと解される。

　こうした観点からＢの自殺のケースをみると、Ｃの一連の行動は、通常想定される上司との軋轢を超えるものであり、Ｂの精神障害を発症させ

る程度に過重なものであったといえよう。たしかに、Bには、真面目、几帳面であることに加えて、自責傾向があったほか、物事に柔軟に取り組むことが苦手で、自己の意に添わないことについては拒否的反応を表に出しやすいといった、うつ病と関係の深い性質を有していたと認められるが、20年間大過なく勤続しており、通常勤務を遂行できる労働者の範囲に含まれると解すべきであり、このような労働者を労災保険制度の対象から外すことが法の趣旨であるということはできない。

以上により、Bの精神障害は業務に起因しているというべきである。そして、Bの自殺は、業務に起因する精神障害により、その判断能力が制約された状況のなかでなされたものであるから、労災保険法12条の2の2第1項は適用されず、Bの自殺の業務起因性が認められるというべきである。

❷ (a) 使用者は、労働契約に伴い、労働者がその生命、身体等の安全を確保しつつ労働することができるよう、必要な配慮をする義務を負っている（労契法5条）。D社は、その雇用する労働者に従事させる業務を定めてこれを管理するに際し、業務の遂行に伴う疲労や心理的負荷等が過度に蓄積して労働者の心身の健康を損なうことがないよう注意する義務（安全配慮義務）を負っているのであって、このような義務に違反した場合、D社は労働契約上の債務不履行として損害賠償責任を負う（民法415条）。

Aは、Bの自殺につきD社に対して損害賠償請求を行っているために、D社が上記義務に違反したか否かが問題となるが、D社に安全配慮義務違反が認められるためには、まず、Bのうつ病自殺と業務との間に相当因果関係が認められなければならない。Bのうつ病発症と業務との間に相当因果関係が存在しなければ、Bのうつ病自殺をD社に帰責させる前提が欠けているといえるからである。

この点について、うつ病自殺に関する労災保険法上の給付についての判断基準では、業務上の負担がうつ病発症の相対的に有力な原因となっているかどうかという基準が採用されており、この基準は安全配慮義務違反における相当因果関係の判断基準としても参照されるべきである。もっとも、安全配慮義務違反に基づく損害賠償請求では、労災保険法上の給付と異なり、過失相殺を通じて損害の公平な分担を図ることができるのであるから、相当因果関係は労災保険法上の判断よりも緩やかに認められるべきものであろう。

❶でも述べたように、Cの一連の行動は、通常想定される上司との軋轢を超えるものであり、Bの精神障害を発症させる程度に過重なものであったということができる。たしかに、Bには、真面目、几帳面であることに

加えて、自責傾向があったほか、物事に柔軟に取り組むことが苦手で、自己の意に添わないことについては拒否的反応を表に出しやすいタイプでもあり、うつ病と関係の深い性質を有していたと認められるが、20年間大過なく勤続していることからすると、Bは通常勤務を遂行できる労働者の範囲に含まれる者というべきであって、Cによる過重な心理的負荷とBのうつ病発症との相当因果関係を否定する理由にはならない。したがって、Bのうつ病自殺と業務との間には相当因果関係が存在しているというべきである。

　もっとも、業務とBのうつ病自殺との間に相当因果関係が存在するというだけで、D社の損害賠償責任を肯定することはできない。安全配慮義務違反あるいは不法行為に基づくD社の損害賠償責任は、過失責任であるからである。D社がBのうつ病自殺を予見することが可能であり、Bのうつ病自殺の結果を回避する義務を怠った場合に、D社の損害賠償責任が肯定されるというべきである。

　Bの自殺に関しては、Cの言動に問題があり、このままでは自殺者が出るという従業員の通報があったものの、D社はCのBに対する言動について何ら対応を行わなかったのであり、そのため、D社は、Bのうつ病自殺について結果の予見が可能であったにもかかわらず、そうした結果を回避する義務を怠ったということができる。

　以上により、業務と相当因果関係にあるBのうつ病自殺について、D社は労働契約上の安全配慮義務に違反するものとして、Bのうつ病自殺につき損害賠償責任を負うものというべきである。

(b)　Bのうつ病自殺につき、AがD社に対して損害賠償を求めることができる場合であっても、医者の処方とは異なる方法で薬を服用したことやうつ病に親和的なBの性格に基づいて当該損害額が減額されないかが問題となる。

　まず、Bは医者の処方と異なる方法で薬を服用するなど、自己の健康管理につき問題があったということができるほか、Bに対するAの対応にも軽率な側面があったということができ、民法722条2項による損害の公平な分担の視点に鑑み、Aに認められる損害額を減額することが適切である。

　さらに、Bにはうつ病に親和的な性質があり、そうしたBの素因についても民法722条2項を類推適用して損害額が減額されないかが問題となる。もっとも、この点については、もとより多様な労働者の性格が通常想定される範囲を超えるものでない限り、労働者の性格が当該災害の発生や損害の拡大に寄与したとしても、そのような事態は使用者として予想すべ

きであるから、使用者の損害賠償額を決定するにあたり労働者の性格を斟酌することはできないと解すべきであろう。Bはうつ病と関係の深い性質を有していたものの、20年間大過なく勤務してきたのであって、通常想定される性質の多様性の範囲を超えるものではなく、したがって、ここではBの素因に基づく損害額の減額は行われるべきではない。

(c) Aらが請求できる損害額については、B側の落ち度に基づく過失相殺による損害額の減額に加え、労災保険法に基づく遺族一時金、遺族特別一時金、遺族特別支給金との調整が問題となる。

労災保険給付と使用者の損害賠償の調整については、労基法上の災害補償を行った使用者は、同一の事由については、民事上の損害賠償責任を免れるとする労基法84条2項が類推適用され、使用者は、労災保険給付を受給した労働者に対する損害賠償責任を免れる。Aは遺族一時金として2000万円の保険給付を受け取っているために、それらを損害額から控除する必要がある。

特別支給金（遺族特別一時金500万円、遺族特別支給金300万円）についても、それが支給事由、額、方法に関して保険給付と直接的に関連し、密接不可分の加給金的な関係にあり、保険給付との同一性、類似性が強いことから、損害賠償から特別支給金を控除すべきであるとする見解もある。しかし、①特別支給金は、社会復帰促進等事業の一環として支給されるものであり、損害の塡補を目的とするというよりも、被災労働者および遺族に対する生活援護金、遺族見舞金的側面が強いこと、②特別支給金については、代位や支給調整の規定の適用が排除されていることからすれば、損害の塡補を目的とした制度でないということができ、損害賠償から控除すべきではないといえよう。

以上により、Aらが請求できる損害額については、B側の落ち度2割を考慮した過失相殺を行うことに加えて、遺族一時金を損害額から控除する必要がある。

もっとも、ここではさらに、過失相殺と遺族一時金の控除のどちらが先に行われるべきかが問題となる。この点については、労災保険給付の控除を行った後に、過失相殺を行うべきであるという見解もある。しかし、労災保険給付は、あくまで業務に内在する危険の現実化に対してなされるものであり、労働者の過失による損害を補償するものでないといえるから、過失相殺を行って使用者側に請求できる損害額を確定した後に、労災保険給付の控除を行うべきであるといえよう。

したがって、Aらが請求できる額は、逸失利益8000万円、死亡慰謝料2600万円、葬儀費用150万円の合計1億750万円からB側の過失分とし

て2割減額し（8600万円）、さらに遺族一時金2000万円の控除を行った額6600万円に弁護士報酬1割を上乗せした額7260万円となる。

関連問題

1. うつ病休職中の賃金と雇用

　芝北電気に勤務する夏目みどりは、入社11年目の女性社員であり、経理課の主任を務めていた。

　2019年11月13日、みどりは、うつ病に悩まされていた。ちょうど2カ月前の9月13日に、上司の青田から会議室に呼び出されて、退職勧奨を受けたからだ。芝北電気は、業績の著しい悪化に伴って、経理課のなかでも勤務成績の悪い従業員を対象に退職勧奨を行い、応じない場合には解雇する方針であって、この方針から、みどりは青田から退職勧奨を受けたのであった。「会社の業績が悪化していて、君には辞めてもらわないと困る。辞めなくても経理課にもう君の仕事はない。解雇するだけだ。半年間の猶予を与えるから退職届を提出してくれ」と、みどりは青田から通告された。みどりが会社を辞めない意思を表すと、芝北電気は、みどりを、経理課とは隔離された個室に配置し、雑用ばかりを命じるようになった。このためにみどりは次第に気分が落ち込み、ついにうつ病に罹患した。同年11月29日、仕事に行くことが苦痛になったみどりは、医師の診断書を会社に提出して、休職することとした。

　① みどりは、2020年3月16日、休職後、賃金を支給されていなかったので、芝北電気に対して賃金の支払いを求めた。これに対して、芝北電気は、みどりが労災保険法上の休業補償給付を労働基準監督署に申請してこれを受給していたことを理由に、賃金の支払いを拒否した。芝北電気の主張は認められるか。

【労災保険法上の休業補償給付と賃金請求権の関係（東芝〔うつ病・解雇〕事件─東京高判平成23・2・23労判1022号5頁等を参照）】

　② 芝北電気は、みどりから退職届が提出されないので、予定どおり2020年3月31日付けで解雇する旨をみどりに通知した。解雇は有効か。

【業務上の疾病の療養のための休業と解雇制限（前掲・東芝〔うつ病・解雇〕事件等を

参照)】

2. 過労死の業務起因性

　山田徹は、2010年に大学を卒業後、全国に飲食店を展開するセカンドキッチンに就職し、2015年には所沢支店の店長となった。徹は、ヘビースモーカーで必ず1日1箱のタバコを吸っていたが、店長になってからはストレスでさらに本数が増加し、1日2箱になることもあった。店長の職務は、パート社員への指示・指導、予算・損益計算書・基本シフトの作成、原材料の仕入れなど多岐にわたっていた。しかし、所沢支店では、周囲の数多くの外食店との競争を強いられていることから、徹は、これに加えて、パート社員の人数を減らして、ホールと厨房等の皿洗い等も行っていた。そのため、徹は、店長になってから、月に100時間程度の残業を行っていた。

　徹が、店長になってから8カ月経ったある日、徹は突然店舗内で倒れ、そのまま死亡した。死因は、急性心筋梗塞であった。徹の遺族が労災保険給付を請求した場合、業務起因性が認められるか。

　【過労死の業務起因性はどのように判断されるか】

参 考 文 献

日本労働法学会編『講座 21世紀の労働法 7 健康・安全と家庭生活』(有斐閣・2000年)
保原喜志夫=山口浩一郎=西村健一郎編『労災保険・安全衛生のすべて』(有斐閣・1998年)

14. 労働組合
組合執行部に物申す

設問　自動車部品の製造を行う花袋工業株式会社（以下、会社）には、従業員（300名）のうち、管理職20名を除く従業員全員を組織する労働組合として、全日本自動車部品労働組合花袋工業支部（以下、支部）が存在していた。支部はかつて労使対決的な姿勢で会社との労働条件等の交渉に臨んでいたが、現在はおおむね労使協調路線が定着して、支部と会社との間には安定的な関係が維持されている。支部は、会社との間で、支部を除名された者または支部の組合員でない者は会社が解雇する旨のユニオン・ショップ協定を締結しており、また、組合費の徴収についてもチェック・オフ協定を締結している。

大金望は、会社の従業員であり、支部の組合員である。

大金は、会社の業績が好調であるにもかかわらず、2005年春闘で、支部がベースアップを会社に対して要求しないことに不満を抱いていた。支部がこの姿勢をとったのは、現在の自動車業界は変化が激しく、先行きの見通しが立てにくいとの会社の考えに理解を示し、会社の長期的な競争力の維持および向上に協力しつつ、一時金増額で適宜柔軟に対応することのほうが結局組合員の利益になるとの判断に基づくものであった。

会社の業績が前年に増して好調な状況にあった翌2006年、大金は、春闘方針を決定する時期に、職場集会などで、「私たち労働者が一生懸命働いた成果をきちんとベースアップに反映させるよう会社に強く求めるべきだ。執行部は会社ではなく組合員のことを第1に考えるべきだ」などと訴え、また、考えの共通する数人の仲間とともに（以下、大金とこれらの仲間を総称して「大金ら」という）、組合員有志名義で上記趣旨のビラを組合員に配布する等して、支部が大幅なベースアップを要求することを求め、積極的な活動を行った。これに対して、支部執行部は前年度同様、ベースアップは要求せず、適宜一時金増額等で柔軟に対応するとの方針を組合員に提案し、結局、支部の方針としては執行部の提案どおりとすることが機関決定された。大金らは、この方針には賛成しがたいとして、その後支部と会社が春闘交渉に入った後も、引き続きビラを配布する等して大幅なベースアップを要求すべきと主張し、執行部方針の批判活動を継続して行った。支部は、大金らのこれ

らの執行部批判活動によって、会社との団体交渉などにおいて支障が生じたわけではないが、大金らのこれらの活動は規律維持の観点から看過できないものであるとして、大金らに1カ月の権利停止処分を行った。支部の規約上、統制処分としては、重いものから順に、除名、権利停止、罰金、譴責が定められていた。

　翌2007年、支部は、国政選挙にあたり上部団体である全日本自動車部品労働組合が決定した、労働組合運動に理解のある人物を国会に送ろうとの方針に従い、同労働組合出身の候補者である平田和昌を支援する決議を行い、同時に、当該候補者の選挙活動のための臨時組合費として1人2000円を徴収することを決定した。また、この動きと関連して、社会問題となっていた「格差」問題への対応として、最低賃金引上げを内容とする最賃法改正活動に協力するための臨時組合費として1人1000円を徴収することも決定した。これらの決定について、大金は、平田が労使協調路線の支持者であり、平田を支持することは、労働者の利益擁護を全面的に打ち出す候補者が望ましいとの自分の考えとは相いれないと考えて、他の候補者を支援する活動を行い、支部による支援活動への協力を拒否し、臨時組合費の徴収にも応じない姿勢を示した。最賃法改正活動にかかる臨時組合費徴収についても、当該活動は各地域の実情をふまえつつ50円～100円の最低賃金引上げを要求するにとどまる微温的なものであり、自身が望ましいと考えていた、最低賃金全国一律1000円には及ばないとして、やはり拒否した。

　支部執行部への不満をるる募らせていた大金らは、2008年1月、支部と袂を分かつことを決意して新たに別組合を結成する準備に入り、会社と支部に対し、チェック・オフによる組合費天引きを中止するよう申し入れた。その後、同年3月、別組合を結成して支部に脱退届を提出した大金らに対して、支部執行部は、脱退には執行部の承認を要するとの規約規定に基づき、脱退を認めないとしたうえで、別組合結成は支部の団結を乱す行動であるとして除名処分を行った。会社は、大金らを除名処分したとの支部からの通知を受け、支部とのユニオン・ショップ協定に基づき、大金らを解雇した。

❶ 2006年春闘における執行部批判活動に対して受けた権利停止処分を不当と考えている大金から、この処分の有効性について相談を受けた弁護士のあなたは、どのように回答するか。
❷ 2007年の①国政選挙候補者支援決議反対、②候補者支援の臨時組合費納入拒否、③最賃法改正活動の臨時組合費納入拒否について、仮に、支部

が、団結を乱すものであるとして除名処分を行ったとする。大金が除名処分の有効性について、弁護士のあなたに相談したとき、あなたはどのように回答するか。

❸ 2008年1月のチェック・オフ中止申入れ後も、会社は、解雇に至るまで、大金の賃金から組合費を控除して、支部に引き渡し続けた。大金は会社に対して、いかなる請求をなすことができるか。

❹ 2008年3月に解雇された大金は、会社に対して、いかなる請求をなすことが考えられるか。その請求は認められるであろうか。

(以下、花袋工業株式会社＝A社、全日本自動車部品労働組合＝B組合、全日本自動車部品労働組合花袋工業支部＝C支部、大金望＝Dとする)

解　説

1 ……… 概　観

(1) 設問のねらい

　本設問は、労働組合の結成および運営をめぐる諸問題についての理解を問うものである。

　労働組合は、労働者が労働条件の維持改善等の利益擁護のために自主的かつ任意に結成する団体である。もっとも、労組法の保護および助成を受けるには、同法の定義する「労働組合」に合致すること等が必要となる（関連問題2.）。

　また、任意に結成する団体であるがゆえに、本来、加入するか否かは任意であり、脱退も自由なはずである。これに関係して、憲法28条による団結権保障と、組織強制手段の1つであるユニオン・ショップ協定の効力が問題となる（設問❹）。

　運営に関しては、組合の各種機関（組合総会など）の権限および責任（これについての解説は省略する）のほか、財政、組合の組合員に対する統制権の効力などが問題となる。財政については、組合員の基本的義務である組合費納入義務に関して、簡便な組合費納入方法として普及しているチェック・オフ協定の法的効力（設問❸）や、組合財産の所有形態、組織変動に伴うその帰趨が問題となる（関連問題3.）。組合による統制権の行使については、組合民主主義の要請上、統制権限行使の適法性と組合員の自由との関係が問題となることがあ

る（設問❶、❷）。

(2) 取り上げる項目
► 労組法の保護および助成の対象たる「労働組合」
► 労働組合加入および脱退の自由とユニオン・ショップ協定の効力
► チェック・オフをめぐる法律関係
► 労働組合の財産の帰属
► 労働組合の統制権

2 労組法の保護および助成の対象たる「労働組合」

　労組法2条柱書は、同法の保護および助成の対象たる「労働組合」を、「労働者が主体となって自主的に労働条件の維持改善その他経済的地位の向上を図ることを主たる目的として組織する団体又はその連合団体」と定めている。

　これによれば、同法にいう「労働組合」とされるためには、第1に、「労働者」が主体となって結成される必要がある（この、労働組合を結成しうる「労働者」については、「1. 労働者性：ライダー、ピンチ！」を参照）。「主体となって」とは、労働者が構成員の主要部分を占め、かつ、運営を主導していることをいう。

　第2に、「自主的に」組織される必要がある（なお、結成のみならず、その後の運営にも自主性は必要とされる）。とくに重要なのは、使用者との関係での自主性（独立性）である。

　これについて、2条但書1号は、「役員、雇入解雇昇進又は異動に関して直接の権限を持つ監督的地位にある労働者、使用者の労働関係についての計画と方針とに関する機密の事項に接し、そのためにその職務上の義務と責任とが当該労働組合の組合員としての誠意と責任とに直接にてい触する監督的地位にある労働者その他使用者の利益を代表する者」（「利益代表者」）の加入を許す場合には、「労働組合」たりえない旨定めている。もっとも、この「利益代表者」は、直接の人事権限をもつ者、あるいは、労働関係についての機密に接することとの関係で組合員としての責任等に直接抵触する地位にある者など、管理職でも一定の限られた者のみを指し、管理職と呼ばれる労働者一般を指すものではない。したがって、管理職により結成されるいわゆる「管理職組合」も、「利益代表者」を含まない場合には、2条が定める「労働組合」たりうる。

また、2条但書2号は、一定の例外を除き、使用者の経理上の援助を受ける場合には、「労働組合」たりえない旨定め、財政面での独立性を求めている。
　第3に、「労働条件の維持改善その他経済的地位の向上を図ること」を「主たる目的」とすることが必要とされる（但書3号および4号も参照）。従たる活動であれば、共済活動、政治活動を目的とすることも妨げられない。
　第4に、「団体又はその連合団体」であること（団体性）が必要とされる。団体性を有するといえるためには、複数人の結合であり、規約、運営組織を備えていることが必要とされる。
　以上に加えて、一定の規定を含む規約を備えている場合には、労組法が規定する手続に参与する資格を有し、かつ、救済を受けること（不当労働行為行政救済等）が可能となる（5条）。このような組合は、「法適合組合」と呼ばれる。
　なお、法適合組合に合致しない労働組合であっても、刑事免責や民事免責など、憲法28条が保障している効果を享受することはありうる。

3　労働組合加入および脱退の自由とユニオン・ショップ協定の効力
(1) 加入および脱退の自由
　労働組合は、労働者が任意に結成する団体である。それゆえ、本来、組合員となるか否かは労働者が自由に判断しうることである（もちろん、加入が認められるか否かは、当該組合が定める要件を満たしていることが必要となる）。また、本来、脱退も自由である。判例は、脱退の自由について、「一般に、労働組合の組合員は、脱退の自由、すなわち、その意思により組合員としての地位を離れる自由を有するものと解される」と判示している（東芝労働組合小向支部・東芝事件—最2小判平成19・2・2民集61巻1号86頁）。通説も同様の立場に立っている。下級審では、脱退には組合の機関の承認を要するとする組合規約を無効としたものもある（日本鋼管鶴見製作所事件—東京高判昭和61・12・17労判487号20頁等）。

(2) ユニオン・ショップ協定の効力
　以上のような組合加入、脱退の自由に関連して、憲法28条が保障する団結権とユニオン・ショップ協定の効力の関係が問題となる。
　一般に、ユニオン・ショップ協定は、使用者との間で同協定を締結している労働組合の組合員でない者、または、脱退ないし除名により同組合の組合員で

はなくなった者を使用者が解雇する義務を負う旨定める協定を指す。組織強制を通じて、同協定を締結している組合の組合員を確保し、その組織を強化することを目的とする協定である。

この協定が締結されている場合、従業員のうち協定締結組合の組合員でない（または、なくなった）者は解雇されることとなるため、従業員であり続けるためには、当該組合に加入しその組合員であり続けることが必要となる。このため、ユニオン・ショップ協定が制限なく有効とされる場合には、ユニオン・ショップ協定締結組合の組合員ではない者のみならず、もともと他の組合の組合員である者、脱退または除名により同組合の組合員ではなくなった者で新たに他の組合を結成したり既存の他の組合に加入したりした者も、使用者により解雇される可能性がある。このため、これらの者の、他の労働組合を結成しまたは他の労働組合に加入するという意味での「積極的」な団結権を侵害するのではないか、さらには、どの組合にも加入しないという意味での「消極的」な団結権を侵害するのではないかが問題となる。

この点について、判例（三井倉庫港運事件—最1小判平成元・12・14民集43巻12号2051頁）は、「労働者には、自らの団結権を行使するため労働組合を選択する自由があり、また、ユニオン・ショップ協定を締結している労働組合……の団結権と同様、同協定を締結していない他の労働組合の団結権も等しく尊重されるべきであるから、ユニオン・ショップ協定によって、労働者に対し、解雇の威嚇の下に特定の労働組合への加入を強制することは、それが労働者の組合選択の自由及び他の労働組合の団結権を侵害する場合には許されないものというべきである。したがって、ユニオン・ショップ協定のうち、締結組合以外の他の労働組合に加入している者及び締結組合から脱退し又は除名されたが、他の労働組合に加入し又は新たな労働組合を結成した者について使用者の解雇義務を定める部分は、右の観点からして、民法90条の規定により、これを無効と解すべきである（憲法28条参照）」と判示して、憲法28条が上記の「積極的」な団結権を保障していることとの関係で、ユニオン・ショップ協定締結組合以外の組合の組合員である労働者、ユニオン・ショップ協定締結組合から脱退または除名されたが新たに他の組合を結成しまたは既存の他の組合に加入した労働者について、使用者に解雇義務を負わせる限度で、憲法28条の団結権保障の趣旨に反し、ユニオン・ショップ協定は効力を有しないと判断してい

る。

　結局、判例の立場では、ユニオン・ショップ協定締結組合の組合員ではなく、かつ、自ら組合を結成せずあるいは既存の他の組合に加入していない労働者、すなわち、どの組合にも加入していない労働者についての、使用者の解雇義務を定める限度においてのみ、有効とされることになる。学説上も、この判例を支持する立場が通説である。

　もっとも、近年では、学説上、上記の「消極的」な団結権も憲法28条の団結権保障に含まれており、ユニオン・ショップ協定それ自体違憲であり、無効であるとする見解も有力に主張されるようになっている。

　なお、ユニオン・ショップ協定の効力を肯定する立場においては、ユニオン・ショップ協定を締結しうる労働組合は、事業場の過半数の労働者を組織している必要があると解されている（労組法7条1号但書を参照）。

(3)　**ユニオン・ショップ協定に基づく解雇の効力**

　ユニオン・ショップ協定は、当該協定締結組合の組合員ではない従業員について使用者に解雇義務を負わせるものであるが、同協定に基づいて使用者が行う解雇の効力については、同協定の有効性とは別個に、解雇権濫用に該当しないか否かが問題となる（労契法16条）。

　この点について、判例（日本食塩製造事件—最2小判昭和50・4・25民集29巻4号456頁）は、「ユニオン・ショップ協定によって使用者に解雇義務が発生している場合……、客観的に合理的な理由があり社会通念上相当なものとして是認することができる」と判示しており、上記(2)で述べたところに従いユニオン・ショップ協定の有効性が認められる場合であって、当該協定により使用者が解雇を義務づけられる事由（組合員の除名など）が生じた場合については、同協定に基づいて行われる解雇は解雇権濫用に該当せず有効であるとしている。通説も、この判例の立場を支持している。

　判例がユニオン・ショップ協定に基づく解雇を解雇権濫用に該当しないとしているのは、「使用者に解雇義務が発生している場合」に限られる。使用者に解雇義務が生じる事由として、組合員が除名されたことを定めている場合には、組合による除名処分が無効ならば、同協定に基づく解雇は、客観的に合理的で社会通念上相当な理由を欠き、許されない（前掲・日本食塩製造事件）。したがって、当該解雇については他に客観的に合理的で社会通念上相当な理由が存在

しない限り、無効と判断されることとなる。学説上は、除名処分が有効に行われているかどうかは、組合の内部事情であり使用者は知りえない（使用者が組合の内部事情を調査することは、かえって支配介入の不当労働行為と判断される可能性がある）ことを理由に、除名処分が有効であるか無効であるかを問わず、有効なユニオン・ショップ協定に基づく解雇は解雇権濫用に該当しないとする有力説もある。しかし、通説は、この点についても、使用者はユニオン・ショップ協定締結をもって、すでに組合の内部事情のいかんにより解雇が無効とされるリスクを引き受けているとして、判例を支持している。

4 チェック・オフをめぐる法律関係

(1) 総説

一般に、労働組合の組合員は、組合員の基本的義務として、組合に組合費を納入する義務を負う。この組合費納入義務の履行に関して、組合に対して納入すべき組合費相当額を、使用者が組合員たる労働者に対して支払う賃金から控除し、使用者から直接組合に対して支払うことがしばしば行われている。これは、チェック・オフと呼ばれ、この旨を定める協定を、チェック・オフ協定という。組合員が納入する組合費は組合活動のための主要な財源であるところ、チェック・オフは、組合費の徴収を簡便確実に行うための手段であり、使用者が関与する点では、一種の使用者による組合に対する便宜供与でもある。

(2) チェック・オフをめぐる法律関係

チェック・オフをめぐっては、第1に、上記のとおり、使用者による賃金の控除を含む点で、労基法24条1項が定める賃金全額払原則との関係が問題となる。学説上は、チェック・オフは労働組合ないし組合員たる労働者の利益のために行われることを理由に、労基法24条1項但書が規定する例外に該当せずとも、すなわち、過半数組合または過半数代表者との協定としてチェック・オフ協定が締結されずとも（具体的には、事業場に過半数の労働者を組織する組合が存在せず、少数組合が使用者との間でチェック・オフ協定を締結するに過ぎない場合でも）、賃金全額払原則の例外として認められるとの見解も有力である。しかし、判例（済生会中央病院事件—最2小判平成元・12・11民集43巻12号1786頁）は、チェック・オフの場合についても、これを適法に行うためには、労基法24条1項但書の要件を満たすこと（過半数組合または過半数代表者との

間での、書面による労使協定を締結して行うこと）が必要との立場をとっている。

第 2 に、労働者が使用者に対してチェック・オフの中止を申し入れた場合の効力が問題となる（組合員が組合執行部と対立して組合と袂を分かとうとする場合や、組合が事実上分裂する場合、このような事態がしばしば生じる）。判例は、チェック・オフを行うためには、労使協定のほか、個々の組合員による、使用者に対する組合費相当分の支払い委任が必要であるとの立場をとり、労働者が使用者に対してチェック・オフの中止を申し入れた場合、使用者はチェック・オフを中止しなければならないと判示している（エッソ石油事件—最 1 小判平成 5・3・25 労判 650 号 6 頁。労働者による中止申入れを、支払い委任の解除と解釈することを前提とするものと解される）。なお、同判例によれば、労働者は、チェック・オフ開始後であっても、いつでもこのような中止申入れができるとされている（民法 651 条 1 項も参照）。学説上は、判例の結論に賛成する立場もあるが、組合規約で組合費納入方法としてチェック・オフによることを定める場合や、労働協約としてチェック・オフ協定が締結される場合には、労働者が個々にチェック・オフの中止を申し入れることはできない、として判例の立場に反対する見解が有力である（一方、判例は、チェック・オフ協定が労働協約として締結された場合であっても、賃金から組合費を控除することは、「労働者の待遇に関する基準」（労組法 16 条）には該当せず、規範的効力を生じないとの立場に立つものと解される）。

(3) チェック・オフと不当労働行為

チェック・オフをめぐっては、不当労働行為との関係でも問題が存する。具体的には、(a)使用者が従来これを行ってきたにもかかわらず、ある時点で中止することが、組合に対する支配介入となるか、また、逆に、(b)労働者がチェック・オフ協定を締結している組合を脱退して別組合を結成するなどした後に、その中止を申し入れたにもかかわらず、使用者がチェック・オフを継続し、協定締結組合に控除した組合費相当額を交付することが、別組合に対する支配介入となるかが問題となる。(a)については、事案の具体的事実に照らして、不当労働行為の成立を否定した最高裁判例が存在する（前掲・済生会中央病院事件）。(b)については、不当労働行為の成立を肯定した最高裁判例が存在する（ネスレ日本〔東京・島田〕事件—最 1 小判平成 7・7・23 民集 49 巻 2 号 281 頁）。

5 労働組合の財産の帰属

(1) 労働組合の財産の所有形態

　法適合組合は、登記することにより、法人格を取得することができる（労組法11条）。このように法人格を取得した労働組合については、財産は、法人たる労働組合の単独所有となる。法人格を有しない労働組合については、財産は、組合員の「総有」に属するとされている（品川白煉瓦事件—最1小判昭和32・11・14民集11巻12号1943頁）。いずれの場合も、個々の組合員は（規約上持分権が認められている積立金等を別として）組合財産について持分権を有せず、脱退の際に財産分割請求をなすことはできない（法人格を有しない労働組合についてこの旨を述べる判例として、前掲・品川白煉瓦事件および国労大分地本事件—最1小判昭和49・9・30民集28巻6号1382頁参照）。

(2) 労働組合の組織変動と財産の帰趨

　労働組合は、労組法10条が定める事由により解散する。法人たる労働組合が解散した場合の残余財産の帰属については、労組法13条の10が、規約で指定した者に帰属すること、および、規約に定めがない場合についての取扱いを規定している。法人格を有しない労働組合の場合、組合員に残余財産を分配する等の行為は、(1)で述べた「総有」の廃止として行われる。この「総有」の廃止その他の処分について、判例（前掲・品川白煉瓦事件）は、組合員全員の同意を要するとしている（学説上は、総会での解散決議の場合に準じて、組合員の4分の3以上の賛成でよいとする主張もある）。

　意見対立等に端を発して組合員の一部が集団で脱退して新たに別組合を結成する等の場合には、そのような別組合が、元の組合に対して財産の一部を分割請求しうるかが問題となる。この点、脱退組合員には組合財産の分割請求権は認められないため（(1)参照）、財産を組合間で分割することを可能とすべく、法的に、労働組合の「分裂」という概念を導入しうるかが論じられてきた。もっとも、判例は、法的な「分裂」概念導入の可能性をおよそ否定してはいないが、「旧組合の内部対立によりその統一的な存続・活動が極めて高度かつ永続的に困難となり」、その結果として組合員が集団的に脱退して、新たに別組合が結成された場合に、初めてその導入の可否を検討する余地が生じる、として、法的な「分裂」概念の導入にきわめて消極的な立場をとっている（名古屋ダイハツ労組事件—最1小判昭和49・9・30労判218号44頁）。法的な「分裂」概念が

認められない限り、脱退者により結成された組合は、元の組合に財産分割請求をなしえない。

　以上のほか、組織変動としては、構成員の範囲変更、単位組合から連合団体への組織変更（ないしその逆）、単位組合から別組合の下部組織への組織変更、労働組合としての独立性を実質的に備える下部組織の単一組合からの離脱など種々のものがあるが、それぞれについて、変動前後で組合としての同一性を有するものが、財産を承継する。また、組合の合併の場合には、合併後の組合に財産が包括承継されると解されている。

6 ……労働組合の統制権
(1) 統制権の意義・根拠・種類

　労働組合が、組合員の労働条件の維持改善その他の経済的地位の向上を図るという目的を実現するためには、使用者に対して交渉力をもつ必要があり、そのためには、多数の労働者を組織することと並び、団結体としての秩序を維持し、その一体性を確保し、強化することが必要となる。この、団結体の秩序維持、一体性の確保および強化のための権限を、労働組合の統制権という。

　判例、学説とも、労働組合に統制権が認められることを肯定しているが、いかなる根拠に基づきこれが認められるかについては諸説あり、労働組合固有の権能として認められるとする説、憲法28条による団結権保障に由来するとする説、労働組合加入の際の組合規約に基づくとする説などがある。判例（三井美唄労組事件―最大判昭和43・12・4刑集22巻13号1425頁）は、一般に組織的団体は構成員に対して統制権を有するとしつつ、労働組合の場合にはそれと異なり、団結権保障の一環として憲法28条の精神に由来すると判示しており、第2の説に近い立場をとっていると解される。

　統制権が具体的にどのような形で行使されるかは、それぞれの労働組合規約上いかなる事由に対していかなる統制処分が定められているかによる。一般的には、組合員としての各種義務違反、組合の決議ないし指令違反、「団結の秩序を乱した」等の場合が統制処分の対象とされ、譴責、罰金、権利停止、除名の各処分が定められていることが多い。

(2) 統制権の限界とその具体例

　上記のとおり、労働組合には団結体の秩序維持、一体性の確保および強化の

ための統制権が認められるが、統制権には限界も存する。すなわち、判例（前掲・三井美唄労組事件）によれば、一般に、「労働組合は、その目的を達成するために必要であり、かつ、合理的な範囲内において、その組合員に対する統制権を有する」とされている（ただし、判例は、労働組合がその目的を達成するために必要な活動の範囲については、これを広く認めている。国労広島地本事件―最3小判昭和50・11・28民集29巻10号1698頁）。

　労働組合に組織されている組合員のなかには、他の組合員と意見を異にする者も当然存在する。このような状況下では、多数派（組合執行部）とは意見を異にする少数派の組合員が行う執行部批判の言論や、多数派の組合員とは政治的見解が異なることに基づく、少数派の組合員による決議不服従等に対して、統制処分が行われることも少なくない。それゆえ、個々の組合員の言論の自由や、政治的自由などとの関係で、とくに統制権の限界が問題となる。

　労働組合の運営は、民主的に行われる必要があることが、一般に承認されている（組合民主主義の原則）。この組合民主主義の具体的内容として、組合員の平等取扱いなどのほか、組合員の言論の自由の保障も重要となる。組合（執行部）の方針批判に対してなされる、団結の秩序を乱した等の理由で行われる統制処分については、この観点からの限界が検討される必要がある。一般的には、そのような批判が、誹謗中傷や虚偽の内容のものである場合には統制処分の対象となるが、そのようなものではない場合には、組合の方針を決定する段階においては、組合員の言論の自由が広く認められるべきであり、統制処分の対象とはならないとされている。組合の方針が組合の規約所定の手続を経て決定された段階では、当該方針の実現に向けて、労働組合の統制を図ることが、それ以前の段階に比べてより重要となる。しかし、この段階においても、多くの裁判例は、個々の執行部批判の言論の内容、方法、時期などの諸事情を総合考慮して、組合の活動にとって重大な阻害となるものである場合に限り統制処分をなしうるとして、言論の自由への制約に慎重な立場をとっている（たとえば、東海カーボン事件―福岡地小倉支判昭和52・1・17労判273号75頁参照）。

　組合員の政治的自由との関係では、組合が政治活動の一環として特定の政党支持、特定の公職選挙候補者の支持、特定の立法等への賛成または反対の方針を決定したが、組合員がこれらの決定に従わないことを理由に行われる統制処分の適法性が、問題となる。

判例は、労働組合が選挙活動を行い、その一環として、特定の候補者を支持することを決定し、当該候補者のため選挙運動を推進することを認めつつ、当該候補者ではない組合員が、組合による、立候補を思いとどまるようにとの勧告または説得に応じず、独自に立候補しようとすることについて、統制処分の対象とすることは、憲法が保障する立候補の自由に照らして、統制権の限界を超えると判断している（前掲・三井美唄労組事件）。同様に、組合が支持する候補者以外の候補者を支援することについても、これらを統制処分の対象とすることは、組合員の政治活動の自由に照らして、統制権の限界を超えるものとされている（中里鉱業所事件—最2小判昭和44・5・2集民95号257頁）。さらに、組合が支持する候補者支援のため当該候補者が所属する政党に寄付する資金である臨時組合費の徴収についても、判例は、同様の理由で、統制処分の前提となる組合員の協力義務を否定している（前掲・国労広島地本事件）。

　特定の立法等への賛成または反対の方針決定との関係では、判例は、一般的には組合が推進する政治活動への組合員の協力義務を否定している（それゆえ、決定に従わず協力しないことを理由に、統制処分の対象とすることは許されない）。もっとも、判例は、個々の事案において問題となっている組合の活動が、組合員の政治的自由に及ぼす影響の程度を考慮して、統制権の限界を判断する立場を前提に、労働者の権利利益に直接関係する立法や行政措置の促進または反対のためにする活動については、組合員の政治的思想等との関連性は希薄で、組合員の政治的自由に対する制約は極めて軽微であるとして、組合員の協力義務を肯定している（前掲・国労広島地本事件）。

　なお、以上により、統制処分の対象となしうるとしても、課される統制処分の内容に値する程度に団結の秩序を乱す行為であるか否かも問題となる。統制違反の程度に比して、処分内容が重すぎる場合には、統制処分は違法、無効となる（事例として、厚木自動車部品・全日産自動車労組事件—横浜地判昭和62・9・29労判505号36頁参照）。

解答例

❶ Dに、C支部を相手取り、権利停止処分が無効であることの確認請求、および、当該違法な処分により精神的苦痛を被ったとして慰謝料を請求することをアドバイスすることが考えられる。

　労働組合は、労働条件の維持改善その他経済的地位の向上を図るという目的を実現するために、団結体としての秩序を維持し、その一体性を確保し、強化することが必要となり、そのために組合員に対して統制権を有すると解すべきであり、組合員が、組合内の秩序を侵害する行為をした場合には、この統制権を根拠として、規約に基づき統制処分を課すことができると解すべきである。ただし、統制処分が組合員に対する不利益な処分であることを考慮すると、統制権の行使が適法とされるためには、組合の目的を達成するために必要であり、かつ、合理的な範囲内のものでなければならないと解すべきである。2006年春闘におけるDの執行部批判活動は、C支部が正式に決定した内容への批判を含んでおり、組合秩序を侵害する行為で、統制処分の対象となるものとみることもできる。もっとも、組合内部における自由な言論は、組合の民主的運営に必要なものであり、組合の目的の実現に資するという面もあるので、このような観点から、C支部がDに課した権利停止処分のような比較的重い統制処分を課すことは相当でないと判断される可能性もある。

　そこで、この点について検討するに、Dによる執行部批判活動には、C支部が春闘方針を決定するまでのものと、C支部の方針が機関決定された後引き続き行われたものとがあり、両者は分けて考察する必要がある。

　組合の民主的な運営という観点からは、組合の方針を決定する段階においては、執行部批判も含めて、組合員の言論の自由が広く認められるべきである。したがって、この段階においては、執行部批判の言論であっても、団結を乱したとの理由で統制処分を行うことは、原則として合理性を欠き許されず、例外的に、内容が誹謗中傷や虚偽である場合に統制処分をなしうると解する。この点、Dの言論は、誹謗中傷や虚偽のものとはいえず、この例外的な場合に該当するとは考えられない。

　組合の方針が組合の規約所定の手続を経て決定された後の段階においては、当該方針の実現に向け労働組合の統制に服することの要請がより重視されると解されるが、この場合でも組合員の言論の自由は尊重されるべきであるので、個々の執行部批判の言論の内容、方法、時期などの諸事情を

総合考慮して、組合の活動にとって重大な阻害となるものである場合を除き、統制処分の対象とすることは合理性を欠くと解すべきである。この点、C支部の機関決定後のDの活動は、組合による会社との春闘交渉に具体的な影響がなかったのであるから、統制処分の対象となしえないものと考えられる。

　以上より、Dは、C支部を相手取り、権利停止処分が無効であることの確認請求をなしうるとともに、当該違法な処分により被った精神的苦痛について慰謝料を請求しうると解する。

❷　2007年におけるDの①国政選挙候補者支援決議反対、②候補者支援の臨時組合費納入拒否、③最賃法改正活動の臨時組合費納入拒否の各行為を理由とする除名処分の有効性をめぐっては、組合員であるDの政治的自由との関係が問題となる。

　(ⅰ)　①および②について。労働組合がその目的を達成するためには、本来の活動の域を超えて、政治的活動等に従事することも認められるべきである。したがって、労働組合が選挙活動を行い、その一環として特定の候補者を支持すること、および、当該候補者のため選挙運動を推進することを決定し、組合員にそのための協力を求めることも、原則として許されると解すべきである。しかし他方で、組合員が自らの政治的信条に基づき政治的活動に従事することは、政治活動の自由として、憲法上国民に保障されていると解することのできる権利である。その点を考慮に入れると、組合が支持する候補者以外の候補者を支援することについては、そのような行為をしないよう勧告または説得をするところまでは許されるとしても、それに応じなかった場合に組合秩序を乱したものとして統制処分を行うことは合理性を欠き、統制権の限界を超えると解すべきである。また、組合が支持する候補者支援のための費用負担に応じないことについても、組合員の前述の政治活動の自由に照らして、統制処分の前提となる組合員の協力義務を肯定することはできないと解すべきである。したがって、Dに対する①および②を理由とする統制処分については、これらDの政治的自由を不当に侵害するものとして、許されないことになると解する。

　(ⅱ)　③について。③を理由とする統制処分の前提となる最賃法改正に向けたC支部の活動は、これが労働組合の正規の手続に従って決定されている限り、組合員はこれについての協力義務を負い、臨時組合費の納入義務を負うが、Dの政治的信条についての自由との関係で、協力義務の範囲にも合理的な限定を加える必要があると解すべきである。この点、最賃法改正に向けたC支部の活動は政治活動ではあるものの、労働者の権利利益に直接関係する立法の促進のための活動であり、組合員の政治的信条

等との関連性は希薄で、むしろ、労働組合本来の目的を達成するための活動と位置づけうる。したがって、このような活動については組合員の費用負担を含む協力義務を肯定すべきであり、この義務の違反は統制処分の対象となると解する。

以上より、①および②を理由とする統制処分はなしえないが、③を理由とする統制処分はなしうると解する。もっとも、C支部はDに対して最も重い統制処分である除名処分を行っているところ、この組合費は臨時に徴収されるものであり、かつ、1000円と比較的僅少の額であること、および、C支部はユニオン・ショップ協定を締結していて、除名が解雇に直結することを考慮すると、結論としては、除名処分は重きに失するもので、無効と判断すべきであり、そのようにDに対して回答する。

❸ Dは、A社に対して、組合費として控除された賃金について、未払賃金として支払うよう請求することが考えられる。この請求については、Dによるチェック・オフの中止申入れが、A社によるチェック・オフの適法性との関係で、いかなる意味を有するかが問題となる。

使用者と過半数組合との間で締結されるチェック・オフ協定は、労基法24条1項の全額払原則の例外として、使用者が賃金から組合費相当額を控除しても罰則の適用を受けない効果をもたらすものに過ぎない。また、同協定が労働協約の形で締結されたとしても、使用者が組合員の賃金から組合費相当額を控除することは、使用者の労働組合に対する便宜供与であって、「労働者の待遇に関する基準」に該当しないものであり、規範的効力が生じないため（労組法16条）、組合員に受忍させることはできないと解される。したがって、使用者が有効にチェック・オフを行うためには、労基法24条1項所定のチェック・オフに関する労使協定が締結されていることのほか、使用者が個々の組合員から、組合費相当分の金員の、賃金からの控除と組合への引渡しについて、委任を受けることを必要とするものと解すべきである。こうした委任は、組合員のほうからいつでも解除することができるものであり（民法651条1項）、したがって、解除がなされた後は、使用者はチェック・オフを行う根拠を失うことになる。

以上より、Dがチェック・オフの中止を申し入れた時点以降、A社はチェック・オフを中止して、組合費相当分の金員についても賃金としてDに支払う義務があり、DはA社に対して、組合費として控除された賃金について、未払賃金として支払うよう請求することができると解される。

❹ Dは、A社とC支部との間のユニオン・ショップ協定に基づき、C支部を除名されたことを理由としてなされた解雇は無効であるとして、労働契約上の地位確認請求および未払賃金請求をすることが考えられる。

労働組合が使用者との間でユニオン・ショップ協定を締結することは、間接的に労働組合の組織の拡大強化を図ろうとするものであり、憲法28条が保障する団結権に含まれると解されるので、ユニオン・ショップ協定に基づく解雇は、客観的に合理的な理由を欠き、社会通念上相当であると認められないとして権利濫用に該当する場合（労契法16条）には当たらないと解すべきである。もっとも、労働者の組合選択の自由および他の労働組合の団結権も、ユニオン・ショップ協定を締結した労働組合の団結権と等しく尊重されるべきことから、ユニオン・ショップ協定によって、労働者に対し、解雇の威嚇のもとに特定の労働組合への加入を強制することは、それが労働者の組合選択の自由および他の労働組合の団結権を侵害する場合には許されないものというべきである。したがって、ユニオン・ショップ協定のうち、ユニオン・ショップ協定を締結している組合以外の他の労働組合に加入している者や、ユニオン・ショップ協定を締結している組合から脱退または除名されたが他の労働組合に加入しまたは新たな労働組合を結成した者について、使用者の解雇義務を定める部分は、公序良俗に反し無効であり（民法90条）、これらの者に対してなされた解雇は、ユニオン・ショップ協定に基づく解雇とはいえないので、客観的に合理的な理由を欠き、社会通念上相当であるとは認められないとして権利濫用になると解すべきである。

　A社がユニオン・ショップ協定に基づき解雇をなした時点では、Dはすでに自ら他の労働組合を結成しており、同人に対してユニオン・ショップ協定の効力は及ばないので、A社のDに対する解雇はユニオン・ショップ協定に基づく解雇ということはできず、他に客観的に合理的で社会通念上相当な解雇理由が存しない限り権利濫用に該当し無効である。また、解雇が無効な場合、解雇期間中A社の責めに帰すべき事由によりDは債務の履行たる労務提供ができなかったことになるから、民法536条2項に基づき、賃金請求権を失わないものと解される。以上より、Dは、A社に対して、労働契約上の地位確認請求および未払賃金請求をなしうると解する。

関連問題

1. 組合内少数派としての活動の「労働組合の行為」該当性

　花袋工業株式会社は、2006年の春闘で全日本自動車部品労働組合花袋工業支部が方針決定するに際して組合員有志名義でのビラ配布をするなどした大金

望(および同人への同調者)について、労使協調の妨げとなる行動をとる好ましからざる者と考え、一時金支給の査定において他の組合員より低評価とした(結果として、一時金の額に差が生じた)。大金が、会社のこの行為は不利益取扱いの不当労働行為であるとして労働委員会に救済を求めたとして、救済を受けうるであろうか。

【組合内の少数派に属する者であることと労組法7条1号の「労働組合の組合員であること」は、いかなる関係にあるか(「18. 不当労働行為：分会長はつらいよ」解説3を参照)】

2.「管理職組合」の法的地位

「9. 労働時間・休日：怒れる働きバチ」の尾針一矢(製造業を営む下記会社の営業開発部の課長)が、長時間労働に不満を抱き、他の課長職の地位にある者とともに「管理職労働組合」を結成して、長時間労働問題を議題として、アドバンスト・パッケージング・アイディアズ・アンド・ソリューションズ社に団体交渉を申し入れた。同社は、尾針らが管理職であり、「管理職労働組合」は適法な労働組合とは認められないとの理由で、団体交渉に応じることを拒否した。「管理職労働組合」が団体交渉拒否は不当労働行為であるとして労働委員会に救済を申し立てたとき、労働委員会はどのように判断すべきであろうか。

【いわゆる管理職が結成する「労働組合」は、労組法上の保護および助成を受けうるか(本講2および中労委〔セメダイン〕事件—最1小決平成13・6・14労判807号5頁を参照)】

3. 労働組合の組織変動と財産の帰属

2008年以降、花袋工業株式会社は経営が悪化し、2010年1月をもって、フレックス・オートパーツ社(以下、オートパーツ社)に吸収合併されることとなった。オートパーツ社には、同社の従業員で組織されている労働組合である、オートパーツ従業員組合がすでに存在していた。A社とオートパーツ社の合併をふまえ、オートパーツ従業員組合は全日本自動車部品労働組合花袋工業支部(以下、支部)に対して組織統合(合併)を働きかけた。この組織統合決定に際しては、上部団体に加入しない方針をとっているオートパーツ従業員組合の意向に従い、支部が全日本自動車部品労働組合を脱退することが条件となっていた。支部の組合員の9割以上は組織統合に賛成し、臨時組合大会で、全日本自動車部品労働組合からの脱退とオートパーツ従業員組合への組織統合を決

定した(なお、オートパーツ従業員組合の組合大会でも、この組織統合は全会一致で承認された)。しかし、支部組合員の1人である有方保之は、オートパーツ従業員組合が上部団体に加入していないため、半ば御用組合のようになっているとの話を聞いたため、全日本自動車部品労働組合からの脱退と組織統合に反対し、同人に同調した約1割の支部組合員とともに、たとえオートパーツ従業員組合に組織統合されるとしても、自分たちはなお全日本自動車部品労働組合の組合員としてとどまる意向を表明した。有方らは、従来の組合活動を継続するため、支部の財産を承継した組織統合後のオートパーツ従業員組合に対して、組織統合に反対した組合員の割合(約1割)で旧支部の財産を案分すべきであると考えている。有方らから相談を受けた弁護士としては、どのようにアドバイスすべきか。

【労働組合の組織変動に伴い、組合財産の帰属はどうなるか(本講5および損害保険ジャパン労働組合事件—東京地判平成16・3・24労判883号47頁を参照)】

参考文献

- 「管理職組合」について
  大内伸哉「管理職組合をめぐる法的問題」日本労働法学会誌88号(1996年)100-116頁
- ユニオン・ショップ協定の効力について
  大内伸哉「ユニオン・ショップ協定が労働団体法理論に及ぼした影響」神戸法学雑誌49巻3号(2000年)461-548頁
- 労働組合の組織変動、財産の帰属について
  徳住堅治「労働組合の組織変動に関する実務上の課題」山口浩一郎ほか編『経営と労働法務の理論と実務』(中央経済社・2009年)607-623頁

15. 団体交渉
責任者出てこい！

設問

　ナンバ労働組合（以下、組合）の島田俊一委員長は、2011年度の一時金交渉は難航するかな、と思っていた。組合は、村上商事（以下、会社）の管理職を除く従業員のほぼ全員で組織されている企業別組合である。会社は、食料品取引を主たる業としており、大阪を中心に事業を展開してきた。

　組合と会社との間で締結されている労働協約10条には、一時金について、「会社は組合員に対し、年1回一時金を支給する。一時金の支給時期は7月中旬とする。なお、当年度の支給額は、組合との協議を経た上で、会社が決定する」という規定があった。この規定が労働協約に盛り込まれてから10年以上経つが、例年、おおむね5月初旬に組合から要求案が出され、会社からの回答を受けて団体交渉を行い、6月末には一時金の支給額について合意が形成され、妥結するという手順が踏まれていた。そして、最終的には、社長の決裁を受けて支給額が決まっていた。

　島田委員長が、交渉が難航しそうだと思ったのは、会社の業績が昨年から急激に悪化しているからだった。前年度は、例年どおりの基本給3カ月分の要求を出し、それが通ったが、今年は、そう簡単には行きそうにない状況だった。とはいえ、組合員の期待も大きいので、前年度水準は維持しようと、島田委員長は団体交渉にともに臨む副委員長と書記長に発破をかけていた。

　2011年5月9日、組合は、会社に対して、前年度と同水準に当たる基本給3カ月分の一時金支給の要求案を提示して団体交渉の申入れを行った。会社は、同月12日に第1回目の団体交渉を行うこととし、交渉担当者として、小暮恭輔人事課長を指名し、その部下2名の合計3名を、一時金交渉にあたらせることとした。例年であれば、専務の明石明信が一時金交渉の担当者となるのだが、今年は多忙を理由に、同年4月に人事課長になったばかりの小暮が代わりに交渉を担当することになった。しかし会社では、専務以上にしか協約締結権限が与えられていないため、人事課長である小暮には協約締結権限はなかった。

　2011年5月12日の第1回目の団体交渉で、組合が事前に提示していた要求案の内容について説明したところ、小暮課長は、「要求内容はわかっ

た。一度持ち帰って検討させてもらうわ」と答えた。組合は、事前に要求案を出していたことから、会社から何らかの回答があると予想していたので、この小暮課長の回答には拍子抜けしてしまった。島田委員長は、これが第1回目の交渉であることもふまえて、次の第2回目の交渉で会社が明確な回答をするよう求めて、第1回目の交渉は終わった。その1週間後の5月19日、第2回目の交渉が行われた。その際、小暮課長は、「昨年、会社は北海道での大きな取引に失敗してしもたんや。多額の負債をかかえ、経営状況が急速に悪化しているから、今年度の一時金は2カ月分しか出せへんのや。わかってくれるか」と回答した。これに対して、島田委員長が、「会社の経営状況が悪いというんやったら、それを示す財務諸表を出してえな」といったところ、小暮課長は、持ち帰って再度検討する旨の回答をしたため、そこで第2回目の交渉が終了した。ところが、同月30日に行われた第3回目の交渉で、小暮課長が、会社の経営状況を示す資料を持って来なかったことから、島田委員長は、「おい、約束は守ってくれな困るやないか。小暮はん、どういうつもりなんや」等と、小暮課長を強く問いただすような状況になってしまった。これに対し、小暮課長は、「おまえら、何様のつもりや。だいたい、一時金の額を決定するのは社長やろ。組合がとやかくいうようなことやないわ。わざわざ組合の意見を聴いてやっているだけでも、有難いと思え」と、ちょっとキレ気味に発言したため、島田委員長も、「おまえみたいな、何の権限もない下っ端と話したって、らちがあかんわ。ちゃんと責任のあるヤツを、交渉に出してこんかい。おらっ、責任者出てこいっ」と大声で叫び、小暮課長の胸ぐらをつかんで小突いたので、あわてて周りの者が制止する事態になった。結局、これで第3回目の交渉も決裂してしまった。

　組合は、2011年6月10日に第4回目の交渉を申し込んだが、会社からは、回答内容は前回のとおりである、組合が会社の言い分に全く耳を傾けず当初の提案にこだわるのであれば、これ以上の交渉は意味がない、そもそも暴力的な行為をする組合との交渉には応じられない旨が記された書面による返答があり、それ以降、会社は一時金交渉に応じていない。島田委員長は、このままでは一時金の支給時期とされている7月中旬までに、一時金の額が決定できないのではないかという不安をもち始めた。

❶島田委員長は、労働委員会にあっせんの申請をしたところ、会社がこれを拒否したため、会社が第4回目の団体交渉に応じなかったことを含め、会社の団体交渉に応じる態度が不当労働行為に該当するとして、救済申立

てをすることにした。依頼を受けた弁護士のあなたは、どのような主張をすべきだろうか。想定される会社からの反論も考慮して、論じなさい。
❷島田委員長は、会社の団交拒否についての救済を求めて、労働委員会だけでなく、裁判所にも訴えようと思っている。その際、どのような法律構成が可能であろうか。

（以下、ナンバ労働組合＝A組合、村上商事＝B社、小暮恭輔人事課長＝C、島田俊一委員長＝Dとする）

解　説

1 ……… 概　観
(1)　設問のねらい
労働組合が使用者に対して団体交渉を申し入れたものの、使用者がこれを拒否したり、団体交渉には応じても誠実に交渉しない場合には、団交拒否の不当労働行為が成立しうる（労組法7条2号）。本設問は、使用者がどのような態度をとれば、団交拒否の不当労働行為に該当するのかを問う。また、団交拒否が違法となった場合の救済についても問うている。

具体的には、設問❶では、誠実交渉義務の内容について、設問❷では、団交拒否に対する裁判所を通じた救済の内容について問う。

(2)　取り上げる項目
▶誠実交渉義務の内容
▶団交拒否の法的救済

2 ……… 団体交渉権の保障
(1)　団体交渉の意義
団体交渉とは、労働者の集団または労働組合が、代表者を通じて使用者または使用者の団体との間で、労働条件などの問題をめぐって交渉することをいう。団体交渉の結果、労使間での合意が得られれば、労働協約が締結され、その労働協約には規範的効力などの特別な効力が発生する。

通常、個々の労働者は使用者に対する交渉力が弱い。そのため、多数の労働者が団結し、ストライキを中心とする争議行為の圧力を背景として、集団的な

交渉を行うほうが、個別交渉よりも良い労働条件の獲得を期待できる。労働組合結成の主たる目的が、使用者と対等な立場で交渉し、労働条件その他の経済的地位の向上を図ることにある以上（労組法1条）、団体交渉は労働組合の最も重要な機能であるといえる。

　団体交渉の対象事項は、組合員の労働条件だけでなく、団体交渉のルールなどの労使関係上のルールにも及ぶ。また、団体交渉は、企業別組合ではとくに、当該労使間の意思疎通の手段となる側面や、職場における個々の組合員の苦情の処理の手段となる側面がある。このように、団体交渉は組合員の労働条件の獲得や労使関係上のルール設定だけでなく、個別紛争処理の機能をも有する。

　他方、団体交渉とは別に、労使間で自主的ないし任意的に情報共有、意思疎通、合意形成を目的として労使協議が行われることも多い。労使協議には、団体交渉の開始に先立って情報開示や意向打診等を行うための団交前段的なもの、団交事項を労使協議によって解決するための団交代替的なもの、団交事項とは区別された経営生産事項を協議するための経営参加的なもの、労働協約上の人事協議条項に基づいて行われる人事の事前協議等がある。なお、労使協議は、後述の労組法上の保障を受けない点で、団体交渉と一般的には異なる。もっとも、労働組合が、後述の義務的団交事項を労使協議によって解決しようとする場合、それは法的に団体交渉として扱われる可能性がある。

(2) **団体交渉権保障の意義**

　勤労者が団体交渉を行うことは、憲法において保障された権利であり（憲法28条）、これにより、正当な団体交渉には刑事免責、民事免責などが及ぶことになる。また、労組法では、正当な理由のない使用者による団交拒否は不当労働行為として禁止されており（労組法7条2号）、これにより、使用者は団交応諾義務を負うことになる。

　団体交渉は、交渉当事者が対等の立場に立って話し合い、合意の達成を目指して交渉するものである。双方の主張や意見を対立させたり、一方の要請を他方が聴くといった場ではない。その意味で、使用者の団交応諾義務には、単に交渉の席に着くというだけでなく、誠実な交渉を行うことも含まれる。もちろん、団体交渉において、労使は合意の達成を強制されない（本講5を参照）。

　使用者が正当な理由のない団交拒否や、不誠実交渉を行った場合、労働組合または労働者は労組法の禁止する団交拒否の不当労働行為がなされたとして、

労働委員会に救済申立て（労組法27条）を行うことができる（不当労働行為救済制度については、「18. 不当労働行為：分会長はつらいよ」を参照）。他方、この場合、労働組合または労働者は、後述のように、当該団交拒否を私法上違法な行為として、裁判所に直接法的救済を求めることもできる。

3 団体交渉の当事者および担当者

(1) 労働者側の当事者および担当者

　団体交渉の当事者とは、自らの名において交渉する主体であり、団体交渉の担当者とは、団体交渉を現実に担当する者である。なお、労働者側の団体交渉の当事者については、労組法が不当労働行為救済制度によって保護しようとする団体交渉は、労働協約の担い手となりうる労働者の団体による交渉でなければならないとして、労組法適合組合が労組法の保護を受ける団体交渉の当事者であるとする見解と、憲法28条が労働者個人に団体交渉権を保障する構造となっていることから、団体交渉の当事者を労働組合に限定せず広くとらえる見解とがある。この見解の差異は、たとえば、一時的な争議団に対する団交拒否につき、不当労働行為救済制度による救済が受けられるかという点にみられるが、前者の見解によれば、これは否定されることになる。

　労働者側の団体交渉の当事者の主なものとして、単位組合があるが、その支部または分会であっても、独自の規約、組織、財政基盤をもち、労働組合としての実態を有していれば、当該支部または分会にかかる事項について、団体交渉の当事者となりうる。他方、単位組合の上部団体である連合団体については、それが労働組合の実態を備え、所属組合に統制力を及ぼしうるものであれば、連合団体固有の問題あるいは、所属組合に共通の問題について、団体交渉の当事者となりうる。なお、上部団体と単位組合とが競合して団体交渉当事者となりうる事項について、単位組合との交渉の継続中に上部団体が団体交渉を申し入れてきた場合、使用者はそれを拒否することができる。また、いずれかの労働組合が単独で使用者に団体交渉を申し入れる場合、両組合間で団体交渉権の調整や統一がされるまでは、一時的に交渉を拒否しうると考えられる。

　他方、地域合同労組（コミュニティ・ユニオンと呼ばれることもある）も、団体交渉の当事者となりうるが、労働者が企業内組合と地域合同労組に二重加盟している場合には、両組合間で団体交渉権限の調整または統一がなされるまで、

使用者は団体交渉を拒否できる（中労委〔鴻池組〕事件—東京地判平成 16・3・4 労判 874 号 89 頁）。

なお、労組法 7 条 2 号は「使用者が雇用する労働者の代表」との団体交渉を義務づけているが、解雇された労働者であっても、その効力に関して紛争が継続しているときは、雇用関係が完全に消滅したとはいえないから、なお雇用する労働者に当たる（三菱電機鎌倉製作所事件—東京地判昭和 63・12・22 労民集 39 巻 6 号 703 頁）。そのため、労働組合に所属していなかった労働者が、解雇後に地域合同労組に加入した場合でも、当該組合は団体交渉の当事者となりうる（これが義務的団交事項となることについては、本講 4 参照）。もっとも、当該解雇の有効性が裁判上確定していれば、使用者はこの団体交渉を拒否できる（ティアール建材・エルゴテック事件—東京地判平成 13・7・6 労判 814 号 53 頁）。他方、解雇時点からある程度期間が経過した後の団体交渉の申入れが、著しく時機に後れたものでない場合には、これを拒否することは団交拒否の不当労働行為に該当しうる（日本鋼管鶴見造船所事件—東京高判昭和 57・10・7 労判 406 号 69 頁、同事件—最 3 小判昭和 61・7・15 労判 484 号 21 頁）。

労働者側の団体交渉の担当者は、労働者の代表者またはその委任を受けた者である（労組法 6 条）。もっとも、団体交渉権限と労働協約締結権限は区別されるべきものであり、前者の権限を一任されていても、後者の権限が当然に認められているとはいえない（大阪白急タクシー事件—大阪地判昭和 56・2・16 労判 360 号 56 頁を参照）。

(2) **使用者側の当事者および担当者**

使用者側の団体交渉の当事者は、使用者および使用者団体である。当事者が使用者の場合の担当者は、個人企業における事業主本人や法人企業であればその代表者がこれに該当する。他方、事業所長、支店長、工場長などは、その者の地位にかかる交渉権限を有していると考えられる。なお、交渉権限を有している者が、当該団交事項についての処理権限（妥結権限、協約締結権限）を有しないことがあるが、このことを理由として団体交渉を拒否することはできない。この場合、交渉担当者は、処理権限のある者に具申して交渉妥結に努力することが求められる（都城郵便局事件—最 1 小判昭和 51・6・3 労判 254 号 20 頁）。

4 ………… 団体交渉の対象事項

(1) 総説

団体交渉でどのような事項を取り上げるかは、基本的には交渉当事者の自由である。しかし、正当な理由のない団交拒否が不当労働行為となる以上、使用者が負う団交応諾義務の対象となる事項の画定が必要となる。このような対象事項を義務的団交事項といい、これ以外の事項を、任意的団交事項という。

義務的団交事項の範囲に関する法律上の定義はない。そのため、この内容は、憲法や労組法による団体交渉権の保障の趣旨などを勘案して、解釈によって確定されていく必要がある。

一般に、学説および判例において、義務的団交事項とは「組合員である労働者の労働条件その他の待遇や当該団体的労使関係の運営に関する事項であって、使用者に処分可能なもの」と定義される（エス・ウント・エー事件―東京地判平成 9・10・29 労判 725 号 15 頁、本四海峡バス〔本訴〕事件―神戸地判平成 13・10・1 労判 820 号 41 頁、根岸病院事件―東京高判平成 19・7・31 労判 946 号 58 頁等）。以下、具体的にその内容についてみていく。

(2) 労働条件その他の待遇

義務的団交事項の対象である「労働条件その他の待遇」には、賃金、労働時間、安全衛生、福利厚生、人事異動、懲戒、解雇の基準および手続などが挙げられる。また、人事考課の基準、手続も原則としてこれに含まれる。

ここでいう労働条件は、原則として組合員の労働条件を指す。そのため、労働組合は、自らの組織に加入していない労働者（とくに、組合員資格が認められていない管理職、パートタイム労働者や派遣労働者など）の労働条件は、一般には義務的団交事項に該当しない。ある裁判例は、非組合員の労働条件に関する問題が、「将来にわたり組合員の労働条件、権利等に影響を及ぼす可能性が大きく、組合員の労働条件との関わりが強い事項については、これを団交事項に該当しないとするのでは、組合の団体交渉力を否定する結果となるから」、義務的団交事項に当たると述べている（前掲・根岸病院事件）。この裁判例では、いまだ組合に加入していない新規採用者の初任給の引下げが義務的団交事項に当たるかどうかについて、初任給は採用後の賃金のベースとなるもので、本件初任給引下げにより、組合員の間に大幅な賃金格差を生じさせるおそれがあることから、本件初任給引下げは義務的団交事項に当たると判断された。

(3) 団体的労使関係の運営に関する事項

また、団体的労使関係の運営に関する事項には、ユニオン・ショップ制、組合事務所の貸与、チェック・オフ、団体交渉のルール、労使協議の手続、争議行為のルールなどが挙げられる。

(4) 経営、生産および管理運営に関する事項

生産計画、業務計画、工場の統廃合、経営者の人事、事業譲渡や会社の組織変更など、経営、生産および管理運営に関する事項については、しばしば、使用者側から経営権に属する専権事項であるなどとして、団体交渉を拒否されることがある。しかし、学説および判例では、経営、生産および管理運営に関する事項も、労働者の労働条件や経済的地位の向上と関係がある限り、義務的団交事項となるとされる（管理運営事項について、国鉄団交拒否事件―東京地判昭和61・2・27労民集37巻1号123頁、同事件―東京高判昭和62・1・27労民集38巻1号1頁）。たとえば、生産計画の変更については、労働者の職種や就労場所などに関する限りで義務的団交事項となるし（栃木化成事件―東京高判昭和34・12・23労民集10巻6号1056頁）、業務の下請け化についても同様である（明治屋事件―名古屋地判昭和38・5・6労民集14巻5号1081頁）。

(5) 個別人事に関する事項

通常、団体交渉では、人事異動や解雇の基準など、集団的労働条件の基準の形成に関する手続が交渉事項となる。しかし、実際に個々の労働者に対して行われる個別の配転、解雇などの個別的労働条件が交渉事項に挙げられることも多い。企業別組合においては、個別人事に関する事項も団体交渉において処理されることが多く、通説および裁判例は、これらも義務的団交事項に当たると解している（前掲・日本鋼管鶴見造船所事件）。

なお、最近では、ある企業の従業員が地域合同労組に加入し、その労働組合が、当該従業員の解雇その他の個別的な問題について、その企業に対して団体交渉を申し込むというケースがある（本講3(1)も参照）。このような団体交渉に企業が応じないことから紛争が生じて（このように、集団的労使紛争の形をとりながら、実際は個別的な労働紛争であるものを「実質個別紛争」と呼ぶことがある）、団交拒否の不当労働行為該当性が問題となることがあるが、そこでは個別的な労働条件も義務的団交事項であるという解釈が前提となっている。

5 ············誠実交渉義務

　使用者は、労働組合からの団体交渉の申入れに対し、単に文書によるやりとりのみをするのではなく、直接交渉のテーブルに着かなければならない（清和電器産業事件—東京高判平成2・12・26労判632号21頁）。さらに、使用者は、合意の到達を目指して誠実に交渉をする義務を負う。なお、誠実交渉義務は使用者が労働組合の代表者と会見し協議する過程において果たされうるものであるとして、会見し協議する義務を内包するとの見解もある。これによれば、もっぱら書面による交渉方式は、直接話し合う方式をとることが困難であるなどの特段の事情があるときに限られる（清和電器産業事件—東京地判平成2・4・11労判562号83頁）。

　誠実交渉義務の内容をより具体的にみると、裁判例によれば、使用者は、「自己の主張を相手方が理解し、納得することを目指して、誠意をもって団体交渉に当たらなければならず、労働組合の要求や主張に対する回答や自己の主張の根拠を具体的に説明したり、必要な資料を提示するなどし、また、結局において労働組合の要求に対し譲歩することができないとしても、その論拠を示して反論するなどの努力をすべき義務」を負うものとされている（カール・ツァイス事件—東京地判平成元・9・22労判548号64頁）。誠実交渉義務に違反する団体交渉は、正当な理由のない団交拒否として不当労働行為となる（前掲・カール・ツァイス事件）。

　不誠実団交の例としては、団体交渉の席上、使用者側が当初から労働組合の要求に応じる意思がないことが明らかな場合（倉田学園事件—高松地判昭和62・8・27労判509号50頁）、使用者側が自らの主張を一方的に示すのみで実質的な協議が行われていない場合（オリエンタルモーター事件—東京高判平成2・11・21労民集41巻6号971頁）、労働組合からの賃上げ要求に対し、使用者側はゼロ回答に固執するものの、賃上げの最終決定権限を有する者が団体交渉に出席していないなど、交渉事項について決定権限を有する者が出席していなかった場合（大阪特殊精密工業事件—大阪地判昭和55・12・24労判357号31頁は、ゼロ回答の理由を十分説明していないこととあわせて不誠実と評価された）、組合の要求に対して具体的な資料を提供しない場合（大和交通事件—奈良地判平成12・11・15労判800号31頁）、また、労働組合の要求が具体的な賃金改善の要求ではなく、賃金制度の公開および資料の提示の要求に過ぎなかったが、使用者がこの

要求に応じられない理由を具体的に説明せずに、賃金制度の公開および資料の提示を行わなかった場合も不誠実団交となる（日本アイ・ビー・エム事件—東京地判平成14・2・27 労判830号66頁）。

なお、団体交渉は誠実に、平和的にかつ秩序ある方法で行われなければならず、暴力の行使は許されない。そのため、労働組合側の者が団体交渉の場で使用者側の者に対して暴力を行使する蓋然性が高いと認められる場合には、使用者は組合が暴力行為を行わない旨の約束をしない限り、団体交渉を拒否できる（マイクロ精機事件—東京地判昭和58・12・22 労判424号44頁）。もっとも、この蓋然性は、従前の団体交渉その他の折衝の場における態度等諸般の事情を考慮して判断される。たとえば、労働組合側の者による暴力的言動等が使用者の硬直した姿勢や不公正な行為と関連している場合には、蓋然性は高くないと判断されうる。

他方、誠実交渉義務は合意を強制するものではないため、誠実な団交が十分行われたものの、労使双方の「主張は対立し、いずれかの譲歩により交渉が進展する見込みはなく、団体交渉を継続する余地はなくなっていた」場合であれば、使用者が団体交渉を打ち切ったとしても、誠実交渉義務に違反しない（池田電器事件—最2小判平成4・2・14 労判614号6頁）。もっとも、団体交渉が行き詰まった後でも、交渉打切り後相当期間が経過することで、交渉再開が有意義なものとなる場合がある。この場合、使用者には交渉再開に応じる義務がある（寿建築研究所事件—東京高判昭和52・6・29 労民集28巻3号223頁。本件では、交渉決裂後の労働組合による暴力行為等を理由に、交渉再開は有意義とされなかった）。

また、判例によれば、複数組合主義のもとでは、併存する労働組合はそれぞれ固有の団体交渉権を有しており、使用者は、いずれの労働組合との関係においても誠実に団体交渉を行うべきことが義務づけられている（日産自動車〔残業差別〕事件—最3小判昭和60・4・23 民集39巻3号730頁）。使用者は各組合に対し、中立的態度を保持し、各組合の性格、傾向や従来の運動路線のいかんによって差別をしてはならないが、使用者が「各組合の組織力、交渉力に応じた合理的、合目的的な対応をすること」は許容される（前掲・日産自動車〔残業差別〕事件）（中立保持義務については、「18. 不当労働行為：分会長はつらいよ」を参照）。

6 ………… 団交拒否の法的救済

(1) 行政救済

　使用者が団体交渉を正当な理由なく拒否したり、不誠実な団体交渉を行った場合、労働組合または労働者は、労働委員会に不当労働行為の救済申立てを行うことができる（労組法27条）。救済の内容として、使用者に対して団体交渉に応ぜよ、または誠意をもって応ぜよ、当該理由により団体交渉を拒否してはならないなどの命令が、具体的事案に応じて発せられる（救済手続の詳細については、「18. 不当労働行為：分会長はつらいよ」を参照）。

　労働組合が団交拒否に対する不当労働行為の救済申立てを行った後、使用者が団交に応じて不当労働行為が解消された場合には、救済利益が失われる。そのため、労働委員会は団交応諾命令を発することはできないが、別途、ポスト・ノーティスなどによる救済の必要性が判断されうる。なお、裁判例では、団交応諾命令が発せられた後に、すべての組合員が退職し、現に雇用される組合員が不存在となった場合でも、その不存在が救済命令の履行を客観的に不可能ならしめる事情に該当し、救済命令の基礎を失って拘束力を失わせることにならない限り、団交応諾命令は失効しないとされている（ネスレ日本島田工場事件―東京高判平成20・11・12労判971号15頁）。

　以上のような不当労働行為の救済申立て以外に、労働組合は労働委員会に対し、団交拒否を労調法上の「労働争議」（労調法6条）であるとして、労働委員会にあっせんの申請（同12条）を行うこともできる。

(2) 司法救済

　使用者の団交拒否に対し、労働組合および労働者は、裁判所に直接救済を求めることができるかという問題がある。この問題は、まず、団交請求権を被保全権利として、裁判所による「使用者は団体交渉に応ぜよ」とか「団体交渉を拒否してはならない」などの仮処分命令（団交応諾仮処分）が認められるかについて争われた（不当労働行為の司法救済全般については、「18. 不当労働行為：分会長はつらいよ」を参照）。

　裁判例では、「団体交渉権が法的な保障を獲得するに至った歴史的経過及び団体交渉権が労働組合の有する権利のうちでもつ重要性にかんがみ」て、労組法7条2号から私法上の具体的団交請求権を肯定し、それを被保全権利として、団交応諾仮処分を認めたり（住友海上火災事件―東京地決昭和43・8・29労民集

19巻4号1082頁)、使用者が団交に応じない場合には、間接強制による履行強制を認めるものがあった（日通商事事件—東京地決昭和47・5・9判時667号14頁）。しかし、団交請求権の給付内容の特定が困難であること、また団交の履行を法律上強制することやその実効性の確保の困難さから、憲法28条ないし労組法7条は、労使間に具体的な団体交渉権を設定したものではなく、労組法7条2号は使用者に公法上の義務を課すに過ぎないとするものが現れた（新聞之新聞社事件—東京高決昭和50・9・25労民集26巻5号723頁）。それ以降、裁判例では、団交請求権を否定する立場が支配的となっている（阪神高速道路公団等事件—大阪地決平成7・5・26労判678号35頁）。

　他方、学説にも、私法上の団交請求権を認めるかどうかにつき争いがあったが、団交請求権の具体的給付内容は相対的流動的なものであるため、これは専門的な手続である調整手続や不当労働行為救済制度に委ねられるべきものであるとして、私法上の団交請求権については否定しつつも、労働組合は使用者を相手に団交を求める地位の確認請求をなしうるとする学説が有力となっている。すなわち、労働組合の代表者またはその委任を受けた者は、使用者と労働協約の締結その他の事項に関して交渉する権限を有するとの規定（労組法6条）を中心に、その他労組法の目的規定（同1条1項）や労働協約に関する諸規定（同14条および16条）を総合して、労組法は、労働組合が使用者に対し義務的団交事項に関して団交を求めうる法的地位を私法上設定しているとされる。判例も、団交を求める地位の確認請求を認めている（前掲・国鉄団交拒否事件）。なお、予備折衝で、団交の日時、場所、議題などが明確に設定されるなど、団交応諾義務の内容がある程度特定された場合には、具体的請求権を認めるべきとする学説もある。

　また、使用者の団交拒否が不法行為（民法709条）を構成する場合、労働組合または労働者は使用者に対して損害賠償を請求することができる。たとえば、平成6年12月から平成8年3月まで、10回にわたる団交申入れが不当に拒否された場合に、不法行為に基づく損害賠償請求が認められている（佐川急便事件—大阪地判平成10・3・9労判742号86頁）。ここにいう損害は、一般的に「労働組合としての団体交渉権を否定されたことに基づく社会的評価、信用の毀損による無形の財産的損害」とされる（前掲・佐川急便事件。たとえば、4年間にわたる不誠実交渉により団交機会を実質的に失ったことが、団交権ひいては団結権

も侵害するとされたケースでは、50万円の損害賠償が認められている（学校法人大谷学園事件―横浜地判平成22・10・28労判1019号24頁）。なお、団交拒否ないし支配介入の不当労働行為があったものの、具体的な損害の主張および立証ができていないことから損害賠償請求が否定されたものとして、恵和会宮の森病院〔降格〕事件―札幌高判平成16・9・17労判886号53頁）。

解答例

❶　A組合がB社の団交拒否について、労働委員会に不当労働行為の救済申立てをするためには、B社の団交拒否に正当な理由がないこと（労組法7条2号）を主張することが考えられる。B社の団交拒否の主な理由は、A組合がB社の言い分を聴かず当初の提案にこだわっており、これ以上の交渉は無駄であると考えたことと、第3回目の団交で暴力的言動があったことであると考えられ、これらがB社の団交拒否の正当な理由とはいえないことを主張する必要がある。もっとも、これは団交拒否に至るまでのA組合とB社の団交の経緯全体をふまえる必要がある。なお、A組合がB社の団交拒否につき労働委員会にあっせんの申請をしたところ、B社がこれに応じなかったが、あっせんに応じるかどうかはB社の自由であるため、B社があっせんに応じなかったこと自体は、不当労働行為の問題を生じさせないと考える。

　使用者は団交応諾義務を負い（労組法7条2号）、合意の達成を目指して誠実に交渉する義務を負う。もっとも、使用者は譲歩することを強制されるわけではないため、交渉が行き詰まるなど正当な理由があれば団交の打切りも許されるが、以下のとおりB社の団交拒否には正当な理由はなく、許されないと主張する。

　まず、組合員である労働者の労働条件その他の待遇や当該団体の労使関係の運営に関する事項であって、使用者に処分可能なものは、義務的団交事項として、使用者はその団交を拒否してはならない。この点につき、B社の交渉担当者Cは一時金は社長が決定するものとして、A組合からは意見を聴くだけで十分である旨の発言をしている。しかし、社長が最終的な決定をするとしても、一時金は組合員たる労働者の労働条件であり、義務的団交事項に当たるため、Cの述べたような理由による団交拒否には正当な理由がないと主張できる。

次に、使用者は誠実交渉義務を負うが、労働組合の要求に対して回答する場合は、根拠や必要な資料を示さなければならない。A組合は、当初から一時金3カ月分を要求してきたが、第2回目の交渉で、Cが経営悪化を理由に2カ月分の提案をした。そこで、A組合はその提案を裏づける資料である財務諸表の提示をCに求めた。これに対し、第3回目の交渉で、Cはとくに理由に言及することなく財務諸表を提示せず、A組合への理解を得ようとはしなかったのであり、これは不誠実な交渉態度といえる。

　さらに、B社の交渉担当者は当初から協約締結権限のないCであった。Cはこのことを理由に団交を拒否してはいないものの、協約締結権限ある者にA組合の提案内容を伝え、それをふまえた交渉をするのではなく、単にA組合の意見を聴くことに終始していたのであり、これも不誠実な交渉態度といえる。

　ところで、団体交渉は平和的かつ秩序ある方法で行われなければならず、労働組合が団交の場で暴力的言動をする蓋然性が高いと認められる場合には、使用者は労働組合が暴力的言動を行わない旨の約束がない限り、団交を拒否できる。この蓋然性は従前の団交態度等、諸般の事情を考慮して判断される。これについて、第3回目の交渉において、DがCに対して暴力的言動を行ったことは事実である。しかし、それまでの交渉においては、組合の暴力的言動はいっさいなく、この暴力的言動は、Cが不誠実な交渉態度に終始した結果もたらされたものであることから、Cが誠実な交渉を行えば、労働組合が団交の場で暴力的言動を行う蓋然性は低いといえる。したがって、Cに対する暴力的言動自体は非難されるべきものであったとしても、それのみでは団交を拒否する正当な理由にはならないと考える。

　以上のことから、B社の交渉態度は一貫して不誠実なものであり、正当な理由のないB社の団交拒否は不当労働行為（労組法7条2号）に該当すると主張することになる。

❷　A組合は裁判所に、B社に対する団体交渉を求める地位確認および不法行為に基づく損害賠償支払い（民法709条）などの請求をすることが可能であると考える。

　まず、労働組合および労働者には、憲法28条、労組法6条および7条2号によって団体交渉権が保障され、それが実現されるためには使用者に対して具体的な団交応諾請求権が認められる必要があるとして、B社に対して団交応諾を裁判上求めることも考えられる。しかし、憲法28条の規範は抽象的であり、労使間において団体交渉について具体的な権利義務を設定したものと解するのは適当といえないこと、団交応諾請求権を認めるとしてもその給付内容が特定できないことから、団交応諾請求権は認めら

れないだろう。
　もっとも、労組法によれば、労働組合の代表者またはその委任を受けた者は、使用者と労働協約の締結その他の事項に関して交渉する権限を有すること（労組法6条）、団交およびその手続を助成することを目的の1つに挙げること（同1条1項）、そして、団交の結果締結される労働協約に、特別な要件のもとで規範的効力を認めるなど（同14条および16条）していること等を総合すると、労組法は、労働組合が使用者に対し、義務的団交事項に関して団交を求めうる法的地位を私法上設定しているといえる。よって、A組合はB社に対して団交を求める地位の確認請求をすることができると考える。
　また、使用者の団交拒否が不法行為（民法709条）を構成する場合、労働組合または労働者は損害賠償を請求することができる。❶のとおり、Cの交渉態度は一貫して不誠実なものであったが、具体的には、交渉においてA組合の求めた資料を提示しようとせず、また、CがA組合の意見を聴くだけで十分である旨発言するなど、正当な理由なく団交を拒否しようとする姿勢があらわであったといえる。これは、明確に違法性があり、故意による団交拒否である（労組法7条2号）。また、Cの交渉態度および不当な団交拒否により、A組合は、2011年の一時金に関する団体交渉の機会を実質的に奪われる結果となり、これは、A組合の団体交渉権を著しく侵害するものであるとともに、A組合は、これにより社会的評価、信用の毀損による無形の損害を被ったといえる。したがって、B社の団交拒否は不法行為（民法709条）を構成し、A組合のB社に対する損害賠償請求は認められると考える。

関連問題

1. 非組合員の労働条件と義務的団交事項

　浜田病院には、常勤職員のほぼ全員で組織される労働組合があった。浜田病院は、2011年6月ころ、2012年4月採用予定の者の初任給を平均約20％引き下げる旨理事会で決定したこと、今回の初任給引下げは、現在の労働組合の組合員には何ら影響を及ぼさないこと等を、労働組合に書面で通知した。これに対して、労働組合は、初任給引下げはこれから組合員になる可能性の高い職員の労働条件を著しく低下させるものであるため、反対である旨を表明し、本件

初任給引下げについて、浜田病院に団体交渉を申し入れた。しかし、浜田病院は、初任給引下げは労働組合の組合員の労働条件にはいっさい関わり合いがないことであるとして、団交を拒否した。これは不当労働行為に該当するか。

【初任給の引下げは、義務的団交事項となるか。前掲・根岸病院事件を参照】

2. 合同労組の団交当事者性、個別条件に関する団交申込み

今田物産（以下、会社）で働く広瀬泉は、勤務成績が不良であるという理由で解雇を言い渡された。広瀬は30日分の賃金に相当する解雇予告手当を支払われたが、解雇には納得できなかった。広瀬は当面の生活を維持するために転職先を探したがみつからなかった。そんなとき、インターネットで自宅のすぐ近くのビルにコミュニティ・ユニオンがあることを知った。すでに解雇を通告されてから6カ月経っていた。広瀬がコミュニティ・ユニオンに行ったところ、そこの佐藤晴弘委員長は、広瀬の話をよく聞いてくれた。そこで広瀬は、このコミュニティ・ユニオンに加入することとし、佐藤委員長はさっそく会社に、広瀬の解雇の件について団体交渉を申し込むとの通知を送った。ところが、会社は、広瀬はすでに社員ではないので、会社は使用者ではなく、団体交渉に応じる義務はないと返答してきた。会社の行為は不当労働行為に該当するか。

【駆け込み訴えは認められるか。前掲・日本鋼管鶴見造船所事件等を参照】

| 参 | 考 | 文 | 献 |

・誠実交渉義務について
　道幸哲也『労使関係法における誠実と公正』（旬報社・2006年）

16. 労働協約
反故にされた約束

設問　オフィス製品の販売を業とする株式会社コニー（以下、会社）は、東京汐留にあるビルの3階と4階に事務所をもっている。田中覚英は、2000年にこの会社に入社し、会社が創設された1985年から存在しているコニー従業員組合（以下、従組）に、入社と同時に加入している。会社の従業員数は192名（非正社員を除く）であったが、そのうち145名が従組に加入しており、組合員はすべて会社の従業員（非正社員を除く）であった。一方、田中と同期入社の福田岳郎は、会社に組織されているもう1つの組合であるコニー労働組合（以下、労組）に加入しており、執行委員長を務めている。労組は、外部の上部団体の勧誘活動により、2007年に結成されたものであった。福田はかつては従組の組合員であったが、労組設立の際に中心的なメンバーとなっていた。福田は、従組にとくに大きな不満があったわけではなかったが、もう少し会社に物申す労働組合であってもよいとかねがね思っていたので、上部団体の薦めもあり、思い切って従組の組合員のなかから数名を引き連れて、新組合の結成に踏み切ったのである。現在の組合員数は10名である（非正社員を除く）。田中も従組に不満がなかったわけではなく、福田からずいぶん労組への加入を誘われたが、仕事が忙しくなってきて、組合の移籍をするような余裕がなかったので、従組の組合員のままでいた。

　労組は、従組から独立したとはいえ、基本的な労働条件面で、とくに従組と違う要求があるわけではなく、労働協約については、従組とほぼ同内容のものを締結していた。2009年4月に締結された労働協約（以下、2009年協約）も、やはり従組と労組とで、内容の違いはなかった。

　例年の協約は、「賃金に関する項目」と「その他の項目」から構成されていた。2009年協約でも、同様の2部構成になるはずであり、同年2月の段階では、これらの項目についてはおおむね合意に達し、あとは書面化して署名を行うのみという状況であった。しかし、ちょうどこのころ、たまたま会社の社長が他社の社長から、「うちの会社はワーク・ライフ・バランス施策で従業員の士気を高めることができた」という話を聞きつけ、早速、自社でもこれを実践しようと、両組合に申し出をし、どちらからも異存なしとの

回答を得たため、3月初めに、先の2つの項目に「所定休日の増加について」という項目を追加して、1つの協約に統合することとなった。また、社長は、この労働協約の内容は、労働条件の基本的な枠組みを設定するものなので、これまでのように期間を1年とするのではなく、2009年協約からは期間の定めのないものにしたいと申し出たところ、両組合はこの申し出を受け入れた。こうして最終的に書面化・署名された2009年協約は、上記3つの項目からなる期間の定めのない協約となった。

2009年協約の「賃金に関する項目」は、例年と同様、「会社はこの協約及び就業規則及び別に定める協定によって賃金を支払う」旨の規定が置かれ、また「賃金に関する項目」のなかの1つである「賞与」という項目には、「会社はその業績に応じて賞与を支払う。ただし、その上限（年額）は月額給与の5カ月分とする」旨の規定が置かれた。一方、2009年協約で新設された「所定休日の増加」という項目には、他の2つの項目にはみられない前文が付されており、その前文では、「会社は、経営状況等に鑑みながらワーク・ライフ・バランスの実現のために、次の施策を実施する」と書かれていた。そして、この前文を受けて、「年間所定休日（2009年4月現在、115日）を以下のとおり増加する。2010年4月～2011年3月：117日、2011年4月～2012年3月：119日、2012年4月～2013年3月：121日、2013年4月～2014年3月：123日、2014年4月より毎年125日」と規定されていた（以下、これを休日増加規定とする）。

賞与に関しては、毎年、春闘の時期に締結される労働協約で基本的な枠を決めて、その後、会社と従組および労組それぞれの間で団体交渉が行われ、支給月数を決定する方式がとられてきた。過去20年近く、その支給月数はおおむね5.5～6カ月分の範囲内で妥結していたが、2009年協約では、その上限が5カ月と定められ、それを前提に会社と従組および労組それぞれとの間で交渉がなされたところ、両組合ともに5カ月で妥結したため、2009年6月、会社と従組および労組それぞれとの間で、支給月数を5カ月とする賞与協定（書面）が署名手続を経て締結された。その後、2010年、2011年についても、それぞれその年度の支給月数について会社と両組合との間で交渉がなされたが、いずれも5カ月で妥結した。2009年に締結された賞与協定はとくに期間の定めが付されていなかったため、結局、2010年、2011年については、この2009年の賞与協定がそのまま維持された。

2012年5月、会社は、従組および労組に対して、急激な円高進行によ

る経営状況の悪化を理由に、①今年度の賞与の支給月数を4.2カ月に引き下げたい旨、②2013年4月以降の年間所定休日日数の増加についても、このような休日増加に対応して月例賃金を引き下げない限り、割増賃金の算定基礎賃金が増加し、経営を圧迫することになるから、これを当面延長したい旨の申し出を行い、それぞれ計6回の団体交渉が行われた。当初は、従組も労組もこれに反対していたが、従組は、会社の経営状況および①②を受け入れても会社の賞与および所定休日日数の水準は同業他社よりも上回っていることを考慮し、会社の申出を受け入れる方向で検討を始めた。従組の規約上は、協約の締結および変更については組合大会の決議を要することとなっていたが、実際には過去10年間において、定期大会（4月・10月）以外に組合大会を開催するということはなく、執行部会議で決定をし、事後の定期大会で追認するという手続がとられてきた。ただ、執行部会議の最終決定の前に、全組合員に宛てて電子メールを送り、組合員からの意見を募り、これをふまえながら決定をし、場合によっては団体交渉を継続するという形がとられていた。

　2012年8月1日、田中のもとに、従組執行部から、会社の提案内容とそれを受諾するという内容の電子メールが送られてきた。田中は、賞与の引下げについては、かなり大きい額で、納得できないと考え、同様の意見をもつ他の組合員3名と連名で、従組執行部に対して電子メールで返事をした。その内容は、今回のような不利益変更の場合は、規約に従って、組合大会を臨時に開催したうえで決定すべきことを求めるものであった。しかし、従組執行部は、これまでも不利益変更の場合であろうとなかろうと、事後の定期大会での追認という手続を踏んできていたとして、この申し出を認めず、2012年9月1日付の文書で、会社の提案に同意する旨の通知を行い、同月15日に会社と従組の署名をもって2009年協約および賞与協定の変更が行われた。田中は、その結果を、同月16日の従組執行部からの電子メールで知らされたとき、怒りがこみあげてきた。

　一方、福田も、怒っていた。労組は、従組とは違い、会社の提案に同意しない方向で組合員全員の意思が固まっていた。何とか妥協点を探ろうと思っていた矢先の2012年9月30日、会社は、突然、労組に対し、2009年協約の所定休日増加規定のうち、「2013年4月〜2014年3月：123日、2014年4月より毎年125日」という部分、および2009年6月に締結された賞与協定につき解約する旨を、記名捺印した文書で通告してきた。労組は、これに猛抗議し、解約の撤回をめぐる団体交渉がなされたが、

会社側の態度は硬かった。

　会社は、さらなる手を打ってきた。2012 年 10 月 15 日付けで、就業規則の所定休日に関する規定（2009 年協約と同一内容のものが定められていた）を「年の所定休日日数は 121 日とする」という内容に変更し、従組からの同意文書を添えて、所轄労働基準監督署長に届け出るとともに、社内のホームページにアップした。なお就業規則には、「会社はその業績に応じて 7 月と 12 月に賞与を支給する。ただし、賞与の年間支給額の上限は月例賃金の 5 カ月分を超えないものとする」という賞与に関する規定もあったが、これについてはとくに変更はなされなかった。

　賞与は、上記就業規則の規定のとおり、年 2 回に分けて支給されることになっており、2009 年〜2011 年度は、7 月に月例賃金の 2 カ月分、12 月に 3 カ月分（計 5 カ月分）が支給された。2012 年度については、会社は、まず 7 月に、すべての従業員に対して、例年どおり月例賃金の 2 カ月分を支給したが、12 月には賞与協定の変更に同意した従組の組合員だけでなく、その他のすべての従業員にも、2.2 カ月分（計 4.2 カ月分）を支給するにとどまった。

❶田中は、従組執行部に抗議をしたいところであったが、まずは会社に対して、2012 年の 2009 年協約および賞与協定の変更は無効であるとして、(1)年の所定休日日数が、2013 年度は 123 日、2014 年 4 月より毎年 125 日であること、および、(2) 2012 年度の賞与については、月例賃金の 5 カ月分を支払うべきであるとして、実際に支払われた額との差額の支払いを求めたいと思っている。田中から相談を受けた弁護士のあなたは、どのように回答するか。

❷福田ら労組の組合員は、会社による 2009 年協約の一部解約および賞与協定の解約は無効であるとして、会社に対して、❶の田中と同一内容の請求するために訴訟を提起した。会社から相談を受けた弁護士のあなたは、どのように主張を構成するか。

❸大平正義は、2010 年に部長に昇進したために、従組の組合員資格を失い、従組を脱退した。大平の 2012 年度の賞与および 2013 年 4 月以降の所定休日日数はどうなるか。

（以下、株式会社コニー＝A 社、コニー従業員組合＝B 組合、コニー労働組合＝C 組合、田中覚英＝D、福田岳郎＝E、大平正義＝F とする）

解　説

1 ……… 概　観

(1) 設問のねらい

　複数組合が併存するケースにおいて、労働協約に定める労働条件の引下げを行う際に生じる問題を扱っている。

　具体的には、設問❶では、A社と多数組合たるB組合との間では、その合意により従前の労働条件を引き下げる労働協約の改定がなされているが、かかる不利益変更がなされた労働協約に、規範的効力（労組法16条）が発生して、B組合の組合員であるDを拘束することになるのかについて問うている。また設問❷では、A社は、少数組合たるC組合からは不利益変更の合意を得られず、2009年協約の一部解約および賞与協定の解約をなしているが、とくに前者の労働協約の一部解約はそもそも許されるのかについて問うとともに、解約により労働協約が失効した場合に、その後のEら組合員の労働条件がどのように決定されるのかについて問うている。さらに設問❸では、いわゆる労働協約の一般的拘束力がどこまで及ぶかについて問うている。

(2) 取り上げる項目

▶労働協約の不利益変更
▶労働協約の一般的拘束力
▶労働協約の解約
▶労働協約失効後の労働条件

2 ……… 労働協約とは

(1) 労働協約の2つの効力と部分

　労働協約とは、労働組合と使用者（またはその団体）との間で締結される契約であり、組合員の労働契約内容を規律するとともに、労使関係の運営等のルールを設定するものとなっている。労働協約には、次の2つの効力が認められる。

　第1が規範的効力であり、これは労組法16条により労働協約に付与されている特別の効力である。すなわち、「労働協約に定める労働条件その他の労働者の待遇に関する基準」に違反する労働契約部分が無効となり（強行的効力）、

295

当該無効となった部分および労働契約にそもそも定めがない部分についても、労働協約の定める基準によることになる（直律的効力）。労働組合員の労働契約の内容（労働条件等）が労働協約によって定められる根拠は、労働協約のかかる規範的効力に求めることができる。

　第2が債務的効力であり、労働協約の締結当事者である労働組合と使用者の間の契約としての効力である（ただし、後述のように、労働協約の特殊性のために、通常の契約としての効力とは異なる面もある）。

　労働協約のうち規範的効力が及ぶ部分は、規範的部分（「労働条件その他労働者の待遇に関する基準」を定めた部分）と呼ばれている。具体的には、労働時間、賃金、安全衛生、災害補償、教育訓練等の典型的な労働条件、福利厚生などに関する基準について定めた部分がこれに当たる。これに対し、債務的効力は、上記のとおり契約としての効力であるから、規範的部分を含めて労働協約の全体に及ぶ。しかし、規範的効力が及ばず債務的効力しか及ばない部分（主に労使関係の運営等のルールを定めた部分）のみを、とくに債務的部分と呼んでいる。具体的には、組合員の範囲、ユニオン・ショップ、組合活動に関する便宜供与やルール、団体交渉の手続・ルール、争議行為に関するルールなど、労使関係の運営に関する事項について定めた部分がこれに当たる。

(2) **労働協約の効力要件**

　このような労働協約の効力につき、労組法14条は、労働組合と使用者（またはその団体）との間で「書面に作成し、両当事者が署名し、又は記名押印することによってその効力を生ずる」と規定している。

　問題は、このような要式性を欠く労働協約にいかなる効力が認められるかである。学説上は、①一切の効力が認められないとする説、②規範的効力は認められないが、債務的効力は認められるとする説などがある。最高裁は、「仮に、労働組合と使用者との間に労働条件その他に関する合意が成立したとしても、……労働協約としての規範的効力を付与することはできない」と判断しており（都南自動車教習所事件—最3小判平成13・3・13民集55巻2号395頁）、少なくとも規範的効力は認められないとする立場を明らかにしている（これに対し、債務的効力が認められるかについての立場は明らかではない）。

　なお、上記の書面要件については、その表題や形式は問わず、賃金協定、団交議事確認書、覚書などでも労働協約となりうる。

3 ………労働協約の規範的効力をめぐる論点

(1) 有利原則

　規範的効力をめぐり問題となるのは、組合員が労働協約よりも有利な内容を含む労働契約を締結している場合も、規範的効力が認められるかという点である。学説上は議論があるが、現在では、労働協約の締結当事者が労働契約の上乗せを許容している（有利原則を認める）趣旨であれば認められるが、このような当事者の意思が明らかではない場合には、日本の企業別組合・企業別交渉の実態（交渉し、協約化されるのは、通常は、当該企業における現実の労働条件であり、最低基準ではない）に照らし、労働協約よりも有利な労働契約を締結している場合も、労働協約の規範的効力を認める（有利原則を否定する）と解する立場が有力となっている。

(2) 労働条件を不利益に変更する労働協約の効力

　また、労働条件を不利益に変更する労働協約に規範的効力が認められるかという点も問題となる。というのは、労働組合は、組合員の労働条件の維持向上を目的としており（労組法2条参照）、組合員に不利な内容の労働条件を決定する権限があるのかが問題となるからである。かつての裁判例では、組合員に不利益な労働協約には規範的効力は発生せず、組合員の同意を要すると述べるものもあった（大阪白急タクシー事件—大阪地決昭和53・3・1労判298号73頁）。

　しかし、最高裁は、以下にみる労働協約の一般的拘束力に関する労組法17条について、「同条は、その文言上、同条に基づき労働協約の規範的効力が同種労働者にも及ぶ範囲について何らの限定もしていない上、労働協約の締結に当たっては、その時々の社会的経済的条件を考慮して、総合的に労働条件を定めていくのが通常であるから、その一部をとらえて有利、不利をいうことは適当でない」と述べて、労働条件を不利益に変更する労働協約についても一般的拘束力（規範的効力の拡張）が及ぶと述べた（朝日火災海上保険〔高田〕事件—最3小判平成8・3・26民集50巻4号1008頁）。この部分は、規範的効力について判示したものであるので、労組法16条の解釈にも当てはまるものといえるであろう。

　さらに、労組法16条の規範的効力が正面から問題となった事案（従業員間における労働条件の不統一を解消するために、組合員の所属する従業員グループの定年を63歳から57歳に引き下げ、退職金の支給基準も引き下げる労働協約が締結

されたというケース）で、最高裁は、労働条件の不利益変更の程度が小さいものではないということを認めたうえで、「同協約が締結されるに至った……経緯、当時の被上告会社の経営状態、同協約に定められた基準の全体としての合理性に照らせば、同協約が特定の又は一部の組合員を殊更不利益に取り扱うことを目的として締結されたなど労働組合の目的を逸脱して締結されたものとはいえず、その規範的効力を否定すべき理由はない」（朝日火災海上保険〔石堂〕事件—最 1 小判平成 9・3・27 労判 713 号 27 頁）と述べた。これは、労働組合は組合員全体の利益を公正に代表すべきであり、一部の組合員のみを不利益に扱ってはならないという考え方を示したものといえる。

このように現在の判例は、労働条件を不利益に変更する労働協約の規範的効力については、「協約が特定の又は一部の組合員を殊更不利益に取り扱うことを目的とするなど労働組合の目的を逸脱して締結された」場合に、例外的にこれを否定するという立場に立っているとみることができる。そして、このような規範的効力が否定されるべき例外の場合（協約自治の限界）に当たるかについては、①当該労働協約が締結されるに至った経緯、②当時の使用者側の経営状態、③当該労働協約に定められた基準の全体としての合理性、等を考慮して判断すべきものとされている（中央建設国民健康保険組合事件—東京高判平成 20・4・23 労判 960 号 25 頁参照）。また、組合員の一部の者への不利益の程度が大きい場合には、①の労働協約の締結過程は重要な判断要素になるであろう（中根製作所事件—東京高判平成 12・7・26 労判 789 号 6 頁、日本鋼管事件—横浜地判平成 12・7・17 労判 792 号 74 頁等参照）。

なお、協約自治の限界は、すでに組合員個人に発生している具体的権利を事後に締結された労働協約（の遡及適用）で処分・不利益変更しえないこと（前掲・朝日火災海上保険〔高田〕事件、香港上海銀行事件—最 1 小判平成元・9・7 労判 546 号 6 頁）のほか、特定組合員の雇用を終了させえないことなどの点にも見出すことができ、このような場合には、組合員個人の授権（同意）を得ることが必要となる。

4 ……… 労働協約の一般的拘束力

(1) 総　説

労働協約の規範的効力は、当該協約の当事者である使用者と協約締結組合に

加入している組合員たる労働者にのみ適用されるのが原則である。しかし、例外的に当該協約が多数の労働者に適用される場合、協約締結組合に加入していない労働者にも適用されること（規範的効力の拡張適用）がある。このような労働協約の効力を一般的拘束力という。一般的拘束力が及ぶ場合は、工場事業場レベルのもの（労組法17条）と地域レベルのもの（同18条）とがあるが、以下では、例の多い前者についてみていくこととする。

(2) **労組法17条の定める要件**

労働協約の一般的拘束力の効果は、①「一の工場事業場」に、②「常時使用される」、③「同種の労働者」の、④「4分の3以上の数の労働者が一の労働協約の適用を受ける」、という要件を充足した場合に、他の「同種の労働者」に労働協約が適用されることである（労組法17条）。①については、企業単位とする見解もあるが、通説および判例は、法律の文言どおり、事業場単位と解している。②については、実質的に判断すべきものと解されており、有期契約が長期的に反復更新されている場合は「常時使用される」に該当することになる。③については、パートタイム労働者や臨時工、管理職など組合員資格が認められていない者はそれだけで同種性を否定すべきとの見解もあるが、通説および判例はそのような見解をとっていない。職務内容や勤務形態、人事処遇の体系などを総合考慮して、当該者への適用が客観的に想定されているといえる場合には、「同種の労働者」と判断する見解が有力である。④については、1つの労働組合だけで4分の3以上を組織していることを要すると解される。

(3) **労働条件の不利益変更と一般的拘束力**

以上のような労組法の明文上の要件を満たしている場合であっても、労働協約の拡張適用により、労働条件が不利益変更される場合には、それをそのまま認めることができるかどうかについては議論がある。労働協約の拡張適用は、拡張適用される労働者にとっては、自らが所属していない労働組合の決めた労働条件が強制的に適用されるということであり、その労働組合の組合員であれば規範的効力を認めてもよいといえる不利益変更であっても、非組合員にまで当然に適用させてよいとはいえないからである。

実際、判例も、この点を考慮して、労働協約の拡張適用による労働条件の不利益変更については、一定の制約を課している。

まず、いかなる労働組合にも所属していない未組織労働者への拡張適用につ

いては、最高裁は、①労組法17条の文言では規範的効力の及ぶ範囲について限定しておらず、また②労働協約はその一部をとらえて有利、不利をいうことは適当でないという理由（本講3(2)参照）に加え、③同条の趣旨は、「主として一の事業場の4分の3以上の同種労働者に適用される労働協約上の労働条件によって当該事業場の労働条件を統一し、労働組合の団結権の維持強化と当該事業場における公正妥当な労働条件の実現を図ることにあると解される」との理由を述べて、労働条件の不利益変更をする労働協約であっても、規範的効力は生じうると判断している。もっとも、「未組織労働者は、労働組合の意思決定に関与する立場になく、また逆に、労働組合は、未組織労働者の労働条件を改善し、その他の利益を擁護するために活動する立場にないことからすると、労働協約によって特定の未組織労働者にもたらされる不利益の程度・内容、労働協約が締結されるに至った経緯、当該労働者が労働組合の組合員資格を認められているかどうか等に照らし、当該労働協約を特定の未組織労働者に適用することが著しく不合理であると認められる特段の事情があるときは、労働協約の規範的効力を当該労働者に及ぼすことはできないと解するのが相当である」とも述べており（前掲・朝日火災海上保険〔高田〕事件）、結局、判例は、原則肯定・例外否定という立場をとっているということができる。

これに対し、他組合（少数組合）の組合員への拡張適用については、いまだ最高裁判決はない。しかし、通説・裁判例は、それが労働者に有利・不利のいずれになるかにかかわらず、少数派組合の団結権・団体交渉権の尊重という観点から、これを否定する見解をとっている（たとえば、大輝交通事件—東京地判平成7・10・4労判680号34頁を参照）。

5 ……… 債務的効力

債務的効力について、労組法は特別な定めを置いていない。しかし、契約当事者としての契約としての効力であるから、特段の定めがなくても認められるものであり、協約当事者である使用者と労働組合は協約で合意された事項について履行義務（不作為義務も含む）を負い、履行されないときには、その履行を請求し、または不履行によって損害が生じた場合には、損害賠償を求めることができるというのが原則となる（組合との合意なしに生産設備等を搬出しない旨の労働協約上の規定に違反する会社の行為について組合からの差止め請求を認め

たものとして、東京金属ほか1社事件—水戸地下妻支決平成15・6・19労判855号12頁参照)。

　なお、前述のとおり、債務的効力は、契約当事者である労働組合と使用者の間の契約として協約の全体に及ぶ。したがって、債務的部分のみならず規範的部分にも、債務的効力が認められることになる。しかし規範的部分については、規範的効力により、組合員に直接使用者に対して協約に定める労働条件を請求する権利が認められるため、労働組合が使用者に対してなす規範的部分の履行請求および確認請求については、訴えの利益を否定される場合が多いであろう。

6 労働協約の終了
(1) 労働協約の期間の定めと解約

　期間の定めがある労働協約は、その満了によって終了する。この期間は3年を超えることはできず、3年を超える期間が設定されても3年の有効期間を定めたものとみなされる（労組法15条1項・2項）。

　これに対し、期間の定めのない労働協約は、当事者の一方が、署名または記名押印した文書により、少なくとも90日前に予告することによって、いつでも解約することができる（労組法15条3項・4項）。この解約については、上記の予告期間以外に特段の制約はない。ただし恣意的な解約であれば、不当労働行為に該当し（労使が対立するなか、これまで問題が生じていなかった組合専従協定の突然の解約を不当労働行為とした裁判例として、駿河銀行事件—東京地判平成2・5・30労判563号6頁）、あるいは権利濫用に当たると判断される可能性もあるといえよう。

(2) 労働協約の一部解約

　労働協約の解約において、協約全体ではなく、その一部のみを解約することは許されるのかという問題がある。学説では、労働協約は、通常、相互譲歩の結果としてその全体が一体をなすものであって、仮にその一部のみの解約を認めると、一方当事者が自己に不利な部分のみを解約し、自己に有利な部分だけを協約に残す（いわゆる「つまみ食い」）ことを認めることになるため、原則的にこれを否定しつつ、独立性の高い部分についての解約は、一定の要件のもとで例外的に認められうるとする立場が有力である。

　裁判例も、原則否定・例外肯定の立場をとっており、例外的に一部解約が認

められる場合として、「協約自体のなかに客観的に他と分別することのできる部分があり、かつ分別して扱われることもあり得ることを当事者としても予想し得たと考えるのが合理的であると認められる場合には、協約の一部分を取りだして解約することもできる」とするもの（ソニー事件―東京高決平成 6・10・24 労判 675 号 67 頁）や、より厳格に、「その条項の労働協約の中での独立性の程度、その条項が定める事項の性質をも考慮したとき、契約締結後の予期せぬ事情変更によりその条項を維持することができなくなり、又はこれを維持させることが客観的に著しく妥当性を欠くに至っているか否か、その合意解約のための十分な交渉を経たが相手方の同意が得られず、しかも協約全体の解約よりも労使関係上穏当な手段であるか否かを総合的に考え合わせて、例外的に協約の一部の解約が許される場合があるとするのが相当である」とするもの（日本アイ・ビー・エム事件―東京高判平成 17・2・24 労判 892 号 29 頁）もある。

(3) 協約失効後の労働条件

また労働協約が失効した場合、その後の労働条件がどうなるのかという問題もある。学説上は、労働協約の規範的効力が労働契約をどのように規律すると考えるかによって見解が分かれている。すなわち、①労働協約の内容は労働契約の中に入り込み、その内容となるから、労働協約が失効しても、労働協約の内容は労働契約の内容としてそのまま存続するとの化体説と、②労働協約は労働契約をあくまで外部から規律しているに過ぎず、労働協約が失効すれば労働協約の規範的効力も消滅し、労働契約内容はいったん空白になるとする外部規律説がある。学説および裁判例では、後者が有力となっている。

外部規律説に立つと、労働協約失効後の労働契約は空白となるので、労働契約の内容を補充する必要が生じるが、その際に考慮しうるのは、就業規則、労働慣行、個別契約等である。

通常は、就業規則が制定されているので、就業規則が労働契約の内容を補充することになる（そのような例として、前掲・香港上海銀行事件）。このとき若干議論になりうるのは、就業規則の規定が労働協約に反するものであった場合、労働協約の存続中は、労契法に定める就業規則の内容規律効（労契法 7 条）、合理的な不利益変更にかかる効力（同 10 条）および最低基準効（同 12 条）は、当該就業規則の規定は当該労働協約の締結組合の組合員たる労働者には適用しないとされているところ（同 13 条）、労働協約失効後は、上記就業規則の効力

が復活し、補充規範となりうるかである。従来は、就業規則と労働協約の関係については、労基法92条1項に、就業規則は労働協約に「反してはならない」との規定が置かれるのみであったため、「反してはならない」の解釈に議論が生じ、労働協約に反する就業規則は無効と解し、いったん無効となった部分は労働協約失効後も復活しないとの解釈が有力であった。しかし、労基法92条1項と連携する上記労契法13条の「適用しない」との文言からは、労働協約に違反する就業規則も無効となるわけではなく、単に上記補充効等が発生しないというのにとどまるものとされ、協約失効後は、上記効力が復活するとの解釈が有力となっている。この解釈によれば、上記のような就業規則も補充規範の対象になりうることになる。

こうした就業規則等の補充規範がないケースでは、新たな労働条件が設定されるまでは、継続的な労働契約関係における合理的な意思解釈として、従来の協約内容がそのまま適用されるとした例も少なくない（朝日タクシー事件—福岡地小倉支判昭和48・4・8判タ298号335頁等参照。ただし、協約失効後も従前の協約内容によると認めることは、当事者の意思解釈の範囲を逸脱するとしてこれを否定した裁判例として、学校法人大阪経済法律学園事件—大阪地判平成20・11・20労判981号124頁）。

なお、労働協約失効後、新労働協約の成立（労働協約の改定）や就業規則の合理的変更等により、新たな労働条件が設定された場合には、その労働条件によることとなる。

解答例

❶ まずB組合の組合員については、B組合とA社の合意により、2013年4月以降の年間所定休日日数の増加を停止することを内容とする2009年協約の改定、および2012年度の賞与を4.2カ月に引き下げることを内容とする賞与協定の改定が行われている。これらの労働協約には規範的効力がある（労組法16条）ので、Dが従前の労働協約に定める労働条件を求めることはできないということになりそうである。もっとも、労働組合は組

合員の労働条件の維持改善を目的としており（同2条参照）、こうした従前の労働条件を不利益に変更する労働協約に規範的効力を認めてよいのかが問題となる。

　この点について、労組法上は組合員に不利益な内容の労働協約についての規範的効力を否定する明文の規定はない。他方、労働組合は継続的な労使関係のもと、使用者と相互に譲歩しながら、労働者に有利・不利な条項を一体として合意したり、ときには組合員の長期的な利益（雇用保障の確保）のために一時的に労働者に不利な条件を受け入れたりするのが一般的であり、労働者に不利な部分のみを取り出してその規範的効力を否定することは、上記のような団体交渉の相互譲歩的性格を無視するもので、妥当ではない。したがって、労働条件を不利益に変更する労働協約であっても、原則として規範的効力が認められると解すべきである。ただし、労働組合は公正に組合員の利益を代表すべきであり、当該労働協約が締結されるに至った経緯、当時の会社の経営状況、協約に定められた基準の全体としての合理性等に照らして、労働組合の目的を逸脱すると評価される場合には、例外的に規範的効力が否定されるべきである。

　以上を前提に、2009年協約および賞与協定の改定について検討すると、まず、いずれの労働協約改定についても、B組合は組合規約で求められている手続（組合大会での決議）を踏んでいないという点で、手続上の瑕疵が認められる。しかし、B組合では従来から協約締結・改定にあたり必ずしも組合大会の決議を経ていたわけではなく、今回の改定でも組合大会に付されてはいないものの、組合員の意見を聴取する機会は実質的に確保されており、またこれは従来の慣行に沿うものでもある。たしかに、Dらは組合大会開催による決議を要望してはいるものの、従来の慣行とは異なるものであり、組合執行部がこの要望を受け入れなかったという事実を重視すべきではない。また、そもそもいずれの労働協約改定も、急激な円高不況による経営状況の悪化を理由とするもので、変更の必要性が認められるとともに、変更後の労働条件も、その水準はなお同業他社を上回るもので相当性をもつものである（とくに所定休日日数については、従前の水準は維持されている点で、その不利益性は必ずしも大きいとはいえない）ことに鑑みると、今回の組合規約上の手続の瑕疵は、規範的効力を否定するほど重大なものということはできないであろう。

　以上のことから、改定後の2009年協約および賞与協定にはいずれも規範的効力が認められるから、Dの請求は認められないと回答するのが妥当である。

❷　A社としては、C組合との労働協約の解約は有効になされ、かつ変更後

の就業規則に合理性が認められるので、その就業規則が適用されるということ、またはB組合との労働協約が一般的拘束力（労組法17条）によりC組合の組合員にも及ぶことを主張していくことが考えられる。以下、これらの点について検討していく。

　まず、A社による解約の対象となった労働協約（2009年協約・賞与協定）は、いずれも期間の定めのない労働協約であり、このような期間の定めのない労働協約は、当事者の一方が署名または記名押印した文書によって少なくとも90日前に予告をすることで、その一方的な解約が可能となっている（労組法15条3項・4項）。賞与協定についてはその全体が解約されており、このような全部解約については特段の制約は課されておらず、またとくに不当労働行為等に該当するような事情も窺われないので、A社による解約通知から90日後に賞与協定は失効すると解される。他方、2009年協約は、協約全体ではなく、休日増加規定という協約の一部分のみの解約となっており、そもそもこのような一部解約についてはそれが許されるのかが問題となる。

　この点、労働協約は、通常、相互譲歩の結果としてその全体が一体をなしているところ、一部解約は一方当事者が自己に不利な部分のみを解約し、自己に有利な部分だけを協約に残すことを可能にし、かつ他方の当事者に不測の不利益を与える可能性がある。したがって、協約の一部解約は原則として認めるべきではないと解される。もっとも、当該部分の独立性が高く、分別して扱われることもありうることを当事者として予想しえたと考えられる部分についての解約は、上記の一部解約を否定すべき事情が妥当しないゆえ、例外的に許されると解すべきである。

　以上を前提に、A社による休日増加規定の解約についてみていくと、当該規定は、2009年協約を構成する3項目のうちの1つであるが、他の2項目にはみられない前文が付されており、その規定の形式面からも他の2項目とは異なる性質をもったものであることが窺える。またその協約の締結経緯をたどってみても、休日増加規定は、他の2項目がすでに合意に達した後に、この2項目とは全く独立した問題としてA社の申入れに基づき合意に達したものであり、これらが同一の協約に定められているのは、たまたま合意の時期が近接していた（ゆえにそれを1つにまとめた）という便宜的な理由に過ぎないものと解される。以上を要するに、休日増加規定は独立性をもったものであり、C組合も、この規定が他の規定と分別して扱われることがありうることを予想しえたと考えられ、したがって、休日増加規定の解約は有効であると解される。

　以上のとおり、A社による2009年協約の一部解約および賞与協定の

（全部）解約は有効であり、解約通知から90日後に失効すると解される。そうすると、次に問題となるのは、協約失効後、2013年4月以降の所定休日日数および2012年度の賞与額はどうなるのかという点である。

　この点については、まず、労働協約の規範的効力は労働契約に対し外部から規律する効力であり、労働協約が失効すればこの規範的効力も消滅すると解される。しかし、それにより労働条件の内容が空白になってしまうと解するのは適切ではなく、労働契約の内容を規律する就業規則や労使慣行（民法92条）があればそれによることになるし、またそのような就業規則がない場合には、労働契約の当事者の合理的意思を探求して確定すべきである。

　A社における2013年4月以降の所定休日日数については、もともと就業規則にも労働協約と同じ内容の休日増加規定（2013年4月〜2014年3月：123日、2014年4月より毎年125日）があり、したがって、労働協約上の休日増加規定が解約されてもかかる就業規則の規定に基づき休日増加規定の内容と同様の労働条件が保障される可能性もあったが、これについては、年の所定休日日数を121日とする就業規則の改定がなされている。そこで、この就業規則の不利益変更が合理的であれば、2013年4月以降の所定休日日数は121日となると解される（労契法10条。なお、上記変更効が及ぶもう1つの要件たる周知の要件については、本件では充足されていると解される）。

　そして就業規則の変更が合理的であるといえるかは、①労働者の受ける不利益の程度、②労働条件の変更の必要性、③変更後の就業規則の内容の相当性、④労働組合等との交渉の状況、⑤その他の就業規則の変更にかかる事情に照らして判断されることになる（労契法10条）。そこで本件についてみてみると、まず①については、その不利益変更の内容は、予定されていた所定休日の増加を実施しないことを内容とするものであり、従前の水準自体はそのまま維持されることになるという点では、不利益の程度は必ずしも大きいとはいえない。②については、急激な経営悪化という不利益変更の必要性が認められ、③についても、変更後の所定休日日数の水準はなお同業他社よりも上回っており、相当性が認められる。④については、C組合の同意を得られておらず、またC組合との協約（休日増加規定）の有効期間中に、これに反する形で就業規則が変更されているものの、この変更に至るまでにB組合、C組合それぞれとの間で計6回の団体交渉が行われており、さらに多数組合であるB組合の同意は得られていることからすると、労働組合との交渉は十分に尽くされたものと評価することができる。以上のことから、所定休日日数を121日とする。就業規則の変更

は合理性を有するものと解される。なお、この就業規則の変更時には、休日増加規定はその解約通知からいまだ90日を経過しておらず有効に存在していたため、上記変更後の就業規則は休日増加規定に反するものであった。この点、たしかに協約存続中は、このように労働協約に反する就業規則は、そもそも労働協約の適用を受ける者（すなわち休日増加規定の適用を受けるC組合員）については適用されない（労契法13条）。しかし、協約失効後は、労契法13条による制約はなくなるため、同法10条に定める上記就業規則はC組合の組合員にも適用されると解すべきである。
　そうすると、2013年4月以降の所定労働休日日数は、この就業規則に基づき年121日と解され、したがって、Eらのこの部分の請求は認められないと解すべきことになる。
　他方、2012年度の賞与の支給月数については、このような契約内容を補充するような就業規則の規定はないが、それにより賞与の請求権が認められなくなるとするのは適切ではなく、結局、C組合の組合員とA社の合理的意思を探求すべきこととなる。そこで具体的に検討すると、A社では、2009年以降の3年間、賞与の支給月数は5カ月で維持されているが、賞与の支給月数は年度ごとの交渉によって決められてきたのであり、したがって、2009年度以降も新たな支給月数が設定されるまでは昨年度と同様5カ月で維持されるとの当事者の合理的意思を認定することは困難であると解されるし、こうした決定方式がとられている以上、支給月数を5カ月とする労使慣行の成立を認めることも困難である。したがって、この部分のEらの請求も認められないと解される。
　次に、仮に一部解約が認められない、あるいは就業規則の合理性が認められない、あるいは賞与協定の解約後も従前の内容の労働条件が維持されると解される場合であっても、B組合と締結した労働協約に一般的拘束力が認められれば、A社の主張は認められることになる。B組合は従業員の4分の3以上で組織する労働組合であり、またとくに労組法17条に定める拡張適用の要件を充足していない事実は見受けられない。もっとも、B組合の締結した労働協約を、別組合であるC組合の組合員に拡張適用することは、その別組合に対して憲法28条により保障されている団結権および団体交渉権を尊重するという観点から、これを認めるべきではない。したがって、A社のこの主張は認められないと解すべきである。
❸　❷で述べたように、B組合の締結した労働協約は、一般的拘束力の要件を満たしていると解され、Fは未組織の非組合員であるので、C組合の組合員であるEらに拡張適用する場合に生じるような問題はない。もっとも、労働条件が不利益に変更される場合にも、当然に労働協約の拡張適用

を認めてよいかは問題となる。労働協約の拡張適用を受ける労働者は、労働組合の意思決定に関与する立場にないし、また、組合の側も、非組合員の利益を擁護するために活動する立場にないからである。この点を考慮すると、労働協約によって非組合員にもたらされる不利益の程度や内容、労働協約が締結されるに至った経緯、さらに労働者が労働組合の組合員資格を認められているかどうか等に照らし、その労働協約を特定の非組合員に適用することが著しく不合理であると認められる特段の事情があるときは、拡張適用は認められないと解すべきである。以上を前提に検討すると、Fには組合員資格はなく、もとよりB組合の意思決定に関与する立場になかったが、変更後の労働条件はいずれもその水準がなお同業他社を上回っていること（またとくに所定休日日数については、予定されていた増加を実施しないというもので、従前の水準自体は維持されていること）からすると、拡張適用することが著しく不合理であると認められる特段の事情があるとはいえない。以上より、FにはA社とB組合との間の労働協約が拡張適用される（仮に拡張適用が認められないとしても、少なくとも所定休日日数については変更された就業規則の適用により年121日となる）と解すべきである。

関連問題

1. 労働協約の遡及効

　さざなみ銀行の就業規則には、退職金の支給額の計算は「支給時の退職金協定による」と定められていた。これを受けて、銀行と行内の従業員全員で組織するさざなみ労働組合の間では、毎年4月ころから、翌年度（1月～12月）の支給率について交渉し、支給率を改定した場合にのみ新協定を締結してきた。しかし2011年度の支給率については、銀行側が経営悪化を理由に支給率を15％引き下げる提案をしたため、交渉が難航し、結局、新協定の締結に至ったのは、2011年9月のことであった。その内容は、銀行の提案どおりであった。2011年3月に退職した堀千秋は、旧協定の支給率で計算した額の退職金を受領したが、上記新協定には「2011年1月1日より効力を生ずる」との規定が設けられていたため、その遡及適用により、退職金の過払いがあったとして、銀行からその返還を請求された。この請求は認められるか。

　また、もし仮に退職金協定が1年の有効期間（1月1日～12月31日）を付し

て、毎年改定ないし更新されてきた場合、上記と結論は異なってくるか。
【労働協約の改定により労働条件を遡及的に不利益変更することはできるか（前掲・香港上海銀行事件を参照）】

2. 労働協約の規範的効力と債務的効力、協約自治の限界

　人丸金属は、年々、深刻な業績悪化に悩まされ、これまで種々の経営改善策を講じてきた。しかし、結局、事態を打開することができず、とうとう従業員（200名）のうち40名を関連会社に転籍させ、20名を整理解雇する（また転籍を拒否した者も整理解雇する）旨の方針を決定した。ところで、人丸金属にはその従業員の4分の3以上で組織する人丸労働組合が組織されており、同労組との労働協約には、組合員を配転・出向・転籍・解雇する場合には、事前に組合と協議する旨の定めが置かれていた。

① 人丸金属が人丸労組と事前に協議をすることなく、上記リストラに踏み切った場合、人丸労組、およびリストラ対象となったことに不満を抱く組合員は、それぞれ会社に対してどのような主張・請求を行うことができるか。

② ①とは異なり、事前協議の結果、人丸労組が、組合員については関連会社への転籍者数は30名、整理解雇の対象者数は15名を超えないこと、その対象者は生活上の打撃（扶養家族の有無・数）を考慮して決定すべきであること、またいずれの対象者についても可能な範囲で退職金の優遇を図ることを条件に、会社の提案を受け入れ、それが協約化されたという場合、同協約を根拠に人丸金属は人丸労組の組合員に対して有効に転籍を命じ、あるいは整理解雇を行うことができるか。

【労働協約における事前協議条項の効力。組合員の退職を定める条項に規範的効力は認められるか】

17. 団体行動
闘いはいばらの道

設問　ブルーライン・エアウェイズ株式会社（以下、会社）は、競業会社であるエア・レッドライン株式会社が経営破綻して路線縮小、便数減少等の経営再建策を実施中であることを千載一遇のチャンスととらえ、路線拡大、便数増加等による経営拡大を図ることとした。もっとも、近年の航空業界は、航空機に対するテロ行為の増加などの影響で、長期的な航空需要予測が難しく、業績向上につながるかは必ずしも明らかではなかった。そこで会社は、路線拡大、便数増加等に伴う業務量拡大を、人件費増大を抑制しつつ実施することを計画した。具体的には、職員（パイロット、客室乗務員、地上職員、整備士など）の新規採用については例年どおりにとどめ、2010年10月より、既存職員の所定労働時間を現行の36時間から40時間に延長することを考えた。

　会社には、パイロット、客室乗務員、地上職員、整備士の各職員の区分ごとに労働組合が存在していた。2010年1月、会社から所定労働時間延長計画について説明を受けた各労組は、いずれも、これまでも現実には長時間労働が蔓延しており、今般の計画は、残業代を切り詰めつつさらなる長時間労働を強いるもので納得できないとの態度を強く示した。しかし、会社は、現在のような経営拡大チャンスは数十年に一度あるかないかのものと考え、是非ともこの計画を実施するとの姿勢を示したため、この計画をめぐり、労使間で対立が深まっていった。

　整備士の組合（「ブルーライン・エアウェイズ整備士労働組合」。以下、整備士組合）は、所定労働時間延長計画にとりわけ強く反対していた。整備士組合は、組合員間でこの計画への反対策を具体的に協議するために、各地の空港の組合員たる整備士からの意見を集約したうえで、2010年2月15日、会社の許可を得ることなく、勤務時間中である午後4時30分から、組合員たる整備士が最も多く、整備士組合の活動の中心拠点であった羽田空港事業所内の職員用カフェテリア内で、職場集会を1時間ほど開催した（以下、2月15日の職場集会）。整備士組合が勤務時間中に職場集会を開催したのは、職員の休憩時間が一律に定められておらず、比較的仕事が落ち着く夕方の時

間帯のほうが、組合員が集まりやすいという事情を考慮したものであり、その時間に現実に業務従事する必要があった者は、適宜、遅れて参加する、中座する等して業務に配慮していた。なお、会社と整備士組合との間の労働協約では、組合活動は勤務時間外に行うこと、組合がその活動のために会社施設を利用する場合には、事前に、会社の許可を得ることとされていた。もっとも、整備士組合は年間25回程度職員用カフェテリアを利用して職場集会を開催しているところ、過去10年にわたって、会社の事前許可を得ないまま勤務時間中に職員用カフェテリアを利用して職場集会を開催することが年間2、3回あり、会社も、これまでは、そのようなことがあった場合に、その都度、事前に施設利用許可を得るよう申し入れたり、勤務時間中の職場集会について警告等したりすることはなかった。しかし会社は、今回の件については事態を重くみて、勤務時間中の職場集会は労働協約に反するとともに就業規則が定める職務専念義務に反し、また、会社の許可を得ない会社施設利用は労働協約に反しており、違法であるとして、今後同様の行為を繰り返さないよう厳重に警告するとともに、違反行為について責任追及する権限を留保する旨の「警告書」を整備士組合に交付した。また、会社は、職制を通じて、職員に対し、上記警告と同様の趣旨で、勤務時間中は職務に専念すること、会社の許可なく会社の職務遂行以外のことに会社施設を利用しないことを指示した。

　ところが、整備士組合は、同年3月1日にも、所定労働時間延長計画への対応を協議するため、同様に、職員用カフェテリア内で勤務時間中の午後4時30分から1時間ほど職場集会を開催した（以下、3月1日の職場集会）。これに対し会社は、2月15日の職場集会に関して交付した「警告書」および職員に対する同趣旨の指示をふまえて、整備士組合の執行委員長であった日暮衛士に対して、違法な職場集会開催を主導したことが、就業規則の定める「上長の命令に従わないとき」という懲戒事由に該当するとして、就業規則所定の懲戒処分の1つである減給処分を、平均賃金1日分の3分の1に相当する約5000円の額で行った。

　その後、整備士組合は、所定労働時間延長計画、職場集会ならびに日暮委員長に対する懲戒処分の各問題について、会社に団体交渉を申し入れるとともに、組合員間でさらに協議するため、同年5月10日に、今度は、会社に事前に利用許可願を提出したうえで、勤務時間終了後に、職員用カフェテリア内で職場集会を開催しようとした。ところが、会社は、これまでの経緯をふまえ、組合による会社施設利用については、施設利用のルールについて

改めて労使間で協議するのが先と主張して、この職場集会を含め、以降、勤務時間外であっても、職員用カフェテリアの利用を許可しなかった。このため、整備士組合では、職場集会開催、ひいては、組合運営そのものについて、支障が生じることとなった。

　このように事態が推移するなか、上記の各問題をめぐる会社と整備士組合との団体交渉が何度か開催されたが、双方の主張は平行線をたどり、妥協点は見出しがたい状況となった。

　そこで、整備士組合は、事態の打開を図るため、会社に対し、同年7月5日に予告したうえで、同月17日から22日にかけて、整備士組合の組合員のうち、羽田空港で勤務する者に指令を発して、ストライキを実施した。

　同月17日から19日にかけては、整備用車両を格納庫に留め、整備士組合の組合員による監視と管理のもとに置き、会社管理職による搬出を阻止する形で、ストライキが行われた。会社は、飛行機の整備、利用を全くなしえず、運航業務は完全に停止した。飛行機の便数が多い羽田でこのストライキが実施されたため、羽田からの飛行機の到着を待って運航を予定していた他の空港でも運航が不可能となった。このため会社は、同月17日から19日にかけて、羽田を含む各空港で、保安等に必要な職員を除いて、ストライキを行っていなかったすべての職員（羽田以外の整備士組合の組合員、および、他の職員）について、休業を命じた。

　同月20日から22日にかけては、整備士組合が整備用車両の引渡しに応じるとともに就労するとの意向を示したため、会社は業務を再開したが、再開後しばらくして、作業能率が大幅に低下していることがわかった。疑問に思った会社があわてて調査したところ、組合員が整備作業の能率を落とす形で、ストライキを継続していることが判明した。そこで、会社は、整備士組合の組合員については就労の意向にかかわらず、業務から外すこととし、整備士組合の組合員が担当していた整備業務については管理職に担当させ、運航業務を行った。

❶日暮は、2010年3月1日の職場集会開催の主導を理由とする懲戒処分の有効性を争いたいと考えている。日暮から相談を受けた弁護士のあなたは、どのように主張を構成して争うか。その主張は認められるであろうか。

❷整備士組合は、2010年2月15日の職場集会に対する会社の「警告書」交付、同年5月以降の組合職場集会のための職員用カフェテリアの利用拒否は、いずれも、会社の組合に対する支配介入の不当労働行為であ

ると考えている。組合が労働委員会に救済申立てをした場合、組合は救済を受けられるだろうか。

❸ (1) 会社は、2010 年 7 月 17 日から 19 日にかけて休業を命じた(a)羽田以外の空港で就労を予定していた整備士組合の組合員たる職員、(b)羽田および他の空港で就労を予定していた整備士組合の組合員以外の職員に、休業はストライキによるもので、会社にはいかんともしがたいものであったとして、賃金を支払わなかった。(a)、(b)の各職員は、会社に対して、いかなる請求をなすことが考えられるか。その請求は認められるであろうか。

(2) 会社は、2010 年 7 月 20 日から 22 日にかけて、整備士組合の組合員らの就労を拒否したが、就労を拒否された整備士組合の組合員は賃金支払いを請求している。会社から相談を受けた弁護士のあなたは、賃金支払いを免れるために、どのような主張をすべきだろうか。その主張が認められるためには、どのような事情が存することが必要だろうか。

❹ 会社は、2010 年 7 月 17 日から 19 日にかけてのストライキにより飛行機運航ができず、損害が生じたとして、民事責任の追及を考えている。民事責任の追及方法として、誰を相手に、いかなる請求をなすことが考えられるか。その請求は認められるであろうか。

(以下、ブルーライン・エアウェイズ株式会社＝Ａ社、ブルーライン・エアウェイズ整備士組合＝Ｂ組合、日暮衛士＝Ｃとする)

解 説

1 ………… 概 観

(1) 設問のねらい

本設問は、団体行動をめぐる諸論点についての理解を問うものである。

団体行動については、第 1 に、いかなる場合に団体行動が正当とされるかが問題となる（設問❶および❹）。第 2 に、違法な団体行動については、刑事責任、民事責任の有無が問題となる（設問❶および❹。なお、以下では、民事責任の解説を中心とする）。第 3 に、争議行為については、労務不提供と、賃金請求権あるいは労基法 26 条所定の休業手当請求権の関係も問題となる（設問❸）。第 4 に、組合活動は、企業施設を利用して行われることが多く、使用者が企業施設の利用に制限を加えることも、少なくない。この場合、組合活動に制約が生じ

ることが予想されるところ、これが不当労働行為に該当するか否かが問題となる（設問❷）。

(2) **取り上げる項目**
- ▶団体行動の正当性
- ▶違法な団体行動と民事責任
- ▶争議行為と賃金請求権、休業手当請求権の存否
- ▶組合活動に対する施設管理権の行使と不当労働行為の成否

2 ……… 団体行動の正当性

(1) **総　説**

憲法28条は、労働者（勤労者）に対して、団結権、団体交渉権と並んで、「その他の団体行動」を行う権利（団体行動権）を保障している。団体行動には、一般に、争議行為と組合活動とが含まれていると考えられている（なお、争議行為の定義については、使用者の業務の正常な運営を阻害する一切の行為と広くとらえる見解（多数説）と、争議行為を団体交渉における経済的圧力行為ととらえて、労務の完全または不完全な停止を中心にこれを維持するための行為（ピケッティング等）に限定する（それ以外の行動は組合活動に分類される）見解が対立している）。

憲法28条による団体行動権保障のもと、正当な争議行為および組合活動については、刑事免責、民事免責が及ぶとともに、使用者による不利益取扱いからの保護が及ぼされる。それゆえ、いかなる争議行為や組合活動が正当なものであるかが重要な問題となる。

(2) **争議行為の正当性**

争議行為の正当性については、(a)主体、(b)目的、(c)手続、(d)態様、の4点に照らして検討がなされる。いずれかの点で正当性を欠く場合、当該争議行為は正当性を有しないと判断されることになる。

(a) **主体面での正当性**

主体面については、労組法の定義（2条）に合致する労働組合に加え、一時的な団結体であるいわゆる争議団および自主性不備組合（労組法2条但書1号、2号の双方またはいずれかに該当する組合）であっても、正当性が認められる。これに対し、労働組合の一部の組合員が組合の正式な承認なく独自に争議行為を行う「山猫スト」は、主体面での正当性を否定する説が多数である。

(b) 目的面での正当性

　目的面については、賃上げ、労働時間の短縮など、労働者の労働条件の維持ないし向上を目的とする場合には、正当性が認められる。経営や生産に関する事項についての主張の実現を掲げる場合も、労働条件の維持ないし向上を目的とするものと認められる限り、目的面での正当性は失われない。

　問題となるのは、政治的主張の実現を目的として行われるストライキ(「政治スト」)である。学説上は、団体交渉における解決可能性がないので、目的面での正当性が認められないとする説がある一方、労働者の経済的地位の向上に関する政治的主張の実現を目的とするストライキ(「経済的政治スト」)については、目的面での正当性が認められるとの有力説がある。もっとも、判例は、「使用者に対する経済的地位の向上の要請とは直接関係のない政治的目的のために争議行為を行うことは、憲法28条の保障とは無関係なもの」と判示しており、政治ストの正当性を認めていない(三菱重工長崎造船所事件—最2小判平成4・9・25労判618号14頁)。

(c) 手続面での正当性

　手続面に関しては、第1に、団体交渉を経ずに行われるストライキの正当性が問題となる。学説は、争議行為の定義に関連して、正当性は否定されないとする説と、正当性は否定されるとする説とに分かれている(なお、後者の説も、団体交渉が尽くされることまでは要求していない)。

　第2に、争議行為を行うことの予告を行うことなく、あるいは、実施のタイミングを前倒しするなど、予告と異なる形で行われるストライキの正当性が問題となる。学説は、正当性は否定されないとする説と、使用者によるストライキの予測可能性、組合側の意図(混乱をもたらそうとする意図であったか否か等)、予告を経ないまたは予告と異なる形での実施が使用者の事業運営にもたらした影響等を総合考慮して、個別の事案ごとに正当性を判断すべきとする説とに分かれる。なお、労働協約において、争議行為をする場合に、協議やあっせんなどの一定の手続を経ることを定めた条項を「平和条項」というが、平和条項違反の争議行為の正当性についても、同様の議論が妥当する。

　このほか、労調法は、「公益事業」(8条1項)において、労働委員会等への争議行為の予告を義務づけているが(37条1項)、通説は、対使用者の民事責任との関係では、この予告を欠いたとしても争議行為の正当性は否定されない

と解している。

　第3に、手続面に関して、平和義務に違反して行われるストライキの正当性も問題となる。平和義務とは、団体交渉が妥結して労働協約が締結された場合、当該労働協約で定められた事項については、当該労働協約が有効である間、争議行為を行わないとする義務であり、労働協約締結により当然に生じるものである（この義務は、労働協約で定められた事項に限らずいっさいの争議行為を行わない旨の協定を結んで生じる「絶対的平和義務」と区別して、「相対的平和義務」と呼ばれる）。

　平和義務違反のストライキの正当性については、労働協約の性質をどのように理解するかという問題とも関係して、①労働協約を法規範としてとらえ、平和義務違反のストライキは設定された法規範に矛盾する行為であり、正当性がないとする見解、②労働協約を労使間の契約としてとらえ、平和義務違反のストライキは契約違反に過ぎず、正当性は失われないとする見解（なお、契約ととらえつつも、民事免責との関係では、信義則上、正当性が失われるとする見解もある）、③平和義務違反にかかる諸般の事情を総合考慮して、個々の事案ごとに正当性の有無を判断すべきであるとする見解、等に分かれている。

(d)　態様面での正当性

　態様面に関しては、まず、労務提供の完全な停止（同盟罷業）は、正当性が認められる。また、労務の不完全な提供である怠業（作業速度等を落とすこと）も、同様に正当性が認められる。もっとも、暴力の行使を伴う場合は、正当性が認められない（刑事責任との関係では、労組法1条2項但書に規定がある）。

　ストライキを実施する際には、その維持ないし強化のため、ストライキ現場付近で、他の労働者、使用者側の人員、取引先等に対し、業務遂行の中止やストライキへの協力等を求める行為が行われることがある。これは、ピケッティングと呼ばれる。このピケッティングについて、民事事件の裁判例上は、平和的説得に限り正当性が認められるとするものや、スクラムを組んで労働歌を歌うなど団結の示威までは正当性が認められるとするものがあるが、主流は、働きかけの相手方の自由意思を抑圧する態様のものは正当性を欠くとするものである。刑事事件では、「法秩序全体の見地」から検討するとしたうえで、実力行使については正当性を容易には認めない立場がとられている（国労久留米駅事件—最大判昭和48・4・25刑集27巻3号418頁）。

また、態様面に関しては、使用者の所有権や財産権との調和も問題となる。企業別組合が主流である日本では、ストライキの際に職場を占拠して集会が行われたりするが、このような職場占拠は、判例上、使用者の占有を排除しない限りで、正当性が認められている（たとえば、岡惣事件―東京高判平成13・11・8労判815号14頁）。また、タクシー会社やバス会社などでは、営業に必要不可欠な車両を労働組合の監視と管理のもとに置いて使用者に利用させない態様での争議行為（車両確保戦術）が行われることがあるが、判例は、「ストライキは必然的に企業の業務の正常な運営を阻害するものではあるが、その本質は労働者が労働契約上負担する労務供給義務の不履行にあり、その手段方法は労働者が団結してその持つ労働力を使用者に利用させないことにあるのであって、不法に使用者側の自由意思を抑圧しあるいはその財産に対する支配を阻止するような行為をすることは許され」ないとして、平和的説得を超え、使用者の財産を排他的占有下に置く場合には、正当性が認められないとしている（御國ハイヤー事件―最2小判平成4・10・2労判619号8頁）。

(3) **組合活動の正当性**

　組合活動は、団体行動のうち争議行為を除いたものを指す。いかなる活動が組合活動に該当するかは、争議行為をどのように定義するかに左右されるが（本講2(1)参照）、(i)組合の組織運営のための活動（大会開催など）、(ii)組合員ないし非組合員に対する情報宣伝活動（ビラ配布など）、(iii)使用者に対する要求活動ないしこれを実現するための圧力活動（職場集会、ビラ貼り、いわゆるリボン闘争など）は、組合活動に該当すると考えられている（ただし、(iii)については争いもある）。

　組合活動の正当性について主に問題となるのは、態様の点であり、労働義務との関係（争議行為の場合は、労務不提供のゆえに正当性が否定されるわけではないが、組合活動については労働義務による制約が問題となりうる）、使用者の施設管理権との関係などが問題となる。

(a) **労働義務との関係**

　労働者は、就業時間中、労働義務の一内容として職務専念義務があると考えられている。この職務専念義務との関係では、就業時間中の組合活動、具体的には、メッセージ性のあるリボンやワッペンなどを着用しながら就労すること（いわゆるリボン闘争）の正当性が問題となる。判例は、職務専念義務に違反す

るとして正当性を否定する傾向にある（大成観光事件―最 3 小判昭和 57・4・13 民集 36 巻 4 号 659 頁）。これに対し、学説上は、職務専念義務を、勤務時間中および職務上の注意力のすべてを職務遂行のために用いる義務とは把握せず、労働契約に基づく職務を誠実に遂行する義務と緩やかに把握して、この義務と両立し使用者の業務を具体的に阻害することのない行動は、職務専念義務に違反しない（したがって、そのような組合活動は、正当性を失わない）とする立場が通説である（「20. 労働契約上の付随義務：技術者の裏切り」を参照）。

(b) 施設管理権との関係

使用者の施設管理権との関係では、企業施設を利用した組合集会、企業施設へのビラ貼りなどの正当性が問題となる。学説上は、企業別組合が主流であることをふまえて、組合による企業施設の利用について一定の限度で使用者に受忍義務があるとする説（受忍義務説）、組合側の企業施設利用の必要性が大きく、使用者側の事業活動ないし施設管理についての支障が小さい場合には、違法性が阻却されるとする説（違法性阻却説）などが存在する。しかし、判例（国鉄札幌運転区事件―最 3 小判昭和 54・10・30 民集 33 巻 6 号 647 頁）は、使用者の許諾を得ない企業施設利用は、それが使用者の施設管理権の濫用と認められる特段の事情が存する場合を除き、正当性が認められないとして、正当性をより厳格に判断する立場をとっている（許諾説）。

なお、企業施設を利用した組合活動としては、ビラ配布も問題となりうるが、ビラ配布については、ビラ貼りと異なり、企業施設に支障をきたすことは通常考えられないこともあってか、施設管理権との関係ではなく企業秩序との関係で議論がなされている（具体的には、ビラ配布を理由とする懲戒処分の有効性がとくに問題となる）。判例は、労働者個人による政治的ビラ配布の事例において、ビラ配布が、企業秩序を乱すおそれのない特段の事情が認められる場合には、懲戒処分事由に該当しないとする立場をとっており（目黒電報電話局事件―最 3 小判昭和 52・12・13 民集 31 巻 7 号 974 頁）、組合活動の一環としてなされるビラ配布についても、同様の立場をとるものと解される（住友化学名古屋製造所事件―最 2 小判昭和 54・12・14 労判 336 号 46 頁参照）。なお、ビラについては、内容が真実ではない、あるいは、誹謗中傷にわたるなど、内容との関係でも、企業秩序を乱すものであるとして、正当性が否定されることがある（中国電力事件―最 3 小判平成 4・3・3 労判 609 号 10 頁参照）。

3 ……… 違法な団体行動と民事責任

正当性を欠くなどの違法な団体行動が行われた場合、使用者は、労働組合や組合員に対して、損害賠償請求や懲戒処分を通じて、その責任を追及することができる。

(1) 損害賠償責任

使用者は、正当性のない団体行動に従事した組合員個人に対して、労務不提供が労働義務違反の債務不履行に該当することや、正当性のないピケッティング等の遂行が不法行為に該当することを理由に、損害賠償責任を追及することができる（民法415条、709条など）。また、正当性のない団体行動を指導するなどした組合役員に対しては、不法行為責任を追及することができる。労働組合に対しても、正当性のない団体行動については、不法行為責任を追及することができる。学説上は、労働者個人について責任を否定する見解もあるが、判例および通説は、違法な団体行動について、労働者個人も責任を負うことがありうることを肯定している（以上についての裁判例として、たとえば、書泉事件—東京地判平成4・5・6労民集43巻2=3号540頁、前掲・御國ハイヤー事件参照。なお、組合責任と個人責任との関係については、組合と個人とが全く並列的に責任を負うのではなく、第一義的には組合が責任を負うとの見解も、学説上有力に主張されている）。

(2) 懲戒処分を通じた責任追及

正当性のない団体行動については、使用者は、損害賠償を通じた責任追及のほかに、それに参加した組合員や、組合役員に対する懲戒処分を通じても責任を追及することができる（判例および通説は、労働者個人について、損害賠償責任の追及と同様に、懲戒処分を通じた責任追及をなしうることを肯定している）。組合役員については、その地位から当然に責任が加重され、より重い懲戒処分が課されるわけではないが、現に違法な団体行動を指導する立場にあった場合には、単に違法な団体行動に参加したに過ぎない組合員に比べ、より重い懲戒処分を課されることがありうる。

なお、懲戒処分が適法とされるためには、処分の重さなどの点で、懲戒権の濫用にわたっていないことも必要である（労契法15条）。

4 ……… 争議行為と賃金請求権、休業手当請求権の在否

(1) 争議行為参加者の賃金請求権

争議行為に参加して労務を提供していない労働者の賃金請求権については、ノーワーク・ノーペイの原則により、賃金請求権は発生しない。もっとも、これは契約上の原則であり、労働契約上、ストライキに参加しても賃金カットをしないと定められている場合には、賃金請求権が発生する（前掲・三菱重工長崎造船所事件を参照）。

怠業の場合には、労務が不提供となった割合に応じて賃金カットをなしうるとするのが通説および裁判例である（上記のノーワーク・ノーペイの原則を労務不提供の割合に応じて適用するとの考え方による）。もっとも、裁判例上、この割合の算定は厳格になされるべきとされており、賃金カットが現実に認められる余地は小さい。

なお、怠業については、債務の本旨に従った履行ではないとして、使用者が労務の受領を拒否したときに、賃金支払義務を負うかという点も問題となる。裁判例では、新幹線の減速闘争をしようとした組合員たる運転士の乗務を拒否した事案で、減速闘争という争議行為について、提供される労務の瑕疵の内容、程度、それが職務の遂行に及ぼす影響の程度等に照らして、怠業の形で提供される労務が債務の本旨に従った労務の提供に該当するか否かを検討し、これが否定される場合、使用者による労務受領拒否と、これに対応する賃金の全額カットが認められるとしたものがある（JR東海事件―東京地判平成10・2・26労判737号51頁）。債務の本旨に従った労務の提供に該当する場合には、使用者に受領拒否を正当化する理由が別途存在するか、正当なロックアウト（(3)参照）によらない限り、賃金請求権は失われない。

(2) 争議行為不参加者の賃金請求権・休業手当請求権

争議行為不参加者の賃金請求権については、状況を分けて考える必要がある。

(a) 第1に、争議行為が行われた場合であっても、不参加者について使用者が就労させた場合、すなわち、争議行為不参加の労働者が就労し、使用者が当該労働者の労務を受領した場合は、労働契約に基づき、賃金請求権が発生する。

(b) 第2に、争議行為不参加の労働者の就労が客観的に無価値になっているとはいえない場合、すなわち、当該労働者が、争議行為とは独立に遂行されうる業務を担当しており、争議行為にかかわりなく、当該業務遂行のために当該

労働者を就労させることに意義が認められる場合であるにもかかわらず、使用者が就労させなかった場合、当該就労拒否による労務提供の履行不能は、使用者の責めに帰すべき就労不能に該当するので、民法536条2項に基づき、当該争議行為不参加の労働者は、なお賃金請求権を失わない。

(c) それでは、第3に、争議行為によって、争議行為不参加者の就労が客観的に無価値になり、使用者が就労させなかった場合については、どのように取り扱われるべきか。

(i) まず、賃金請求権の有無については、民法536条2項にいう「債権者[＝使用者]の責めに帰すべき」就労不能といえるか否かが問題となる。この点について、判例（ノース・ウエスト航空事件―最2小判昭和62・7・17民集41巻5号1350頁）は、ストライキが労働者に保障された争議権の行使であり、使用者には譲歩の義務もないことから、団体交渉の決裂の結果ストライキに突入しても、一般に使用者に帰責さるべきものということはできず、「使用者が不当労働行為の意思その他不当な目的をもってことさらストライキを行わしめたなどの特別の事情がない限り」、使用者の責めに帰すべき就労不能に該当しないと判示している。なお、上記判例は、部分ストの事案に関するものであったが、とくに部分ストと一部ストとを区別することなく（これらの違いについては、(ii)参照）、労働者の一部による争議行為を理由とした就労不能の場合の争議行為不参加者の賃金請求権の有無について論じており、部分スト、一部ストを問わず、同旨の立場をとるものと解される。

(ii) 次に、賃金請求権が発生しないとしても、労基法26条の休業手当請求権が発生しないかが問題となる。この点について、判例（ノース・ウエスト航空事件―最2小判昭和62・7・17民集41巻5号1283頁）は、労基法26条が、労働者の生活保障の観点から設けられた規定であることを指摘し、同条の「使用者の責に帰すべき事由」は、民法536条2項の「債権者[＝使用者]の責めに帰すべき事由」よりも広く、使用者側に起因する経営、管理上の障害を含むとの判断を示している。

もっとも、同判例は、いわゆる部分スト（争議行為不参加者が、ストを実施している組合の組合員である場合を指す）の事例において、本件ストライキは、争議不参加者らの所属する組合が自らの主体的判断とその責任に基づいて行ったものであって、会社側に起因する事象ではないと判断し、休業手当請求権を否

定している。学説上も、部分ストの場合には、ストライキを実施している組合の組合員としての組織的一体性があることを理由に、同様に休業手当請求権の発生を否定する立場が有力である。

　一部スト（争議行為不参加者が、ストライキを実施している組合の組合員ではない（他組合の組合員である、あるいは非組合員である）場合を指す）についての最高裁判例は存在しないが、下級審裁判例には、休業手当請求権が認められるとしたものがある（明星電気事件—前橋地判昭和38・11・14労民集14巻6号1419頁）。学説上は、一部ストの場合については、争議行為不参加者にとってストライキは第三者によるいかんともしがたいものであり、上記生活保障の趣旨から、休業手当請求権を認めるべきとする立場が有力である。

(3)　**ロックアウトと賃金請求権**

　ロックアウトとは、一般に、使用者が、労働組合に対抗して労働争議を自己の有利に導くため、集団的に労務受領を拒否する、あるいは、労働者を事業場から締め出すことを指す。ロックアウトについては、いかなる要件を備えれば、使用者が賃金支払いを免れるかが主な問題となる。

　この点について、判例は、衡平の原則に照らし、使用者にロックアウト権が認められるとしたうえで、正当なロックアウトが行われた場合には、賃金請求権を免れるとしている（丸島水門事件—最3小判昭和50・4・25民集29巻4号481頁）。判例によれば、ロックアウトの正当性が認められるのは、労働者側の争議行為により使用者側が著しく不利な圧力を受ける場合に、労使間の勢力の均衡を回復するため「対抗防衛手段」として行う、受動的かつ防衛的なものに限られるとされている（前掲・丸島水門事件。正当性が認められた例として、安威川生コンクリート工業事件—最3小判平成18・4・18民集60巻4号1548頁参照）。

5 ………… 組合活動に対する施設管理権の行使と不当労働行為の成否

　判例によれば、使用者は、企業施設を管理する権限（施設管理権）を有するとされる。組合活動に関連した施設管理権の行使の具体的態様としては、たとえば、組合活動のために会社の施設を使用することについて、制限を行うことが挙げられる。

　このような組合活動に対する施設管理権の行使が支配介入の不当労働行為に該当するか否かについて、判例は、施設管理権の「濫用であると認められるよ

うな特段の事情がある場合を除いては、使用者が利用を許諾しないからといって、直ちに団結権を侵害し、不当労働行為を構成するということはできない」として、特段の事情がある場合に限り支配介入が成立するとの判断を示している（オリエンタルモーター事件―最2小判平成7・9・8労判679号11頁）。いかなる場合に特段の事情があるとされるかは、判例上明らかではないが、学説上は、当該事案における労使関係の具体的事情をふまえ、組合側の施設利用の必要性、企業の施設管理上の支障の有無および程度、企業施設利用のルール策定等に向けた労使の態度などを検討して判断されるべきとの主張が有力である。

また、組合による企業施設利用に関してなされる使用者の警告についても、以上の判断に基づき、企業施設の利用に正当性がないと判断される場合には、企業秩序を乱す行為について是正を求めるものとして、不当労働行為に該当しないと判断されている（済生会中央病院事件―最2小判平成元・12・11民集43巻12号1786頁）。

解答例

❶　Cが懲戒処分の有効性を争うための法的主張としては、懲戒処分が不利益取扱いの不当労働行為（労組法7条1号）に該当するとの主張、あるいは、懲戒処分が懲戒権の濫用であり無効である（労契法15条）との主張が考えられる。労働委員会に救済を申し立てて、懲戒処分をなかったものとして取り扱うことおよび減給分の賃金相当額の支払いを求める場合には、懲戒処分が不利益取扱いの不当労働行為に該当するとの主張を行うことになり、裁判所に訴訟を提起して、懲戒処分の無効と、減給分の賃金支払いを求める場合には、懲戒処分が不利益取扱いの不当労働行為であり公序違反に該当するとの主張、あるいは、懲戒権の濫用であり無効であるとの主張を行うことになる。

　第1の、不利益取扱いの不当労働行為の成立が認められるためには、Cが主導した職場集会開催が、組合活動として正当性を有する必要がある。この点、職場集会が、勤務時間内に行われていること、および、A社が2月15日の職場集会について警告書を発し、3月1日の職場集会についてCに懲戒処分を行っているのは、会社施設利用を認めないとの判断を前提

にするものと解されるところ、このように使用者の許諾を得ずに会社施設を利用して行われていることが問題となる。勤務時間内の組合活動は原則として正当性を有しないと解すべきであり、また、使用者の許諾を得ずに会社施設を利用して行われる組合活動については、施設の利用を許さないことが使用者の施設管理権の濫用と認められる特段の事情がない限り、正当性を有しないと解すべきである。

B組合の職場集会は、2月15日、3月1日の2回とも勤務時間内に開催されているところ、勤務時間外（休憩時間等）よりも組合員が集まりやすいという勤務時間内開催の理由は、正当性を根拠づける理由とはならないと解される。施設管理権との関係でも、会社施設であるカフェテリアの利用について、現実には、A社とB組合との間の労働協約上必要とされているA社の事前の許可を得ることなく利用がなされることがあったにもかかわらず、これまで問題視されることがなかったとしても、その頻度は年間2、3回とまれであり、A社が会社施設利用一般につき、あらかじめ黙示の許諾をしていたものとは解しえない。そして、B組合は企業別組合と推測されるところ、活動基盤が企業内にあり会社施設を利用する必要性が高いとしても、そのことのみをもって施設管理権の濫用を基礎づけることは困難であり、かつ、B組合が2回の職場集会開催について労働協約上の手続にのっとっていなかった以上、A社による利用不許可は、施設管理権の濫用に該当しないと解される。

以上に照らすと、職場集会は組合活動として正当性を有せず、その開催を主導したCに対する懲戒処分は、不利益取扱いの不当労働行為には該当しないと解される。したがって、この点についてのCの主張は認められない。

第2の、懲戒権の濫用の主張に関しては、警告に違反して職場集会を開催したというCの懲戒処分該当事由の具体的内容との関係で、処分内容（減給）が相当な程度のものであるか否かが問題となる。この点、CはB組合の執行委員長であるところ、その地位にあることから当然に、違法な団体行動について責任を負うとはいえないが、現実に違法な団体行動を主導している点では、単に違法な職場集会に参加した組合員に比べて重い責任を負うと考えられる。このことと、処分内容が比較的軽微であることをふまえると、本件懲戒処分は、社会通念上相当なものとして、懲戒権の濫用には該当しないと解される。したがって、この点についてのCの主張も認められない。なお、この減給処分は、労基法91条との関係でも、同条の制限に抵触しておらず、問題はない。

❷　上記❶で述べたとおり、B組合の行った職場集会は、勤務時間中の、企

業施設を利用した、違法な組合活動である。これに対するA社の「警告書」交付は、このような組合活動として正当性を有せず、労働契約上の義務に反し、企業秩序を乱す行為について是正を求める行為に過ぎず、不当労働行為には該当しないと解される。

　一方、5月以降の職員用カフェテリアの利用拒否については、施設管理権の濫用であると認められる特段の事情がある場合には、不当労働行為に該当すると考えられる。この点、一方で、B組合側の施設利用の必要性が高く、A社側に生じる施設管理上の支障はあまり大きくないと考えられ、また、2月および3月の場合と異なり、B組合は労働協約上の手続を経て利用しようとしている。しかし、他方で、A社がこれまでの経緯をふまえ、組合活動目的での会社施設利用のルールについて改めて労使間で協議することを求めているが、B組合がこれに応じた事実は窺われない。このようなA社とB組合の労使関係の具体的事情を総合考慮した場合、上記特段の事情は認められないと考えられる。したがって、A社による5月以降の職員用カフェテリアの利用拒否は、不当労働行為には該当しないと解される。

　以上より、いずれについても、B組合は救済を受けられないと解する。

❸　(1)　本問の(a)、(b)の各職員による請求として、第1に、休業を命じられ、現実に労務提供不能となったのは、使用者の「責めに帰すべき事由」による労務提供不能であり、民法536条2項に基づき賃金請求権が発生すると主張して、賃金支払請求をすることが考えられる。第2に、労務提供不能は労基法26条にいう「使用者の責に帰すべき事由」によるものであると主張して、同条の休業手当の支払請求をすることが考えられる。

　使用者であるA社が休業を命じて就労を拒否した理由は、B組合のストライキにより運航業務の遂行が不可能となったことにある。これが、民法536条2項、労基法26条それぞれとの関係で、使用者の帰責事由に該当するか否かが問題となる。

　(i)　賃金請求権に関して。ストライキは労働者に保障される団体行動権の行使であり、これにより争議不参加者の就労が客観的に無価値になった場合には、使用者が不当労働行為意思に基づく等、不当な目的をもってストライキを行わせた等の特段の事情がない限り、使用者の責めに帰すべき就労不能に該当しないと解すべきである。このことは、争議不参加者がストライキを実施した組合の組合員であるか否かを問わないと考える。なぜなら、上記のように、使用者が不当な目的をもってストライキを行わせたと評価できる場合を別とすれば、ストライキ実施は、これを決定した労働組合の組合員による団体行動権行使の結果であり、使用者は、その実施、

不実施を制御できる立場にはないからである。換言すれば、就労不能については、ストライキを実施した組合の責めに帰すべきである。それゆえ、争議不参加者の就労が客観的に無価値である限り、当該争議不参加者は、賃金支払請求をなしえないと解する。

　B組合によるストライキについては、これにより飛行機の運航ができなくなっており、運航業務に直接携わる羽田および他の空港のパイロットと客室乗務員のほか、羽田から到着する飛行機の機体を整備する他の空港の整備士については、その業務は客観的に無価値となっていると考えられる。地上職員については、担当する具体的業務にもよるが、ストライキによる欠航に関しての顧客対応など、無価値とはいえない業務があると考えられる。それゆえ、(a)の職員については賃金支払請求をなしえず、また、(b)の職員のうち、パイロットおよび客室乗務員についても、賃金支払請求をなしえないと解される。(b)の職員のうち、地上職員については、顧客対応にあたる職員であれば、賃金支払請求をなしうると解される。

　(ii)　労基法26条の休業手当請求権に関して。労基法26条は、対等な当事者の債権・債務関係における危険負担を定める民法536条2項とは異なり、労働者の生活保障の観点から、使用者の負担による休業手当の支払義務を定めたものと解される。したがって、労基法26条の使用者の「責に帰すべき事由」は、民法536条2項の「責めに帰すべき事由」よりも広く解すべきである。

　この労働者の生活保障の観点からみた場合、(a)の職員は、ストライキ実施組合の組合員としてその組織の一員であり、その生活保障の責任は、ストライキを決定しこれを実施しているB組合に負わせるべきであり、使用者に生活保障の責任を負わせるのは適切ではないと解される。したがって、使用者の帰責事由は否定されるべきであり、(a)の職員は休業手当も請求しえないと解される。

　(b)の職員については、同人らからみれば、B組合のストライキは実施決定過程に関与をなしえず、全くの第三者によるもので、いかんともしがたいものである。この点を考慮すると、同人らと使用者との関係においては、使用者にその責任を負わせるのが、使用者の一定程度の負担による労働者の生活保障という労基法26条の趣旨にかなうと解される。したがって、(b)の職員との関係では、ストライキによる就労不能は労基法26条にいう「使用者の責に帰すべき事由」に該当し、(b)の職員らは、休業手当の支払請求をなしうると解される。

　(2)　7月20日から22日にかけてのB組合の組合員らの就労は、怠業の態様で行われている。したがって、A社としては、第1に、B組合の組合

員らによる就労が債務の本旨に従った労務提供ではなく、それゆえ、賃金請求権は発生しないと主張することが考えられる。第2に、B組合の組合員らによる就労が債務の本旨に従った労務提供であるとしても、A社によるB組合の組合員らの就労拒否はロックアウトであり、当該ロックアウトは正当性を有するとして、賃金支払いを免れると主張することが考えられる。

（i）第1の点について。使用者が怠業の態様での労務提供を拒否した場合には、提供された労務の瑕疵の内容、程度、それが職務の遂行に及ぼす影響の程度等に照らして、怠業の形で提供される労務が債務の本旨に従った労務の提供に該当するか否かを検討して、賃金請求権の有無が判断されるべきである。

B組合の組合員の怠業による作業能率の低下は大幅なものであったことからすると、債務の本旨に従った労務の提供はなされていなかったと解され、A社は賃金支払いを免れうると解される。

（ii）第2の点について。使用者によるロックアウトが正当性を有し、賃金支払いを免れうるとされるためには、衡平の原則に照らして、労働者側の争議行為により使用者側が著しく不利な圧力を受ける場合に、労使間の勢力の均衡を回復するためのものとして、受動的かつ防衛的なものとして行われることを必要とすると解すべきである。

A社による就労拒否がロックアウトであるとした場合、単純な態様で怠業がなされようとしたに過ぎないにもかかわらず、ロックアウトを行っているものと解することができる。このようなロックアウトは、使用者側が著しく不利な圧力を受けたため、労使間の勢力の均衡を回復すべく受動的かつ防衛的に行うものとは評価できず、むしろ、労働者のストライキに能動的に対抗すべく行ったものと考えられ、ロックアウトの正当性は認められないと解される。したがって、就労拒否が正当なロックアウトであるとの主張により賃金支払いを免れることはできないと解する。

❹ A社としては、まず、B組合のストライキによって被った損害について、B組合ないしその組合員に損害賠償責任を追及することが考えられる。このためには、B組合のストライキが正当なものでないことが必要となる。争議行為が正当なものであれば、A社は、B組合ないしその組合員には損害賠償を請求することができないからである（労組法8条）。

そこで、B組合のストライキの正当性を検討するに、このストライキでは、飛行機運航の業務に必要となる整備用車両を格納庫に留めてB組合の組合員による監視、管理のもとに置き、A社による搬出を阻止する形で行われている点で、態様面での正当性を欠くかが問題となる。この点に

ついて、ストライキは、必然的に業務の正常な運営を阻害するものではあるが、その本質は労働者が労働契約上負担する労務供給義務の不履行にあり、その手段方法は労働者が団結して自らの労働力を使用者に利用させないことにあるのであるから、不法に、使用者側の自由意思を抑圧したり、使用者の財産に対する支配を阻止したりするような行為は許されないと解すべきである。

B組合はA社の財産である整備用車両を平和的説得の範囲を超えて排他的に占有し、使用者の財産に対する支配を阻止しているとみられるので、このストライキは正当性を有しないと解される。

したがって、A社としては、B組合の行ったストライキが違法争議行為であるとして、B組合、ストライキ実施に現実に責任を負う役員、上記違法な車両搬出阻止を遂行したその他の個人組合員を相手取り、損害賠償を請求しうると解される（もちろん、この場合、違法性に加え、不法行為の成立に必要な他の要件の充足も必要である）。なお、賠償額については、違法な争議行為と相当因果関係を有する損害の範囲および具体的な損害額の算定について検討を経たうえで、判断されるべきである。また、組合と組合役員ら個人とがどのような形で損害賠償責任を負うかについては、双方が、全損害について連帯責任（不真正連帯責任）を負うと解すべきである。

また、A社としては、ストライキ実施に現実に責任を負う組合役員や、違法な車両搬出阻止を遂行したその他の個人組合員について、懲戒権の濫用（労契法15条）に該当しない範囲内で、懲戒処分を行う形で責任追及をなすことも可能と考えられる。

関連問題

1. 平和義務違反の争議行為の正当性

ブルーライン・エアウェイズ株式会社（以下、会社）では、その後、地上職員を組織する労働組合（以下、地上職員労組）は、団体交渉を経るなかで、会社が、長時間労働による健康問題発生防止の取組みを併せて行うとしたため、労働時間を40時間に延長することに合意して、とりあえず、期間を1年間と定めて、会社と労働協約を締結した。しかし、40時間での勤務が始まると、組合員から、体力的に非常にきついという意見が噴出し、不満が高まった。そこで、地上職員労組は、労働協約締結から6カ月経過した時点で、労働時間を

36時間に戻すことを求めて、会社に団体交渉を申し入れたが、会社はこれを拒否した。そこで、地上職員労組は、当該要求実現のため、予告のうえストライキ（職場放棄）を実施した。地上職員の労務不提供により業務に支障が生じた会社は、地上職員労組に損害賠償請求をしたいと考え、このストライキが正当性を有するものか否か、弁護士であるあなたに相談した。どのように回答すべきか。

【平和義務に違反する争議行為には正当性が認められるか（本講2(2)(C)を参照）】

2. ビラ配布に対する懲戒処分の可否

ブルーライン・エアウェイズ株式会社（以下、会社）には、客室乗務員を組織する労働組合（以下、CA労組）もある。このCA労組の組合員である久保田和美は、従来から会社の労務政策に批判的であり、今回の所定労働時間延長計画にも、強硬に反対していた。和美は、反対活動の一環として、ビラを配布し、会社職員の反対の機運をいっそう盛り上げようと考えた。そこで、和美は、「会社は、ライバル会社の経営破綻を逆手にとり、労務管理コスト削減を強行しようとしている。一般職員を犠牲にして業績を上げる卑劣なやり方は到底許されない。計画には断固反対しよう」と記したビラを作成し、休憩時間中に、職員用カフェテリアの机に適宜置いて回った。会社では施設内でのビラ配布は許可制とする規則が存するところ、和美によるビラ配布を知った会社は、和美について、就業規則所定の懲戒事由である、「会社の規則に違反したとき」に該当するとして譴責処分を行った。会社のこの処分は有効か。

【許可制のもとで許可を得ないでなされたビラ配布に対する懲戒処分の可否（目黒電報電話局事件—最3小判昭和52・12・13民集31巻7号974頁等を参照）】

18. 不当労働行為
分会長はつらいよ

設問　「やっちゃん」は、本名は山田和夫というが、皆から慕われていて、親しみをこめて、そう呼ばれている。若いときは、ずいぶん悪いことをしてきたけれど、いまでは情に厚い熱血漢で、タクシー会社の神戸交通（以下、会社）の姫路営業所のちょっとした顔になっている。同営業所の歴代の所長もやっちゃんには一目置いていた。やっちゃんは入社8年目で、乗務員の入れ替わりが激しいタクシー業界においては、ベテランになっていた。

　2009年4月のこと、姫路営業所では、前の営業所長が異動となり、半年前に中途入社した田之倉誠という人が新たに所長として配属されてきた。田之倉は、以前は大手金融機関で働いており、この業界は初めてだった。田之倉は、姫路営業所に着任するなり、職場の規律が乱れていると感じた。たとえば、朝の点呼時間に遅刻する人が多く、勤務時間中にサボっている乗務員もけっこういた。やっちゃん自身、時間にわりとルーズであったので、なんとなく姫路営業所全体が、時間にルーズになってしまっていた。そこで、同年5月11日、田之倉所長は、本社と相談したうえで、勤務時間管理の厳格化を行うこととし、朝のミーティングの際に、これからは遅刻が月に3回を超えると、就業規則の規定どおりに懲戒処分にすると通告した。そして1カ月後、さっそく、その通告どおりに、懲戒処分（譴責処分）を受ける乗務員が出てきた。それは、やっちゃんが可愛がっていた後輩の小泉だった。

　やっちゃんは、この処分に抗議をしたが、田之倉所長は取り合わなかった。そんなとき、やっちゃんは、たまたま誰でも入れる労働組合が近くにあることを知った。それが、姫路地域ユニオン（以下、ユニオン）であった。ユニオンに加入したやっちゃんは、さっそく神戸交通姫路営業所分会（以下、分会）を作って、その分会長におさまった。2009年7月13日のことである。分会には、やっちゃんを慕う姫路営業所の乗務員全員（12名）が加入した。会社には、姫路営業所、三宮営業所など、兵庫県内に複数の営業所があったが、分会ができたのは、姫路営業所だけであった。

　ユニオンと分会は、直ちに、小泉に対する処分の撤回を求めて、団体交渉

を申し込んだ。団体交渉は、同月 21 日、同年 8 月 25 日、9 月 10 日と 3 回行われたが、結局、処分の撤回はされなかった。ユニオンと分会は、抗議のために、勤務時間終了後、本社の正門の外で、処分に抗議する内容のビラを配布した。

10 月になって、分会員が 8 名、ユニオンから抜けるといってきた。どうも、田之倉所長から、「組合に入ったままだと、君たちのためにならないよ」といわれたようである。また、田之倉所長は、自分も所属している神戸交通労働組合への加入も薦めていた。同組合は、会社の従業員の大多数が加入しており、会社との関係は良好で、労使協議も定期的に行われており、争議行為は行われたことがなかった。

分会から脱退した乗務員のなかには、小泉も含まれていた。やっちゃんは裏切られたような気がして、「おまえ、ただではおかへんで」と怒ったが、小泉は、「せっかく分会に入って組合費も払ったのに、自分への懲戒処分が撤回されんのやったら、組合に入っている意味があらへん」と反論した。

ちょうど同じころ、会社では、三宮営業所で乗務員の退職が相次いだため、その欠員を補充する必要があり、三宮営業所に一番近い姫路営業所から乗務員を 1 名配転させることとした。そこで、会社が配転させる乗務員として選んだのが、やっちゃんであった。会社は、同年 11 月 2 日、就業規則 12 条に基づき、やっちゃんに翌日から三宮営業所で乗務するよう命じた。やっちゃんは、分会長としてこれに抗議したところ、田之倉所長は、姫路営業所の乗務員のなかで、明石に住む山田乗務員の自宅が、三宮営業所に一番近いこと、また経験が豊富なので、新しい営業所でも対応しやすいことを配転の理由として挙げた。やっちゃんはこれに納得しなかったので、ユニオンはやっちゃんに指名ストに入ることを認めた。やっちゃんは、直ちに、分会長として、ストライキに入ることを田之倉所長に通告し、同月 3 日以降、17 日現在に至るまで、姫路営業者にも、三宮営業所にも顔を出さず、ユニオンに行って今後の対応を検討している。会社は、やっちゃんの行動は業務命令違反であるので、就業規則 27 条 2 項①号の懲戒解雇事由に該当するとして、懲戒解雇をしようと考えている。

【就業規則（抜粋）】
（配転）
第 12 条　会社は、業務上の必要により配転を命ずることがある。従業員は正当な理由がなければこれを拒むことができない。

（懲戒の種類、程度）

第26条　懲戒の種類は次の各号に定めるものとする。

① 譴責　始末書を提出させ、将来を戒める。

② 減給　減給は、1回の額が平均賃金の1日分の半額を超えず、その総額が賃金支払期間における賃金総額の10分の1を超えない範囲で行う。

③ 出勤停止　7日以内の期間を定めて出勤停止を命ずる。出勤停止期間中の賃金・賞与は支給しない。

④ 降格　従事する職種の階級を引き下げる。

⑤ 懲戒解雇　予告期間を置かないで即日解雇し、退職金を支給しない。

（懲戒の事由）

第27条　従業員が次の各号の一に該当するときは、譴責、減給、出勤停止または降格に処する。

①～③　（略）

2　以下の各号の一に該当するときは、懲戒解雇に処する。ただし、情状を斟酌し、処分を軽減することがある。

① 正当な理由なしに、上長の命令に従わなかったとき

②～⑥　（略）

⑦ その他前各号に準ずる不都合な行為があったとき

❶ユニオンは、山田乗務員の配転は、同乗務員を姫路営業所から引き離して組合活動を阻害しようとするものであると考えている。ユニオンが、労働委員会に対して、不当労働行為の救済を申し立てる場合、どのように主張すべきであろうか。その主張は認められるであろうか。

❷ユニオンは、分会から大量に脱退者が出たのは、田之倉所長の発言のためであると考えている。田之倉所長の発言は、不当労働行為となるであろうか。

❸会社が、指名ストをした山田乗務員に対して懲戒解雇をした場合、山田乗務員は、どこに対して、どのように主張し、どのような救済を求めることができるであろうか。また、その救済は認められるであろうか。救済内容は、どこに救済を求めるかによって異なってくるであろうか。

（以下、姫路地域ユニオン＝A組合、山田和夫乗務員＝B、神戸交通＝C社、田之倉誠所長＝D所長、神戸交通労働組合＝E組合とする）

解　説

1 ………… 概　観

(1) 設問のねらい

　本設問は、労働組合の結成に伴い、組合員が使用者から受けた反組合的な行為について、どのような場合に不当労働行為が成立するか（労組法7条）を問う問題である。また、不当労働行為について、労働委員会に行政救済を求める場合と、裁判所に司法救済を求める場合との比較についても問うている。

　具体的には、設問❶では、A組合の分会長であるBに対して、C社が発した配転命令について、業務上の必要性があるが、反組合的な意図も窺えるという場合に、不利益取扱いの不当労働行為（労組法7条1号）が成立するか、設問❷では、D所長の脱退勧奨発言は、職制としてのものとも、E組合員としてのものともとれそうであるが、どのような場合に支配介入の不当労働行為（同条3号）に該当するか、設問❸では、配転命令を拒否することを、指名ストという形で行ったときに正当性が認められるか、それに対する懲戒解雇の有効性や不当労働行為該当性を問うている。

(2) 取り上げる項目

►不利益取扱いの成否における理由の競合
►職制の脱退勧奨発言と使用者への帰責
►不当労働行為の行政救済と司法救済
►指名ストの正当性

2 ………… 不当労働行為の救済手続

(1) 総　説

　労組法は、使用者による一定の反組合的な行為を「不当労働行為」として禁止し、労働委員会による特別な救済手続を定めている（労組法7条、27条以下）。その趣旨について、最高裁は、「使用者による組合活動侵害行為によって生じた状態を右命令によって直接是正することにより、正常な集団的労使関係秩序の迅速な回復、確保を図るとともに、使用者の多様な不当労働行為に対してあらかじめその是正措置の内容を具体的に特定しておくことが困難かつ不適当であるため、労使関係について専門的知識経験を有する労働委員会に対し、その

裁量により、個々の事案に応じた適切な是正措置を決定し、これを命ずる権限をゆだねる趣旨に出たものと解される」と述べている（第二鳩タクシー事件—最大判昭和 52・2・23 民集 31 巻 1 号 93 頁）。

労組法で「不当労働行為」として禁止されているのは、不利益取扱い、団体交渉拒否、支配介入、報復的不利益取扱いである（7条）。労働組合は、使用者から不当労働行為に該当する行為を受けたと判断した場合には、労働委員会に救済を申し立てることができる。救済を申し立てる労働組合は、労働委員会において資格審査を受けなければならない（5条1項。ただし、実務上は、資格審査は、不当労働行為の審査と併行して行うことでよいとされている［併行審査主義］）。資格審査においては、労働組合の定義に該当しているか（2条）、および、5条2項に定める事項を記載した規約を具備しているかが審査される（規約の定める内容が実際に遵守されているかどうかは問わない）。なお、不当労働行為の救済申立ては、労働者個人が行うこと（個人申立て）もできる。この場合には、資格審査を受けない（5条1項但書を参照）。個人申立ては、不利益取扱い事件（1号事件）だけでなく、支配介入事件（3号事件）でも認められる（京都市交通局事件—最2小判平成 16・7・12 労判 875 号 5 頁）。

不当労働行為の審査を行う労働委員会は、各都道府県に設置されている。労働委員会の主たる仕事は、不当労働行為の審査と労働争議の調整（労働関係調整法による、あっせん、調停、仲裁）という集団的労使紛争の解決にあるが、最近では、個別労働紛争を扱う都道府県労働委員会も増えている。

(2) 救済手続

労働委員会は、公益委員、労働者委員、使用者委員の三者が各同数で構成される（19条1項）。不当労働行為の審査などには、公益委員のみが参与するが、労働者委員と使用者委員も調査や審問を行う手続に参与することができる（24条1項）。

労働委員会は、事件が命令を発するのに熟したときは、事実の認定をし、この認定に基づき、申立人の請求にかかる救済の全部もしくは一部を認容し、または申立てを棄却する命令（以下、「救済命令等」）を発しなければならない（27条の12第1項）。手続に参与した使用者委員と労働者委員は、労働委員会が救済命令等を発しようとする場合には、意見を述べることができる（同条2項）。

救済命令等は、交付の日から効力が生じる（27条の12第4項）。ただし、命

令不履行の罰則が科されるのは、命令が確定した後である。命令は、所定の期間内に再審査申立てまたは取消訴訟が提起されない場合に確定する（27条の13第1項、27条の17）。確定した命令に違反した場合には、50万円（団交応諾などの作為を命じるものであるときは、その命令の不履行の日数が5日を超える場合には、その超える日数1日につき10万円の割合で計算した金額を加えた金額）以下の過料に処せられる（32条）。救済命令等に対して取消訴訟が提起され、その全部または一部が確定判決によって支持されたにもかかわらず、なおそれに違反する行為をした者は、1年以下の禁錮または100万円以下の罰金またはその双方が科される（28条）。

都道府県労働委員会の不当労働行為の審査に不服のある労働組合または労働者は、中央労働委員会に再審査を申し立てることができる（27条の15第2項）とともに、裁判所に取消訴訟を提起することもできる。中央労働委員会の再審査命令に不服のある場合にも、同様に、取消訴訟を提起することができる。他方、使用者は、都道府県労働委員会の命令に対しては、再審査（27条の15第1項）か取消訴訟のどちらか一方しか提起することができない（27条の19第1項）。再審査を選択した場合、その再審査命令に対する取消訴訟は提起できる（同条2項）。

使用者が救済命令等の取消訴訟を提起したとき、訴訟を受けた裁判所（受訴裁判所）は、労働委員会の申立てに基づき、取消訴訟の確定に至るまで当該救済命令等の全部または一部に従うことを決定によって命じることができる（27条の20）。このような命令を緊急命令という。使用者が緊急命令に違反した場合には、50万円以下の過料などが科される（32条）。

(3) 救済命令の内容

労働委員会の発する救済命令の内容に関しては、法律上は特別な規制はない。一般的には、不利益取扱いの解雇については、原職復帰とバックペイ（不利益取扱いがなければ得られたであろう賃金相当額の支払い）が命じられるし、団交拒否については団交応諾命令や誠実交渉命令が出される。支配介入については、認定された支配介入行為を禁止する命令や今後同様の行為を行わない旨を約束する文書の掲示（ポスト・ノーティス）や交付を内容とする命令が出される。

しかし、これらの典型的な命令に限らず、労働委員会は、その裁量により、事件の性質に応じた内容の命令を発することもできる。判例は、救済命令の内

容について、労働委員会の広い裁量が認められるとしている（前掲・第二鳩タクシー事件）。

最高裁は、解雇が不利益取扱いとなる場合の救済命令の内容について、不利益取扱いには、個人の権利や利益の侵害という面と、組合活動一般の侵害という面とがあり、その両者の点を考慮して、救済命令の内容が決定されるべきであるという一般論を述べたうえで、当該ケースにおいては、中間収入を控除しないバックペイ命令は、労働委員会の裁量を逸脱したものとして違法と判断している（前掲・第二鳩タクシー事件）。

3 不当労働行為の成立要件

(1) 不利益取扱い

労組法7条1号によると、「労働者が労働組合の組合員であること、労働組合に加入し、若しくはこれを結成しようとしたこと若しくは労働組合の正当な行為をしたことの故をもつて、その労働者を解雇し、その他これに対して不利益な取扱いをすること」（狭義の不利益取扱い）または、「労働者が労働組合に加入せず、若しくは労働組合から脱退することを雇用条件とすること」（黄犬契約）は、不利益取扱いの不当労働行為に該当する（以下の説明では、黄犬契約に関する部分は割愛する。また、同条4号の報復的不利益取扱いの説明も割愛する）。

不利益取扱いの成立要件として重要なのは、まず「労働組合の組合員であること」、「労働組合に加入し、若しくはこれを結成しようとしたこと」、または、「労働組合の正当な行為をしたこと」である。

「労働組合の組合員であること」とは、組合内部において複数の組合員集団（たとえば、執行部支持派と批判派）がある場合、その一方に所属することも含むと解されている（北辰電機製作所事件—東京地判昭和56・10・22労民集32巻5号312頁）。

「労働組合の正当な行為」とは、労働組合の団体行動（争議行為、組合活動）について、正当性が認められることである。民事免責や刑事免責との関係では正当性が認められない場合でも、それに対抗する使用者の措置が行き過ぎたものである場合には、不当労働行為の成立が認められることがあると解されている。

不利益取扱いの不当労働行為の成立において、条文上「故をもって」という

文言があることから、通説は、不当労働行為意思という主観的要件が必要であると解している。不当労働行為意思とは、要するに反組合的意図ないし動機であり、これは、使用者の日常の発言や態度、従来の労使関係の状況などといった諸事情から推認せざるをえないものである。

実際の紛争では、使用者の反組合的意図も認められるが、他方で、当該処分についての正当な理由も存するということがあり、そのような場合に、不当労働行為意思が肯定されるかどうかが問題となることが多い。実務上は、そのような場合に、どちらの理由が決定的であったかによって判断するという立場（決定的動機説）が一般的である。

不利益取扱いの態様については、労組法7条1号は、解雇を典型例として挙げているが、このほかにも、様々な態様の「不利益取扱い」が考えられる。たとえば、懲戒処分、降格、低査定、労働契約の更新拒絶（雇止め）などがこれに当たる。採用拒否については、判例は、黄犬契約に該当する場合を除き、原則として不利益取扱いには該当せず、「それが従前の雇用契約関係における不利益な取扱いにほかならない」場合にのみ、例外的に不当労働行為に該当するとする（JR北海道・日本貨物鉄道〔国労北海道〕事件—最1小判平成15・12・22民集57巻11号2335頁）が、通説は、採用拒否については黄犬契約に該当しない場合でも不利益取扱いに該当しうると主張する。

また、配転、出向、転籍、休職などの人事処分もこれに該当しうるが、これらの人事処分は当然に不利益であるとはいえない。一般的に、不利益取扱いと認められるために必要とされる不利益性とは、経済的な不利益だけでなく、精神的な不利益であってもよいし、組合活動への不利益も含まれると解されている。ある裁判例は、「本件配転が不利益なものといえるか否かは、……当該職場における職員制度上の建前や経済的側面のみからこれを判断すべきものではなく、当該職場における従業員の一般的認識に照らしてそれが通常不利益なものと受け止められ、それによって当該職場における組合員らの組合活動意思が萎縮し、組合活動一般に対して制約的効果が及ぶようなものであるか否かという観点から判断されるべきものというべきである」と判示している（西神テトラパック事件—東京高判平成11・12・22労判779号47頁）。

(2) 団交拒否

労組法7条2号によると、「使用者が雇用する労働者の代表者と団体交渉を

することを正当な理由がなくて拒むこと」は不当労働行為となる。具体的には、義務的団交事項について、正当な理由なしに団体交渉に応じなかったり、誠実交渉をしなかったりする場合に、不当労働行為が成立する。

その他の詳細は、「15. 団体交渉：責任者出てこい！」の解説を参照。

(3) 支配介入

労組法7条3号によると、支配介入とは、「労働者が労働組合を結成し、若しくは運営することを支配し、若しくはこれに介入すること」（狭義の支配介入）、または「労働組合の運営のための経費の支払につき経理上の援助を与えること」（経費援助）を指す（以下では、経費援助の説明は割愛する）。

支配介入の態様には、大きく分けて、労働組合の結成に対する支配介入と労働組合の運営に対する支配介入とがある。前者の労働組合の結成に対する支配介入の例としては、組合結成への公然たる非難や不利益措置の予告、組合結成の中心人物に対する解雇その他の不利益措置、組合員への脱退勧奨や非組合員への不加入の働きかけ、御用組合の結成などが挙げられる。

労働組合の運営に対する支配介入の例としては、正当な争議行為や組合活動に対する妨害行為、役員選挙や組合人事などの労働組合の内部運営への介入、組合活動の中心的人物に対する解雇その他の不利益措置、組合幹部の懐柔（買収など）、別組合の結成に対する援助や優遇、争議行為の効果を減殺させるような行為などがある。

支配介入は、不利益取扱いや団交拒否と同時に成立することもある。労働委員会の命令や裁判所においても、労組法7条1号違反あるいは2号違反と3号違反が同時に成立することを認めている例は多数ある。

支配介入の成否について、しばしば問題となるのは、使用者の意見表明の自由との関係である。学説上は、使用者の反組合的発言は、組合の結成・運営に影響を与える可能性があるものであれば、およそ支配介入となりうるというものと、使用者の発言は原則として支配介入とはならず、ただ報復や暴力の威嚇または利益供与を示唆している場合にのみ支配介入となるというものとがある。ある代表的な裁判例は、「組合に対する使用者の言論が不当労働行為に該当するかどうかは、言論の内容、発表の手段、方法、発表の時期、発表者の地位、身分、言論発表の与える影響などを総合して判断し、当該言論が組合員に対し威嚇的効果を与え、組合の組織、運営に影響を及ぼすような場合は支配介入と

なる」と述べている（プリマハム事件―東京地判昭和51・5・21労判254号42頁）。

　さらに、使用者側の職制の発言が、どこまで使用者に帰責されるものとなるかが、問題となる。判例は、「労働組合法2条1号所定の使用者の利益代表者に近接する職制上の地位にある者が使用者の意を体して労働組合に対する支配介入を行った場合には、使用者との間で具体的な意思の連絡がなくとも、当該支配介入をもって使用者の不当労働行為と評価することができるものである」と述べている（JR東海〔新幹線・科長脱退勧奨〕事件―最2小判平成18・12・8労判929号5頁）。

(4) 労働組合が併存する状況下での不当労働行為の成否に関する問題

　日本法においては、アメリカ法におけるような排他的交渉代表制は導入されていないため、複数の労働組合が同時に使用者に対して団体交渉を申し込むことがある。このときには、使用者は、どの労働組合とも団体交渉に応じなければならず、これを正当な理由なく拒否すれば団体交渉拒否の不当労働行為となる（労組法7条2号）。

　労働組合が併存しているという状況では、一方の労働組合が使用者と協調的であるのに対して、他方の労働組合は敵対的であるというパターンが多く、そのため、団体交渉が行われたとしても、使用者は、協調的な労働組合のほうを、敵対的な労働組合よりも優遇するという結果となることが多い。このような組合間格差について、いかなる場合に支配介入が成立するのかが問題となる。

　この点につき、判例はまず、「単に団体交渉の場面に限らず、すべての場面で使用者は各組合に対し、中立的態度を保持し、その団結権を平等に承認、尊重すべきものであり、各組合の性格、傾向や従来の運動路線のいかんによって差別的な取扱いをすることは許されない」と述べており、使用者にいわゆる中立保持義務を課している（日産自動車〔残業差別〕事件―最3小判昭和60・4・23民集39巻3号730頁）。

　もっとも、使用者と団体交渉をするうえで、交渉力が相対的に強い多数組合が、有利な労働条件を獲得して、交渉力が相対的に弱い少数組合との間で格差が生じるというのは、団体交渉が1つの取引である以上、やむをえないものといえるので、これを支配介入の不当労働行為とみることは困難である。

　判例も、「中立的態度の保持といい、平等取扱いといっても、現実の問題として、併存する組合間の組織人員に大きな開きがある場合、各組合の使用者に

対する交渉力、すなわちその団結行動の持つ影響力に大小の差異が生ずるのは当然であり、この点を直視するならば、使用者が各組合との団体交渉においてその交渉相手の持つ現実の交渉力に対応してその態度を決することを是認しなければならない」とし、「複数組合併存下においては、使用者に各組合との対応に関して平等取扱い、中立義務が課せられているとしても、各組合の組織力、交渉力に応じた合理的、合目的的な対応をすることが右義務に反するものとみなさるべきではない」と述べており、この理を認めている（前掲・日産自動車〔残業差別〕事件）。

　しかしながら、団体交渉を経ていれば、いかなる差別的扱いも正当化されるかといえば、必ずしもそうとは限らない。判例も、「団体交渉の場面においてみるならば、合理的、合目的的な取引活動とみられうべき使用者の態度であっても、当該交渉事項については既に当該組合に対する団結権の否認ないし同組合に対する嫌悪の意図が決定的動機となって行われた行為があり、当該団体交渉がそのような既成事実を維持するために形式的に行われているものと認められる特段の事情がある場合には、右団体交渉の結果としてとられている使用者の行為についても労組法７条３号の不当労働行為が成立するものと解するのが相当である」と述べている（前掲・日産自動車〔残業差別〕事件）。この事件は、組合間の残業差別の不当労働行為該当性が争われたものであるが、最高裁は、使用者の勤務体制についての方針に反対していた少数組合とは何も協議せずに、多数組合との協議だけでその勤務体制を導入し、その後の団体交渉も誠実には行われていなかったということから、組合弱体化の意図があると判断している。

　こうした中立保持義務は、組合事務所等の貸与という、いわゆる便宜供与の場面においても妥当すると解されている（日産自動車〔組合事務所〕事件─最２小判昭和62・5・8労判496号6頁）。すなわち、判例は、「組合事務所等が組合にとってその活動上重要な意味を持つことからすると、使用者が、一方の組合に組合事務所等を貸与しておきながら、他方の組合に対して一切貸与を拒否することは、そのように両組合に対する取扱いを異にする合理的な理由が存しない限り、他方の組合の活動力を低下させその弱体化を図ろうとする意図を推認させるものとして、労働組合法７条３号の不当労働行為に該当すると解するのが相当である」と述べている（前掲・日産自動車〔組合事務所〕事件）。

　なお、この判決のいう合理的な理由については、「単に使用者が表明した貸

与拒否の理由について表面的、抽象的に検討するだけでなく、一方の組合に貸与されるに至った経緯及び貸与についての条件設定の有無・内容、他方の組合に対する貸与をめぐる経緯及び内容、企業施設の状況、貸与拒否が組合に及ぼす影響等諸般の事情を総合勘案してこれを判断しなければならない」とされている。

このケースは、一方の労働組合には無条件に組合事務所を貸与しながら、他方の労働組合には組合事務所とは関連性をもたない専従問題を先決問題として解決すべきとして団体交渉に応じることがなかったという事案で、結論として、支配介入の不当労働行為の成立を認めている。

中立保持義務との関係で問題となるのが、使用者が労働組合側の要求に対して、同一の条件（差違え条件）を示して団体交渉をしたが、一方の労働組合がその条件を受諾し、他方の労働組合は拒否したために、結果として、その条件を受諾した労働組合にのみ有利な結果となり組合間格差が生じたというケースにおいて、支配介入が成立するかどうかである。たとえば、賃金引上げ交渉において、使用者側から「生産性の向上に協力する」という条件が提示された場合に、その条件を拒否した労働組合が賃上げを受けることができなかった結果、組合間で格差が生じたときに、これが支配介入に該当するかが問題となる。判例によると、使用者の提示した条件が、その労働組合が受諾しないであろうことを予測しえたにもかかわらず、あえて提案し、これに固執するような場合には不当労働行為が成立すると判断している（日本メール・オーダー事件―最3小判昭和59・5・29民集38巻7号802頁）。一方の労働組合に受諾しやすく、他方の労働組合が受諾しにくい差違え条件を設定し、それに固執して団体交渉をした結果、格差を生じさせたという使用者の行為には、組合弱体化の意図が認められるということであろう。

もちろん、こうした事情がなく、単に一方の労働組合が使用者の提示した条件に応じないがゆえに、その労働組合の組合員が不利益を被ったというにとどまる場合には、支配介入の成立は認められない。判例も、使用者が提示した同一の条件を受諾するかどうかで差異が生じるのは、自由な取引の場における各労働組合の選択の結果に過ぎないので、一般論としては、それだけをみれば不当労働行為の問題は生じないと述べている（前掲・日産自動車〔残業差別〕事件。その後の関連判例として、一時金支給に関して、広島・ときわタクシー事件―最3

小判平成 6・10・25 労判 665 号 10 頁、時間外労働に関して、高知県観光事件・最 2 小判平成 7・4・14 労判 679 号 21 頁)。

4 ………… 司法救済

　労組法 7 条の禁止する不当労働行為に該当する行為について、労働組合または労働者は労働委員会に救済を申し立てるのと同時に、この行為を私法上も違法・無効であるとして、裁判所での解決 (司法救済) を求めることもできる。

　労組法 7 条の規定は、あくまでも労働委員会による行政救済を念頭に置いて定められたものであって、司法救済の根拠とはならないという見解も有力であるが、判例は、労組法 7 条 1 号について、「不当労働行為禁止の規定は、憲法 28 条に由来し、労働者の団結権・団体行動権を保障するための規定であるから、右法条の趣旨からいって、これに違反する法律行為は、旧法・現行法を通じて当然に無効と解すべき」と述べており (医療法人新光会事件―最 3 小判昭和 43・4・9 民集 22 巻 4 号 845 頁)、労組法 7 条 1 号の強行法規性を肯定している。

　労組法 7 条に私法的効力を認めないとしても、民法上の規定を根拠として、法律行為の無効 (民法 90 条) を主張したり、不法行為による損害賠償請求 (民法 709 条) をしたりすることは可能である。

　このように、不当労働行為について、司法救済と行政救済という 2 つの救済方法が併存することが、アメリカ法と比べた日本法の特徴である。たとえば、反組合的な解雇が行われた場合、労働者は労組法 7 条 1 号を根拠として、労働委員会に対して不当労働行為の救済を求めることができ、不当労働行為の成立が認められた場合には、原職復帰と賃金のバックペイを命じる救済命令を受けることができる。これと同時に、労働者は、裁判所に訴えることにより、当該解雇が労契法 16 条に反して無効である (前記の判例によると、労組法 7 条 1 号違反ゆえに無効であるという法律構成もある) として、労働契約関係の存在確認と解雇時からの賃金の未払分の支払い (民法 536 条 2 項) を請求することができる。

　もっとも、行政救済と司法救済との間には違いもある。たとえば、就労請求権は原則として否定されているので、司法救済では、解雇が無効とされても、使用者は賃金さえ払い続ければ、労働者を原職に復帰させなくてもよい。裁判所は、原職復帰命令を出すことはできない。これに対して、行政救済では、民

事上の就労請求権の法理に影響を受けないので、原職に復帰させるという内容の救済命令を発することができる。このように、行政救済では、司法救済よりも弾力的な救済を行うことが可能となっている点に特徴がある（前述のように、労働委員会には行政救済の内容を定めるうえでは、広い裁量が認められる）。

解答例

❶　A組合は、C社のBに対する配転命令は、BがA組合の組合員であることの故をもって行われた不利益取扱いである（労組法7条1号）と主張して、労働委員会に救済を求めることが考えられる。

　労組法7条1号の不利益取扱いが成立するためには、労働組合の組合員であること、および、労働組合の正当な行為をしたことなどの故をもって不利益取扱いがなされたものであるといえる必要がある。そこでいう「故をもって」とは、不当労働行為意思を意味する。

　この点について、まず、BはA組合の組合員であることは明らかであるし、またBの行ったビラ配布は、勤務時間後、社外で実施されたものであり、その内容もC社が行った組合員に対する懲戒処分に反対する内容のものであることからすると、労働組合の正当な行為と解することができる。

　次に、Bの配転が不利益な取扱いであるかどうかについては、労組法7条1号でいう「不利益」は、不当労働行為制度が正常な集団的労使関係秩序の迅速な回復、確保を目的とするものであることを考えると、経済的不利益だけでなく、組合活動上の不利益も含むと解すべきである。Bは、姫路営業所の乗務員で組織されている分会の分会長であり、A組合には、その他の分会がないことからすると、Bを別の営業所である三宮営業所に配転することは、BのA組合における組合活動を困難にするもので、不利益な取扱いに該当する。

　さらに、Bの配転が不利益取扱いであるとしても、不当労働行為が成立するためには、BがA組合の組合員であることの故をもって行われたという不当労働行為意思が存在している必要がある。この点、C社は、Bの自宅が、配転先の三宮営業所に一番近いこと、また経験豊富なので、新しい営業所でも対応しやすいことを配転の理由に挙げており、それだけをみると、Bに対する配転命令は就業規則12条でいう「業務上の必要」によ

る適法なもので、不当労働行為意思によるものではないと考えることもできそうである。しかし、BはA組合の分会長であり、組合員の懲戒処分撤回問題についての団体交渉やビラ配布など活発な組合活動をしていたこと、配転がこうした組合活動が行われた時期と近接していること、C社の職制のD所長にA組合を嫌悪する発言があることなどを考慮すると、Bの配転は、A組合に対する反組合的な意図が決定的な動機となって行われたものであり、したがって不当労働行為意思が認められるべきである。

　A組合は以上のように主張して、労働委員会に不当労働行為の救済を求めることができる。

❷　D所長の発言は、A組合からの脱退を促すものと評価することができ、A組合を弱体化する行為であるので、支配介入に該当すると解することができる。ただし、D所長はC社の代表者ではないので、その発言が、C社の不当労働行為と判断されるためには、D所長の行為がC社に帰責できるものである必要がある。

　この点について、D所長は、E組合の組合員であり、労組法2条1号所定の使用者の利益代表者ではないという取扱いになっていることを考慮すると、その発言は使用者との間での具体的な意思の連絡があるような場合を除き、原則として、使用者に帰責されないと解すべきである。ただし、利益代表者に該当しない場合であっても、職制上の高い地位にあり、利益代表者に近接するといえる者が、使用者の意を体して行った行為は、使用者との間で具体的な意思の連絡がなくとも、使用者の不当労働行為と評価することができるものと解すべきである。

　D所長は営業所のトップであることから、利益代表者に近接する職制上の地位にあったといえる。たしかに、D所長の発言は、E組合の組合活動として行われた面もあるかもしれないが、C社は、企業内組合であるE組合に好意的であり、D所長の発言はA組合の分会が結成され、団体交渉が決裂した時期からそれほど経過していない段階で行われたものであることを考慮すると、C社の意向に沿った上司としての発言とみるべきである。

　以上から、D所長の脱退勧奨発言は、C社の意を体してされたものと認めることができ、したがって、支配介入の不当労働行為（労組法7条3号）が成立すると解すべきである。

❸　Bは、懲戒解雇を受けた場合に、労働委員会に対して、労組法7条1号の不利益取扱いの不当労働行為に該当することを理由として、原職復帰と賃金のバックペイを求めて救済を申し立てることができる。また、裁判所に対しては、懲戒解雇が無効であることを理由として、労働契約上の権利

を有する地位にあることの確認と賃金のバックペイの支払いを求めて訴訟を提起することができる。

　労働委員会においては、不利益取扱いの成立が認められるためには、まず、指名ストが「労働組合の正当な行為」と認められる必要がある。配転拒否のための指名ストについては、一定の要求事項のための手段としてストライキを行うものではなく、ストライキによって、その要求事項を直接実現してしまうものなので正当性は認められない、という考え方もあるが、少なくとも、配転元での就労を強行するのではなく、配転先の勤務に従事しないという労務の不提供にとどまるものである限り、正当性は肯定されると解すべきである。Bは、三宮営業所に出頭していないだけで、姫路営業所での就労を強行したわけではなく、争議行為の目的面でも、配転命令の撤回を求めるという相当なものなので、Bの指名ストの正当性は肯定される。また、懲戒解雇は不利益な取扱いであるし、それがBの正当な争議行為を理由として行われたものであり、そこに不当労働行為意思が認められるので、Bの請求は認められると考えられる。

　労働委員会は、不当労働行為の成立を認めたときは、通常は、原職復帰の命令を発し、またバックペイの支払いを命じる。ただし、バックペイについては、Bが解雇期間中に他の会社から収入を得ていた場合、そうした中間収入が控除されることがある。その判断は、個人の権利や利益の侵害という面と、組合活動一般の侵害という面を考慮して行われるのであり、場合によっては中間収入を控除しない命令が発せられることもありうる。

　一方、裁判所においては、労組法7条1号が強行法規としての性格をもつと解すべきことから、労働委員会での主張と同様に、Bに対する懲戒解雇が不利益取扱いに該当し、私法上も無効であると主張することが考えられる。また、懲戒解雇は、指名ストが正当な争議行為であり、業務命令違反ではないので、就業規則27条2項1号の懲戒解雇事由に該当しないと主張したり、あるいは懲戒解雇事由に該当するとしても、指名ストに正当性が認められる場合には、懲戒処分を課すことは権利濫用となり無効である（労契法15条または16条）と主張することも考えられる。

　解雇が無効となると、労働契約は解雇時に遡って存在していたことになる。Bはその解雇期間中は労働に従事していないが、それはC社が不当な解雇をしたことが原因であり、それゆえこれはC社の責めに帰すべき就労拒否による履行不能と解されるので、民法536条2項に基づき賃金を請求することができると解すべきである。ただし、解雇期間中に他の使用者のもとで就労して得た中間収入は控除される（同項2文）が、労基法26条の趣旨を考慮すると、平均賃金の6割までは労働者に支払われる必要が

あると解すべきである。なお、労働者の就労は、労働契約上の義務ではあるが権利ではないので、特別な合意があったり、就労することについて特別な利益があるような場合を除き、就労請求権は否定されると解されているため、裁判所は、解雇が無効であっても、職場復帰を強制することはできない。

関連問題

1. 事業譲渡の際の労働契約の承継拒否と不当労働行為

　医療法人白丘会は、経営悪化のため、その経営する長岡病院を、医療法人静修会に譲渡することとし、静修会は、長岡病院の施設、業務等を引き継いで、新たに竹中病院として開設した。この事業引継ぎに際して、白丘会と静修会との間で合意文書が交わされており、そこには白丘会の職員を静修会が引き継ぐかどうかは、静修会の専権事項であるとされていた。静修会は、白丘会の職員に対して、静修会での採用希望を問うたところ、82名の職員が採用希望の意思を表明した。その後、静修会は、白丘会の職員で組織されていた労働組合の2人だけの組合員である田中美子と加藤孝子という看護師以外のすべての職員は採用面接をして採用したが、田中と加藤については、両名が採用を希望したにもかかわらず、採用面接さえ行わなかった。その結果、田中と加藤は、白丘会の職員のまま残ることとなった。その後、白丘会は、事業廃止を理由に、田中と加藤を解雇した。田中と加藤は、労働委員会に対して、静修会の行為は不当労働行為であるとして、静修会に採用命令を出すよう求めている。労働委員会は、このような命令を出すことができるであろうか。

　【事業譲渡の際の譲渡先による労働契約の承継拒否について、労組法7条1号の不利益取扱いが成立するか（青山会事件―東京高判平成14・2・27労判824号17頁を参照）】

2. ビラの撤去と不当労働行為

　株式会社飯塚食品（以下、会社）は、その従業員で組織されている飯塚食品組合（以下、組合）との間の労働協約に基づき、組合に対して、組合掲示板の貸与をしていた。組合では、その組合員の佐藤正信と谷川久照課長（非組合

員）との間で、休暇の取得方法をめぐってトラブルが起きたため、組合掲示板に「無能なT課長に厳重に抗議する」と書いたビラを貼付したところ、会社は、そのビラを組合に無断で撤去した。会社のこの行為は、不当労働行為に該当するであろうか。

【会社のビラ撤去行為は、どのような場合に、支配介入の不当労働行為となるか（JR東海事件—東京高判平成19・8・28労判949号35頁等を参照）】

3. 救済利益

　株式会社寺田工業（以下、会社）は、その従業員で組織されている寺田工業従業員組合（以下、組合）の組合員25名が行った3時間の時限ストに対して、1日分の賃金をカットした。組合は、この賃金カットは不利益取扱いおよび支配介入の不当労働行為に該当するとして、労働委員会に救済を申し立てた。労働委員会での審査中に、ストライキに参加した組合員のうち9名が退職し、2名は配転により、組合の組合員資格を失った。労働委員会は、不当労働行為の成立を認め、賃金カット分の支払いを命じることとしたが、この際、すでに組合員資格を失っている11名の賃金カット分も含めることができるであろうか。

【不利益取扱いの事件で、組合固有の救済利益はあるか。労働委員会の救済内容に関する裁量として、組合員資格を喪失した組合員の賃金分相当額についての支払いまで命じることが認められるか（旭ダイヤモンド工業事件—最3小判昭和61・6・10民集40巻4号793頁を参照）】

参考文献

道幸哲也『不当労働行為の行政救済法理』（信山社・1998年）
道幸哲也『不当労働行為法理の基本構造』（北海道大学図書刊行会・2002年）
塚本重頼『不当労働行為の認定基準』（総合労働研究所・1989年）
山川隆一『不当労働行為争訟法の研究』（信山社・1990年）

19. 企業組織の変動
買収って労働者のため？

設問

　オートバイ好きの一文字翼は、大学を卒業しても、しばらくフリーターをして生活をしていたが、2011年5月にバイク仲間の本郷翔から、自分の働いているハリケーン配送株式会社（以下、ハリケーン社）でバイク便のライダーの募集があるという連絡を受け、趣味と実益を活かせると思い応募してみることにした。

　ハリケーン社は関東地区で運送業を営んでいたが、経営悪化のため、2011年4月1日に、全国規模で運送業を営んでいるサイクロン運輸株式会社（以下、サイクロン社）に買収され、その100％子会社となったばかりであった。当時は、会社書類等を短時間で配送する事業部門（バイク便部門）に特化して、経営の再建を図ろうとしていた。そこで、バイク便のライダーの募集をしていたのである。

　一文字は、2011年6月1日に実技試験と面接を受けた。面接では、サイクロン社の人事担当者から質問を受け、サイクロン社の賃金体系に従って賃金を決定することが説明された。ハリケーン社は、面接の結果、サイクロン社の承認を受けたので、一文字翼を同年7月1日から雇用した。同日、一文字は、本郷の勧めもあり、ライダー労働組合に加入した。一文字は、本郷が属するバイク便部門には属さず、サイクロン社からの指示によって、バイク便の業務に従事していた。

　ハリケーン社の賃金水準（賃金体系）は、サイクロン社のものよりも高かった。たとえば、退職金について、ハリケーン社では月額基本給に勤続年数を乗じて算出するが、サイクロン社では月額基本給に勤続年数の半分を乗じて算出することとされていた。サイクロン社は、買収後直ちに、ハリケーン社に取締役を派遣して、賃金体系の見直しと、運送体制の再構築等の経営再建策を推し進めることとし、ハリケーン社に自社の経理要員を出向させて、売上・経費等の管理・分析を行い、将来の事業計画を策定しようとした。なお、ハリケーン社の経営状況はかなり悪かったが、サイクロン社に買収されるにあたって、労働者全員の雇用を確保することを求め、サイクロン社も、雇用確保に努力することを約束した。

本郷は 2004 年 1 月から、ハリケーン社でバイク便ライダーとして働いており、いまやライダー 13 名で構成するライダー労働組合（以下、組合）の執行委員長である。かつては、ハリケーン社は、ライダーは労働者ではないとして、組合との団体交渉を拒否するなどのトラブルがあり、労働委員会、さらには裁判所でも争ったが、最終的には、裁判所で労働者として認められたので、同社は組合と和解をした。それ以降、本郷らは一般社員と同様に扱われ、同社は団体交渉にも応じるようになった。サイクロン社による買収の際に、サイクロン社に雇用確保の努力を約束させたのも、組合が強く要求をしたからであった。組合は、買収後も、ハリケーン社が推し進める賃金体系の見直しおよび運送体制の再構築については、反対の立場をとった。組合に属さない従業員（組合に属さない従業員は 70 名）の了解はおおむね得られたものの、組合が反対したため、同社は、賃金体系の見直しや運送体制の再構築は断念せざるをえなくなった。

〈第 1 話〉
　このままでは、ハリケーン社は経営破綻に陥ると考えたサイクロン社の経営陣は、企業グループの経営戦略として、2011 年 10 月 3 日、ハリケーン社を解散し、その事業全部を譲り受けることを決定した。ハリケーン社は、サイクロン社の上記決定を受けて、同月 11 日、全従業員に対して、2012 年 4 月 1 日付けでハリケーン社の事業全部をサイクロン社に譲り渡し、解散すること、サイクロン社での勤務を希望する従業員は、面接のうえでサイクロン社が受け入れる可能性があることを説明した。組合は、サイクロン社での勤務を希望するすべて従業員がサイクロン社に受け入れられるよう求めたが、面接の結果、組合に属さない従業員である 70 名全員がサイクロン社に受け入れられた一方、組合に属するライダーたちは、サイクロン社にはすでにバイク便部門があることを理由に、1 人も受け入れられなかった。2012 年 4 月 1 日、ハリケーン社は解散し、同日、本郷をはじめハリケーン社に残った従業員は解雇された。一文字も組合に加入していたので、本郷と同様、解雇の憂き目にあってしまった。

❶本郷は、サイクロン社に対して、サイクロン社と労働関係があり、ハリケーン社の賃金体系に基づく賃金が請求できると主張している。本郷の主張について、論拠を述べたうえで、どのような事情があれば主張が認められるか検討しなさい。

❷一文字は、本郷と同様に、サイクロン社に対して、サイクロン社と労働関係があるので、賃金が請求できると主張している。本郷の主張をふまえて、一文字の独自の主張としては、どのようなものがあるかについて検討しなさい。

〈第2話〉
　サイクロン社は、企業グループの経営戦略として、2011年10月3日、ハリケーン社のバイク便部門を会社分割によって新設会社タイフーン急便株式会社（以下、タイフーン社）に分割し、ハリケーン社をサイクロン社に吸収合併することを決定した。
　ハリケーン社は、サイクロン社の上記決定を受けて、同月11日、全従業員に対して、上記決定内容を本社掲示板に掲載するとともに、これに関する質問を受け付けることを案内した。また、同月19日以降、ハリケーン社は、全従業員に対して、複数回にわたり説明会を開催し、その際の説明会資料および質疑内容も本社掲示板に掲載した。
　組合は、同年11月2日、ハリケーン社に対して、タイフーン社設立後の経営見通し、承継後の労働条件等を協議事項として団体交渉を求めた。しかし、同月9日に開催された団体交渉においては、タイフーン社が承継する資産等を含む経営見通しや労働条件の維持等については説明がなされたが、バイク便部門が継続されるかどうかについては明確な回答がなかった。組合は、タイフーン社が承継する資産にかかわらず、タイフーン社が営むことになるバイク便部門は、サイクロン社が企図している運送体制の再構築にあたって見捨てられる懸念が払拭できないとして、会社分割に反対し、仮に会社分割を行う場合でも、希望する従業員はタイフーン社に承継されないよう求めた。
　ハリケーン社は、同月14日以降、組合に属する従業員13名全員に対して、会社分割の結果、バイク便部門に主として従事する従業員としてタイフーン社に承継されること等を説明し、質疑を行った。本郷は、同月18日、ハリケーン社担当者と質疑を行ったが、バイク便部門の継続について全く回答がなかったことから、同月21日、上記懸念が払拭できないとして、労働契約の承継について異議を申し立てる旨の書面を提出した。
　ハリケーン社は、11月16日、組合に属する従業員13名全員の雇用契約が承継されることを含む分割計画書を本店に備え置いた。そして同月30日開催の株主総会において、分割計画の承認を受け、12月30日に会社分

割の登記がされ、タイフーン社が設立され、同時に、サイクロン社はハリケーン社を吸収合併した。さらに、サイクロン社は、タイフーン社の全株式を、仮面急便株式会社に譲渡することを発表した。

❸本郷は、タイフーン社に労働契約が承継されることに異議を申し立てたので、ハリケーン社を吸収合併したサイクロン社と労働関係があり、ハリケーン社の賃金体系に基づく賃金が請求できると主張している。本郷の主張は認められるか。

(以下、本郷翔＝A、一文字翼＝B、サイクロン運輸株式会社＝C社、ハリケーン配送株式会社＝D社、タイフーン急便株式会社＝E社、仮面急便株式会社＝F社、ライダー労働組合＝G組合とする）

解　説

1 ………… 概　観

(1)　設問のねらい

　事業譲渡、株式取得、合併、会社分割等の事業・企業再編の場面において、労働契約がどのように変動するか、そのなかで労働者の保護がどのように図られるかを問う問題である。

　設問❶❷では、事業譲渡に際して労働契約がどのように変動するか、譲渡会社が解散する場合において検討すべき事項が問題となる。設問❸では、会社分割に際して労働契約がどのように変動するか、労働者の承継・非承継の意思はどのように法的に保護されるかが問題となる。

(2)　取り上げる項目

　▶法人格否認の法理
　▶偽装解散の法理
　▶会社分割と労働契約承継

2 企業組織の変動と労働契約
(1) 労働契約の承継
(a) 概　説
　企業の効率的経営を図るために、企業組織の変動が実施されることがある。企業組織の変動には、取引行為による権利義務の移転（特定承継）である事業譲渡や、組織法上の行為による権利義務の移転（包括承継）である合併や会社分割、そのほかに、株式譲渡、株式交換、株式移転などがある。企業組織には、労働契約は不可欠の構成要素であり、企業組織の変動に伴い、労働契約がどのように変動するかが問題となる。

(b) 事業譲渡
　まず、事業譲渡については、事業（営業）とは、「一定の営業目的のため組織化され、有機的一体として機能する財産（得意先関係等の経済的価値のある事実関係を含む。）」（最大判昭和40・9・22民集19巻6号1600頁）と解されており、労働契約も事業に含まれることになる。しかしながら、事業譲渡は、取引行為による権利義務の移転（特定承継）であるため、私的自治（契約自由）の範囲内で、当事者の意思によって移転の対象となる財産を特定することができる。したがって、特定の労働契約を移転の対象とすることもできるし、しないこともできる。特定の労働契約が移転の対象とされた場合には、労働者の同意があれば、当該労働契約は移転（承継）される（民法625条1項）。特定の労働契約が移転の対象とされなかった場合には、当該労働契約は移転（承継）されないが、譲渡元会社から解雇されたり、譲渡元会社を辞職したりした労働者を、譲渡先会社が新規採用することもある。

(c) 合　併
　組織法上の行為による権利義務の移転（包括承継）のうち、合併については、吸収合併存続会社または新設合併設立会社は、吸収合併消滅会社または新設合併消滅会社の権利義務を包括的に承継する（会社法750条1項、754条1項）から、労働契約も包括的に承継される。

(d) 会社分割
　もう1つの組織上の行為である会社分割については、その事業に関して有する権利義務の全部または一部を承継させるもの（会社法2条29号および30号）であり、部分的包括承継とされている（同759条1項、764条1項）。すなわち、

吸収分割契約または新設分割計画（以下「分割契約等」という）に定められた権利義務は包括承継される一方、その他の権利義務は当然には承継されない。しかしながら、労働契約承継法は、承継される事業に主として従事する労働者の労働契約は、分割契約等において承継対象とされると、当然に吸収分割承継会社または新設分割設立会社（以下「承継会社等」という）に承継され、承継対象とされなかった場合でも、当該労働者は異議を述べれば承継会社等に承継される、と定めている（労働契約承継法2条1項1号、3条、4条）。この承継は、労働者の同意がなければ労働契約は承継されないとする民法625条1項の特則と位置づけられる。これに対して、承継される事業に従事しない労働者の労働契約は、会社分割によっても原則として承継会社等に承継されず、仮に分割契約等に承継対象とされた場合には、当該労働者は異議を述べることができ、異議を述べれば吸収分割会社または新設分割会社（以下「分割会社」という）に残存する（同2条1項2号、5条）。この効果は、労働者の同意がなければ労働契約は承継されないとする民法625条1項に則したものである。また、分割会社は、分割契約等に、労働協約のうち新設会社が承継する部分を定めることができ（同6条1項）、労働協約のうち債務的部分については、分割会社と労働組合との間で承継会社等に承継させる合意があったときは、承継会社等に承継される（同条2項）。

(e) その他

株式譲渡、株式交換、株式移転については、株主の変動があっても法人格は同一であるから、労働契約には基本的に何ら変動はない。

(2) **労働条件の変更**

企業組織の変動に伴い、労働契約が承継される際に、労働条件の変更が行われることがある。就業規則を変更して、労働者の不利益に労働契約の内容である労働条件を変更する場合には、労働者の受ける不利益の程度、労働条件の変更の必要性、変更後の就業規則の内容の相当性、労働組合等との交渉の状況その他の就業規則の変更にかかる事情に照らして合理的なものであるときは、労働者の合意がなくても有効とされる（労契法10条。詳細は、「2. 就職規則と労働契約：ダブルインカムへのこだわり」を参照）。判例には、合併に伴う労働条件の統一化によって、労働条件を引き下げられた事案で、変更の「高度の必要性」を肯定したケースもある（大曲市農業協同組合事件—最3小判昭和63・2・16民集

353

42巻2号60頁）が、一般的には、単に企業組織の変動があったというだけでは、変更の「高度の必要性」が認められるわけではない。

3 企業組織の変動と労働者の保護
(1) 概　説
　企業組織の変動があったとき、前述のように、労働契約の承継が行われることも、また行われないこともあるが、どちらの場合にも労働者の利益が損なわれることが起こりうる。たとえば、事業の全部譲渡の場合には、譲渡元会社が解散する可能性が高いが、それにもかかわらず、譲渡元会社の従業員が労働契約の承継対象から排除されると、雇用が失われる可能性が高くなる。一方、会社分割のような場合に、承継される事業に主として従事する労働者は、その労働契約が承継対象に含められれば、労働者の意思に関係なく承継を強要されるが、承継される事業が不採算部門であるような場合には、労働者の労働条件が悪化したり、雇用の喪失の危険も生じる。
　このような場合に、前述した事業譲渡や会社分割の一般的なルール以外に、労働者の保護のための特別な保護法理がないかが問題となる。

(2) 法人格否認の法理
　事業譲渡の場合において、譲渡元会社が、譲渡先会社の子会社で、譲渡先会社の支配下に置かれているような場合、法人格濫用の法理により、仮に労働契約が承継対象から排除されたとしても、譲渡元会社の従業員は譲渡先会社との雇用関係の存続を主張することができる場合がありうる。
　もちろん、法人格否認の法理は、こうした事業譲渡の場合だけでなく、その他の事例でも適用が認められてきた法理である。要するに、この法理は、主として、親会社が子会社の運営を支配し、子会社の労働者の労働条件や雇用について支配力を有している場合に、子会社の労働者が、親会社に対して、労働契約上の使用者としての責任を追及することを根拠づける法理であり、判例上、形成されてきたものである。
　判例は、次のように述べている。
　「およそ法人格の付与は社会的に存在する団体についてその価値を評価してなされる立法政策によるものであって、これを権利主体として表現せしめるに値すると認めるときに、法的技術に基づいて行なわれるものなのである。従っ

て、法人格が全くの形骸にすぎない場合、またはそれが法律の適用を回避するために濫用されるが如き場合においては、法人格を認めることは、法人格なるものの本来の目的に照らして許すべからざるものというべきであり、法人格を否認すべきことが要請される場合を生じるのである」(山世志商会事件—最1小判昭和44・2・27民集23巻2号511頁)。

このように法人格否認の法理が適用される場面には、法人格が全くの形骸に過ぎない場合と、法律の適用を回避するために濫用される場合とがある。

まず、法人格の形骸化の事例では、どのような場合がこれに当たるのかが問題となる。この点について、ある裁判例(黒川建設事件—東京地判平成13・7・25労判813号15頁)は、次のように述べている。

「株式会社において、法人格が全くの形骸にすぎないというためには、単に当該会社の業務に対し他の会社または株主らが、株主たる権利を行使し、利用することにより、当該株式会社に対し支配を及ぼしているというのみでは足りず……、当該会社の業務執行、財産管理、会計区分等の実態を総合考慮して、法人としての実体が形骸にすぎないかどうかを判断するべきである」。

そのうえで、子会社について、外形的には独立の法主体とはいうものの、実質的には、設立の当初から、事業の執行および財産管理、人事その他内部的および外部的な業務執行の主要なものについて、きわめて制限された範囲内でしか独自の決定権限を与えられておらず、親会社の一事業部門と何ら変わるところはなく、親会社のオーナーが直接自己の意のままに自由に支配・操作して事業活動を継続していたことを理由に、子会社の株式会社としての実体は形骸化しており、法人格否認の法理が適用され、子会社の労働者は親会社に対して、労働契約上の使用者としての責任を追及できるとした。

このように子会社の形骸化が認められるためには、株式の所有、役員の派遣などにより事業運営の意思決定を支配しているだけでは不十分で、事業活動、財産管理、会計処理等が親会社と混同されていて、子会社がもはや独立の法人としての実体をもたず、親会社の一部門に過ぎないとみられるような事情が必要となる。

次に、法人格が形骸化していなくても、法人格の濫用があるという場合には、この法理が認められる。たしかに、親会社と子会社は、株式の所有関係などを通じて、互いに密接な関係にあるとしても、別の法人格をもつので、子会社の

355

株主としての親会社の責任は限定されているはずである。しかし、こうした法人格による責任の限定を、違法・不当な目的により行っている場合には、子会社の法人格を否定して、子会社の背後にいる親会社が責任を負うのが実質的に妥当であるということもある。法人格の濫用による法人格の否認は、このような理由で認められるものである。最近の裁判例には、法人格の濫用による法人格の否認が認められるためには、支配会社が従属会社を意のままに道具として支配・利用しているという主観的要件（支配の要件）と、それについて違法または不当な目的を有しているという主観的要件（目的の要件）を要すると述べるものが比較的多い（大阪空港事業〔関西航業〕事件―大阪高判平成15・1・30労判845号5頁等）。

　法人格否認の法理は、本来、個別例外的な救済法理であり、子会社の従業員が親会社に対して、未払い賃金や退職金を請求するという場合が典型的な適用例である。しかし、実際の紛争では、親会社に対して、子会社の従業員が、労働契約関係の存在を主張して地位確認を請求するということもある。法人格否認の法理の効果として、こうした雇用責任までが認められるかについては、議論のあるところである。有力説は、子会社の法人格が全く形骸化しており、しかも子会社の法人格の明白な濫用（子会社の組合壊滅を目的とした会社解散のような場合）があるケースに限定されるとする。いずれにせよ、雇用責任を認める効果を認める場合には、法人格否認の法理が適用される要件は、金銭支払請求の事例よりも厳格なものとなるであろう。

　なお、最近の裁判例には、「親会社による子会社の実質的・現実的支配がなされている状況の下において、労働組合を壊滅させる等の違法・不当な目的で子会社の解散決議がなされ、かつ、子会社が真実解散されたものではなく偽装解散であると認められる場合、……子会社の従業員は、親会社による法人格の濫用の程度が顕著かつ明白であるとして、親会社に対して、子会社解散後も継続的、包括的な雇用契約上の責任を追及することができるというべきである」と述べたものがある（第一交通産業ほか〔佐野第一交通〕事件―大阪高判平成19・10・26労判975号50頁）。

(3) **偽装解散の法理**

　使用者である法人が解散し清算結了すれば、法人格は消滅し、労働契約関係も消滅する。企業変動においても、事業譲渡の場合には譲渡企業が、会社分割

の場合には吸収分割会社または新設分割会社が、解散し清算結了する場面がある。解散により事業が完全に廃止された場合（すなわち、真実解散の場合）には、それが労働組合の壊滅などの不当な目的によるものであったとしても、憲法が経済活動の自由として企業廃止の自由を保障している以上、解散そのものは有効と解さざるをえない。したがって、解散に伴う解雇も、原則として、客観的に合理的な理由があり、社会通念上相当として是認できる場合に当たると解されている（労契法16条）。

しかし、解散による企業廃止であっても、解散企業が労働法的規制の回避を目的として廃止を偽装し、何らかの形で事実上、事業を継続させようとすることがある。こうした偽装解散は、組合壊滅目的で行われることが多く、偽装解散による解雇は不利益取扱いとして、労働委員会が、実質的に事業を継続している会社に対して従業員として取り扱うよう命じる例は少なくない。民事事件においても、偽装解散による解雇は、権利濫用として無効となる（労契法16条）とし、さらに実質的に事業を継続している会社との間で法人格否認の法理が適用される場合には、その会社との間での労働契約関係の存続確認が認められる可能性がある。

このほか、事業譲渡がなされた際に、譲渡先会社に労働契約が承継されず、譲渡元会社に残った従業員が、その後の譲渡元会社の解散により、結局、解雇されたというような場合に、譲渡先会社に雇用責任を追及することができないか、という点も問題となる。事業譲渡は、前述のように、会社分割とは異なって特定承継なので、譲渡先会社は労働契約関係の承継を拒否することも自由にできるはずである。しかし、これが譲渡元会社の労働組合を嫌悪したというような反組合的な目的による承継拒否である場合には、譲渡先会社への労働契約の承継が認められるとすべき余地もある（やや特殊な事案であるが、勝英自動車学校〔大船自動車興業〕事件—東京高判平成17・5・31労判898号16頁等も参照）。

また、最近の裁判例には、前述のように、こうした偽装解散が認められる場合、「親会社による法人格の濫用の程度が顕著かつ明白であるとして、親会社に対して、子会社解散後も継続的、包括的な雇用契約上の責任を追及することができる」と述べるものもある（前掲・第一交通産業ほか〔佐野第一交通〕事件）。

(4) 会社分割と労働契約承継

会社分割においては、上記2(1)(d)のとおり、承継される事業に主として従事

する労働者の労働契約が、分割契約等によって承継対象とされた場合には、当然に承継会社等に承継されることとされており、当該労働者が分割会社等に残存することを望んだとしても、承継されることを拒否する権利が認められていない。そのため、企業組織の変動に際し、不良事業部門を切り出すために、会社分割が利用されるようなケースにおいて、労働者をどのように保護すべきかが問題となる。

　学説のなかには、明文の規定とは異なり、上記のような場合でも、労働者の同意がなければ労働契約の承継が認められないとする見解もあるが、それ以外にも、会社分割における手続規定、すなわち、商法等の一部を改正する法律附則（平成12・5・31法律90号）（以下、商法等改正法附則）5条1項に定める労働契約の承継に関する労働者との協議（5条協議）、労働契約承継法7条（および同法施行規則4条）に基づく過半数代表との協議の手続（7条措置）を重視して、これらの手続を踏むことを、労働契約承継の要件とするという立場もある。

　この点について、最近の判例（日本アイ・ビー・エム事件—最2小判平成22・7・12民集64巻5号1333頁）は、労働者は会社分割無効の訴えによらず労働契約承継の無効を主張して地位確認請求ができることを前提として、上記のような立場の労働者について、5条協議が全く行われなかったときには、当該労働者は、労働契約承継法3条の定める労働契約承継の効力を争うことができ、また、5条協議が行われた場合であっても、その際の分割会社からの説明や協議の内容が著しく不十分であるため、法が5条協議を求めた趣旨に反することが明らかな場合には、分割会社に5条協議義務の違反があったと評価してよく、当該労働者は労働契約承継法3条の定める労働契約承継の効力を争うことができると判示した。

　この事件では、最高裁は、「会社分割の目的と背景及び承継される労働契約の判断基準等について従業員代表者に説明等を行い、情報共有のためのデータベース等をイントラネット上に設置した」（7条措置）、「従業員代表者への……説明に用いた資料等を使って、ライン専門職に各ライン従業員への説明や承継に納得しない従業員に対しての最低3回の協議を行わせ、多くの従業員が承継に同意する意向を示した」、「7回にわたり協議を持つとともに書面のやり取りも行う」などの事実関係のもとで、法が5条協議を求めた趣旨に反しないとしている。

法が5条協議を求めた趣旨に反すると認められるために、具体的にどのような事情が必要となるかは、個別の事実関係によることになると思われる。一方、会社分割が労働法的規制の回避を目的として偽装されるような場合において、偽装解散の場合のように、何らかの形で労働者を保護するための救済法理が必要かどうかは、今後の議論の展開を待つほかない。

解答例

❶　Aが、C社に対して、C社と労働契約関係があり、D社の賃金体系に基づく賃金が請求できると主張するためには、Aは、C社・D社間の事業譲渡によって、A・D社間の労働契約がC社に承継されたと主張すること、または、A・C社間の労働契約はA・D社間の労働契約と同一であると主張することが考えられる。

　㋐　まず、事業譲渡によって、労働契約は承継されるかが問題となる。

　事業譲渡は、有機的一体として機能する財産の移転である。この移転は、組織法上の行為による権利義務の移転（包括承継）ではなく、取引行為による権利義務の移転（特定承継）であり、当事者の意思によって移転の対象となる財産を特定することができる。したがって、事業譲渡の対象となる財産に、労働契約を含めるかどうかは、当事者の意思によって決定される。

　とすれば、C社・D社間の事業譲渡によって、A・D社間の労働契約がC社に承継されたとの主張が認められるためには、A・D社間の労働契約もC社・D社間の事業譲渡の対象である必要がある。ところが、C社においては、D社の従業員を面接のうえで受け入れることが予定され、C社はAを受け入れないこととしているから、A・D社間の労働契約は、C社・D社間の事業譲渡の対象としないことが当事者の意思であると考えられる。したがって、Aは、C社・D社間の事業譲渡によって、A・D社間の労働契約が直ちに、C社に承継されたとはいえず、C社・D社間の事業譲渡によって、A・D社間の労働契約がC社に承継されたとするAの主張は認められないと考える。

　ただし、C社・D社間の事業譲渡において、G組合の組合員の労働契約はすべて承継されず、C社での採用を希望した組合員以外の労働契約はすべて承継されている。このような事情から、D社およびC社が、賃金体

系の見直しや運送体制の再構築に反対したG組合を嫌悪して、G組合員であることを理由として、Aを労働契約承継の対象から排除する意図があると認められれば、A・D社間の労働契約を事業譲渡の対象としない当事者の合意は、公序良俗に反するものとして無効となる（民法90条）と解すべきである。そして、D社・C社間の事業譲渡では、G組合の組合員以外の労働契約はすべて承継対象とされていることからすると、D社とC社との間には、D社の従業員の労働契約を承継する包括的な合意があったとみることができるので、G組合の組合員の承継を排除する合意が無効である以上、G組合の組合員の労働契約も承継対象に含まれると解することができる。また、Aは、D社の賃金体系の見直しに反対の意思を示しており、賃金についてD社との間で変更の合意がなされていないので、賃金についても、D社との賃金体系に基づいてC社に請求することができることになる。

(ｲ) 次に、Aは、法人格否認の法理を論拠として、A・D社間の労働契約は、A・C社間の労働契約と同一であると主張することも考えられる。

そもそも法人格の付与は、社会的に存在する団体に対して、権利主体としての価値が認められるときに、法的技術に基づいて行われる立法政策である。したがって、法人格が全くの形骸に過ぎない場合、またはそれが法律の適用を回避するために濫用される場合においては、法人格を認めることは、法人格の本来の目的に照らして許されず、法人格を否認する必要がある（法人格否認の法理）。

たとえば、株式の所有関係、役員派遣、事業財産の所有関係、専属的取引関係などを通じて親会社が子会社を支配し、両者間で業務や財産が継続的に混同され、その事業が実質的に同一であると評価できる場合には、子会社の法人格は形骸化しているということができ、親会社に対して、子会社と同様の法律関係を主張できる。

C社は、D社の株式を100％保有していること、D社に取締役を派遣し、経理要員を出向させていること、売上・経費等の管理・分析を行い、将来の事業計画を策定していることが認められるが、これだけでは十分とはいえない。これに加えて、両社間で業務や財産が継続的に混同され、その事業が実質的に同一であると評価できる事情があれば、Aは、法人格の形骸化があると主張して、C社に対して、C社との間で、D社との間と同一の労働契約が存在していると主張することができ、D社の賃金体系に基づく賃金が請求できる。

また、子会社の法人格が完全に形骸化しているとまではいえない場合であっても、親会社が、子会社の法人格を意のままに道具として実質的・現

実的に支配し（支配の要件）、その支配力を利用することによって、子会社に存する労働組合を壊滅させる等の違法、不当な目的を達するため（目的の要件）、その手段として子会社を解散したなど、法人格が違法に濫用され、その濫用の程度が顕著かつ明白であると認められる場合には、子会社の従業員は、直接親会社に対して、雇用契約上の権利を主張することができる。

　Ｃ社は、Ｄ社の賃金体系の見直しおよび運送体制の再構築を主導し、Ｇ組合の反対にあって断念することとなり、その後Ｄ社を解散させ、Ｄ社の従業員の一部の労働契約を承継し、Ｇ組合に属する従業員の労働契約を承継しないという経過に鑑みれば、Ｃ社はＤ社を実質的・現実的に支配していると解することもできる（支配の要件）。さらに、Ｃ社は、Ｇ組合に属する従業員を、バイク便部門に従事していたことを理由に、1人も受け入れなかったが、真の理由が、Ｇ組合に属していたことを理由にするものであれば、組合員であることを理由とする差別的取扱い（労組法7条1号）となり、違法な目的を達するための手段としてＤ社を解散させたといえる（目的の要件）。こうした事情があれば、ＡはＣ社に対して、Ｃ社との間で、Ｄ社との間と同一の労働契約が存在していたと主張することができ、Ｄ社の賃金体系に基づく賃金が請求できる。

❷　Ｂについては、子会社であるＤ社の法人格は形骸化しているということができ、親会社であるＣ社に対して、Ｄ社と同様の法律関係を主張できるかが問題となる。

　Ｂは、Ｃ社グループのＤ社によるバイク便ライダーの求人に応募し、面接において、Ｃ社の人事担当者から質問を受け、Ｃ社の賃金体系に従って賃金を決定することが説明されている。Ｄ社は、面接の結果、Ｃ社の承認を受け、Ｂを雇用した。Ｂは、Ｃ社からの指示によって、バイク便の業務に従事していた。このような事情のもとでは、Ｄ社によるＢの採用についてＣ社が主体的に関与し、賃金もＣ社の賃金体系に基づく契約内容であり、かつ、ＢはＣ社の指揮命令に従い業務を行っているなど業務が混同されているような事情があることから、Ｃ社の事業とＤ社の事業とは実質的に同一であると評価でき、Ｄ社の法人格は形骸化しているものと考えられるので、ＢはＣ社に対して、Ｄ社との間の労働契約と同様の法律関係を主張でき、賃金が請求できると考えられる。

　また、このような事情があれば、Ｃ社とＢとの間に、黙示の労働契約の成立を認めることができ、ＢはＣ社に対して、Ｄ社との間の労働契約と同様の法律関係を主張でき、賃金が請求できると考えられる。

❸　Ａ・Ｄ社間の労働契約は、会社分割によって、Ｅ社に承継されることと

なったが、Aが、D社・A間の労働契約がE社に承継されることに異議を申し立てることによって、会社分割による承継の効力が否定されるかどうかが問題となる。承継の効力が否定されれば、Aは、D社を吸収合併したC社に対して、D社・A間の労働契約が承継されたことにより、C社と労働関係があり、D社の賃金体系に基づく賃金が請求できる。

会社分割とは、会社がその事業に関して有する権利義務の全部または一部を吸収会社または新設会社に承継させる手続であり（会社法2条29号・30号）、組織法上の行為による権利義務の移転（包括承継）である。分割契約または分割計画によって承継の対象となる権利義務が特定されることとなるが、労働契約については、労働契約承継法によって、承継事業に主として従事してきた労働者が承継の対象から排除された場合および承継事業に主として従事していなかった労働者が承継の対象とされた場合には、異議を申し出ることによって、その範囲で会社分割の効力は失われる（労働契約承継法4条、5条）。これは、承継事業に主として従事する労働者にかかる労働契約が承継事業と有機的一体となっていることに鑑みて、労働者の保護を図ったものである。

D社の会社分割においては、G組合に属する従業員13名全員の雇用契約が承継されることを含む分割計画が作成されている。G組合に属する従業員は、バイク便部門に主として従事する労働者であるから、労働契約承継法4条の異議申出権はない。したがって、Aが、承継について異議を申し立てる旨の書面を提出したことは、法的効果を伴わない。

しかし、商法等改正法附則（平成12・5・31法律90号）5条は、会社分割に伴う労働契約の承継に関して、会社分割をする会社は、労働契約承継法2条1項の通知をすべき日までに、労働者と協議（5条協議）をすることを義務づけているところ、D社の会社分割においては、通知期限日が2011年11月15日で、AがD社担当者と協議したのは同月18日であり、Aのバイク便部門の再構築に関する質問に全く回答がなかった。

ところで、5条協議が全く行われなかったときまたは5条協議が行われた場合であっても、分割会社からの説明や協議の内容が著しく不十分であるため、5条協議を求めた法の趣旨に反することが明らかな場合は、分割会社に5条協議義務の違反が認められ、当該労働者は労働契約承継の効果を争うことができると解すべきである。そして、上記事実関係に鑑みれば、通知期限日後に協議が行われているものであるから、5条協議が全く行われていなかったと評価できる。仮に、11月9日開催されたD社とG組合との団体交渉を5条協議と評価できるとしても、そのなかではバイク便部門の継続について全く説明がなかったというのであるから、D社からの

説明や協議の内容が著しく不十分であると評価できる。したがって、Aは、D社の5条協議義務違反を理由として、労働契約承継の効果を争い、E社との間の労働契約を否定し、D社との間の労働契約が存在することを前提に、D社に対して、D社の賃金体系に基づく賃金が請求でき、すなわち、D社を吸収合併したC社に対して、D社・A間の労働契約が承継されることとなり、C社に対して、D社の賃金体系に基づく賃金が請求できる。

関連問題

1. 事業譲渡と労働契約の承継

〈第1話〉において、サイクロン社が、企業グループの経営戦略として、2011年10月3日、ハリケーン社を解散し、ハリケーン社の事業全部を譲り受けることを決定した。他方、ハリケーン社は、サイクロン社の上記決定を受けて、同月11日、全従業員に対して、2012年4月1日付けでハリケーン社の事業全部をサイクロン社に譲り渡して解散すること、サイクロン社の賃金体系に従った賃金に変更することに同意する者はサイクロン社へ労働契約を承継し、同意しない者は解雇することを告知した。ライダー労働組合に属する従業員はこれに同意しなかったため、2012年4月1日、ハリケーン社が解散すると、本郷翔をはじめとするライダー労働組合に属する従業員は解雇された。このような解雇は有効といえるか。

【前掲・勝英自動車学校〔大船自動車興業〕事件も参照】

2. 事業譲渡と労働協約の承継

〈第2話〉において、ライダー労働組合は、ハリケーン社との間で、組合掲示板の利用を含む労働協約を締結していた。分割計画に、組合掲示板の利用に関する部分が定められ、ハリケーン社とライダー労働組合との間で当該部分をサイクロン社に承継させる合意があった。その後、ハリケーン社を吸収合併したサイクロン社に対して、ライダー労働組合は組合掲示板の利用を請求できるか。

【労働契約承継法6条を参照】

20. 労働契約上の付随義務
技術者の裏切り

設問　日本重工は、オートバイ、航空機、鉄道車輌、船舶等の輸送機器の製造を事業とし、高速鉄道車輌の製造では国内トップのシェアを占め、世界的にも最高水準の技術を誇っている。日本重工では、次世代の高速鉄道車輌 Nadeshiko を海外で販売する際の足掛かりにするという思惑もあり、外資系企業であるオリエンタル鉄道と 2005 年から技術提携を行ってきた。しかし、オリエンタル鉄道が日本重工の技術を盗用し、独自に海外販売を行うのではないかとの疑惑が生じたことから、2010 年 1 月に技術提携を解消した。オリエンタル鉄道は、その後も、日本重工の元技術者である千石直人を中心に、日本重工の技術をベースに開発を進めていた新型車輌 CN3000 の製造を続け、2011 年 6 月には第 1 号となる車輌が海外で営業運転を始めた。

　ところが、オリエンタル鉄道の CN3000 は、最高時速が計画時の時速 300 km どころか 130 km 程度でも安定走行を維持できず、原因不明の作動停止にも見舞われるなどトラブルが頻発した。こうした事態を打開するため、オリエンタル鉄道は、すぐさま対応をとった。自身も同鉄道から 2009 年に高い条件を提示されて引き抜かれていた千石に対して、日本重工の旧知の技術者 23 名を引き抜くよう指示したのである。実は、日本重工がオリエンタル鉄道に不信感をもち技術提携を打ち切った背景には、千石ら有能な技術者 3 名が引き抜かれたという事情もあった。

　オリエンタル鉄道が日本重工の技術者 23 名に提示した採用条件は、年俸 1740 万円という日本重工の一般技術者の年俸の 2 倍以上の額である一方で、労働時間や職務内容等には大きな違いはないという魅力的なものであった。この提示を受けた者の多くは、技術者としてのプライドからオリエンタル鉄道のやり方に反感をもったが、岡崎由紀夫と福島景子の 2 名だけは、オリエンタル鉄道に移籍してもよいと思った。

　日本重工も年俸制を導入していたが、岡崎の年俸は 864 万円、福島の年俸は 780 万円であり、自分たちの技能の高さを考えると、もっと高い給料をもらってもよいと考えていた。岡崎は、日本重工が国内での活動に重点を

置くという経営方針に不満をもっており、これからはオリエンタル鉄道のように海外展開をするほうが将来性があって、そのような会社で自分の技術を試したいと思っていた。

　一方、福島は、ある事情から複雑な思いを抱いていた。千石は、福島のかつての恋人だったのである。千石が2009年にオリエンタル鉄道に移籍することが決まったときに2人の関係は破局したのだが、そのことを知らなかった日本重工は、オリエンタル鉄道との技術提携の解消後、福島が千石に企業秘密を漏洩するのではないかとの疑いをもち、ひそかに福島の身辺調査を行っていたのである。2011年2月に、この事実を知った福島は弁護士に相談をし、最終的には同年5月15日に会社に謝罪させたということがあった。ちょうどそんなときに、千石から転職の誘いがあったのである。同年7月17日のことであった。

　こうして岡崎と福島は、それぞれの思いをもってオリエンタル鉄道へ転職することを決意して、2011年7月27日に、翌月末付けで日本重工を退職するための手続をとった。

　日本重工の就業規則上の退職金規定では、退職時の諸手当を含む月額賃金(A)、勤続年数(B)、および、勤怠状況等についての日本重工の評価に応じた0～1.8の係数(C)を掛け合わせて算出した退職金額($A×B×C$)が、退職時に一括して支払われる。運用上は、(C)の係数の標準は1.0とされており、過去5年の運用状況をみると、全退職者753名のうち、738名で係数は1.0とされ、会社への貢献度が大きかった9名については(C)の係数が1.1～1.6とされたが、逆に懲戒解雇された6名については(C)の係数が0とされ退職金は支払われていない。また、日本重工の就業規則では、退職時に日本重工が指定する期間は、競業他社に就職してはならない旨の競業避止条項もある。そして、これに違反した場合も(C)の係数が0となり、退職後に競業が判明した場合にも同様である旨の規定がある。ただし、具体的に制限される競業の範囲については、在職中の職務等によっても異なることから、退職時に労働者と面談のうえで詳細を決定するものとされている。とくに、技術者ついては、競業避止に関する誓約書の提出が必ず求められていたが、これまで提出を拒んだ者はいなかったし、仮に誓約書に違反する行為をしても、会社のほうで退職後の競業を把握しにくいこともあり、実際に紛争が生じたことはなかった。

　岡崎と福島の退職時にも、就業規則の規定に基づき、日本重工は個別に面談をして退職金条項の内容を説明し、禁止される競業の範囲について書面で

明示したうえで、1週間以内に同内容に誓約する旨を示す、記名押印をして提出するよう指示した。岡崎は、1995年に技術者として採用され、最初の4年間はオートバイの設計に携わってきたが、その後、鉄道車輌の設計業務に配転されてからは、退職時まで同業務に従事してきた。また、福島は、2001年に同様に技術者として採用され、最初の2年間は航空機部門に配属されていたが、2003年に鉄道車輌の設計業務に配転された。2人は、国際的な高速鉄道の開発競争が激化した2003年以降は、Nadeshikoの車軸や安全運行システムの開発にかかわる中核的な存在として活躍し、その製造技術は秘密情報として厳重に管理されていたことから、同業務に携わる他の技術者と同様、秘密保持手当として月額9万円が支払われていた。これらの事情をふまえ、誓約書で岡崎らに禁止される競業の範囲は、Nadeshikoの製造に関する秘密保持を目的として、退職後3年以内は、高速鉄道車輌の製造に関する業務に従事してはならないというものであり、地域についてとくに限定はなかった。

　岡崎は、すでにオリエンタル鉄道への転職を決意していたこともあり、内心では不満であったが、退職金はほしいと考えた。そこで、2011年8月3日に誓約書に記名押印をして提出し、同月末に退職して、1152万円（72万円×16年×1.0）の退職金を受け取った。一方、福島は、退職後にどのような仕事をするかについて会社が規制するのはおかしいと考えて、誓約書に記名押印をしなかった。日本重工は、福島が同業他社に転職するのではないかと疑ったが、確信をもてなかったので、福島に対しては、係数を0.5として、325万円（65万円×10年×0.5）の退職金を同年8月末日に支給することを8月5日に決定し、福島に通告した。

　そして2人は、2011年9月1日から、オリエンタル鉄道の静岡工場内で鉄道車輌の設計業務に従事したが、同月20日に、そのことが日本重工にばれてしまった。

❶日本重工は、岡崎の転職は誓約書に反するものなので、退職金の返還を求めたいと考えている。日本重工から依頼を受けた弁護士のあなたは、どのように主張を構成するか。

❷日本重工は、退職金の不支給だけでなく、岡崎のオリエンタル鉄道での就労そのものを禁止するか、そうでなくとも、何らかの形で制限したいと考えている。日本重工から依頼を受けた弁護士のあなたは、どのように主張を構成するか。

❸日本重工は、誓約書の提出を拒んだ福島には、競業の差止めを求めることは困難と判断したが、それとは別に、不法行為に基づく損害賠償請求をしたいと考えている。日本重工から依頼を受けた弁護士のあなたは、どのように主張を構成するか。また、この主張が認められるためには、どのような事情が存することが必要か。

❹日本重工は、福島への退職金支払いを避けるために、福島が千石への企業秘密漏洩に関する会社の調査の件で弁護士に相談したときに、漏洩が疑われている企業秘密の内容を弁護士に教えていたという事実を持ち出して、これが同社の就業規則において懲戒解雇事由として定められている「会社の業務上の秘密を第三者に漏洩したこと」に該当するとし、そのため福島の退職金の(C)の係数は 0 となるということを理由に、2011 年 8 月 25 日に退職金の不支給決定をした。福島は、この決定は不当であるとし、日本重工に退職金の支払いを求めて訴えを提起しようと考えている。福島には退職金請求権が認められるか。認められるとした場合、その額はいくらとなるか。

(以下、日本重工＝A 社、オリエンタル鉄道＝B 社、岡崎由紀夫＝C、福島景子＝D、千石直人＝E とする)

解 説

1 ………… 概 観

(1) 設問のねらい

本設問は、労働者が退職後にライバル企業で競業を行うことについて、明示の特約があるケースでの退職金返還請求の可否（設問❶）、労働契約上の競業避止義務または不正競争防止法に基づいた差止請求の要件（設問❷）、競業避止特約がないケースで、不法行為に基づく損害賠償請求の可否（設問❸）を問うものである。また、設問❹は、在職中の秘密保持義務の射程と、義務違反による退職金の不支給または減額の可否を問うものである。

(2) 取り上げる項目

▶労働契約における付随義務

▶就労請求権

▶誠実義務——秘密保持義務、競業避止義務

2 労働契約における付随義務

　労働契約は、労働者の労務提供と使用者の賃金支払いとを主たる対価関係とする契約であるが（民法623条）、それ以外にも、様々な権利義務を含んでいる。このような主たる義務以外の義務を、付随義務という。

　労働契約上の付随義務は多岐にわたるが、使用者の付随義務としては、たとえば、労働者がその生命、身体等の安全を確保しつつ労働することができるよう必要な配慮をするという安全配慮義務（労契法5条。詳細は、「13. 労働災害：冬美の悲劇」を参照）のほか、セクシュアル・ハラスメントのない良好な環境整備を行うという職場環境配慮義務（三重県厚生農協連合会事件—津地判平成9・11・5労判729号54頁）、配転時に労働者が被る不利益を軽減すべきという配慮義務（詳細は、「12. ワーク・ライフ・バランス：仕事と家庭のどちらが大事？」を参照）、労働者のプライバシー侵害を防止する義務（丙川商事会社事件—京都地判平成9・4・17労判716号49頁）、男女の平等取扱義務（均等法6条等。詳細は、「11. 雇用平等：女の不満」を参照）などが、裁判例で認められてきた。また、たとえば整理解雇時の解雇回避努力義務も、付随義務の一種とみる余地がある。さらに一部の学説では、人事や賃金処遇において労働者を適性に評価するという義務等も、使用者の信義則上の義務として主張されている（詳細は、「7. 人事考課・降格：出世の夢は露と消えて」）。他方、労働者が負う代表的な付随義務としては、誠実義務や企業秩序遵守義務（詳細は、「10. 懲戒処分：セクハラを告発したばかりに…」を参照）、会社の信用保持義務、秘密保持義務、競業避止義務などがある。

　このような付随義務は、その法的根拠も様々であり、法律の規定に基づくもののほか、当事者間の合意や就業規則等の解釈から探求できるもの、さらには、労働契約の人的、継続的、組織的性格から信義則（労契法3条4項）によって基礎づけられるものもある。また、付随義務違反の効果としても、債務内容が明確である場合には履行請求の余地もあるが、損害賠償にとどまるもの、あるいは、懲戒権など他の権利行使の適法性を基礎づけるものなど多様である。

　学説や近年の裁判例では、労働契約上の付随義務の範囲の拡大が続けられている。信義則のような一般条項等を根拠とする付随義務は、評価者の価値判断を投影しやすいものであり、結果的に、労使の実質的な対等性を確保するという積極的な役割がある。他方で、付随義務の範囲を安易に拡大することは、法

的安定性を著しく損なうことになりかねず、前述の多様な付随義務のなかでも、そもそも特別に措定する必要性に疑問があるものも少なくない。こうしたなか、労働契約上の付随義務にどのようなものが含まれるのかは流動的な状況にある。また、代表的な付随義務について、本書では別項で扱うものも多いので、以下では、使用者の労働受領義務、労働者の秘密保持義務と競業避止義務について詳しくみておくこととする（他の付随義務については、前述の各解説を参照）。

3 ………… 使用者の付随義務——就労請求権の問題

　就労請求権とは、労働契約関係が存続し、労働者が就労の意思と能力を有しているにもかかわらず使用者が就労を拒否した場合に、労働者が使用者に対して、①労務そのものの受領、②または、損害賠償を請求するという権利を指す。この点、使用者が労働者の就労を拒絶したことに伴う賃金支払いの問題は、危険負担（民法536条2項）、または受領遅滞（同413条）による危険の移転の問題であって、就労請求権の問題とは区別すべきである。就労請求権が問題となる典型例は、解雇無効の判決後に、使用者が賃金を支払いつつ原職復帰を拒絶するケースである（「3. 解雇・退職：リストラはする方もされる方も大変」も参照）。さらに、長期間の自宅待機命令など、使用者が労働契約関係を維持しながら労働者に適切な業務を与えない場合等にも、就労請求権の存否が問題となってくる（最近の否定例として、UBSセキュリティーズ事件——東京地判平成21・11・4労判1001号48頁）。

　裁判例は、現在では、「労働契約においては、労働者は使用者の指揮命令に従って一定の労務を提供する義務を負担し、使用者はこれに対して一定の賃金を支払う義務を負担するのが、その最も基本的な法律関係である」との理解のもとで、「労働契約等に特別の定めがある場合又は業務の性質上労働者が労務の提供について特別の合理的な利益を有する場合を除いて、一般的には労働者は就労請求権を有するものでない」との立場で一致しており（読売新聞社事件——東京高決昭和33・8・2労民集9巻5号831頁）、通説もこれを支持する。

　しかし他方で、労働契約においては労働そのものが目的であること、あるいは、継続的契約関係における信義則の重要性、さらには労働者の職業キャリアを尊重する立場から、就労請求権を原則的に肯定すべきとする有力説もある。また、使用者の労働受領義務を肯定し、違反に対して損害賠償責任は認めるも

のの、労働者の履行請求については否定する立場もある。最近の裁判例には、労働者を長期間にわたり業務から差別的に除外していたケースで、不法行為に基づく使用者の損害賠償責任を認めたものがある（学校法人兵庫医科大学事件―大阪高判平成22・12・17労判1024号37頁）が、その背景には、労働者の現実の就労に対する利益を重視するという考え方があり、就労請求権をめぐる議論とも軌を一にする。近年では、労働市場の流動化が進み、労働者個人の職業キャリアの重要性が再認識されるなかで、就労請求権をめぐる議論も再燃しつつある。

4　労働者の付随義務

(1) 誠実義務

　次に労働者の付随義務をみることとする。まず、誠実義務とは、労務を誠実に行い、在職中に使用者の利益を不当に害しないよう配慮する義務である。誠実義務は、労務遂行と直接に関係のない、労働者の私生活上の行為にまで及び、たとえば、労働者が就業時間外に社宅で会社を攻撃するビラを配布する行為なども、ビラの内容が事実を歪曲し誹謗中傷を含むものであれば誠実義務違反となりうる（関西電力事件―最1小判昭和58・9・8労判415号29頁）。誠実義務は、就業規則に明示されていることが多いが、規定がない場合でも、労働契約の締結によって信義則上当然に発生すると解されている。

　誠実義務の内容には多様なものが含まれるが、その代表が職務に専念するという義務である。職務専念義務について、判例は、旧電電公社の職員が勤務時間中にプレートを着用していたことが問題となったケースで、「職員がその勤務時間及び勤務上の注意力のすべてをその職務遂行のために用い職務にのみ従事しなければならないことを意味するものであり、……現実に職務の遂行が阻害されるなど実害の発生を必ずしも要件とするものではない」として、高度の義務を課している（目黒電報電話局事件―最3小判昭和52・12・13民集31巻7号974頁）。しかし、学説の多くはこれに批判的である。こうしたなか、その後の裁判例でも、「通常の私企業における労働者の職務専念義務は、これを厳格に把握して精神的肉体的活動の全てを職務遂行に集中すべき義務と解すべきではなく、労働契約上要請される労働を誠実に履行する義務と解すべきであるから、労働者は就業時間中は使用者にいわば全人格的に従属するものと解すべきでは

なく、労働契約上の義務と何ら支障なく両立し使用者の業務を具体的に阻害することのない行為は、必ずしも職務専念義務に違背するものではない」として、義務の範囲を限定的に解するものがみられ、職務専念義務の内容をめぐる議論は揺れている（オリエンタルモーター事件—東京高判昭和63・6・23労判521号20頁。最2小判平成3・2・22労判586号12頁も結論を支持）。

また、誠実義務の内容としては、ほかにも、兼職の制限、使用者の名誉や信用を毀損しない義務、労働者の同業他社への引抜きの制限などがあり、また、次でみる秘密保持義務や競業避止義務も誠実義務の一内容と解されている。このうち労働者の引抜き行為に関して、裁判例では、単なる転職の勧誘にとどまらず、社会的相当性を逸脱するきわめて背信的な方法で行われた場合には、誠実義務違反の債務不履行または不法行為責任が認められている。この判断にあたっては、「転職する従業員のその会社に占める地位、会社内部における待遇及び人数、従業員の転職が会社に及ぼす影響、転職の勧誘に用いた方法（退職時期の予告の有無、秘密性、計画性等）等諸般の事情」が総合的に考慮される（ラクソン等事件—東京地判平成3・2・25労判588号74頁、日本コンベンションサービス事件—大阪高判平成10・5・29労判745号42頁）。

(2) **秘密保持義務**

秘密保持義務ないし守秘義務とは、労働者が業務上知りえた企業秘密について、みだりに開示してはならないという義務である。このような行為に対して、使用者は、懲戒処分を課すことはもちろん、不法行為に基づいて、損害賠償を請求したり（民法709条）、第三者による秘密利用を債権侵害と構成して差止めを請求することも理論的には可能である。ただし、不法行為に基づく損害賠償には、秘密漏洩による具体的な損害等の立証を要するし、実定法上の明確な根拠を欠く差止請求となると、その要件はさらに厳格に解されることになる。

こうしたなかで、不正競争防止法（以下、不競法）では、営業秘密の侵害について、不法行為の特別法として損害額の推定規定等が設けられ（5条2項）、また差止めについても明文化することで立証負担が軽減されるなど、特別な保護が図られている。すなわち不競法は、労働関係の存続中と終了後とを問わず、「営業秘密」についての不正な使用や開示を禁止している。同法でいう営業秘密とは、「秘密として管理されている生産方法、販売方法その他の事業活動に有用な技術上又は営業上の情報であって、公然と知られていないもの」を指す

(2条6項)。このような秘密管理性、有用性、非公知性の3要件を満たす営業秘密を不正に使用または開示する行為については、差止め（3条1項）、不正使用された情報が入った媒体等の廃棄や除却（同2項）、損害賠償（4条）、謝罪広告等の信用回復措置（14条）といった救済を求めることができる。その対象は、在職中の労働者や退職者など秘密を漏洩した者に限らず、その不正取得の事情を知りつつ、または簡単に知ることができたにもかかわらず使用した者にまで及んでおり、違反に対しては罰則の定めもある（21条以下）。

　もっとも、不競法は企業の秘密情報のすべてを保護しているわけではない。そして、不競法と不法行為に基づく保護とは重畳的な関係にあり、不競法の射程が及ばない領域でも、不法行為による救済の余地は残る（ただし、その余地は必ずしも広いものではない。アールエスイー事件―大阪地判平成19・5・24判時1999号129頁を参照）。

　もちろん、不競法の営業秘密に該当するかどうかに関係なく、秘密情報を漏洩した労働者が、使用者から労働契約上の秘密保持義務違反を問われることはある（日産センチュリー証券事件―東京地判平成19・3・9労判938号14頁）。秘密保持義務の内容をどのように設定するのかは、就業規則や個別の特約、あるいは信義則の解釈問題である。この点、企業が秘密扱いしている情報であっても、第三者が容易に知りうるようなものについては、そもそも秘密に該当しないため義務違反とならないと解されることがある（トータルサービス事件―東京高判平成21・5・27裁判所Webサイト）。秘密保持義務違反が認められた場合には、使用者は、懲戒処分や解雇、損害賠償請求等のほか、債務内容が明確に特定されているケースであれば、履行請求として漏洩行為の差止めを求めることもできる。

　このような契約上の秘密保持義務は、在職中と退職後の双方で問題となるが、それが許容される要件はそれぞれ異なると考えられている。まず、在職中については、就業規則の規定など特段の根拠がない場合であっても、労働者は、信義則上の付随義務として使用者の業務上の秘密を守る義務があると解されている（古河鉱業足尾製作所事件―東京高判昭和55・2・18労民集31巻1号49頁、メリルリンチ・インベストメント・マネージャーズ事件―東京地判平成15・9・17労判858号57頁）。一方、労働関係終了後にも、退職労働者が信義則上の秘密保持義務を負うかどうかについては、学説と裁判例のいずれも解釈が分かれてい

る。最高裁も、社会通念上、自由競争の範囲を逸脱した違法な競業行為による秘密漏洩に限れば、契約上の明確な義務づけがない場合にも、不法行為と同時に信義則上の義務違反となる余地は否定していない（サクセスほか〔三佳テック〕事件―最1小判平成22・3・25労民集64巻2号562頁）。ただ、このように例外的なケースを別にすれば、現在の通説および裁判例では、信義則を根拠として退職後にまで秘密保持義務を認めることについて、消極に解する立場が有力である。

これに対して、契約上の明確な根拠がある場合であっても、退職後の秘密保持まで義務づける規定の有効性が問題となりうる。ある裁判例は、「使用者にとって営業秘密が重要な価値を有し、労働契約終了後も一定の範囲で営業秘密保持義務を存続させることが、労働契約関係を成立、維持させる上で不可欠の前提でもある」として、「秘密の性質・範囲、価値、当事者（労働者）の退職前の地位に照らし、合理性が認められるときは、公序良俗に反せず無効とはいえない」として、これを認めている（ダイオーズサービシーズ事件―東京地判平成14・8・30労判838号32頁）。

(3) **競業避止義務**

競業避止義務とは、使用者の事業と競合する業務を行わないという義務である。労働者が同業他社で兼職や転職をすること、あるいは自ら事業を営んで競業することも同義務違反となる。会社法では、支配人や取締役について競業の禁止ないし競業行為を行う際の要件が明文化されているが（12条、356条等）、一般の労働者に関しては、法律上このような義務は定められておらず、解釈に委ねられる。この点、前述のように、不競法などの法律、あるいは労働契約上の根拠に基づいて、使用者は労働者による秘密漏洩を防止することができる。しかし、使用者は、企業秘密とは直接かかわらない場合にも、得意先の確保といった単なる競争制限の目的から、労働者の競業を制限することがある。

これまでの裁判例では、こうした一般的な競業制限の有効性については厳格に解されている（三田エンジニアリング事件―東京高判平成22・4・27労判1005号21頁、前掲・ダイオーズサービシーズ事件）。一方、秘密保持を目的とする競業避止義務については、学説および裁判例は、労働者の信義則上の付随義務として、在職中であれば特段の明示的な根拠がない場合にもこれを認める点で一致している。

これに対して、労働者の退職後の競業避止義務については、これを広く認めることは、労働者の職業選択の自由（憲法22条）を過度に制限するほか、企業間での競争制限による市場の独占という点でも問題がある。不競法上の営業秘密を使用した競業行為であれば、同法による規制対象となることは当然であるが、不競法の要件を満たさない競業を制限することについて、多数説と裁判例は、契約上の明確な根拠が必要であると解している。問題は、どのような法的根拠を要するのか、そして、契約上の競業避止義務の効力をいかなる範囲で認めるのかという点である。

まず、前者の法的根拠について、学説では、就業規則の競業避止条項は退職後にまで及ぶものではなく、退職後の競業避止義務については個別の特約を要するとみる立場もある。この見解によると、就業規則の拘束力は労働者の退職後にはそもそも及ばないか、少なくとも合理性を欠くものとして労働契約の内容とならない（労契法7条）。これに対して、裁判例では、就業規則上の条項を根拠に退職後の労働者の競業避止を認めるものもあり（東京学習協力会事件—東京地判平成2・4・17労判581号70頁）、必ずしも個別の特約までは必要とされていない。他方で、個別の特約がある場合でも、労働者の真に自由な意思に基づくものでなければ、その効力は否定されうる（消防試験協会・消火設備試験センター事件—東京地判平成15・10・17労経速1861号14頁）。

次に、就業規則や個別の特約による競業避止条項の有効性について、学説および裁判例では、①競業を制限する目的、②労働者の職場における地位、③競業を禁止する範囲の相当性、④代償の有無などが総合的に考慮され、合理性のない制限であれば、特約は公序良俗違反（民法90条）として無効と解されている（新日本科学事件—大阪地判平成15・1・22労判846号39頁等。逆に有効とされた例として、前掲・ダイオーズサービシーズ事件、ヤマダ電機〔競業避止条項違反〕事件—東京地判平成19・4・24労判942号39頁等）。なお、こうした判断と実質的に異なるものではないが、裁判例のなかには、就業規則や特約の競業避止条項について、合理的な内容に限定して効力を認めたうえで、義務違反の有無を厳格に審査するものもみられるなど（アートネイチャー事件—東京地判平成17・2・23労判902号106頁、アイメックス事件—東京地判平成17・9・27労判909号56頁）、競業避止条項の有効性をめぐる判断枠組みは固まっていない。

退職労働者の競業避止義務違反に対する効果としては、差止めや損害賠償請

求のほか、退職金の減額や不支給の可否も問題となる（6.「賃金と休職：喧嘩に御用心！」を参照）。これまでの裁判例では、会社の差止請求まで認められたものはわずかであるが、そこでは、前述の競業避止条項の有効性に加えて、当該競業行為により、会社の営業上の利益が現に侵害され、また、具体的に侵害されるおそれの有無や程度が重視されている（トーレラザールコミュニケーションズ事件—東京地決平成16・9・22労判882号19頁）。一方、退職金の減額や不支給が問題となった多くのケースについて、学説や裁判例は、退職金が賃金の後払い的な性格を有することに留意して、労働者の在職中の功労を減殺または抹消するような、著しく背信的な行為が認められる場合に限定する立場が有力である（三晃社事件—最2小判昭和52・8・9労経速958号25頁、ベニス事件—東京地判平成7・9・29労判687号69頁、前掲・日本コンベンションサービス事件）。こうした顕著な背信性の判断については、会社にとっての退職金不支給条項の必要性、労働者の退職に至る経緯や目的、労働者の競業行為により会社が被った損害等の事情が考慮される（中部日本広告社事件—名古屋高判平成2・8・31労民集41巻4号656頁）。

　このように競業避止義務違反の効果は多様であり、それぞれで要件が異なるが、退職金の不支給や減額または損害賠償のような労働者の金銭的負担にとどまり、就労そのものを直接に差し止めない場合には、競業避止義務を認めることによる労働者の不利益は相対的には小さくなる。そこで、最近の裁判例でも、義務違反の効果が金銭的負担にとどまり、その額も比較的に低額なケースでは、競業避止条項の有効性自体が緩やかに認められている（前掲・ヤマダ電機〔競業避止条項違反〕事件）。なお、就業規則において退職金の不支給ないし減額条項がないケースでも、在職中の功労を抹消するような背信行為が認められれば、労働者の退職金請求が権利濫用や信義則違反として制限されることもある（アイビ・プロテック事件—東京地判平成12・12・18労判803号74頁、ピアス事件—大阪地判平成21・3・30労判987号60頁）。

解答例

❶ CのB社への転職は、退職時の有効な競業避止特約に違反するものであり、かつ、在職中の功労を抹消する著しく背信的なものであると主張して、Cに対して退職金全額の返還を求めることになる。

A社とCにおける競業避止特約（以下、本件特約）の内容は、Nadeshikoの製造に関する秘密保持を目的に、退職後3年以内は、高速鉄道車輛の製造に関する業務に従事してはならないというものであり、地域についてとくに限定はない。こうした特約は、労働者の職業選択の自由を制限する可能性があるものなので、公序良俗違反で無効（民法90条）となるかどうかが問題となるが、その判断は、競業を制限する目的、労働者の職場における地位、競業を禁止する範囲の相当性、代償の有無などを総合的に考慮して行うべきである。

本件特約では、国際的な高速鉄道の開発競争が激化するなかで、Nadeshikoの製造技術がA社にとって重要な秘密情報であり、それを保護するという競業制限の目的は合理的なものであること、また、Cは1999年から退職まで12年間にわたって鉄道車輛の設計業務に従事し、しかも、2003年以降はNadeshikoの設計に直接に携わってきた技術者であり、その立場を考慮すると、A社としては高速鉄道車輛の製造に関する業務での競業を制限する必要性が高いといえる。次に、禁止される競業の範囲については、業務内容のほかにも、期間や地域の限定が問題となるが、この点、鉄道車輛の設計および製造技術が短期間で無価値となるものでないことからすると、3年という期間は相当なものであり、また、競業企業が特定地域に集中しておらず、一方で鉄道車輛を製造する企業は限定されることをふまえれば、本件特約のように地域的な限定がないとしても、禁止される競業の範囲が無限定に広がることはない。たしかにA社はCに対して退職時に特別な代償を支払ってはいないが、在職中にはNadeshikoの開発に関与する他の技術者と同様、秘密保持手当として月額9万円を支払っており、この手当は、A社の就業規則で退職後の競業が制限されていることを考慮に入れると、単に在職中の秘密保持にとどまらず、退職後も含めて競業を制限することの対価とみるべきである。したがって、Cが退職時に締結した本件特約は、公序良俗違反に該当せず有効と解すべきであり、CがB社で設計業務に従事することは、競業避止義務違反となる。

次に、本件特約が有効であり、退職金について競業行為による不支給ま

たは減額に関する条項がある場合でも、それが許容されるためには、労働者の競業が在職中の功労を抹消するような背信的なものでなければならない。Cは、退職時の面談によって競業他社での就労が禁止されることを十分に認識していたにもかかわらず、退職日の翌日から、A社の技術を盗用した疑いのあるB社で設計業務に関与しているのであって、その背信性はきわめて高いというべきである。したがって、Cの退職金支給について、A社は(C)の係数を0と評価することができ、Aが受領した退職金は不当利得となり、全額の返還請求ができると解される（民法703条）。

❷　CのB社での就労を制限するためには、その就労が、本件特約に違反するか、または不競法上の不正競争による営業上の利益の侵害のおそれがあること（3条1項）を理由として差止めを請求できると主張することになる。

　まず、使用者からの競業避止特約に基づく差止めが認められるためには、競業避止条項の有効性が認められることに加えて、当該競業行為により、使用者の利益が現に侵害され、また具体的に侵害されるおそれが高いことが必要となると解すべきである。競業行為の差止めは、労働者の職業選択の自由を侵害する程度が大きいので、厳格な要件が課されるべきだからである。Cが転職したB社では、すでに新車輌であるCN3000が営業運転を開始しているにもかかわらずトラブルが頻発しており、こうしたなか、Cは、B社からの申し出を受け、退職日の翌日から同社で設計業務に従事している。そして、A社がB社との技術提携を打ち切った背景には、かつて、EらA社の有能な技術者3名がB社に引き抜かれて、A社の技術を盗用された疑いがあるという事情があった。また、B社のCN3000はA社のNadeshikoの技術をベースとして開発されたものであり、B社は、Cのほかにも22名という大量の技術者に対して転職の勧誘をしている。このような事情からすると、CのB社での就労は、Nadeshikoの設計に関する技術情報の利用を目的としたものというべきで、A社の利益が現に侵害され、また具体的に侵害されるおそれはきわめて高いものとして、Cの競業行為について差止めが認められるべきである。

　また、A社は、営業秘密の保護を目的に、不競法に基づく差止めも請求することができる。不競法では、秘密として管理されている生産方法、販売方法その他の事業活動に有用な技術上または営業上の情報であって、公然と知られていない営業秘密について（2条6項）、不正に使用または開示する行為の差止めが認められる（3条1項）。A社にとっては、国際的な高速鉄道の開発競争が激化するなかで、Nadeshikoの製造技術は有用かつ同業他社を含めて容易には知りえない秘密情報であり（有用性、非公知性）、

377

A社において厳重に管理されていた（秘密管理性）ことから、当該情報は不競法上の営業秘密に該当するものとして、Cの競業行為について差止請求ができると解すべきである。

❸　A社はDに対して、不競法4条、または具体的な損害等の立証ができれば民法709条の不法行為に基づいて、損害賠償を請求することができる。

設問❷でみたように、A社のNadeshikoの製造技術に関する情報は不競法上の営業秘密としての保護を受けるのであり、Dが、そうした営業秘密を技術情報の保有者であるA社から示されたにもかかわらず、それをB社に開示することは、同法で禁止される不正競争に該当しうる（2条1項7号）。これに加えて、かつての恋人であるEの誘いに応じて転職したDが、転職により私利を図るか、あるいは、身辺調査への不満からA社に損害を加える目的（図利加害目的）で秘密情報を漏洩するといった事情が存すれば、Dの行為は不正競争に該当する。そして、この場合には、Dの転職およびそれに伴う営業秘密の漏洩は、Dの故意または過失によるというべきであり、A社の利益を侵害したものとして損害を賠償する責任を負う（不競法4条）。

また、仮に以上のような不正競争とは評価できない場合であっても、Dの転職は、退職翌日にはライバル企業であるB社で、鉄道車輛の設計に関与するという背信的なものであり、社会通念上、自由競争の範囲を逸脱したものと解すべきである。したがって、Dの行為により、実際にA社に損害が生じている場合には、このような態様で行われた競業行為は、A社の法律上保護される秘密情報を不当に侵害するものと評価できる。そして、A社とB社の技術提携が解消された経緯に照らせば、DはA社に損害を与えることを十分に予見しえた。したがって、Dは、秘密漏洩と相当因果関係にある範囲で、不法行為に基づき損害賠償責任を負う（民法709条）と解すべきである。

❹　まず、Dが漏洩を疑われている秘密を弁護士に開示したことは、形式的には、就業規則で懲戒解雇事由として定められている「会社の業務上の秘密を第三者に漏洩したこと」に該当する余地がある。しかし、Dの行為はA社による身辺調査に対して、自己の身を守るため防御に必要な資料を弁護士に示したものであり、開示の目的や態様が不当とは評価できない。そして、弁護士には法律上守秘義務が課されていることもふまえると（弁護士法23条）、Dの行為については、懲戒解雇事由該当性を否定されると解すべきである。

もっとも、A社の就業規則では、退職金額の最終的な決定について(C)の係数によって大きく異なってくるところ、その決定についてはA社の

広い裁量に委ねる制度となっている。そして、Dに対して(C)の係数を0とすることは、退職金の不支給をもたらすことになる。この点、退職金には功労報償的な性格があるものの、同時に賃金の後払いとしての性格もあることを考慮すると、退職金が不支給となるような評価をするのは、在職中の功労を抹消するような背信的な事情が必要になると解すべきであり、そうした事情がない場合には評価権の濫用になると解すべきである（労契法3条5項）。退職時に競業避止への誓約を拒否したDの退職の経緯や態様に照らせば、特約を締結していたCに比べて競業行為の背信性は小さいといえるのであり、そうだとすると、A社が(C)の係数を0として退職金を不支給と決定することは、評価権の濫用として無効と解すべきである。これに対して、Cの退職金が不支給となること（設問❶）、および、これまでにも懲戒解雇された者について退職金が不支給とされてきたこととの処分の均衡をふまえれば、(C)の係数を0.5としたA社の当初の評価については、権利濫用とまではいえない。したがって、Dは、当初の決定に基づき、(C)の係数を0.5として算定した325万円の退職金を請求することができると解する。

関連問題

1. 引抜きと不法行為

日本重工はオリエンタル鉄道と千石直人に対しても不法行為に基づく損害賠償を請求する場合、どのような追加的事情が必要であるか。

【前掲・ラクソン等事件を参照】

2. 競業を禁止される業務の範囲と労働者派遣

岡崎由紀夫が、退職後に、仮にオリエンタル鉄道に移籍するのではなく、労働者派遣事業を営むジーエーカンパニーに面接のうえで登録をし、同社に対するオリエンタル鉄道の要請に応じて、登録翌日から、オリエンタル鉄道の静岡工場でCN3000の設計業務に派遣されていたとする。岡崎は、自分の雇用主はジーエーカンパニーであってオリエンタル鉄道でないのであるから、こうした就労は競業避止義務に違反しないと考えている。この岡崎の考えは法的に正しいか。また、日本重工が岡崎の競業避止義務違反を問うためには、どのような追加的事情が必要であるか。

20. 労働契約上の付随義務

【前掲・ヤマダ電機〔競業避止条項違反〕事件を参照】

参考文献

中嶋士元也先生還暦記念編集刊行委員会編『労働関係法の現代的展開』(信山社・2004年) 所収の中嶋士元也「労働関係上の付随的権利義務に関する感想的素描」159頁以下、土田道夫「競業避止義務と守秘義務の関係について」189頁以下

川田琢之「競業避止義務」日本労働法学会編『講座21世紀の労働法4 労働契約』(有斐閣・2000年) 133頁以下

21. 紛争解決手段
急がば回れ！

設問

株式会社鰻サービス（以下、会社）は、静岡県浜松市内において、建設重機の油圧ホースの修理・交換事業を営んでいる。具体的には、建設現場で作業中の建設重機の油圧ホースが故障した場合に、建設現場から随時注文を受けて、油圧ホースを修理したり交換したりするサービスを行っている。

不景気でマンションやオフィスビルの建築が低調でも、会社は、直ちに建設現場に出張して修理・交換を行うというサービスが好評で、数多くの注文を受けている。

従業員は、金畑友則（1945年生まれ）、荒井孝弘（1967年生まれ）、能見厚（1976年生まれ）、藤川俊二（1980年生まれ）の4名である。就業規則は作成されておらず、入社の際、下記の内容の労働契約書を個々の従業員と締結している。

① 雇用形態は常勤正社員とし、就業時間は午前8時30分から午後5時30分までとする。適切な時間に食事休憩時間1時間を与える。

② 原則週休2日（日曜日および土曜日）とするが、祝日を含む週は土曜日を出勤日とする。

③ 給与は前月1日から末日までの分を当月10日に支払う。給与は時間給1000円とし、昇給はしない。遅刻または早退の場合、時間給相当額を控除する。

④ 賞与、退職金はない。

会社は、従業員に午前8時30分より前に出勤すること（早出）を命じたことはない。建設現場の作業は通常日没前に終わるため、会社が注文を受けて、従業員2名が建設現場に赴き、建設重機の油圧ホースを修理・交換する作業は午後5時までには終了し、午後5時30分以降に就業することはない。しかし、祝日を含む週は土曜日を出勤日としていた関係で、土曜日に作業している建設現場から、出勤日でない土曜日にも注文を受けることが常態化し、従業員は、土曜日も全員出勤していた（2010年は40日、2011年は41日）。

従業員のなかで最古参である金畑は1945年生まれで、すでに65歳を

超えており、持病の椎間板ヘルニアによる腰痛を理由とする遅刻・早退が多いうえ、無断で毎日30分の休憩をとり、会社近くの整骨院に通っていた。そのため、建設現場から注文を受けても、金畑が担当することとなった場合、現場へ迅速に赴くことができなかったり、作業が遅れてしまい、建設現場からのクレームが多かった。能見や藤川は真面目で、建設現場からの注文も積極的に受け、現場へ迅速に赴いていたが、金畑とコンビを組んでいた荒井は、金畑の無断休憩に合わせて勝手に休憩し、会社近くのマンガ喫茶などでサボっていた。

不景気のため売上げに伸び悩む首都圏の大手建設重機修理事業者が、首都圏以外に進出するようになり、2010年以降、浜松市内でも事業展開を始めた。大手事業者のサービスは、会社のサービスよりも単価が3割程度安かったため、会社は大手事業者に多くの注文を奪われ、売上げは激減し、人員削減をせざるをえなくなった。

会社は、最高齢で、かつ、建設現場からのクレームが多い金畑を解雇することとし、2011年10月31日、金畑に対して、同日付けで解雇することを書面で通知し、解雇予告手当として20万円を支払った。

金畑が解雇されて従業員が3名となったため、通常2名で行ってきた作業も1名で担当させられるようになった。待遇に不満をもった荒井は、知人の紹介で、2011年12月1日、合同労組曳馬ユニオン（以下、ユニオン）に相談したところ、午前8時30分から午後5時30分までの就業時間を超える労働はないが、土曜日に就業しているために週40時間以上の労働となっており、未払残業問題があると指摘を受けた。そこで荒井は、同日、ユニオンに加入し、ユニオンは、同月20日、会社に対して、未払残業問題について団体交渉を申し入れた。要求事項は、勤務体制の改善および未払残業代の支払いである。会社としては、荒井を含む従業員は就業時間内に作業を終えており、残業はないため、ユニオンの要求に応じることはできないと考えている。

❶金畑は、会社に40年以上勤続してきたにもかかわらず、突然、紙切れ1枚と1カ月分の給与だけで会社を辞めさせられることが納得できなかったため、浜松弁護士会の法律相談に赴いた。相談を受けた弁護士として、金畑がとりうる手段を、各手段の優劣をふまえて説明せよ。
❷会社から相談を受けた弁護士として、2011年12月31日時点における荒井に対する未払残業代の支払義務の有無およびその金額を説明せよ。

また、会社は、仮に未払残業代の支払義務があるとしても、荒井が、毎日30分、勝手に休憩していたことを理由に、未払残業代を減額できると考えている。この会社の考えを前提として、会社がとりうる手段の優劣を説明せよ。
❸会社がユニオンからの団体交渉申入れを拒否した場合、荒井またはユニオンがとりうる手段を、各手段の優劣をふまえて説明せよ。

（以下、株式会社鰻サービス＝A社、金畑友則＝B、荒井孝弘＝C、合同労組曳馬ユニオン＝D組合）

解　説

1 ………… 概　観

(1) 設問のねらい
　労働関係紛争の解決手段については、個別的労働関係に関するものと団体的労使関係に関するものがあり、また、行政によるものと裁判所によるものがあり、これらの種類と特色に関する理解を問う問題である。

(2) 取り上げる項目
▶労働関係紛争解決手続の概要
▶行政機関による労働関係紛争の解決手続
▶裁判所による労働関係紛争の解決手続（労働審判、通常訴訟、保全訴訟、民事調停）

2 ………… 労働関係紛争解決手続の概要

　(1)　労働関係紛争とは、個別的労働関係や団体的労使関係の当事者間において、これらの関係から生じた利害対立に基づき、一方当事者の主張行為とそれに反対する他方当事者の主張行為が相互に行われている状態を指す。労働関係紛争には、権利紛争と利益紛争、個別的労働関係紛争と団体的労使関係紛争がある。
　紛争解決にあたっては、もとより当事者間による自主的解決によって処理することが望ましいのはいうまでもないが、自主的解決が期待できない場合には、公的紛争解決手続によらざるをえない。ただ、労働関係紛争は、企業秩序や人

事制度にかかわる専門的かつ継続的な関係におけるものであることから、自主的解決が強く望まれ、その解決には専門性や迅速性が要求される。

(2) 自主的解決の1つの手段として、企業内に紛争解決手続が用意されていることがある。たとえば、使用者が相談窓口を設けて苦情に対応する制度、使用者と企業内の労働組合が労働協約に基づいて設置する苦情処理委員会による苦情処理制度などがあり、後者の制度では、労働組合が、企業内の労働関係紛争解決の場面において、円滑な労使関係を構築する役割を期待されている。

また、企業内部に基盤をもたず、地域の労働者等を組織するいわゆる合同労組が、個別紛争の当事者となった労働者を組織し、使用者に団体交渉を求める事例もあり、これも1つの自主的解決の手段となっている。これは、企業内の労働組合に期待されている上記役割が十分に機能していないことが原因とみられるが、弁護士法72条（非弁行為の禁止）に抵触する可能性があることにも留意する必要がある。

(3) 公的紛争解決手続には、行政機関を主体とするものと裁判所を主体とするものがある。

行政機関には、労働基準監督署、労働局、労働委員会がある。労働委員会は、不当労働行為の救済による団体的労使関係紛争を中心に扱っていたが、2001年の個別労働関係紛争解決促進法の制定により、労働局とともに、地方自治体から委任を受けて、個別労働関係紛争も扱うようになった（本講3(3)参照）。

3 ………… 行政機関による労働関係紛争の解決手続

(1) 労働基準監督署

労働基準監督署は、労基法に関する監督と取締りを責務とし、労働関係紛争が労基法違反の形をとる場合には、是正勧告などの行政指導を通じて使用者に労基法違反を是正させることにより、結果的に労働関係紛争の解決を実現することがある。

(2) 労働局

厚生労働省の都道府県労働局による個別労働関係紛争解決促進制度は、①総合労働相談センターによる包括的な情報提供および相談、②労働局長による個別労働関係紛争解決についての助言、指導、③紛争調整委員会による個別労働関係紛争の自主的な解決促進のためのあっせん、からなっており、いずれも無

料で利用できる。通常訴訟や労働審判と異なり、手続が簡便であるため、弁護士や特定社会保険労務士を代理人としないことが多く、この場合には費用は要しない。自主的な解決を促進する趣旨から、相手方の手続への参加は強制されない。

　厚生労働省発表の「平成22年度個別労働紛争解決制度施行状況」によると、労働局において取り扱われる紛争の内容は、解雇に関するものが最も多く、次いで、いじめ・嫌がらせ、労働条件の引下げが多い。また、あっせんの場合、合意が成立したものは36.8%、あっせん手続終了までの期間は2カ月以内のものが93.6%となっている。

(3) 労働委員会

　個別労働関係紛争解決促進法20条1項は、地方公共団体に対して、国の施策と相まって、地域の実情に応じ、個別労働関係紛争の自主的な解決を促進するため、あっせんその他の必要な施策を推進することを求めており、これを受けて、多くの地方公共団体は、労働委員会に対して、個別労働関係紛争のあっせんを委任している。

　労働委員会が扱う個別労働関係紛争の件数は、平成21年度の統計によれば、労働局が扱うものよりも少ないようであるが、労働委員会が公労使三者の代表からなる組織であるためか、あっせんによる解決率は労働局よりも高いようである（荒木祥一「労働委員会による個別労働関係紛争の解決について」ジュリスト1408号63頁以下）。

　また、労働委員会は、労調法により、労働争議に関して、あっせん、調停、仲裁を行い、労組法により、不当労働行為に関して、救済を行っている。救済命令に対しては、中央労働委員会に対して、再審査の申立てをすることができ（労組法27条の15）、また、救済命令の取消しの訴えを提起することができる（同法27条の19。本講 4(3)参照）。

4 ……………裁判所による労働関係紛争の解決手続

(1) 通常訴訟

　裁判所の通常訴訟は、裁判所が権利義務関係を終局的に確定させる手続であり、原則的な紛争解決手段といえよう。しかしながら、手続は厳格であり、事件処理には相応の期間と費用（申立手数料、弁護士費用）が必要となること、裁

判所には企業秩序や人事制度に関わる専門性が必ずしも備わっておらず、その内容や実態を十分に理解していないことなどが問題としてある。この点で、紛争当事者にとっては、行政機関による労働関係紛争解決と比べて利用しにくいものとなっている。

(2) 労働審判

通常訴訟の問題点を克服するため、2004年に創設されたのが労働審判である。労働審判手続は、通常訴訟よりも大幅に迅速で、労働審判員の経験や専門性を活かした専門的かつ柔軟な解決を図ることができる。なお、相応の費用（申立手数料、弁護士費用等）を要することは通常訴訟と同様であるが、迅速に解決した場合には通常訴訟よりも低額となる可能性が高い。

労働審判手続においては、一般的には、第1回期日において、当事者双方の主張を口頭で述べさせ、関係者から事情を聴取し、個別に解決方法に関する意見を聴取する。第2回期日において、当事者から補充主張を口頭で述べさせ、調停案を提示する。第3回期日において、調停案について諾否の回答をさせ、調停が成立しなければ、審理を終結し、労働審判を行う。第1回期日において調停案が提示されることもある。調停は、労働審判の内容を想定して行われることが多いため、当事者としても無視することは容易ではない（ほとんどの場合、調停案と同内容の労働審判が行われている）。労働審判開始以来、調停成立率は7割前後となっており、調停が果たしている役割は大きいといえる。

労働審判手続は、特別の事情がある場合を除き、3回以内の期日において審理を終結しなければならない（労審法15条2項）とされており、東京地裁では、平均審理期間は約70日となっている。

労働審判の内容については、労働契約の存否その他の労働関係に関する事項について個々の労働者と事業主との間に生じた民事に関する紛争（個別労働関係民事紛争）について、当事者間の権利関係をふまえつつ事案の実情に即した解決をするために必要な審判とされている。たとえば、解雇の有効性が争われているケースにおいても、一定の金銭給付を条件に解雇の有効性を認める内容の労働審判も認められ、権利関係の存否にこだわらず柔軟な解決が行われている。

労働審判に不服のある当事者は、労働審判の告知を受けた日から2週間の不変期間内に、裁判所に異議の申立てをすることができ（労審法21条1項）、そ

の場合には労働審判は効力を失う（同条3項）。労働審判に対し異議の申立てがあったときは、当該労働審判申立ての時に、訴えの提起があったものとみなされ（同22条1項）、通常訴訟に移行することとなる。

　結果として、通常訴訟に移行する場合であっても、その移行前に、労働審判は、早期に柔軟な解決を模索することができるという点で、紛争内容によっては有用な解決方法となる。

(3) 救済命令取消訴訟

　以上の個別的労働関係紛争に関する手続のほか、団体的労使関係紛争に関する手続として、労働委員会による不当労働行為救済命令に対する取消訴訟がある。救済命令も行政処分である以上、行政事件訴訟法上の取消訴訟が可能である。

解答例

❶　Bは、A社から解雇されたが、解雇理由が明らかではない。そもそも解雇は、客観的に合理的な理由を欠き、社会通念上相当であると認められない場合は、その権利を濫用したものとして、無効とされる（労契法16条）ため、解雇が無効であると主張して争うことを検討すべきである。

　その手段としては、労働基準監督署に対する申告（労基法104条）、労働局紛争調整委員会に対する援助の求め（個別労働関係紛争解決促進法4条）またはあっせん申請（同5条）、労働委員会に対するあっせん申請もしくは裁判所に対する労働審判申立て、訴訟提起、保全命令申立てまたは調停申立てが考えられる。

　まず、Bとしては、解雇理由が明らかではないため、A社に対して、解雇理由について証明書を請求し（労基法22条）、解雇理由を把握する必要がある。A社から交付された証明書に記載された解雇理由が正当かどうかを検討するため、A社に対して、必要な質問を行うことも検討すべきである。

　上記各手段の優劣を以下に説明する。

(i) 労働基準監督署に対する申告

　労基法に違反する事実がある場合、Bは、その事実を行政官庁または労働基準監督官に申告することができ（労基法104条）、労基法違反が認めら

れれば、労働基準監督署（官）による是正勧告がなされる。
- (ｱ) 積極面
    - 是正勧告では迅速な救済が期待できる。
- (ｲ) 消極面
    - 是正勧告は、Ａ社に対する行政指導に過ぎず、もしＢが私法上の効力などを争うことを希望する場合には、実効性のある解決ができない。
    - なお、Ｂが、解雇理由証明書の請求不履行などについて相談をする場合には労働基準監督署は有用であるが、解雇の有効性について労契法16条を理由に争う場合には、労基法違反の案件ではないため、労働基準監督署に対する申告はできない。

(ⅱ) **労働局紛争調整委員会に対する援助の求め**

労働局紛争調整委員会は、労働条件その他労働関係に関する事項についての個々の労働者と事業主との間の紛争（以下「個別労働関係紛争」という）に関し、当該個別労働関係紛争の当事者の双方または一方からその解決につき援助を求められた場合には、当該個別労働関係紛争の当事者に対し、必要な助言または指導をすることができるものとされており（個別労働関係紛争解決促進法4条）、ＢがＡ社による解雇について援助を求めた場合、解雇の撤回等の助言または指導をすることが考えられる。
- (ｱ) 積極面
    - この助言または指導についても迅速な救済が期待できる。
- (ｲ) 消極面
    - 助言または指導も、Ａ社に対する行政指導に過ぎず、直接、Ｂの解雇を無効とする効果を有しないため実効性に欠ける。

(ⅲ) **労働局紛争調整委員会または労働委員会に対するあっせん申請**

労働局紛争調整委員会は、個別労働関係紛争について、当該個別労働関係紛争の当事者の双方または一方からあっせんの申請があった場合において、労働局長が当該個別労働関係紛争の解決のために必要があると認めるときは、あっせんを行うものとされており（個別労働関係紛争解決促進法5条）、ＢがＡ社による解雇についてあっせんの申請をした場合、あっせんの手続が行われる。また、地方自治体から委任を受けた労働委員会があっせんを行うこともある。
- (ｱ) 積極面
    - あっせんは、あっせん委員が当事者の間に入り、当事者間の話合いによる解決を促進するもので、原則として１回の開催で終了するため、円満かつ迅速な解決が期待できる。

(イ) 消極面
　　あっせんの手続は、参加が強制されるものではないため、A社が参加する意思がない旨を表明した場合には、あっせんの手続は打ち切られることとなるため、A社の意向に左右され、必ずしも有効な手段とはいいがたい。
　(ⅳ) **裁判所に対する調停の申立て**（民事調停法2条）
　民事に関して紛争を生じたときは、当事者は、裁判所に調停の申立てをすることができるとされており（民事調停法2条）、B は、A社を相手方として、浜松簡易裁判所に対して、調停の申立てをすることができる。
　(ア) 積極面
　　調停は、調停委員会が当事者の間に入り、当事者の互譲により、条理にかない実情に即した解決を図るものであり、上記あっせんの手続とは異なり、調停委員会の呼出しを受けた当事者には出頭義務が課されており（民事調停規則8条）、正当な理由がなく出頭しないときは、裁判所は、5万円以下の過料に処することとされている（民事調停法34条）。また、調停が成立した場合、調停調書には裁判上の和解と同一の効力が認められている（同16条）。そのため、あっせんの手続よりも有効な手段のようにみえる。
　(イ) 消極面
　　民事調停は、あっせんの手続とは異なり、1回の開催で解決することは期待できず、複数回開催されるうえ、開催までの期間が長いため、迅速な解決は期待できない。なお、民事調停では、上記のとおり、当事者の不出頭に対する制裁が比較的軽微であり、実務上、制裁が発動されることはまれであるため、出頭の確保が十分ではない。
　(ⅴ) **裁判所に対する労働審判の申立て**
　裁判所における労働審判委員会は、労働契約の存否その他の労働関係に関する事項について個々の労働者と事業主との間に生じた民事に関する紛争（以下「個別労働関係民事紛争」という）に関し、当事者の申立てにより、調停または労働審判を行うことができ（労審法1条）、B は、A社を相手方として、静岡地方裁判所浜松支部に対して、労働審判の申立てをすることができる。
　(ア) 積極面
　　労働審判手続は、原則として、3回以内の期日において審理を終結しなければならない（労審法15条2項）ため、迅速な解決が期待できる。労働審判手続における調停は、民事調停とは異なり、迅速な審理が予定されているため、早期に成立する可能性が高い。民事調停と同

様、調停調書には裁判上の和解と同一の効力が認められている（労審法29条、民事調停法16条）。労働審判手続への不出頭に対する制裁は、民事調停と同一であり（労審法31条）、さらに、不出頭の場合でも労働審判を行うことができ、労働審判は裁判上の和解と同一の効力を有する（同21条4項）ため、民事調停よりも出頭は確保されているといえる。

また、労働審判は、個別労働関係民事紛争について当事者間の権利関係をふまえつつ事案の実情に即した解決をするために必要な審判をいう（労審法1条）とされており、Bが65歳を超えていることに鑑みれば、解雇を無効として労働契約上の地位を認め復職させる以外に、金銭的解決を獲得することもできるため、柔軟な解決を志向できる。

(イ) 消極面

労働審判に不服のある当事者は、労働審判の告知を受けた日から2週間の不変期間内に、裁判所に異議の申立てをすることができ（労審法21条1項）、その場合には労働審判は効力を失う（同条3項）ため、労働審判の実効性には不安定さが伴う。労働審判に対し異議の申立てがあったときは、当該労働審判申立ての時に、訴えの提起があったものとみなされ（同22条1項）、通常訴訟に移行することとなる。

(vi) **裁判所に対する訴訟提起**

Bは、A社を被告として、静岡地方裁判所（浜松支部）に対して、労働契約上の地位があることの確認を求める通常訴訟を提起することができる。

(ア) 積極面

通常訴訟手続は、裁判上の和解または判決をもって紛争を終局的に解決する手段として実効性はある。

(イ) 消極面

通常訴訟手続では、あっせんの手続や労働審判手続と異なり、迅速な解決は期待できない。

また、通常訴訟においては、Bが求める労働契約上の地位があることの確認の有無を判断することとなるが、労働審判と異なり、判決では、事案の実情に即した柔軟な解決を行うことができない。

(vii) **裁判所に対する仮処分命令申立て**

Bは、上記通常訴訟を提起する前に、A社を相手方として、静岡地方裁判所（浜松支部）に対して、労働契約上の地位が仮にあること、および賃金を仮に支払うことを求めて仮処分命令の申立てをすることができる。

(ア) 積極面

仮処分手続は、通常訴訟手続よりも、迅速な審理が行われる。

(イ) 消極面
　　　保全処分であるため、終局的な解決は期待できない。
❷　法定労働時間（労基法32条1項）を超えた労働が認められれば、時間外割増賃金の支払義務（同37条）が認められることとなるところ、Cは土曜日を出勤日とすることが常態化していたから、週40時間を超えた労働が認められ、A社はCに対して、時間外割増賃金の支払義務を負う。
　支払義務を負う金額については、賃金に関する消滅時効は2年とされている（労基法115条）ため、2010年1月1日から2011年12月31日までの期間の割増賃金について検討する。
　割増賃金は、通常の労働時間の賃金に割増率（25％以上）および時間外労働時間数を乗じて計算する（労基法37条1項）。
　通常の労働時間の賃金は、時間によって定められた賃金については、その金額とされ（労基法施行規則19条1項1号）、本件では1000円である。時間外労働時間数は、週5日を超えて出勤することとなった日が2010年および2011年において合計81日認められるため、8時間を乗じた648時間である。
　よって、A社が、Cに対して、支払う義務を負う割増賃金は、81万円（1000円×648時間×125％）となる。
　A社としては、Cからの未払残業代の請求に対して、休憩時間を時間外労働時間数から控除することを主張し、未払残業代を減額するための手段として、Cが選択する手段によらない限り、労働局紛争調整委員会に対するあっせん申請（個別労働関係紛争解決促進法5条）、労働委員会に対するあっせん申請もしくは裁判所に対する労働審判申立て、訴訟提起または調停申立てを考えることができる。
　たしかに、休憩は労働時間ではなく、休憩時間を時間外労働時間数から控除することは正当かもしれないが、休憩中でも、呼び出しに応じて就業できる体制を整えているような場合は、労働から解放されていたとは評価されず、労働時間と評価されることとなるため、Cが労働時間でないことを認めない限り、裁判所に対する訴訟提起（通常訴訟）以外の手段によって解決することは難しい。また、割増賃金の算定について争いがあれば、なおさら、通常訴訟以外の手段によって解決することは困難であろう。
　通常訴訟においては、A社は、Cが勝手にとっていた毎日30分の休憩について、労働時間と評価されないような事情を主張立証しなければならない。また、A社は、Cが休憩していたと主張する日時を特定して立証する必要がある。A社がこれらを立証できれば、時間外労働時間数から休憩時間を控除することができるが、立証できなかった場合には、付加金が

裁判所によって命じられたり、刑罰が科されたりする可能性は否定できない。立証できる可能性が低いようであれば、A社としては、通常訴訟を避け、円満な解決を模索するために、あっせん申請などによって、任意に支払う対応が適当であろう。

❸ Cは、A社がD組合からの団体交渉申入れを拒否したため、団体交渉において、CがA社に対して、未払残業代を請求することはできないが、A社には労基法32条および37条違反があることを理由として、Cは労働基準監督署に対する申告を行うことができる（労基法104条）。その他、CがA社に対して、未払残業代を請求するため、労働局紛争調整委員会に対する援助の求めまたはあっせん申請、労働委員会に対するあっせん申請もしくは裁判所に対する労働審判申立て、訴訟提起、保全命令申立てまたは調停申立てが考えられるが、その優劣は❶において述べたとおりである。

D組合は、A社が団体交渉を拒否したため、争議行為など憲法28条で保障される団体行動権を行使して対抗することが考えられる。しかしながら、D組合に加入する労働者はCのみであり、団体行動権を行使したとしても実効性が乏しい。

次に、使用者が雇用する労働者の代表者と団体交渉をすることを正当な理由がなくて拒むことは不当労働行為とされている（労組法7条2号）。このような団体交渉拒否の救済としては、労働委員会に対する救済申立ておよび裁判所に対する訴訟提起または仮処分命令申立てが考えられる。

(i) **労働委員会に対する救済申立て**

D組合は、静岡県労働委員会に対して、A社を相手方として、要求事項について団体交渉を行うことにつき救済申立てができる（労組法27条）。

(ア) 積極面

労働委員会は、申立てを受けたときは、遅滞なく調査を行い、審問するなどして、救済命令を発することができる（労組法27条・27条の12）。救済命令は、交付の日から効力を有する（同27条の12第4項）ため、実効的な解決が期待できる。

また、労働委員会は、審査の途中において、いつでも、当事者に和解を勧めることができる（労組法27条の14第1項）とされ、和解による解決が期待できる。

(イ) 消極面

和解による解決の場合、Cに対する未払残業代の支払いという実効的な解決が期待できるが、救済命令の場合、A社に対して、D組合と団体交渉をすることなどが義務づけられるに過ぎず、実効的な解決は期待できない。

また、使用者は、救済命令を受けたとき、中央労働委員会に対して、再審査の申立てをすることができ（労組法 27 条の 15）、また、救済命令の取消しの訴えを提起することができる（同 27 条の 19）。そのため、解決まで相当期間を要することがある。
　(ii)　**裁判所に対する訴訟提起または仮処分申立て①**
　　D 組合は、静岡地方裁判所浜松支部に対して、A 社を被告として、団体交渉に応ずべきことを求める地位確認を求める訴訟を提起し、または、仮の地位を定める仮処分を申し立てることができる。
　　そもそも団体交渉権は、憲法 28 条、労組法 7 条によって認められているものであり、使用者と労働組合との間の私法上の権利義務関係ではないように思われるため、このような訴訟等に訴えの利益が認められるかが問題となる。しかし、労組法 7 条は、単に労働委員会における不当労働行為救済命令を発するための要件を定めたものであるにとどまらず、労働組合と使用者との間でも私法上の効力を有するものと解すべきであるから、訴えの利益は認められると考える。
　　(ｱ)　積極面
　　　　労働委員会による救済命令と比べて、再審査の申立て、救済命令の取消しの訴えを経ることを要せず、司法的救済を受けることができる。
　　(ｲ)　消極面
　　　　確認訴訟であるため執行力が十分とはいいがたく、直接、団体交渉を実現するためには間接強制によらざるをえない。
　　　　また、A 社に対して、D 組合と団体交渉をすることなどが義務づけられるに過ぎず、未払残業代の支払いなど実効的な解決は期待できない。
　(iii)　**裁判所に対する訴訟提起②**
　　また、D 組合は、静岡地方裁判所浜松支部に対して、A 社を被告として、労組法 7 条違反を公序良俗違反（民法 90 条）として不法行為に基づく慰謝料請求を求めて訴訟を提起することができる。
　　(ｱ)　積極面
　　　　上記(ii)(ｱ)と同様。
　　(ｲ)　消極面
　　　　損害賠償を求めるに過ぎず、団体交渉を直接実現するものではない。
　　　　また、損害賠償についても、C の未払残業代とは法的性質が異なるため、損害を C の未払残業代相当額と考えることはできず、実効的な解決は期待できない。

関連問題

1. 労働審判と他手続との関係
(1) あっせんとの関係

　金畑友則は、弁護士の助言に従い、労働審判を申し立てることとし、弁護士に依頼し、2011年12月15日に、静岡地方裁判所浜松支部に対して、労働審判を申し立てた。2012年2月3日に第1回期日が指定されたが、それまで待てなかった金畑は、浜松総合労働相談センターに赴き、相談した結果、静岡労働局紛争調整委員会に対して、あっせんを申請した。労働審判とあっせん申請との関係を説明せよ。

(2) 仮処分申請との関係

　また、第1回期日が指定された後、早期に解決したいという金畑の要望を聞き、弁護士は、金畑と相談したうえ、会社を相手方として、静岡地方裁判所浜松支部に対して、仮処分を申し立てた。労働審判と仮処分申請との関係を説明せよ。

22. 派遣
いったい誰が雇い主？

設問

　千代田冨士夫は、2003年3月に大学を卒業したが、就職活動に失敗してそのままフリーター生活に入っていた。父を早くに亡くし、母は高校生の妹を抱えて保険の外交員として働き、何とか生計を維持している状況で、息子に仕送りをする余裕などなかった。冨士夫は、このような状況から早く脱却し、母を経済的に少しでも助けて楽をさせてあげたいと思っていたが、日々のアルバイトに追われ、就職活動も十分にできないまま、気がつくと4年近く経ってしまっていた。これまでは、時給が1000円に満たない仕事ばかりだったので、もう少し時給の高いところで働き、お金を貯めて、何か資格がとれる学校に行きたいと思っていた。

　そんなことを考えていたある日、冨士夫が求人誌をパラパラとめくっていたところ、「丸ノ内社グループ　丸ノ内社大田工場勤務、時給1500円、契約期間2007年4月1日から6カ月間、更新有り」という求人情報が目に飛び込んできた。丸ノ内社というのは、株式会社丸ノ内精密製作所のことである。工作機械等、高い精度を要求される製品の部品製造を業とする会社であり（「3. 解雇・退職：リストラはする方もされる方も大変」を参照）、小規模な企業ではあるが、地元では有名な優良企業であった。冨士夫は、有期労働契約でもいいから、ぜひこういう会社で働いてみたいと思い、さっそく応募し、2007年3月24日に面接を受けることになった。

　面接が行われたのは、丸ノ内社の本社に隣接する大田工場であった。そこで、冨士夫は、今回の募集は、丸ノ内社の募集ではなく、株式会社八重洲製造所（以下、八重洲社）による募集であるということを聞かされた。八重洲社は、丸ノ内社と業務委託契約を締結して（業務委託料は、労働者の人数に日額基本業務委託料を乗じた金額）、丸ノ内社大田工場の製造ラインの一部を賃借し、丸ノ内社の製造業務を請け負っていた。丸ノ内社からその製造ラインに1名の増員を求められたため、今回の募集となったのである。

　ただ、八重洲社は、求人誌にも書かれていたように、丸ノ内社グループに属する会社であった。丸ノ内社の社長である丸ノ内守の弟が八重洲社の社長を務めており、丸ノ内一族がその全株式を保有していた。

395

22. 派遣

　冨士夫は、どこか釈然としない気分ではあったが、面接には、丸ノ内社の社長の守も臨席するということを面接の日時が通知された時に聞かされ、気合いを入れ直した。面接の場で冨士夫に質問をしたのは、八重洲社の人事担当者であったが、この人は丸ノ内社からの出向社員であった。面接は15分程度で終わったが、冨士夫は、丸ノ内社グループで働けることに誇りと喜びを感じるなど、仕事への意欲を必死で伝えた。そして、応募者23名という激戦を勝ち抜いて、冨士夫は八重洲社に採用されることとなったのである。

　冨士夫は、面接のあった翌日の2007年3月25日、八重洲社との間で、契約期間を同年4月1日から6カ月間、更新有り、時給1500円とする内容の契約書を交わした。そして、2007年4月1日から丸ノ内社大田工場の製造ラインで働くこととなった。冨士夫たちは、あくまで八重洲社に雇われていたのであるが、仕事の教育指導は当初3カ月間、丸ノ内社の社員から受けていた。その後も、八重洲社の請け負っている製造ラインの班長は八重洲社の正社員であったが、班長からも何かわからないことがあれば、丸ノ内社の社員に遠慮なく聞くようにといわれており、実際に、わからないことが発生する都度、丸ノ内社の社員に聞いて解決してきた。

　その後、冨士夫の契約は、6カ月ごとに3回の更新が繰り返された。真面目に働いて貯金も少したまってきた。冨士夫は、できれば自分の働きぶりを認めてもらって、丸ノ内社の正社員にしてもらえないだろうか、という淡い期待も抱き始めていた。

　そんなとき、事件が起こった。2009年2月15日のことである。東京労働局が、丸ノ内社および八重洲社に対して、丸ノ内社大田工場の製造ラインにおける業務請負は、労働者派遣契約を適切に締結することなく、労働者派遣の役務の提供を行っており、これが労働者派遣法26条1項に違反するなどとする是正指導を行ってきたのである。丸ノ内守は驚いた。八重洲社に業務請負をさせることは、10年以上前から行っており、労働局も十分にそのことを知っているはずだったからである。しかし、労働局の指導に従わないわけにはいかない。

　そこで丸ノ内社は、八重洲社との間で、労働者派遣基本契約を締結することとした。まず八重洲社は、冨士夫を含む丸ノ内社大田工場の製造ラインで働いていた労働者10名との間で、2009年3月31日付けで、契約期間を4月1日から9月30日まで、派遣先を丸ノ内社、業務内容を丸ノ内社大田工場における製造業務、時給1600円とする内容の雇用契約を締結し

た。そして、丸ノ内社と八重洲社との間では、2009年3月31日付けで、4月1日から9月30日までの間、派遣労働者10名を、時給1800円で丸ノ内社大田工場に受け入れるとする旨の労働者派遣個別契約が締結された。さらに、丸ノ内社は、大田工場で就労する労働者の過半数を代表する者の意見を聴いたうえで、大田工場への派遣期間を3年と定め（労働者派遣法40条の2第3項・4項）、八重洲社に対して、派遣受入期間制限に抵触することとなる最初の日が2012年4月1日である旨の通知（同26条5項）を行った。

　2009年9月30日、丸ノ内社は、冨士夫を含む上記労働者10名の派遣期間を6カ月更新することとし、同年10月1日以降、八重洲社との間の労働者派遣個別契約を更新した。これにより、八重洲社は、冨士夫ら労働者10名との間で雇用契約を更新し、その後も2011年3月31日まで更新が行われた。

　冨士夫は、派遣社員に切り替わったことで、丸ノ内社の正社員になれる可能性が高まったような気がしていた。しかし、そんな楽観が吹き飛ぶようなことが起きてしまった。そのきっかけとなったのは、やはり2008年9月以降のリーマンショックである。この影響で、受注が激減した丸ノ内社は、経費削減など種々の経営改善策をとったが、ついに人員削減に手を付けざるをえない状況に陥っていた。そして、社員の希望退職募集や退職勧奨も行うことにしたが、正社員の削減をする以上は、その前に派遣社員の受入れを打ち切らなければ正社員に対して示しがつかなかった。そこで、2010年末をもって、大田工場の製造ラインの一部を閉鎖することとし、同年11月21日、八重洲社に対し、同年12月31日をもって労働者派遣個別契約を解除する旨通知した。八重洲社は、同年11月28日、冨士夫ら丸ノ内社大田工場の製造ラインで働いていた労働者10名に対し、同年12月31日をもって、丸ノ内社との間の労働者派遣個別契約が解除されることを理由に、雇用契約を解除する旨通知した。

　冨士夫は、丸ノ内社の正社員になるどころか、八重洲社との雇用も終了してしまうという予期せぬ事態に驚いてしまった。どうしても納得できない冨士夫は、知人から非正規雇用問題に取り組む労働組合である非正規撲滅ユニオン（以下、ユニオン）を紹介され、そこに相談に行った。2010年12月1日、冨士夫はユニオンに加入し、ユニオンは、丸ノ内社および八重洲社に対して団体交渉を申し入れた。八重洲社は団体交渉に応じたものの、丸ノ内社は、そもそも冨士夫の使用者ではないとして、団体交渉を拒否した。

❶ユニオンから、千代田冨士夫が丸ノ内社大田工場の社員として引き続き働くことができるようにしたいとの相談を受けた弁護士のあなたは、どのように主張を構成するか。

❷ ❶の主張に対して、弁護士のあなたが丸ノ内社から相談を受けたとすると、ユニオンに対して、どのように反論するか。

❸ユニオンから、冨士夫の解雇問題について、八重洲社に対し、どのような請求をすることができるか、と相談を受けた弁護士のあなたは、どのように回答するか。

❹ユニオンは、八重洲社とだけ団体交渉をしても埒があかないので、丸ノ内社とも団体交渉しなければ意味がないと考えている。ユニオンから、丸ノ内社の団交拒否が不当労働行為であるとして労働委員会に救済申立てをしたいと相談を受けた弁護士のあなたは、どのように主張を構成するか。丸ノ内社からの反論もふまえて論じなさい。

(以下、丸ノ内社＝Ａ社、八重洲社＝Ｂ社、千代田冨士夫＝Ｃ、ユニオン＝Ｄ組合とする)

解　説

1 ……… 概　観

(1) 設問のねらい

本設問は、実態としては労働者派遣であるが請負の形式がとられている労務提供形態のもとにおいて、派遣労働者、派遣元、派遣先間の法律関係を問う問題である。とくに、派遣労働者と派遣先事業主との間に労働契約関係を認めることができるか、派遣先事業主が労働者派遣契約を期間途中で解約した場合に、派遣労働契約はどのような影響を受けるかなどが問題となる。

(2) 取り上げる項目

▶労働者派遣の定義と法規制
▶派遣先事業主の使用者性
▶派遣先事業主の直接雇用申込義務
▶派遣契約の中途解除

2　労働者派遣の定義と法規制

　1985年に制定された労働者派遣法は、労働力の需給の適正な調整を図るため、それまで職安法が禁止していた労働者供給事業を一部解禁し、派遣元事業主との間で派遣労働契約を締結した労働者が、派遣元事業主と労働者派遣契約を締結している派遣先事業主に派遣されて、派遣先事業主の指揮命令のもとで就労するという労務提供形態を、一定要件を満たせば適法とした（職安法4条6項も参照）。

　労働者派遣とは、「自己の雇用する労働者を、当該雇用関係の下に、かつ、他人の指揮命令を受けて、当該他人のために労働に従事させることをいい、当該他人に対し当該労働者を当該他人に雇用させることを約してするものを含まないもの」と定義されている（労働者派遣法2条1号）。

　労働者派遣事業は、派遣労働者が常時雇用される労働者のみであるものは特定労働者派遣事業と呼ばれ、この事業をする派遣元事業主は、厚生労働大臣に届出をする必要がある（労働者派遣法16条）。一方、その他の労働者派遣事業は一般労働者派遣事業と呼ばれ、この事業をする派遣元事業主は、厚生労働大臣の許可を得る必要がある（同5条）。

　当初、労働者派遣を利用できる業務は、派遣先の正社員が派遣労働者に代替されていくという「常用代替」を回避するために、終身雇用慣行に相容れないような専門的業務および特別の雇用管理を要する業務に限定されていたが、1999年の法改正で大幅に自由化され、港湾、警備、建設等の一定の業務を除き、労働者派遣を利用することができるようになった（ネガティブリスト化）。もっとも、1999年改正により新たに労働者派遣が認められるようになった「自由化業務」は、派遣可能期間が制限されているのに対して、それ以前から労働者派遣が認められていた業務（いわゆる26業務。その範囲については、労働者派遣法40条の2第1項1号、労働者派遣法施行令4条、労働者派遣事業関係業務取扱要領を参照）については、派遣可能期間の制限がないという違いはある。

　ところで、1999年改正の際に自由化が見送られた製造業への労働者派遣（製造業派遣）が、2003年改正により解禁されて以降、いわゆる偽装請負が社会問題となった。いわゆる偽装請負とは、実態としては労働者派遣であるが、請負を偽装して行われている労務提供形態をいう。このような労務提供形態については、「労働者派遣事業と請負により行われる事業との区分に関する基準」

（昭和61・4・17労働省告示37号）によって実務上判断されている。同基準は、①自己の雇用する労働者の労働力を自ら直接利用するものであること、および②請負契約により請け負った業務を自己の業務として当該契約の相手方から独立して処理するものであることを、「請負の形式による契約により行う業務に自己の雇用する労働者を従事させることを業として行う事業主」に求めており、これらが満たされない場合は労働者派遣事業とされる。

労働者派遣事業とされると、労働者派遣法の規制に従わなければならず、労働者派遣事業の許可を受けていなかったり、届出をしていなかったりすると、労働者派遣法に違反することとなる。

なお、請負を偽装して行われている労務提供形態について、職安法44条が禁止する労働者供給事業であるかが問題とされることがあるが、労働者供給とは、「供給契約に基づいて労働者を他人の指揮命令を受けて労働に従事させることをいい、……労働者派遣法……第2条1号に規定する労働者派遣に該当するものを含まないもの」と定義されており（職安法4条6項）、発注会社と労働者との間に雇用契約が締結されず、単に指揮命令関係があるにとどまる限り、これは労働者派遣に該当するので、そのときには労働者供給に該当しないとするのが判例の立場である（パナソニックプラズマディスプレイ〔パスコ〕事件—最2小判平成21・12・18民集63巻10号2754頁）。

3 ………派遣先事業主等の使用者性

労働者派遣においては、派遣労働者と雇用関係があるのは派遣元事業主であり、派遣先事業主は、派遣労働者に指揮命令をする関係にあるだけである。つまり、派遣労働者の労働契約上の使用者は、派遣元事業主だけとなる。このことを前提としたうえで、労働者派遣法は、一定の労働保護法規について、派遣先事業主にも、明文で、それらの法律における使用者（または事業者）としての責任を課している（44条以下）。

ところで、労働者派遣法に違反し違法とされる、請負を偽装して行われている労務提供形態に対しては、同法が定める制裁（行政指導や罰則）が課されることとなるが、それに加えて、ユーザー企業（発注会社、派遣先事業主）と労働者との間に労働契約の成立を認めることができないかが問題となることも多い。いわゆる偽装請負の場合には、ユーザー企業が請負会社を支配していることが

あり、実質的には派遣労働者の労働契約上の使用者とみることができる場合があるからである（なお、理論的には、合法的な労働者派遣の場合でも、派遣労働者と派遣先事業主との間で労働契約が成立する可能性がないわけではない）。労契法制定後は、同法2条2項に置かれた使用者の定義である、「その使用する労働者に対して賃金を支払う者」に該当するか否かの問題となる（なお、労基法上の使用者概念は、労働者保護規制の実効性を確保するため、使用者のために労働者に関する事項について実質的権限を有する者を含めるため、事業主以外に、「事業の経営担当者その他その事業の労働者に関する事項について、事業主のために行為をするすべての者」というように広い概念になっている（労基法10条））。

ユーザー企業と派遣労働者との間に労働契約が成立し、派遣先事業主の使用者性が肯定されるために考えられる法律構成としては、黙示の労働契約の成立を認めるというものと、法人格否認の法理（「19. 企業組織の変動：買収って労働者のため？」を参照）を適用するものとが考えられる。

前者の黙示の労働契約がどのような場合に成立するかについて、まず確認しておくべきことは、労働契約は諾成契約であり、労働者と使用者が「労働者が使用者に使用されて労働し、使用者がこれに対して賃金を支払うこと」を合意することによって成立するという点である（労契法6条）。この合意は明示的なものである必要はなく、黙示的なものであってもよい。

具体的な判断基準について、労働者派遣法制定前ではあるが、ある裁判例の、「事業場内下請労働者（派遣労働者）の如く、外形上親企業（派遣先企業）の正規の従業員と殆んど差異のない形で労務を提供し、したがって、派遣先企業との間に事実上の使用従属関係が存在し、しかも、派遣元企業がそもそも企業としての独自性を有しないとか、企業としての独立性を欠いていて派遣先企業の労務担当の代行機関と同一視しうるものである等その存在が形式的名目的なものに過ぎず、かつ、派遣先企業が派遣労働者の賃金額その他の労働条件を決定していると認めるべき事情のあるときには、派遣労働者と派遣先企業との間に黙示の労働契約が締結されたものと認めうべき余地がある」という判示が参考となる（サガテレビ事件—福岡高判昭和58・6・7労判410号29頁）。

このほか、いくつかの裁判例（安田病院事件—大阪高判平成10・2・18労判744号63頁、大阪空港事業〔関西航業〕事件—大阪高判平成15・1・30労判845号5頁、伊予銀行・いよぎんスタッフサービス事件—高松高判平成18・5・18労判921号33

頁）を分析すると、黙示の労働契約の成立には、次のような事情が必要とされているとみることができる。
　① 使用従属関係・労務提供関係
　ユーザー企業が事実上、派遣労働者を直接使用し従属させ、派遣労働者がこれに応じて労務を提供している事情があること。
　② 請負会社の独立性（請負会社の独立性の欠如）
　請負会社が、ユーザー企業との関係で法人格を否認するのが相当であるような場合はもちろん、そこまでの事情はなくても、実質的にユーザー企業に資本上、人事上従属し、ユーザー企業との関係で独自性がないと認められる事情があること。
　③ 賃金支払関係
　ユーザー企業が派遣労働者の採用、失職、就業条件の決定、ことに賃金の支払いを実質的に直接行っている事情があること。
　いずれにせよ、②の要素（請負会社の独立性）があり、請負会社と派遣労働者との間に明示の労働契約が存在するような場合には、ユーザー企業と派遣労働者との間で黙示の労働契約が成立するということは、通常は考えられないであろう。
　このほか、団体的労使関係法上の使用者性についても問題となることがある。実際に紛争となるのは、派遣労働者を組織する労働組合が、派遣労働者の労働条件や雇用面について、ユーザー企業に団体交渉を申し込み、ユーザー企業が派遣労働者と労働契約関係にないために使用者ではないとして、これを拒否するというものである。こうした紛争は、合法的な労働者派遣であっても、いわゆる偽装請負等の違法な労働者派遣の場合でも起こりうるものである。
　不当労働行為における使用者（労組法 7 条）は、不当労働行為制度が使用者の契約責任を追及するものではないことからすると、労働契約の一方当事者としての使用者に限定する必要はない。判例は、労働者派遣法制定前において、労働者派遣と類似の社外労働者の受入れの事例で、労組法 7 条が団結権の侵害に当たる一定の行為を不当労働行為として排除、是正して正常な労使関係を回復することを目的としていることから、雇用主以外の事業主であっても、「雇用主から労働者の派遣を受けて自己の業務に従事させ、その労働者の基本的な労働条件等について、雇用主と部分的とはいえ同視できる程度に現実的かつ具

体的に支配、決定することができる地位にある場合」には、当該事業主は労組法7条の「使用者」に当たるものとしている（朝日放送事件―最3小判平成7・2・28民集49巻2号559頁）。

4 ……派遣先事業主の直接雇用申込義務

　労働者派遣法は、前述のように、自由化業務については、派遣可能期間を1年（ただし派遣先は、当該派遣先事業所の労働者の過半数組織組合または過半数代表者の意見を聴いたうえで、1年を超え3年以内の期間を定めることができる）としている（労働者派遣法40条の2）。これに対して、いわゆる26業務については、派遣可能期間の制限はない。

　自由化業務に派遣労働者を受け入れている派遣先事業主は、抵触日通知（労働者派遣法35条の2第2項）を受けた場合において、当該労働者派遣の役務の提供を受けたならば派遣可能期間に抵触することとなる最初の日以降継続して派遣労働者を使用しようとするときは、抵触日の前日までに、当該派遣労働者であって当該派遣先事業主に雇用されることを希望するものに対し、雇用契約の申込みをしなければならない（労働者派遣法40条の4）。

　この雇用契約の申込義務については、申込みの意義、抵触日通知がなかった場合の効果、申込義務違反の（私法上の）効果等をめぐって議論がある。派遣先事業主が、派遣可能期間の制限がない専門的業務について派遣労働者を受け入れていると認識していたところ、実際は、派遣労働者が従事している業務が自由化業務と評価された場合など、派遣先事業主が抵触日通知を受けていない場合には、法律の文言上、派遣先事業主には労働者派遣法40条の4が定める雇用契約の申込義務は発生しないと解釈するほかないであろう。

　労働者派遣法は、雇用契約の申込義務を定めているのみで、雇用契約の成立が擬制される「みなし雇用」を定めていない。雇用契約の申込義務に違反した場合、労働者派遣法が定める行政指導が行われることはある（48条1項、49条の2）が、それ以外の法的効果は見出しがたい（なお、労働者派遣法違反が不法行為上の違法性を基礎づけ、損害賠償責任が生じることはありうるであろう）。

　このほか、派遣可能期間に制限のない26業務等において、派遣先事業所ごとの同一の業務について、派遣元事業主から3年を超える期間継続して同一の派遣労働者にかかる労働者派遣の役務の提供を受けている場合に、この3年が

経過した日以後労働者を雇い入れようとするときは、その派遣労働者に対し雇用契約の申込みをしなければならない、という規定もある（労働者派遣法40条の5）。この規定に基づく雇用契約申込義務についても、労働者派遣法40条の4と同様、これに違反した場合に「みなし雇用」が認められないと解される。

なお、自由化業務において、1年以上派遣業務に継続して従事した派遣労働者が、派遣期間満了日から7日以内に派遣元事業主との雇用関係が終了している場合で、派遣先事業主が、その派遣労働者が行っていたのと同一の業務について新規の採用をする場合には、その派遣労働者（派遣期間満了までに派遣先事業主に雇用の希望を申し出ていた場合に限る）を雇い入れるように努めなければならないとされている（労働者派遣法40条の3）。

団体的労使関係法上の問題としては、とくに労働者派遣法40条の4の雇用契約の申込義務との関係で、派遣可能期間の満了に近い時期、あるいは派遣可能期間が経過してしまったときに、派遣先事業主が、派遣労働者を代表する労働組合との関係で、労組法7条の使用者、あるいは同法7条2号の派遣労働者を雇用する使用者に該当するか、というものがある。この点について、前掲・朝日放送事件最高裁判決は、ある事業主との労働契約関係が存続する場合において、他の事業主が労働契約上の事業主と近似する地位にある場合に、その他の事業主も重畳的に労組法上の使用者と認められるかという点について判断したものである。

直用をめぐる紛争については、このほか、派遣労働者と、労働契約関係そのものはないが近い将来において労働契約関係にある可能性があるかという観点から派遣先事業主にも労組法上の使用者性が認められるのかも問題となる。最近の裁判例には、「雇用主以外の者であっても、当該労働者との間に、近い将来において労働契約関係が成立する現実的かつ具体的な可能性が存する者」について労組法7条の使用者に該当すると判断したものがあり（クボタ事件—東京地判平成23・3・17労経速2105号13頁）、有力な学説も同様の判断枠組みを提示している。そして、この裁判例は、すでに直用化が決まっている派遣労働者の直用後の労働条件等について、直用実施の1カ月前以降に団体交渉を申し込んだという場合について、前記の判断枠組みを適用して、派遣先事業主に使用者性を認めている（前掲・クボタ事件）。一方、直用化が決まっていない段階で、直用化を求めて団体交渉を申し込んだ場合についての使用者性が、どのような

場合に認められるかについては、今後の裁判例を待つ必要がある。

5 労働者派遣契約の中途解除

労働者派遣は、労働力の需給の適正な調整を図るための制度であるから、労働者派遣契約は、事業の縮小などによる需給調整の結果、中途解除されることがありうる（労働者派遣法27条は、一定の差別的な解除のみ禁止している）。

労働者派遣契約が中途解除されることを契機として、派遣元事業主がやむをえず派遣労働者を解雇ないし雇止めする場合がある。この場合、派遣元事業主としては、法律上、使用者としての責任を負うこととなるので、解雇ないし雇止めの法規制に留意する必要がある（「4. 雇止め・変更解約告知：そんな辞めさせ方ってありですか」を参照）。派遣元事業主は、次の派遣先がなく、派遣労働者を休業させる場合は、休業期間中について、平均賃金の6割以上を休業手当として支払わなければならない（労基法26条）。

派遣先事業主は、労働者派遣契約の中途解除を行う場合には、次の措置を行うべきことが要請されている（「派遣先が講ずべき措置に関する指針」平成21年厚生労働省告示245号）。

① 派遣元事業主の合意を得るとともに、あらかじめ相当の猶予をもって申し入れること
② 派遣先事業主の関連会社での就業をあっせんする等派遣労働者の新たな就業機会を確保すること
③ ②ができないときは、遅くとも30日前に予告し、予告しない場合は、派遣会社に派遣労働者の賃金相当分の損害賠償を行うこと

解答例

❶ CがA社の社員としてA社大田工場で勤務を継続するためには、CとA社との間に労働契約が成立していることを主張しなければならない。
　まず、労働契約は、労働者が使用者に使用されて労働し、使用者がこれに対して賃金を支払うことについて、労働者と使用者が合意することによ

り成立するものである（労契法6条）が、その同意は必ずしも明示的なものである必要はない。黙示の労働契約の成立もありうるのであり、それが認められるためには、使用されて労働するという使用従属性の要素と、賃金を支払うという要素とが必要である。

　Cは、B社との間において労働契約を締結し、2007年4月1日から、B社がA社から請け負うA社大田工場における製造業務に従事し、2009年4月1日から、派遣労働者として、同工場における製造業務に従事してきたが、前後を通じて就労実態は変わっておらず、2007年4月1日から2009年3月31日までの間におけるCの労務提供は、東京労働局が是正指導を行ったように、違法な労働者派遣が請負の形式によって行われていたものである。したがって、A社とB社との間の請負契約は、B社がCをA社の指揮命令を受けてA社のために労働に従事させる労働者供給契約であり、C・B社間の労働契約は、労働者供給の目的達成のための契約である。この労働者供給契約は、Cをはじめ10名の労働者を供給するものであって、業として行われていると認められ、労働者供給事業として職安法44条に違反し、公序良俗に違反するものとして、A社・B社間の請負契約もC・B社間の労働契約も締結当初から無効である（民法90条）。したがって、Cの就労関係を根拠づける労働契約は、A社との間で成立していると解さざるをえない。

　さらに、A社は、Cの採用にあたり、A社社長も同席のうえで面接を行い、A社の意見をふまえてCの採用が決定され、Cは、当初3カ月間A社の労働者の教育指導を受け、その後もA社の労働者の指導を受けながら労務提供を行っていたことからすれば、CとA社との間に使用従属関係が認められる。またB社がA社から受ける業務委託料は、労働者の人数に日額基本業務委託料を乗じた金額であることに鑑みれば、A社が実質的にCの賃金を決定して支払っているものと評価できるので、CとA社との間には、黙示の労働契約の意思の合致が認められ、労働契約が成立している。以上のように主張することが考えられる。

　また、仮にCとA社との間に黙示の労働契約が成立していないとしても、A社はCに対して、労働者派遣法40条の4に基づき、労働契約が成立していると主張することも考えられる。

　上記のとおり、2007年4月1日からのCの労務提供は、違法な労働者派遣が請負の形式によって行われていたものであり、2009年4月1日から、派遣労働者として、A社大田工場における製造業務に従事したとしても、前後を通じて就労実態は変わっていない以上、継続して、労働者派遣が行われていたというべきである。

A社の行っているような製造業務は、労働者派遣法において派遣可能期間の制限のある業務である（40条の2第1項）から、同法40条の4に基づき、①派遣元事業主から派遣受入期間制限に抵触する日以降継続して派遣を行わない旨の通知を受けたこと、②派遣受入期間制限の抵触日以降も派遣労働者を使用しようとすること、③派遣労働者が派遣先に雇用されることを希望することの要件を満たす場合には、派遣先事業主であるA社は、派遣労働者であるCに対して、雇用契約の申込みをしなければならない。

　そして、派遣可能期間は1年である（労働者派遣法40条の2第2項）ところ、CがA社大田工場で就労を開始した2007年4月1日から派遣受入期間制限に抵触する日である2008年4月1日以降もA社はCを使用しており（②）、CもA社に雇用されることを希望している（③）。A社は、B社から2008年4月1日以降継続して派遣を行わない旨の通知を受けていないが、これは、A社とB社との間の契約が労働者供給契約であり、違法な労働者派遣を実現しようとしたものであるからに過ぎず、このような通知がないことを労働者に不利益に解釈することは許されない。したがって、このような通知がなくとも、A社は、労働者派遣法40条の4に基づき、Cに対して、雇用契約の申込みをしなければならない。そして、A社がこの義務を履行しないがゆえに利益を得ることは適切でないので、Cが雇用契約の申込みを希望すれば、そこで雇用契約が成立したものと解すべきである。以上のように主張することも考えられる。

❷　D組合は、CとB社との間の労働契約が無効であることの前提として、A社とB社との間の請負契約は、B社がCをA社の指揮命令を受けてA社のために労働に従事させる労働者供給契約であると主張するが、Cは、当初A社の労働者の指導教育を受けていたに過ぎず、B社の指揮命令下において業務に従事していたものであるから、A社の指揮命令を受けていたものではない。仮にA社の指揮命令を受けていたものであったとしても、労働者供給とは、供給契約に基づいて労働者を他人の指揮命令を受けて労働に従事させることをいい、労働者派遣に該当するものを含まないとされている（職安法4条6項）ので、CとB社との間で雇用関係があり、A社がCに指揮命令をしている関係にある以上、これは労働者派遣となるので、やはり労働者供給には該当しないことになる。また、労働者派遣が労働者派遣法に違反する場合であっても、労働者派遣法の取締法規としての性質や派遣労働者を保護する必要性に鑑みれば、直ちにCとB社との間の労働契約が無効となると解することもできない。以上より、CとB社との間の労働契約が無効となるという主張は、その根拠を欠くことになる。

また、D組合は、CとA社との間に事実上の使用従属関係が認められ、A社が実質的にCの賃金を決定して支払っているものと評価できるから、CとA社との間には、黙示の労働契約の意思の合致が認められ、労働契約が成立していると主張するが、CとB社との間の労働契約が明示の意思の合致によって成立しているにもかかわらず、明示の意思に反して、両立しないCとA社との間の労働契約の成立を認めることは、契約の意思解釈を超えるものであり妥当ではない。CとB社の労働契約が無効であることを前提に、Cの就労関係を根拠づける労働契約は、A社との間で成立していると解さざるをえないとのD組合の主張も、その前提が妥当しないことは前述のとおりである。

さらに、D組合は、A社とCの間で労働者派遣法40条の4に基づき雇用契約が成立したと主張するが、そもそも本件では、A社は、B社から2008年4月1日以降継続して派遣を行わない旨の通知を受けていないことからすると、A社のCに対する労働者派遣法40条の4に基づく雇用契約の申込義務がすでに発生していると認めることはできない。また、仮にA社のCに対する労働者派遣法40条の4に基づく雇用契約の申込義務がすでに発生しているとしても、その義務に違反した場合の制裁は、労働者派遣法上は、厚生労働大臣による助言や指導（48条）あるいは勧告（49条の2）にとどまるのであり、それを超えて、A社の義務違反の効果として、A社が雇用契約の申込みを実際にしていないにもかかわらず、雇用契約が成立していると解釈することは妥当ではない。

以上のように、A社が反論することが考えられる。

❸ D組合は、B社に対しては、CとB社との間の労働契約は、2011年3月31日までであるはずなのに、2010年12月31日をもって、A社とB社との間の労働者派遣契約が解除されることを理由とする中途解雇は無効であるので、期間満了まで労働契約関係が存在しており、それにもかかわらずCを就労させないことは、B社に帰責事由があるとして、民法536条2項に基づき賃金を請求するか、あるいは労基法26条に基づき平均賃金の6割以上の休業手当を請求することができると回答することが考えられる。

まず、期間満了までの労働契約関係の存在については、期間の定めのある労働契約は、「やむを得ない事由」がある場合でなければ、契約期間が満了するまでの間において、労働者を解雇することができない（労契法17条1項、民法628条）ため、C・B社間の労働契約の解除がやむをえない事由によるものかが問題となる。

労働契約に期間が設けられている場合には、使用者はその期間は雇用を継続することに合意しているにもかかわらず、その合意に反して解雇をす

るものである以上、そこで要件となる「やむを得ない事由」は、通常の解雇の有効要件である「客観的に合理的な理由があり、社会通念上相当であると認められる場合」（労契法16条）よりも厳格なものである必要があると解される。B社の解雇は経営上の理由による解雇といえるので、いわゆる整理解雇の4要素が適用されるが、B社の人員削減の必要性は明確でなく、解雇回避努力も不十分で、D組合との協議も行われておらず手続が不相当であるとして、やむをえない事由がないと主張することが考えられる。

　そして、やむをえない事由がないにもかかわらず、Cの就労を拒絶することは、民法536条2項の債権者の責めに帰すべき事由があるとして、期間満了時までの所定労働時間に対応する賃金を請求するか、少なくとも労基法26条に基づき平均賃金の6割以上の休業手当を請求することになる。なお、休業手当については、裁判となった場合には、労基法114条に基づき、未払い分と同額の付加金も請求することになる。

❹　A社はCの使用者でないと主張しているが、❶で検討したように、Cとの間で労働契約関係にあると認められる場合には、A社は当然に労組法上の使用者（7条）と認められる。

　仮に労働契約関係がないとしても、使用者性が直ちに否定されるわけではない。というのは、労組法7条の設ける不当労働行為制度は、団結権の侵害に当たる一定の行為を不当労働行為として排除、是正して正常な労使関係を回復することを目的としているのであり、このことに鑑みると、労働契約関係上の雇用主以外の事業主であっても、雇用主から労働者の派遣を受けて自己の業務に従事させ、その労働者の基本的な労働条件について、雇用主と部分的とはいえ同視できる程度に現実的かつ具体的に支配、決定することができる地位にある場合には、その限りにおいて、この事業主は同条の使用者に当たるものと解すべきだからである。

　これをD組合のケースに当てはめると、D組合がA社との団体交渉で要求している事項は、CがA社に雇用されることであり、A社がCの雇用について、B社と部分的とはいえ同視できる程度に現実的かつ具体的に支配、決定することができる地位にあれば、A社の使用者性が肯定されることになる。A社とB社が、同じグループ会社関係にあること、B社の人事担当者がA社からの出向社員であること、派遣労働者であるCの雇用は、派遣先であるA社とB社との労働者派遣契約に依存していることなどからすると、A社はCの雇用について、B社と部分的とはいえ同視できる程度に現実的かつ具体的に支配、決定することができる地位にあると解すべきである。D組合は、まず、以上のように主張することが考

えられる。

　また、派遣先会社と派遣労働者との間で労働契約関係が認められないにしても、両者の間で近い将来において労働契約関係が成立する現実的かつ具体的な可能性がある場合には、前述の不当労働行為制度の目的に鑑み、派遣先事業主に使用者性が認められると解すべきである。

　この点について、A社には、採用の自由が、憲法22条、29条等に基づく経済活動の自由として認められていることからすれば、採用前の段階において、使用者性を認めることには慎重であるべきである。ので、雇用契約を申し込む段階において、近い将来において労働契約関係が成立する現実的かつ具体的な可能性がある場合とは、すでに直用が決まっていて、直用後の労働条件について、直用前に団体交渉を求めたというような場合に限定されるべきである、と反論してくることも考えられる。

　しかし、労働者派遣法40条の4に基づく雇用契約を申し込む義務は、雇用と使用とを分離する労働者派遣法制において、申し込む前から、派遣先事業主が、派遣労働者を直接、指揮命令して使用してきたために、継続して使用させようとするものであって、新規雇用とは異なるので、A社は採用の自由を主張することは適切ではないという再反論が考えられる。

関連問題

1. 違法派遣とその効果

　八重洲社は、伊勢崎元治との間で、2009年3月31日、契約期間を同年4月1日から9月30日まで、派遣先を丸ノ内社、業務内容を丸ノ内社本社における事務用機器操作（労働者派遣法施行令4条5号）、時給1700円とする内容の雇用契約を締結し、丸ノ内社との間で、4月1日から9月30日までの間、派遣労働者1名を、時給2000円で受け入れる労働者派遣個別契約を締結した。ただし、丸ノ内社は、八重洲社に対して、派遣可能期間の制限はないと考え、抵触日の通知（労働者派遣法26条5項）は行っていない。したがって、八重洲社は、丸ノ内社に対して、派遣可能期間の抵触日の通知（同法35条の2第2項）を行うこともできない。

　伊勢崎は、2009年4月1日から、丸ノ内社本社において、丸ノ内社の営業社員から日々受け取るデータをコンピュータに入力・集計するほか、朝礼への

参加、来客対応、電話の取次ぎ、営業社員への事務連絡等も行っている。

　2009年9月30日、丸ノ内社は、伊勢崎の派遣期間を6カ月更新することとし、同年10月1日以降、八重洲社との間の労働者派遣個別契約を更新した。これに伴い八重洲社は、伊勢崎との間の雇用契約を更新し、以後も同様に更新を繰り返し、現在に至っている。2011年4月1日に更新された八重洲社と伊勢崎との間の雇用契約では、丸ノ内社の強い要望により、時給1800円とされた。伊勢崎は、有給休暇を取得するときは、申請書を丸ノ内社人事部に届け出て、丸ノ内社人事部から八重洲社に報告がなされている。

　2012年6月1日、伊勢崎は、丸ノ内社に対して、正社員にしてほしいと願い出たが、断られた。伊勢崎から相談を受けた弁護士のあなたは、丸ノ内社に対してどのように主張するか。

　【適正な労働者派遣はどのようなものか】

参考文献

安西愈「新版 労働者派遣法の法律実務（上・下）」（労働調査会・2008年）

総合問題(1)
勝手に給料を下げないで！

設問　峰岸拓哉は、阪神法科大学で行政法を担当している教授である。2年前、55歳のときに学部長に就任し、ようやくその任期が終わったところであった。重職から解放されて、これから定年までの間は、研究に専念しようと思っていたが、定年後のことも少し気になり始めていた。阪神法科大学の教員の定年は63歳である。拓哉はあと6年、この大学に在籍することができるが、6年はそれほど長い年数ではない。

　拓哉の妻の雅子も、この大学で職員として働いていた。拓哉が、この大学の前身である阪神大学で事務の仕事をしていた雅子を見初めたのは、今から30年前であった。雅子も55歳になり、定年が気になり始めていた。阪神法科大学の職員の定年は60歳と教員の定年よりも低かったが、希望者には健康状態に問題がない限り、1年ごとの嘱託契約という形で65歳までの再雇用が認められていた。ただし、嘱託契約の間の賃金は60歳時の基本給の6割に設定されていた。病気ひとつしたことがない雅子は、希望すれば嘱託契約によって、拓哉よりも4年長くこの大学で働くことができそうである。

　阪神法科大学では、高年法に基づく高年齢者雇用確保措置を講じるため、2010年以降、教員の雇用を延長する必要が生じていた。職員については、すでに再雇用制度があったため問題はなかったが、教員については何の措置も講じていなかったのである。そこで、2009年4月の理事会で、定年年齢を教員だけでなく職員についても65歳に引き上げることにした。そのうえで、教員の定年延長に伴う人件費の増大に対処するため、教職員（教員と職員、以下同じ）の60歳以上の賃金を、60歳時の基本給の6割となるように設定した。これは、現在の職員の嘱託契約と同じ取扱いにするためであった。ただし、現在55歳以上の教員については、60歳となって以降の賃金は、60歳時の基本給の8割とするという経過措置が設けられた。さらに、それだけではまだ教員の人件費の増加分がまかなわれないため、現在、すべての教職員において共通で年間6.2カ月分（基本給がベース）となっている賞与を、55歳以上の教職員について、5.7カ月分（基本給がベース）

に引き下げることとした。これにより、55歳以上の教職員の賞与の年額は、平均で約30万円の減額となる。阪神法科大学には、教員が加入する阪神法科大学教員組合（以下、教組）と、職員が加入する阪神法科大学職員組合（職組）とがあり、今回の労働条件の変更についても、大学側は、この2つの労働組合と団体交渉を行った。その際、大学側は、今回の賞与の引下げは、教職員の賞与が、これまで近隣私立大学の平均賞与額よりも高かったものを、平均水準に合わせるだけであるので、不当なものではないと述べていた。また、大学側は、ここ数年、入学者の定員割れが続き経営状況が良くなかったので、その面からも、賞与の引下げが必要であるという理由も述べた。

阪神法科大学（法学部しかない単科大学で、1つのビルのなかで教職員が働いていた）の教職員の合計は72名（有期契約の非常勤は含まない、常勤のみの数）であり、そのうち教員は58名、職員は14名であった。教組では学部長および学部長経験者は非組合員とされ、職組では部長以上は非組合員とされていた。拓哉は、かつては教組に加入していたが、2年前に学部長となったことから、それ以降、非組合員となっている。雅子は職組の組合員であり、現在、書記長をしている。教員58名のうち教組に加入しているのは54名であり、職員14名のうち職組に加入しているのは11名であった。

大学側からの定年延長と賃金・賞与の改定提案に対して、教組の執行部は、賞与は55歳以上の教員にとって減額となっても、定年延長の利益が大きいと考えて、この案を受け入れて労働協約を締結する方針を固めていた。そして、労働協約の締結の可否を決定するために臨時組合大会を開催することとし、執行部は締結を可とする原案を出した。大会の場では、執行部案に異論も出された。とくに経済法を担当する根室章教授は、強い反対意見を述べた。根室教授は60歳で、学部長経験がないために組合員であったが、以前から、執行部が40代の教員中心に構成され、年配の教員の意見を十分に聴かずに意思決定をしていくことに不満をもっていた。今回の労働協約についても、根室教授のような、賃金面で不利益を受ける60歳以上の組合員が5名いたにもかかわらず、その誰の意見を聴かないまま執行部は原案を決めていた。結局、大会では、執行部の原案は賛成多数で可決され、その後、執行部は大学側の案に沿った内容の労働協約にサインした。

一方、職組は、大学側の案は、職員にとって不利益が大きい変更であるとし、内容の修正を求めて団体交渉を5回行ったが、最終的には妥結に至らなかった。しかし、大学側は、教職員全体の多数派である教組が同意しているということで、教組と合意できた労働協約の内容に則して就業規則を改定

し、所轄の労働基準監督署長に届け出た。改定後の就業規則は、直ちに、全教職員が学内のパソコンからアクセスできる大学のホームページにアップされた。

　大学は、これにより全教職員に新しい定年・賃金制度を適用しようとした。峰岸夫婦および根室教授は、大学のこの措置に反対している。

❶大学側は、峰岸教授は教組の組合員ではないので、教組と締結した労働協約は適用できないが、全教職員のうち4分の3を組織している教組が締結した労働協約は非組合員にも拡張適用されるし、少なくとも、峰岸教授は、就業規則の適用は受けるはずだと主張している。大学側の主張は認められるであろうか。

❷大学側は、雅子に対しても、峰岸教授と同じ理由で、労働協約の拡張適用と就業規則の適用が認められるはずだと主張している。雅子は、職員と教員とは立場が異なるし、また自分は職組の組合員で教組とは無関係なので、教組の締結した労働協約の内容に影響されないはずだと主張している。どちらの主張が正しいであろうか。

❸根室教授は、今回の労働協約は、自分たちの意見を十分に反映せずに締結されたもので、臨時組合大会の場で反対の意を表明した組合員には適用されないと主張している。根室の主張は認められるであろうか。

（以下、峰岸拓哉＝A、峰岸雅子＝B、根室章＝C、阪神法科大学＝D、阪神法科大学教員組合＝E組合、阪神法科大学職員組合＝F組合とする）

総合問題(2)
組合を変わったばかりに…

設問

　石野充は、2009年3月に大学を卒業した後、その4月に月産自動車系列の販売会社である月産サービス（以下、会社）に入社し、本社に配属された。本社は管理・事務部門であり、そこでは、103名の従業員が働いていた。

　会社には、企業別組合である月産サービス労働組合（以下、労組）があり、両者の間でユニオン・ショップ協定が締結されていた。労組のなかには、会社と協調的な歴代の執行部に批判的な組合員がいて、とくに、2007年5月に過労によってうつ病にかかり自殺した組合員が出たときには、執行部が遺族に十分なサポートをしなかったことに業を煮やした組合員5名が、組合を飛び出して脱退したということもあった。この5名は同年10月に、地域の合同労組である神戸コミュニティユニオン（以下、ユニオン）に加入し、神戸コミュニティユニオン月産自動車分会（以下、分会）を結成した。

　石野が入社したときは、労組と分会が並立する状況にあった。石野は、入社と同時に労組に加入して2009年4月分の給料から組合費の天引き（チェック・オフ）をされていたが、入社後すぐに親しくなった先輩の大森和彦から分会への加入を勧められたので、同年7月10日に分会への加入手続をすませ、その足で、労組に対して脱退届を提出しに行った。分会は、会社に対して、同年8月以降は、石野の賃金から、労組の組合費のチェック・オフをしないよう、石野の委任状を添えて通告した。なお会社は、労組との間ではチェック・オフ協定を締結していたが、分会との間ではまだ締結していない。

　その後、会社から石野と分会に対して、次のような回答があった。会社が、労組に問い合わせたところ、石野は現在も労組の組合員であるということであったので、会社には労組に対してチェック・オフを継続する義務がある、というのである。驚いた石野が労組に直接問い合わせたところ、労組ではその規約において、脱退には執行部の承認がなければならないとされており、今回は執行部としては不承認の決議をしたので、石野は労組の組合員のままであるということであった。さらに、石野が分会を脱退しなければ二重加盟

となり、これは労組の規約上、除名事由となるところ、除名されると、ユニオン・ショップ協定に基づき、会社から解雇されることになる、ということであった。

石野はあわてて大森に相談したところ、大森はユニオンの書記長の林田隆平に問い合わせてくれた。林田書記長によると、労働組合からの脱退は自由に認められるはずであるし、脱退したにしろ、除名されたにしろ、解雇は認められないはずだということであった。また石野は、会社にも聞いてみた。すると、脱退の問題は組合内部のことなので、会社は関知していないし、いずれにせよ正式な除名処分があれば、会社としては労組への義務である以上、解雇せざるをえない、といってきた。石野は、解雇という言葉に驚き、就職の知らせに喜んでくれた故郷の母親の顔が浮かんで、途方にくれてしまった。

この間、会社と分会との間には、いくつかのトラブルが起きていた。まず、ユニオンと分会は、2007年10月の分会結成時、本社内に労組と同じように、組合事務所と組合掲示板（以下、組合事務所等）を貸与するよう求めて団体交渉を行った。会社側は、これ以上、組合事務所等を貸与するだけのスペースがないこと、また労組と分会とでは組合員数が圧倒的に違うので、分会に対して、労組と同じように組合事務所等を貸与するのは適切でないと回答した。分会は、その後の団体交渉においても、継続的に組合事務所等の貸与を要求事項としてきたが、基本給の変更の問題が起きてからは、会社は、そちらが先決事項であるとし、その決着をみるまでは、組合事務所等の貸与に関する要求事項について交渉に入ることはできないと回答した。

その基本給の変更の問題とは、次のようなことである。

2008年10月、会社は、その経営会議において、今後のこの業界の成長予測が立たないこともあり、従来のような年功型の賃金体系では安定した企業経営が困難であると判断し、基本給の8割を毎年行われる成績査定に基づき決定するという成果主義的な賃金体系に変更すること（以下、本件基本給変更）を決めた。そこで、会社は、労組と分会の双方に、本件基本給変更について提案したところ、両組合ともこれに応じず、労組のほうは、最低保障額の設定などを提案したが、妥結しないままであった。

2009年5月、夏季一時金をめぐる交渉が始まった。会社では、これまで一時金は、労組との合意により決めており、過去10年は、夏季一時金は基本給の2.5カ月分であった。分会結成後は、分会員の一時金については分会と団体交渉し、その合意により額を決定してきたが、その額は、これまでは労組の組合員と同様に基本給の2.5カ月分であった。ところが、

2009年夏季一時金交渉において、会社は、労組と分会の、それぞれ基本給の2.7カ月分、3.0カ月分の要求に対して、「前年どおり、月の基本給の2.5カ月分とする。ただし、基本給変更に応じることが条件である」という回答書を両組合に示してきた。なお、この回答書には、「労組の求める最低保障額の設定に応じて、基本給変更の後も、基本給を前年の3割以上減少させないものとする」という条項を追加していた。そこで、労組は、会社の回答を受け入れ、労働協約を締結した。しかし、分会は、夏季一時金を基本給の2.5カ月分とすることには同意するが、基本給変更については、その追加条項の内容が不十分で、少なくとも1割以上の減少は許されないという条項にすべきであると回答した。会社は、分会との団体交渉を重ねたが、双方とも主張を譲らず、結局、2009年夏季一時金について、分会との間には労働協約は締結されなかった。

労組の組合員には、2009年7月25日に基本給の2.5カ月の夏季一時金が支払われたが、分会の組合員には支払われていない。

❶もし、会社が、石野の月給から、2009年8月以降も、労組の組合費をチェック・オフした場合、分会および石野は、このチェック・オフを中止させることができるであろうか。
❷組合事務所等の貸与に関して、会社による対応が労組と異なっていることについて、納得できない分会から相談を受けた弁護士のあなたは、会社を相手にして、どのような主張によりどのように争うと回答するか。
❸石野には、2009年夏季一時金の支払いを求める権利があるだろうか。この問題について、分会から相談を受けた弁護士のあなたは、どのような主張によりどのように争うと回答するか。

(以下、石野充＝A、月産サービス＝B社、月産サービス労働組合＝C組合、神戸コミュニティユニオン月産自動車分会＝D分会とする)

総合問題(3)
女だからといって、なめないで！

設問

　甲斐エリカは、オフィス機器の製造・販売を業とする業界大手の大原商事（以下、会社）の本社の総務係で働いている33歳。勤続12年目に入ろうとしていた。そろそろ中堅と呼ばれ始めたのがイヤだったが、それよりもっとイヤだったのが上司の土井通太係長だった。この前の年末懇親会で、土井係長の連発するオヤジギャグを聞かされてうんざりしていたときに、入社2年目の木下優奈が調子に乗って「先輩、面白いですね」と相槌を求めてきたので、思わず「別に」と答えてしまったことから、先輩男性社員から「女帝」というあだ名を付けられてしまった。それくらいならまだよかったが、この日をきっかけに、土井係長の嫌がらせが始まったのだ。木下優奈のような新人がやるべきコピー取りの仕事を、エリカに回すようになったし、デートの入ることの多い金曜日に限って残業を命じたり、雨の日に限って外出する用事を言いつけたり。きわめつきは、先日、総務係の他の社員の前で、ちょっとした書類作成のミスをあげつらって「どうしてこんなミスするのかな、何年働いているの？」といわれて、後輩たちの前で恥をかかされてしまったことだ。

　そんなことが3カ月くらい続いたけれど、それに負けているようなエリカではなかった。自宅で「パワハラ反対」と黒太字で書いた、縦20センチ、横5センチくらいのピンクのリボンを用意して、朝出勤した後、それを紺のジャケットの左胸ポケットの下にピンで留めてから席に着こうとした。2011年3月22日（火曜日）のことだった。土井係長は、そういうことに限ってすぐに気が付く細かい性格だった。さっそくエリカのところに駆け寄って、「リボンを付けて勤務するのは、服装規定違反だから外しなさい」といってきた。服装規定といっても、この会社の就業規則には、「華美な服装をしてはならない」と定められているだけだった。木下優奈なんて、髪を盛ったり、派手な服を着てきたりしているので、そっちのほうがよっぽど華美じゃないか、とエリカは心の中で叫んでいた。そうして、係長を無視していたら、今度は、「リボンを外すまでは席に着いてはいけません。第2会議室にいなさい」と強い口調でいってきたので、エリカは、日頃はまず誰も利

用することのない第2会議室に仕方なく移動した。

　エリカは、この日は、係長と冷戦状態のままで、結局、勤務時間中ずっと第2会議室では何もすることがないので携帯メールをしていた。その日の終業時間後、エリカは、所属している大原従業員組合（以下、組合）に相談に行った。エリカは、これまでも組合の活動に協力的で、幹部たちの覚えが良かった。幹部たちは、組合としても、組合員のエリカがリボンを付けたまま勤務することを認めると会社に通告したうえ、土井係長のパワハラ問題について団体交渉に応じるように会社に求めた。

　翌23日の朝も、エリカは総務係にリボンを付けたまま出勤し、係長が前日と同じように席に着かないようにというのを聞いてから、組合事務所に移動し、終日、そこで時間を過ごしていた。その週は25日（金曜日）まで4日間、また翌週も28日（月曜日）ら30日（水曜日）までの3日間同じことがくり返された。31日の午前中に、ようやく会社は団体交渉を行い、しぶしぶエリカの言い分を認めて、専務が、今後は土井係長がエリカに対してパワハラをしないように注意すると約束したので、エリカも矛を収め、31日の午後から、リボンを外して勤務に戻った。

　これで一件落着かと思ったが、そうではなかった。リボン事件が記憶からすっかり消えていた7月のある日、エリカは、振り込まれた給料と会社からもらった給料明細表を見てびっくりした。いつもの月給よりもかなり少なかったからだ。よく見ると、8日分の給料が減額されていた。あわてて経理に問い合わせたところ、3月に8日間の欠勤があったので、その分を控除したということであった。控除が遅れてこの時期になったのは、計算に時間がかかっていたためとのことだった。会社では、給料は毎月20日に支給するという前払い方式であったので、20日以降の欠勤分については、翌月以降に清算するということはこれまでもあったが、通常はその翌月の給料からの控除であった。そのうえ、エリカは3月31日の午後は勤務をしたので、控除をするとしても、7日半ではないかと主張したが、経理は、会社では半日控除ということはしておらず、欠勤の場合には、時間に関係なく1日分の給料を控除していると説明した。さらにエリカが頭に来たのは、住宅手当が減額されていたことだ。3月の所定労働日数は22日であったが、そのうちの8日分に相当する額が按分比例で控除されていた。エリカは、住宅手当は、勤務日数に関係なくもらえるはずであり、これまで控除した会社の措置には納得できなかった。組合に調べてもらうと、就業規則の住宅手当規定には減額規定はないということだった。

419

総合問題(3)

　８月のある日、土井係長がニヤニヤしながら、「甲斐君、人事部に呼ばれているよ」というので、エリカは気持ち悪いと思いながら人事部に行ってみると、人事部長からある書面を渡された。それは懲戒処分通知書だった。自分の席に戻ってから、内容をじっくり見てみると、３月にリボンを着用して勤務した行為およびリボン取外し命令に従わなかった行為が、懲戒事由（服務規律違反および指揮命令遵守義務違反）に該当するので、戒告処分にするということであった。戒告処分は、この会社の定める懲戒処分のうちで最も軽いものだったが、賞罰歴に残るものであった。

　エリカは、その日の勤務後、あわてて組合にかけこんだ。組合の委員長は、エリカのいる総務係は、社外の人が訪れることはなく、エリカが仮にリボンを着用していたとしても、会社に迷惑がかかるようなものではないので、懲戒処分まではやりすぎだなといい、これは報復だろうな、とポツンともらした。エリカは頭に血が上ってしまった。だいたい、リボン事件の原因を作ったのは、土井係長のパワハラのはずだ、という気持ちがエリカにはあった。しかも、そのことについて、団体交渉の場で、会社もすでに非を認めたはずである。ところが、会社はどうもエリカだけを処分しようとしているのである。納得できないエリカは、翌朝、人事部に行ったが、会社の懲戒規定には、社員の言い分を聴くという手続はない、といわれて、追い返された。

❶エリカから賃金減額と懲戒処分を撤回させることができないかと相談された弁護士のあなたは、どのように主張を構成するか。エリカの主張が通るためには、さらにどのような事実を調べることが必要となるか。

（以下、甲斐エリカ＝A、土井通太＝B、大原商事＝C社、大原従業員組合＝D組合とする）

事項索引

あ
- あっせん……………………………334, 384, 385
- 安全配慮義務……………149, 243, 245, 368

い
- 育児介護休業法………………………………221
- 育児休業………………………105, 221, 222
- 意見聴取義務………………………………25, 31
- 一部スト…………………………………………322
- 一定期日払いの原則………………………109
- 一般的拘束力…………………………………299
- 違法派遣…………………………………………410

う
- 請負契約………………………………………400
- うつ病自殺……………………………………241

え
- 営業秘密………………………………………371

か
- 解雇……………………………42, 44, 88, 262
- 解雇回避努力……………………………47, 368
- 介護休暇………………………………………221
- 介護休業………………………105, 221, 222
- 戒告………………………………………………185
- 解雇権濫用法理……………44-46, 66, 67, 69, 90
- 解雇予告…………………………………44, 45, 88
- 解雇予告手当……………………………45, 105
- 会社更生法……………………………………109
- 会社分割…………………………151, 352, 357
- 確定給付企業年金……………………………111
- 確定拠出年金…………………………………111
- 過失相殺………………………………………246
- 合併………………………………………………352
- 過半数組合………………………………163, 263
- 過半数代表………………………25, 107, 163
- 過半数代表者…………………………25, 263
- 過労死……………………………………………240
- 監視・断続的労働……………………………171

き
- 間接差別………………………………………205
- 管理監督者……………………………………171
- 管理職組合………………………………259, 273

き
- 企画業務型裁量労働………………………169
- 企業秩序遵守義務………………………150, 182
- 企業年金………………………………………111
- 企業別組合………………………………278, 282
- 偽装請負…………………………………399, 400
- 偽装解散………………………………………356
- 起訴休職………………………………………112
- 希望退職……………………………………48, 53
- 義務的団交事項………………………281, 338
- 休業手当………………………105, 320, 321, 405
- 休憩付与義務…………………………………178
- 救済命令………………………334, 335, 385
- ――の取消訴訟………………………………335
- 休日振替………………………………………167
- 休日労働…………………………………163, 167
- 休職………………………………………………112
- 教育訓練………………………………………205
- 競業避止義務………………………111, 149, 373
- 強行規定………………………………8, 29, 223
- 共働原因説……………………………………240
- 業務起因性…………………………………238-241
- 業務災害………………………………………105
- 業務遂行性……………………………………239
- 業務命令違背…………………………………187
- 協約自治の限界………………………298, 309
- 緊急命令………………………………………335

く
- 組合員資格……………………………………281
- 組合活動………………………314, 317, 336
- 組合規約…………………………………260, 266
- 組合財産の分割請求権……………………265
- 組合費…………………………………………263

け
- 計画年休………………………………………227

421

事項索引

刑事免責……………………………278, 336
契約の自由…………………………83, 352
経歴詐称……………………………87, 186
減給………………………………………185
兼業………………………………………190
　──の制限……………………………371
原職復帰……………………………335, 342
譴責………………………………………185
権利濫用（解雇）………………44-49, 262
権利濫用（降格）……………………138
権利濫用（時間外労働命令）………166
権利濫用（出向命令）………………148
権利濫用（懲戒権）……………133, 192
権利濫用（配転命令）………………146

こ

合意解約…………………………………42
公益通報者保護法……………………191
降格…………………………………131, 185
黄犬契約……………………………83, 336
公序…………………………………83, 223
公序良俗……………………111, 203, 374
公正査定義務…………………………129
厚生年金基金…………………………111
合理的変更法理…………………………32
子の看護休暇…………………………221
個別紛争処理…………………………278
個別労働関係紛争解決促進法………384
コミュニティ・ユニオン……………279
御用組合………………………………274

さ

災害補償……………………………105, 238
再審査申立て………………………335, 385
最低基準効………………………………26
最低賃金法……………………………105
債務の本旨に従った労務の提供……104, 113, 320
採用内定…………………………………85
採用内々定………………………………89
採用の自由………………………………83
裁量労働制……………………………169
先取特権………………………………109
差違え条件……………………………341
差止請求………………………………371
三六協定………………………………163

産業別最低賃金………………………106
産前産後の休業……………………105, 222

し

時間外労働……………………28, 163, 167, 221
時季指定権……………………………227
時季変更権……………………………228
指揮命令………………………………400
支給日在籍要件………………………110
事業場外労働…………………………169
事業譲渡…………………151, 156, 346, 352
事故欠勤休職…………………………112
事実たる慣習……………………………30
自主性不備組合………………………314
辞職………………………………………42
施設管理権………………………317, 318, 322
自宅待機命令………………………185, 369
支配介入………………263, 264, 334, 335, 338
指名スト………………………………345
社会的身分……………………………202
社会復帰促進等事業…………………249
就業規則…………23, 26, 145, 184, 303, 353, 372
　──の強行的効力……………………26
　──の合理性…………………………32
　──の最低基準効……………………31
　──の作成……………………………24
　──の周知義務……………………25, 31
　──の絶対的必要記載事項…………24
　──の相対的必要記載事項…………25
　──の直律的効力……………………26
　──の届出義務……………………24, 31
　──の内容規律効……………………31
　──の変更……………………………31
自由年休………………………………227
就労請求権……………………49, 342, 369
出勤停止………………………………185
出向……………………………………144, 147
出向休職………………………………112
出向命令権……………………………147
守秘義務……………………………183, 190
昇格……………………………………130
昇格差別…………………………130, 204
昇格請求権……………………………130
試用期間……………………………60, 89, 105
使用従属関係…………………………7, 402

422

昇進···126, 129
昇進差別··128, 129
傷病休職··112
賞与···109
職能資格制度··································126, 131
職場環境配慮義務·································368
職場規律違反···188
職場占拠··317
職務懈怠··187
職務専念義務···················183, 188, 317, 370
信義則·······························368, 369, 372
人事権···132
人事考課··128
審問··334
深夜労働··167
心裡留保···43

す
ストライキ······························277, 315, 316

せ
性差別···202
政治スト··315
誠実義務···································150, 190, 370
誠実交渉義務···283
誠実交渉命令···335
整理解雇···46
整理解雇法理··46
セクシュアル・ハラスメント·······183, 207, 368
全額払いの原則······························107, 111
専門業務型・企画業務型裁量労働·········169

そ
争議行為·····························314, 320, 336
──の正当性·····································314
相対的有力原因説···································239
総有··265

た
怠業··320
退職勧奨···43
退職金·······························53, 109, 110, 375
退職届・退職願·······································43
単位組合··279
団結権·······························9, 260, 314

短時間労働者·····················203, 209, 210
短時間労働者法······································210
男女雇用機会均等法·····················202, 205
男女同一賃金の原則·······························203
団体交渉···························277, 278, 315
──の行き詰まり·································284
団体交渉応諾命令···································335
団体交渉拒否·····················278, 285, 334, 337
団体交渉権·························9, 277, 279, 314
団体交渉請求権······································286
団体行動権··9, 314

ち
地域合同労組 → コミュニティユニオン
地域別最低賃金······································106
チェック・オフ······························108, 263
──の支払い委任·································264
チェック・オフ協定································263
中央労働委員会·····························335, 385
中間収入·························49, 53, 336
仲裁···334, 385
中途解雇··64
中立保持義務···341
懲戒··182
懲戒解雇·······································111, 185
懲戒権··150, 184
懲戒事由··186
懲戒処分·······························133, 182, 319
懲戒手続··192
調停···334, 385
直接雇用申込義務···································403
直接払いの原則······································107
賃金···91
──の合意相殺·····································108
──の相殺···108
賃金債権の放棄······································108
賃金差別··128
賃金請求権·················103, 114, 320, 321

つ
通貨払いの原則······································106
通勤費···106

て
定型契約説···27

と

定年制・・・・・・・・・・・・・・・・・・・・・・・・・・・・・・・・・・・42
転勤命令・・・・・・・・・・・・・・・・・・・・・・・・・・・151, 225
転籍・・・・・・・・・・・・・・・・・・・・・・・・・・・・・・・144, 151

と

同盟罷業 → ストライキ
特定最低賃金・・・・・・・・・・・・・・・・・・・・・・・・・・106
特定承継・・・・・・・・・・・・・・・・・・・・・・・・・・・・・・352
特別支給金・・・・・・・・・・・・・・・・・・・・・・・・・・・・249
都道府県労働委員会・・・・・・・・・・・・・・・・・・335
都道府県労働局・・・・・・・・・・・・・・・・・・・・・・・384

な

内定 → 採用内定
内定取消し・・・・・・・・・・・・・・・・・・・・・・・・・・・・・86
内部告発・・・・・・・・・・・・・・・・・・・・・・・・・・・・・・190

に

任意的恩恵の給付・・・・・・・・・・・・・・・・・・・・・・106
任意的団交事項・・・・・・・・・・・・・・・・・・・・・・・281

ね

年休自由利用の原則・・・・・・・・・・・・・・・・・・・227
年次有給休暇・・・・・・・・・・・・・・・・・・・・・・34, 226
年齢差別・・・・・・・・・・・・・・・・・・・・・・・・・・・・・・203

の

ノーワーク・ノーペイの原則・・・・・・104, 222, 320

は

パートタイム労働者 → 短時間労働者
排他的交渉代表制・・・・・・・・・・・・・・・・・・・・・339
配転・・・・・・・・・・・・・・・・・・・・・・・・・・・・・・144, 224
派遣可能期間・・・・・・・・・・・・・・・・・・・・399, 403
派遣労働者・・・・・・・・・・・・・・・・・・・・65, 399, 401
破産法・・・・・・・・・・・・・・・・・・・・・・・・・・・・・・・・109
バックペイ・・・・・・・・・・・・・・・・・・・・・54, 335, 342

ひ

ピケッティング・・・・・・・・・・・・・・・・・・・・・314, 316
秘密保持義務・・・・・・・・・・・・・・・・・・・・190, 371
ビラ配布・・・・・・・・・・・・・・・・・・・・・・188, 317, 318
ビラ貼り・・・・・・・・・・・・・・・・・・・・・・・・・・・・・・・317

ふ

付加金・・・・・・・・・・・・・・・・・・・・・・・・・・・・・・・・168
復職・・・・・・・・・・・・・・・・・・・・・・・・・・・・・・・・・・113
複数組合主義・・・・・・・・・・・・・・・・・・・・・・・・284
福利厚生給付・・・・・・・・・・・・・・・・・・・・・・・・106
付随義務・・・・・・・・・・・・・・・・・・・・・・・・・・・・・368
不正競争防止法・・・・・・・・・・・・・・・・・・・・・・371
不当労働行為・・・・・・・・・・10, 263, 264, 278, 333
　　──の行政救済・・・・・・・・・・・・・・・・・・285
　　──の司法救済・・・・・・・・・・・・・・285, 342
　　──の審査・・・・・・・・・・・・・・・・・・・・・・334
部分スト・・・・・・・・・・・・・・・・・・・・・・・・・・・・・321
不法行為・・・・・・・・・・・・・・・・・・49, 92, 243, 286
プライバシー・・・・・・・・・・・・・・・・・・・・・・・・・・・84
不利益取扱い・・・・・・・・・・・・・222, 228, 334, 336
フレックスタイム制・・・・・・・・・・・・・・・・・・・・169
紛争調整委員会・・・・・・・・・・・・・・・・・・・・・222

へ

平均賃金・・・・・・・・・・・・・・・・・・・・・・・・105, 222
平和条項・・・・・・・・・・・・・・・・・・・・・・・・・・・・・315
変形労働時間制・・・・・・・・・・・・・・・・・・・・・169
変更解約告知・・・・・・・・・・・・・・・70, 118, 156

ほ

包括承継・・・・・・・・・・・・・・・・・・・・・・・・・・・・・352
法人格の形骸化・・・・・・・・・・・・・・・・・・・・・355
法人格の濫用・・・・・・・・・・・・・・・・・・・・・・・・355
法人格否認の法理・・・・・・・・・・・・・・・354, 401
法定労働時間・・・・・・・・・・・・・・・・・・・・・・・・161
法適合組合・・・・・・・・・・・・・・・・・・・・・・・・・・260
報復的不利益取扱い・・・・・・・・・・・・・・・・・334
ポスト・ノーティス・・・・・・・・・・・・・・・・285, 335
本採用拒否・・・・・・・・・・・・・・・・・・・・・・・・・・・90

み

未成年者・・・・・・・・・・・・・・・・・・・・・・・・・・・・・107
みなし労働時間・・・・・・・・・・・・・・・・・・169, 170
未払い賃金の立替払い・・・・・・・・・・・・・・・109
民事損害賠償・・・・・・・・・・・・・・・・・・・・・・・・247
民事免責・・・・・・・・・・・・・・・・・・・・・・・・278, 336

む

無期労働契約（期間の定めのない労働契約）・・・59

も

黙示の更新 …………………………………… 65
黙示の労働契約の成立 ……………………… 401

や

雇止め ……………………………… 59, 63, 66, 69
山猫スト ……………………………………… 314

ゆ

有期労働契約（期間の定めのある労働契約）
 ………………………………………… 42, 59, 63, 66
有利原則 ……………………………………… 297
ユニオン・ショップ協定 …………………… 260

よ

予見可能性 …………………………………… 245

り

利益代表者 …………………………………… 259
履行義務 ……………………………………… 300
リボン闘争 …………………………………… 317
留保解約権 ………………………………… 86, 90
留保付き承諾 ………………………………… 72

ろ

労災保険 ……………………………………… 238
労災保険給付 …………………………… 238, 247
労災保険法 …………………………………… 238
労使慣行 ……………………………………… 30
労使協議 ……………………………………… 278
労使協定 ………………………… 107, 108, 163, 264
労働委員会 …………………… 54, 279, 333, 342, 385
労働基準監督署 ……………………………… 384
労働基準監督署長 ……………………… 63, 238

労働協約 ……………… 29, 44, 277, 295, 316, 363
 ——の一部解約 …………………………… 301
 ——の一般的拘束力（拡張適用）…… 298, 299
 ——の解約 ………………………………… 301
 ——の規範的効力 ……… 29, 148, 277, 295, 298
 ——の強行的効力 ………………………… 295
 ——の債務的効力 …………………… 296, 300
 ——の直律的効力 ………………………… 296
労働組合 ………………………… 9, 259, 277, 295
 ——からの脱退の自由 …………………… 260
 ——の財産 ………………………………… 265
 ——の財産の分割請求権 ………………… 265
 ——の資格審査 …………………………… 334
 ——の組織変動 …………………………… 265
 ——の統制権 ……………………………… 266
 ——の分裂 ………………………………… 265
 ——への加入の強制 ………………… 260, 261
労働契約 ……… 26, 42, 59, 85, 89, 145, 352, 368, 401
 ——の承継 …………………… 152, 156, 352, 357
 ——の終了 ………………………………… 42
労働契約承継法 ……………………………… 353
労働者概念 …………………………………… 6, 9
労働者供給事業 ……………………………… 399
労働者派遣 …………………………………… 399
労働者派遣契約 ……………………………… 399
 ——の中途解除 …………………………… 405
労働条件の明示 ……………………………… 91
労働審判 ……………………………………… 386
労働審判員 …………………………………… 386
労働争議 ………………………………… 285, 334
ロックアウト ………………………………… 322

わ

ワーク・ライフ・バランス … 147, 165, 220, 224
割増賃金 ……………………………………… 167

判例索引

●最高裁判所

最2小判昭和31・11・2民集10巻11号1413頁（関西精機事件）	108
最1小判昭和32・11・14民集11巻12号1943頁（品川白煉瓦事件）	265
最2小判昭和35・3・11民集14巻3号403頁（細谷服装事件）	45
最1小判昭和35・7・14刑集14巻9号1139頁（小嶋撚糸事件）	167
最1小判昭和36・5・31民集15巻5号1322頁（山崎証券事件）	8
最2小判昭和37・7・20民集16巻8号1656頁（米軍山田部隊事件）	49
最大判昭和40・9・22民集19巻6号1600頁	352
最3小判昭和43・3・12民集22巻3号562頁（小倉電話局事件）	107
最3小判昭和43・4・9民集22巻4号845頁（医療法人新光会事件）	342
最2小判昭和43・8・2民集22巻8号1603頁（西日本鉄道事件）	187
最大判昭和43・12・4刑集22巻13号1425頁（三井美唄労組事件）	266-268
最3小判昭和43・12・24民集22巻13号3050頁（千代田丸事件）	187
最大判昭和43・12・25民集22巻13号3459頁（秋北バス事件）	27, 32
最1小判昭和44・2・27民集23巻2号511頁（山世志商会事件）	355
最2小判昭和44・5・2集民95号257頁（中里鉱業所事件）	268
最1小判昭和44・12・18民集23巻12号2495頁（福島県教組事件）	108
最2小判昭和48・1・19民集27巻1号27頁（シンガー・ソーイング・メシーン事件）	106, 108
最2小判昭和48・3・2民集27巻2号191頁（林野庁白石営林署事件）	227, 228
最大判昭和48・4・25刑集27巻3号418頁（国労久留米駅事件）	316
最大判昭和48・12・12民集27巻11号1536頁（三菱樹脂事件）	83, 84, 90, 91, 202
最2小判昭和49・3・15民集28巻2号265頁（日本鋼管事件）	189
最1小判昭和49・7・22民集28巻5号927頁（東芝柳町工場事件）	67
最3小判昭和49・9・30民集28巻6号1382頁（国労大分地本事件）	265
最1小判昭和49・9・30労判218号44頁（名古屋ダイハツ労組事件）	265
最3小判昭和50・2・25民集29巻2号143頁（陸上自衛隊八戸車両整備工場事件）	244
最2小判昭和50・4・25民集29巻4号456頁（日本食塩製造事件）	45, 262
最3小判昭和50・4・25民集29巻4号481頁（丸島水門事件）	322
最3小判昭和50・11・28民集29巻10号1698頁（国労広島地本事件）	267, 268
最1小判昭和51・5・6民集30巻4号437頁（CBC管弦楽団労組事件）	10
最1小判昭和51・6・3労判254号20頁（都城郵便局事件）	280
最2小判昭和52・1・31労判268号17頁（高知放送事件）	46
最大判昭和52・2・23民集31巻1号93頁（第二鳩タクシー事件）	54, 215, 334, 336
最3小判昭和52・5・27民集31巻3号427頁（仁田原・中村事件）	248
最2小判昭和52・8・9労経速958号25頁（三晃社事件）	111, 375
最3小判昭和52・10・25民集31巻6号836頁（三共自動車事件）	247, 248
最3小判昭和52・12・13民集31巻7号1037頁（富士重工業事件）	183
最3小判昭和52・12・13民集31巻7号974頁（目黒電報電話局事件）	188, 318, 329, 370
最3小判昭和52・12・13労判287号7頁（富士重工業事件）	197
最2小判昭和54・7・20民集33巻5号582頁（大日本印刷事件）	85-88
最3小判昭和54・10・30民集33巻6号647頁（国鉄札幌運転区事件）	318
最3小判昭和54・11・13判夕402号64頁（住友化学工業事件）	162
最2小判昭和54・12・14労判336号46頁（住友化学名古屋製造所事件）	318

426

最 2 小判昭和 55・5・30 民集 34 巻 3 号 464 頁（電電公社近畿電通局事件）……………… 87, 88
最 1 小判昭和 55・7・10 労判 345 号 20 頁（下関商業高校事件）…………………………………… 44
最 1 小判昭和 55・12・18 民集 34 巻 7 号 888 頁（大石塗装・鹿島建設事件）………… 244, 248
最 2 小判昭和 56・5・11 判時 1009 号 124 頁（前田製菓事件）……………………………………… 9
最 1 小判昭和 57・3・18 民集 36 巻 3 号 366 頁（電電公社此花電報電話局事件）……… 227
最 3 小判昭和 57・4・13 民集 36 巻 4 号 659 頁（大成観光事件）………………………… 318
最 1 小判昭和 57・10・7 労判 399 号 11 頁（大和銀行事件）……………………………… 110
最 1 小判昭和 58・9・8 労判 415 号 29 頁（関西電力事件）……………………… 183, 189, 370
最 1 小判昭和 58・10・27 労判 427 号 63 頁（あさひ保育園事件）……………………… 48
最 3 小判昭和 59・5・29 民集 38 巻 7 号 802 頁（日本メール・オーダー事件）……… 341
最 2 小判昭和 60・4・5 民集 39 巻 3 号 675 頁（古河電気工業・原子燃料工業事件）……… 151, 156
最 3 小判昭和 60・4・23 民集 39 巻 3 号 730 頁（日産自動車〔残業差別〕事件）……… 284, 339-341
最 3 小判昭和 60・7・16 民集 39 巻 5 号 1023 頁（エヌ・ビー・シー工業事件）……… 223
最 1 小判昭和 61・3・13 労判 470 号 6 頁（電電公社帯広局事件）………………………… 27
最 3 小判昭和 61・6・10 民集 40 巻 4 号 793 頁（旭ダイヤモンド工業事件）……… 215, 347
最 2 小判昭和 61・7・14 労判 477 号 6 頁（東亜ペイント事件）…………… 145, 146, 225
最 3 小判昭和 61・7・15 労判 484 号 21 頁（日本鋼管鶴見造船所事件）………… 280, 290
最 1 小判昭和 61・12・4 労判 486 号 6 頁（日立メディコ事件）…………………………… 67, 69
最 1 小判昭和 62・4・2 労判 506 号 20 頁（あけぼのタクシー事件）………………………… 49
最 1 小判昭和 62・4・2 労判 500 号 14 頁（あけぼのタクシー事件）………………………… 54
最 2 小判昭和 62・5・8 労判 496 号 6 頁（日産自動車〔組合事務所〕事件）…………… 340
最 2 小判昭和 62・7・10 民集 41 巻 5 号 1229 頁（弘前電報電話局事件）………… 227, 228
最 2 小判昭和 62・7・17 民集 41 巻 5 号 1283 頁（ノース・ウエスト航空事件）……… 105, 321
最 2 小判昭和 62・7・17 民集 41 巻 5 号 1350 頁（ノース・ウエスト航空事件）……… 321
最 3 小判昭和 62・9・18 労判 504 号 6 頁（大隈鉄工所事件）………………………………… 42
最 3 小判昭和 63・2・16 民集 42 巻 2 号 60 頁（大曲市農業協同組合事件）……… 32, 127, 131, 353
最 3 小判昭和 63・3・15 民集 42 巻 3 号 170 頁（宝運輸事件）…………………………… 104
最 1 小判昭和 63・7・14 労判 523 号 6 頁（小里機材事件）……………………………………… 169
最 3 小判平成元・7・4 民集 43 巻 7 号 767 頁（電電公社関東電気通信局事件）……… 228
最 1 小判平成元・9・7 労判 546 号 6 頁（香港上海銀行事件）…………… 298, 302, 309
最 1 小判平成元・12・7 労判 554 号 6 頁（日産自動車村山工場事件）……………… 145
最 2 小判平成元・12・11 民集 43 巻 12 号 1786 頁（済生会中央病院事件）……… 108, 263, 264, 323
最 1 小判平成元・12・14 民集 43 巻 12 号 1895 頁（日本シェーリング事件）……… 224, 229
最 1 小判平成元・12・14 民集 43 巻 12 号 2051 頁（三井倉庫港運事件）……………… 261
最 3 小判平成 2・6・5 民集 44 巻 4 号 668 頁（神戸弘陵学園事件）……………… 60, 91, 98
最 2 小判平成 2・11・26 民集 44 巻 8 号 1085 頁（日新製鋼事件）……………………… 108
最 2 小判平成 3・2・22 労判 586 号 12 頁（オリエンタルモーター事件）……………… 371
最 1 小判平成 3・9・19 労判 615 号 16 頁（炭研精工事件）………………………… 87, 187
最 1 小判平成 3・11・28 民集 45 巻 8 号 1270 頁（日立製作所武蔵工場事件）……… 28, 165
最 2 小判平成 4・2・14 労判 614 号 6 頁（池田電器事件）……………………………… 284
最 3 小判平成 4・2・18 労判 609 号 12 頁（エス・ウント・エー事件）……………… 229
最 3 小判平成 4・3・3 労判 609 号 10 頁（中国電力事件）………………………………… 318
最 3 小判平成 4・6・23 民集 46 巻 4 号 306 頁（時事通信社事件）……………………… 228
最 2 小判平成 4・9・25 労判 618 号 14 頁（三菱重工長崎造船所事件）………… 315, 320
最 2 小判平成 4・10・2 労判 619 号 8 頁（御國ハイヤー事件）…………………… 317, 319
最 1 小判平成 5・3・25 労判 650 号 6 頁（エッソ石油事件）………………………… 264
最 2 小判平成 5・6・25 民集 47 巻 6 号 4585 頁（沼津交通事件）……………………… 229

427

判例索引

最2小判平成6・6・13労判653号12頁（高知県観光事件） ················ 169
最3小判平成6・10・25労判665号10頁（広島・ときわタクシー事件） ················ 341
最3小判平成7・2・28民集49巻2号559頁（朝日放送事件） ················ 403, 404
最2小判平成7・4・14労判679号21頁（高知県観光事件） ················ 342
最1小判平成7・7・23民集49巻2号281頁（ネスレ日本〔東京・島田〕事件） ················ 264
最2小判平成7・9・8労判679号11頁（オリエンタルモーター事件） ················ 323
最2小判平成8・2・23民集50巻2号249頁（コック食品事件） ················ 249
最3小判平成8・3・26民集50巻4号1008頁（朝日火災海上保険〔高田〕事件） ········ 297, 298, 300
最1小判平成8・9・26労判708号31頁（山口観光事件） ················ 193, 197
最1小判平成8・11・28労判714号14頁（横浜南労基署長〔旭紙業〕事件） ················ 7, 8
最2小判平成9・2・28民集51巻2号705頁（第四銀行事件） ················ 32
最1小判平成9・3・27労判713号27頁（朝日火災海上保険〔石堂〕事件） ················ 298
最1小判平成10・4・9労判736号15頁（片山組事件） ················ 104, 113, 114
最1小判平成10・9・10労判757号20頁（九州朝日放送事件） ················ 146
最3小判平成12・1・28労判774号7頁（ケンウッド事件） ················ 226
最1小判平成12・3・9民集54巻3号801頁（三菱重工業長崎造船所事件） ················ 162
最2小判平成12・3・24民集54巻3号1155頁（電通事件） ················ 244, 247
最1小判平成12・9・7民集54巻7号2075頁（みちのく銀行事件） ················ 32, 128
最3小判平成13・3・13民集55巻2号395頁（都南自動車教習所事件） ················ 296
最1小決平成13・6・14労判807号5頁（中労委〔セメダイン〕事件） ················ 273
最1小判平成14・2・28民集56巻2号361頁（大星ビル管理事件） ················ 162, 163
最2小判平成15・4・18労判847号14頁（新日本製鐵〔日鐵運輸第2〕事件） ················ 148
最2小決平成15・5・30判例集未登載（創栄コンサルタント事件） ················ 169
最2小判平成15・10・10労判861号5頁（フジ興産事件） ················ 28, 184
最1小判平成15・12・4労判862号14頁（東朋学園事件） ················ 110, 224, 233
最1小判平成15・12・22民集57巻11号2335頁
　（JR北海道・日本貨物鉄道〔国労北海道〕事件） ················ 83, 337
最2小判平成16・7・12労判875号5頁（京都市交通局事件） ················ 334
最2小判平成17・6・3民集59巻5号938頁（関西医科大学研修医〔未払賃金〕事件） ················ 9
最3小判平成18・3・28労判933号12頁（いずみ福祉会事件） ················ 49
最3小判平成18・4・18民集60巻4号1548頁（安威川生コンクリート工業事件） ················ 322
最2小判平成18・10・6労判925号11頁（ネスレ日本〔懲戒解雇〕事件） ················ 192
最2小判平成18・12・8労判929号5頁（JR東海〔新幹線・科長脱退勧奨〕事件） ················ 339
最2小判平成19・2・2民集61巻1号86頁（東芝労働組合小向支部・東芝事件） ················ 260
最1小判平成19・6・28労判940号11頁（藤沢労基署長〔大工負傷〕事件） ················ 8
最2小判平成19・10・19民集61巻7号2555頁
　（大林ファシリティーズ〔オークビルサービス〕事件） ················ 162
最2小決平成21・7・17判例集未登載（中労委〔T社ほか〕事件） ················ 12
最2小判平成21・12・18民集63巻10号2754頁
　（パナソニックプラズマディスプレイ〔パスコ〕事件） ················ 400
最2小判平成21・12・18労判1000号5頁（ことぶき事件） ················ 169, 171
最1小判平成22・3・25民集64巻2号562頁（サクセスほか〔三佳テック〕事件） ················ 373
最3小判平成22・5・25労判1018号5頁（小野リース事件） ················ 46
最2小判平成22・7・12民集64巻5号1333頁（日本アイ・ビー・エム事件） ················ 358
最3小判平成23・4・12労経速2105号3頁（INAXメンテナンス事件） ················ 10
最3小判平成23・4・12判時2114号3頁（新国立劇場運営財団事件） ················ 10

●高等裁判所

東京高決昭和33・8・2 労民集9巻5号831頁（読売新聞社事件）……………………49,369
東京高判昭和34・12・23 労民集10巻6号1056頁（栃木化成事件）…………………………282
広島高岡山支判昭和38・9・23 判時362号70頁（岡山県知事事件）…………………………7
東京高決昭和50・9・25 労民集26巻5号723頁（新聞之新聞社事件）………………………286
東京高判昭和52・6・29 労民集28巻3号223頁（寿建築研究所事件）………………………284
大阪高判昭和53・8・31 判時918号114頁（前田製菓事件）……………………………………9
東京高判昭和54・10・29 労民集30巻5号1002頁（東洋酸素事件）……………………………47
東京高判昭和55・2・18 労民集31巻1号49頁（古河鉱業足尾製作所事件）………………372
名古屋高判昭和55・3・30 労判299号17頁（住友化学工業事件）……………………………162
札幌高判昭和56・7・16 労民集32巻3=4号502頁（旭川大学事件）…………………………66
東京高判昭和57・10・7 労判406号69頁（日本鋼管鶴見造船所事件）…………………280,282
福岡高判昭和58・6・7 労判410号29頁（サガテレビ事件）…………………………………401
東京高判昭和58・12・19 労判421号33頁（八州事件）…………………………………………92
東京高判昭和61・12・17 労判487号20頁（日本鋼管鶴見製作所事件）………………………260
東京高判昭和62・1・27 労民集38巻1号1頁（国鉄団交拒否事件）…………………………282
東京高判昭和63・6・23 労判521号20頁（オリエンタルモーター事件）……………………371
名古屋高判平成元・5・30 労民集40巻2=3号393頁（名古屋鉄道郵便局事件）……………228
大阪高判平成2・3・8 労判575号59頁（千代田工業事件）……………………………………60
名古屋高判平成2・8・31 労民集41巻4号656頁（中部日本広告社事件）………………111,375
東京高判平成2・11・21 労民集41巻6号971頁（オリエンタルモーター事件）……………283
東京高判平成2・12・26 労判632号21頁（清和電器産業事件）………………………………283
大阪高判平成3・1・16 労判581号36頁（龍神タクシー〔異議〕事件）………………………68
東京高判平成3・2・20 労判592号77頁（炭研精工事件）………………………………………87
仙台高判平成4・1・10 労民集43巻1号1頁（岩手銀行事件）………………………………204
大阪高判平成5・6・25 労判679号32頁（商大八戸ノ里ドライビングスクール事件）………30
東京高決平成6・10・24 労判675号67頁（ソニー事件）………………………………………302
東京高判平成8・5・29 労民集47巻3号211頁（帝国臓器製薬事件）…………………………225
大阪高判平成10・2・18 労判744号63頁（安田病院事件）……………………………………401
大阪高判平成10・5・29 労判745号42頁（日本コンベンションサービス事件）………371,375
東京高判平成11・10・28 判時1721号155頁（首都高速道路公団事件）………………………191
東京高判平成11・12・22 労判779号47頁（西神テトラパック事件）………………………337
東京高判平成12・4・19 労判787号35頁（日新火災海上保険事件）………………………92,96
東京高判平成12・7・26 労判789号6頁（中根製作所事件）…………………………………298
東京高判平成12・12・22 労判796号5頁（芝信用金庫事件）……………………………131,205
東京高判平成12・12・27 労判809号82頁（更生会社三井埠頭事件）……………………109,118
広島高判平成13・5・23 労判811号21頁（マナック事件）………………………………129,139
東京高判平成13・6・27 労判810号21頁（カンタス航空事件）………………………………68
大阪高判平成13・8・30 労判816号23頁（ハクスイテック事件）……………………………127
東京高判平成13・9・12 労判816号11頁（富士見交通事件）…………………………………193
東京高判平成13・11・8 労判815号14頁（岡惣事件）…………………………………………317
東京高判平成14・2・27 労判824号17頁（青山会事件）………………………………………346
東京高判平成14・7・23 労判852号73頁（三洋電機サービス事件）…………………………246
東京高判平成14・11・26 労判843号20頁（日本ヒルトン事件）………………………………72
大阪高判平成14・11・26 労判849号157頁（創栄コンサルタント事件）……………………169
大阪高判平成15・1・30 労判845号5頁（大阪空港事業〔関西航業〕事件）…………356,401
大阪高判平成15・5・29 労判858号93頁（榎並工務店〔脳梗塞死損害賠償〕事件）………247

東京高判平成 15・8・27 労判 868 号 75 頁
　(NHK 西東京営業センター〔受信料集金等受託者〕事件) ················· 8
東京高判平成 15・9・30 労判 862 号 41 頁 (中労委〔朝日火災海上保険〕事件) ················· 130
東京高判平成 15・12・11 労判 867 号 5 頁 (小田急電鉄事件) ················· 111
東京高判平成 15・12・17 労判 868 号 20 頁 (中労委〔オリエンタルモーター〕事件) ················· 215
東京高判平成 16・1・22 労経速 1876 号 24 頁 (新日本製鐵事件) ················· 89
札幌高判平成 16・9・17 労判 886 号 53 頁 (恵和会宮の森病院〔降転〕事件) ················· 287
東京高判平成 16・11・16 労判 909 号 77 頁 (エーシーニールセン・コーポレーション事件) ········ 129
大阪高判平成 17・1・25 労判 890 号 27 頁 (日本レストランシステム事件) ················· 146
東京高判平成 17・2・24 労判 892 号 29 頁 (日本アイ・ビー・エム事件) ················· 302
東京高判平成 17・3・30 労判 911 号 76 頁 (高見沢電機製作所事件) ················· 37
東京高判平成 17・5・31 労判 898 号 16 頁 (勝英自動車学校〔大船自動車興業〕事件) ········ 357, 363
福岡高判平成 17・9・14 労判 903 号 68 頁 (K 工業技術専門学校事件) ················· 188
名古屋高判平成 18・1・17 労判 909 号 5 頁 (山田紡績事件) ················· 47
大阪高判平成 18・4・14 労判 915 号 60 頁 (ネスレ日本〔配転本訴〕事件) ················· 147, 225, 226
高松高判平成 18・5・18 労判 921 号 33 頁 (伊予銀行・いよぎんスタッフサービス事件) ········ 69, 401
東京高判平成 18・6・22 労判 920 号 5 頁 (ノイズ研究所事件) ················· 127, 128
大阪高判平成 19・5・17 労判 943 号 5 頁 (関西金属工業事件) ················· 71
東京高判平成 19・6・28 労判 946 号 76 頁 (昭和シェル石油事件) ················· 204
東京高判平成 19・7・31 労判 946 号 58 頁 (根岸病院事件) ················· 281, 290
東京高判平成 19・8・28 労判 949 号 35 頁 (JR 東海事件) ················· 347
大阪高判平成 19・10・26 労判 975 号 50 頁 (第一交通産業ほか〔佐野第一交通〕事件) ········ 356, 357
東京高判平成 19・12・26 労経速 2063 号 3 頁 (中労委〔T 社ほか〕事件) ················· 12
東京高判平成 20・4・9 労判 959 号 6 頁 (日本システム開発研究所事件) ················· 128
東京高判平成 20・4・23 労判 960 号 25 頁 (中央建設国民健康保険組合事件) ················· 298
東京高判平成 20・6・26 労判 978 号 93 頁 (インフォーマテック事件) ················· 50
東京高判平成 20・10・22 労経速 2023 号 7 頁 (立正佼成会事件) ················· 246
東京高判平成 20・11・12 労判 971 号 15 頁 (ネスレ日本島田工場事件) ················· 285
大阪高判平成 21・1・15 労判 977 号 5 頁 (NTT 西日本〔大阪・名古屋配転〕事件) ········ 145
福岡高判平成 21・5・19 労判 989 号 39 頁 (河合塾〔非常勤講師・出講契約〕事件) ········ 69
東京高判平成 21・5・27 裁判所 Web サイト (トータルサービス事件) ················· 372
大阪高判平成 21・7・16 労経速 2054 号 30 頁 (関西外国語大学事件) ················· 130
東京高判平成 21・9・15 労判 991 号 153 頁 (ニュース証券事件) ················· 91
東京高判平成 21・10・29 労判 995 号 5 頁 (早稲田大学事件) ················· 111
東京高判平成 21・11・4 労判 996 号 13 頁 (東京都自動車整備振興会事件) ················· 133
東京高判平成 21・12・25 労判 998 号 5 頁 (東和システム事件) ················· 171
名古屋高判平成 22・4・16 労判 1006 号 5 頁 (国・豊橋労基署長〔マツヤデンキ〕事件) ········ 241
東京高判平成 22・4・27 労判 1005 号 21 頁 (三田エンジニアリング事件) ················· 373
大阪高判平成 22・11・16 労判 1026 号 144 頁 (奈良県〔医師時間外手当〕事件) ················· 177
大阪高判平成 22・12・17 労判 1024 号 37 頁 (学校法人兵庫医科大学事件) ················· 370
東京高判平成 23・2・23 労判 1022 号 5 頁 (東芝〔うつ病・解雇〕事件) ················· 215, 254, 255
福岡高判平成 23・3・10 労判 1020 号 82 頁 (コーセーアールイー〔第 2〕事件) ················· 89

●地方裁判所
名古屋地判昭和 38・5・6 労民集 14 巻 5 号 1081 頁 (明治屋事件) ················· 282
前橋地判昭和 38・11・14 労民集 14 巻 6 号 1419 頁 (明星電気事件) ················· 322
東京地判昭和 41・3・31 労民集 17 巻 2 号 368 頁 (日立電子事件) ················· 147

東京地決昭和43・8・29労民集19巻4号1082頁（住友海上火災事件）……………………285
松江地益田支判昭和44・11・18労民集20巻6号1527頁（石見交通事件）………………44
東京地決昭和47・5・9判時667号14頁（日通商事事件）……………………………………286
福岡地小倉支判昭和48・4・8判タ298号335頁（朝日タクシー事件）……………………303
横浜地判昭和49・6・19労民集25巻3号277頁（日立製作所事件）…………………………87
秋田地判昭和50・4・10労民集26巻2号388頁（秋田相互銀行事件）……………………204
東京地判昭和51・5・21判時254号42頁（プリマハム事件）………………………………339
福岡地小倉支判昭和52・1・17労判273号75頁（東海カーボン事件）……………………267
大阪地決昭和53・3・1労判298号73頁（大阪白急タクシー事件）…………………………297
横浜地判昭和55・3・28労判339号20頁（三菱重工業横浜造船所事件）…………………167
大阪地判昭和55・12・24労判357号31頁（大阪特殊精密工業事件）………………………283
大阪地判昭和56・2・16労判360号56頁（大阪白急タクシー事件）………………………280
千葉地判昭和56・5・25労判372号49頁（日立精機事件）…………………………………151
名古屋地判昭和56・7・10労民集32巻3＝4号42頁（豊橋総合自動車学校事件）………189
東京地判昭和56・10・22労民集32巻5号312頁（北辰電機製作所事件）…………………336
東京地判昭和58・12・22労判424号44頁（マイクロ精機事件）……………………………284
仙台地判昭和60・9・19労民集36巻4＝5号573頁（マルヤタクシー事件）………………87
東京地判昭和61・2・27労民集37巻1号123頁（国鉄団交拒否事件）……………282, 286
東京地判昭和61・12・4労民集37巻6号512頁（日本鉄鋼連盟事件）……………………204
高松地判昭和62・8・27判判509号50頁（倉田学園事件）…………………………………283
横浜地判昭和62・9・29判判505号36頁（厚木自動車部品・全日産自動車労組事件）…268
東京地判昭和63・11・25労判39巻6号619頁（亜細亜大学事件）…………………………68
東京地判昭和63・12・22労判39巻6号703頁（三菱電機鎌倉製作所事件）………………280
東京地判平成元・9・22判判548号64頁（カール・ツァイス事件）………………………283
東京地判平成2・4・11判判562号83頁（清和電器産業事件）……………………………283
東京地判平成2・4・17労判581号70頁（東京学習協力会事件）…………………………374
東京地判平成2・5・30労判563号6頁（駿河銀行事件）…………………………………301
東京地判平成2・7・4労民集41巻4号513頁（社会保険診療報酬支払基金事件）……130, 207
東京地判平成3・2・25労判588号74頁（ラクソン等事件）…………………………371, 379
大阪地判平成3・10・22労判595号9頁（三洋電機〔パート雇止め第1〕事件）……68, 70
東京地決平成4・2・6労判610号72頁（昭和女子大学事件）………………………………43
東京地判平成4・5・6労民集43巻2＝3号540頁（書泉事件）……………………………319
東京地判平成6・6・16労判651号15頁（三陽物産事件）…………………………………204
東京地決平成7・4・13労民集46巻2号720頁（スカンジナビア航空事件）…………71, 156
大阪地決平成7・5・26労判678号35頁（阪神高速道路公団等事件）……………………286
東京地判平成7・9・29労判687号69頁（ベニス事件）……………………………………375
東京地判平成7・10・4労判680号34頁（大輝交通事件）…………………………………300
横浜地決平成7・11・8労判701号70頁（学校法人徳心学園〔横浜高校〕事件）…………43
東京地判平成7・12・4労判685号17頁（バンク・オブ・アメリカ・イリノイ事件）…132, 138
長野地上田支判平成8・3・15労判690号32頁（丸子警報器事件）………………………210
東京地判平成8・11・27労判704号21頁（芝信用金庫事件）………………………………131
東京地決平成8・12・11労判711号57頁（アーク証券事件）………………………………131
京都地判平成9・4・17労判716号49頁（丙川商事会社事件）……………………………368
札幌地決平成9・7・23労判723号62頁（北海道コカ・コーラボトリング事件）………225
東京地判平成9・10・29労判725号15頁（エス・ウント・エー事件）……………………281
東京地決平成9・10・31労判726号37頁（インフォミックス事件）……………………85, 87
津地判平成9・11・5労判729号54頁（三重県厚生農協連合会事件）……………………368

東京地判平成10・2・26 労判737号51頁（JR東海事件）…………………………………… 320
大阪地判平成10・3・9 労判742号86頁（佐川急便事件）…………………………………… 286
大阪地判平成10・7・17 労判750号79頁（株式会社大通事件）…………………………… 43
大阪地判平成10・8・31 労判751号38頁（大阪労働衛生センター第一病院事件）…… 71, 72
東京地判平成11・2・15 労判760号46頁（全日本空輸事件）…………………………… 112, 113
長野地判平成11・3・12 労判764号43頁（大町労基署長事件）…………………………… 243
横浜地判平成11・9・30 労判779号61頁（ヘルスケアセンター事件）…………………… 70
大阪地判平成11・10・4 労判771号25頁（JR東海事件）…………………………………… 113
東京地決平成11・10・15 労判770号34頁（セガ・エンタープライゼス事件）………… 46
東京地判平成12・2・8 労判787号58頁（シーエーアイ事件）…………………………… 128
東京地判平成12・2・14 労判780号9頁（須賀工業事件）………………………………… 110
大阪地判平成12・2・23 労判783号71頁（シャープエレクトロニクスマーケティング事件）…… 205
大阪地判平成12・5・8 労判787号18頁（マルマン事件）………………………………… 47
大阪地判平成12・5・12 労判785号31頁（大和銀行事件）………………………………… 53
大阪地判平成12・6・30 労判793号49頁（わいわいランド事件）………………………… 50
横浜地判平成12・7・17 労判792号74頁（日本鋼管事件）………………………………… 298
奈良地判平成12・11・15 労判800号31頁（大和交通事件）……………………………… 283
東京地判平成12・12・18 労判803号74頁（アイビ・プロテック事件）………………… 375
大阪地決平成13・4・12 労判813号56頁（塚本庄太郎商店事件）……………………… 48
岡山地判平成13・5・16 労判821号54頁（チボリ・ジャパン〔集団員〕事件）………… 8
名古屋地判平成13・6・18 労判814号64頁（豊田労基署長〔トヨタ自動車〕事件）…… 243
東京地判平成13・7・6 労判814号53頁（ティアール建材・エルゴテック事件）……… 280
東京地判平成13・7・25 労判813号15頁（黒川建設事件）……………………………… 355
東京地決平成13・8・10 労判820号74頁（エース損害保険事件）……………………… 46
神戸地判平成13・10・1 労判820号41頁（本四海峡バス〔本訴〕事件）……………… 281
東京地判平成13・12・3 労判826号76頁（F社Z事業部〔損害賠償請求〕事件）…… 188, 197
東京地判平成14・2・27 労判830号66頁（日本アイ・ビー・エム事件）……………… 284
東京地判平成14・3・11 労判825号13頁（日本ヒルトン事件）………………………… 73
大阪地判平成14・3・20 労判829号79頁（塚本庄太郎商店〔本訴〕事件）…………… 46
大阪地判平成14・5・22 労判830号22頁（日本郵便逓送事件）…………………… 202, 210
東京地判平成14・8・9 労判836号94頁（オープンタイドジャパン事件）…………… 91
東京地判平成14・8・30 労判838号32頁（ダイオーズサービシーズ事件）………… 373, 374
仙台地決平成14・11・14 労判842号56頁（日本ガイダント仙台営業所事件）……… 132
東京地判平成14・12・17 労判846号49頁（労働大学〔本訴〕事件）…………………… 48
東京地決平成14・12・27 労判861号69頁（明治図書出版事件）……………………… 226
大阪地判平成15・1・22 労判846号39頁（新日本科学事件）…………………………… 374
松山地判平成15・5・22 労判856号45頁（伊予銀行・いよぎんスタッフサービス事件）…… 69
東京地判平成15・5・28 労判852号11頁（東京都〔警察学校・警察病院HIV検査〕事件）…… 84
大阪地堺支判平成15・6・18 労判855号22頁（大阪いずみ市民生協事件）…………… 190
水戸地下妻支決平成15・6・19 労判855号12頁（東京金属ほか1社事件）………… 301
東京地判平成15・6・20 労判854号5頁（B金融公庫事件）………………………… 84, 97
東京地判平成15・9・17 労判858号57頁
　（メリルリンチ・インベストメント・マネージャーズ事件）…………………………… 372
東京地判平成15・10・17 労経速1861号14頁（消防試験協会・消火設備試験センター事件）…… 374
東京地判平成15・11・10 労判870号72頁（自警会東京警察病院事件）……………… 62
東京地判平成15・12・19 労判873号73頁（タイカン事件）……………………………… 66
東京地判平成16・3・4 労判874号89頁（中労委〔鴻池組〕事件）…………………… 280

広島地判平成 16・3・9 労判 875 号 50 頁（A 鉄道〔B 工場 C 工場〕事件）·················149
東京地判平成 16・3・24 労判 883 号 47 頁（損害保険ジャパン労働組合事件）···············274
福岡地小倉支判平成 16・5・11 労判 879 号 71 頁
　（安川電機八幡工場〔パート解雇・本訴〕事件）··64, 68
東京地判平成 16・5・28 労判 874 号 13 頁（ブライト証券・実栄事件）······················151
大阪地判平成 16・6・9 労判 878 号 20 頁（パソナ〔ヨドバシカメラ〕事件）··················88
東京地判平成 16・6・23 労判 877 号 13 頁（オプトエレクトロニクス事件）····················88
神戸地判平成 16・8・31 労判 880 号 52 頁
　（プロクター・アンド・ギャンブル・ファー・イースト・インク〔本訴〕事件）·········138
東京地決平成 16・9・22 労判 882 号 19 頁（トーレラザールコミュニケーションズ事件）·····375
大阪地判平成 17・1・13 労判 893 号 150 頁（近畿コカ・コーラボトリング事件）········68, 78
東京地判平成 17・1・28 労判 890 号 5 頁（宣伝会議事件）···88
富山地判平成 17・2・23 労判 891 号 12 頁（トナミ運輸事件）····································191
東京地判平成 17・2・23 労判 902 号 106 頁（アートネイチャー事件）·························374
大阪地判平成 17・3・30 労判 892 号 5 頁（ネスレコンフェクショナリー関西支店事件）·······64
東京地判平成 17・9・27 労判 909 号 56 頁（アイメックス事件）································374
大阪地判平成 17・11・16 労判 910 号 55 頁（NTT 西日本事件）··································128
東京地決平成 18・1・13 判時 1935 号 168 頁（コマキ事件）···47
東京地判平成 19・3・9 労判 938 号 14 頁（日産センチュリー証券事件）······················372
東京地判平成 19・3・26 労判 943 号 41 頁（中山書店事件）······································128
東京地判平成 19・4・24 労判 942 号 39 頁（ヤマダ電機〔競業避止条項違反〕事件）·······374, 375, 380
東京地判平成 19・4・27 労経速 1979 号 3 頁（X 社事件）··189
大阪地判平成 19・5・24 判時 1999 号 129 頁（アールエスイー事件）··························372
東京地判平成 20・1・28 労判 953 号 10 頁（日本マクドナルド事件）···························171
名古屋地判平成 20・10・30 労判 978 号 16 頁（デンソー〔トヨタ自動車〕事件）·········245
大阪地判平成 20・11・20 労判 981 号 124 頁（学校法人大阪経済法律学園事件）··········303
東京地判平成 21・1・19 労判 996 号 25 頁（東京都自動車整備振興会事件）················133
釧路地帯広支判平成 21・2・2 労判 990 号 196 頁（音更町農業協同組合事件）············245
横浜地決平成 21・3・30 労判 985 号 91 頁（ニューレイバー〔仮処分〕事件）···············65
大阪地判平成 21・3・30 労判 987 号 60 頁（ピアス事件）··375
宇都宮地栃木支決平成 21・4・28 労判 982 号 5 頁（プレミアライン〔仮処分〕事件）·······65
大阪地判平成 21・10・8 労判 999 号 69 頁（日本レストランシステム事件）················129
東京地判平成 21・10・28 労判 997 号 55 頁（キャンシステム事件）····························29
東京地判平成 21・11・4 労判 1001 号 48 頁（UBS セキュリティーズ事件）·················369
東京地判平成 21・12・21 労判 1006 号 65 頁（明石書店事件）····································69
大阪地判平成 21・12・21 労判 1003 号 16 頁（グルメ杵屋事件）·························245, 247
東京地判平成 22・2・8 労経速 2067 号 21 頁（X 社事件）··146
千葉地判平成 22・3・24 労判 1008 号 50 頁（三和機材事件）·····································37
東京地判平成 22・3・30 労判 1010 号 51 頁（ドコモ・サービス〔雇止め〕事件）·········69
東京地判平成 22・8・25 労経速 2086 号 14 頁（池袋労基署長事件）··························242
神戸地判平成 22・9・17 労判 1015 号 34 頁
　（国・西脇労基署長〔加西市シルバー人材センター〕事件）································16
東京地判平成 22・9・29 労判 1015 号 5 頁（阪急トラベルサポート事件）·················178
横浜地判平成 22・10・28 労判 1019 号 24 頁（学校法人大谷学園事件）····················287
津地判平成 22・11・5 労判 1016 号 5 頁（アウトソーシング事件）······························64
京都地判平成 22・11・26 労判 1022 号 35 頁（エフプロダクト〔本訴〕事件）··············77
東京地判平成 23・3・17 労経速 2105 号 13 頁（クボタ事件）···································404

●執筆者紹介●

【編著者】
大内伸哉（おおうち・しんや）
1995年東京大学大学院法学政治学研究科博士課程修了。現在、神戸大学大学院法学研究科教授。
『最新重要判例200 労働法〔増補版〕』（弘文堂・2011）、『雇用社会の25の疑問〔第2版〕』（弘文堂・2010）、『労働法学習帳〔第2版〕』（弘文堂・2010）、『ケースブック労働法〔第6版〕』（共著）（弘文堂・2010）、『キーワードからみた労働法』（日本法令・2009）、『就業規則からみた労働法〔第3版〕』（日本法令・2011）、『雇用はなぜ壊れたか』（筑摩書房・2009）ほか

【著　者】（五十音順）
石田信平（いしだ・しんぺい）
2008年同志社大学大学院法学研究科博士後期課程単位取得退学。現在、駿河台大学法学部准教授。
「イギリス労働法の新たな動向を支える基礎理論と概念―システム理論、制度経済学、社会的包摂論、Capability Approach」イギリス労働法研究会編『イギリス労働法の新展開』（成文堂・2009）36頁、「労働契約法の『合意原則』と合意制限規定との衝突関係―労働契約法は契約当事者だけの利益調整を目的としているのか」日本労働法学会誌115号（2010）41頁、「アメリカSOX法の内部通報制度とEU個人情報保護原則の衝突」比較法文化18号（2010）169頁ほか

魚住泰宏（うおずみ・やすひろ）
1991年京都大学法学部卒業。1993年大阪弁護士会登録。現在、大江橋法律事務所パートナー。神戸大学法科大学院非常勤講師。
「災害時の労務管理Q&A」（中央経済社・ビジネス法務2011年7月号）、『倒産・事業再編の法律相談』（共著）（青林書院・2010）ほか

梶川敦子（かじかわ・あつこ）
2004年同志社大学大学院法学研究科博士後期課程単位取得退学。現在、神戸学院大学法学部准教授。
『クエスト労働法』（共著）（有斐閣・2009）、「賃金の弾力的調整をめぐる法的問題」日本労働研究雑誌611号（2011）49頁、「割増賃金請求訴訟における時間外労働時間数の立証と使用者の記録保存義務―アメリカ法の検討を中心に」神戸学院法学38巻3＝4号（2009）355頁ほか

竹内(奥野)寿（たけうち(おくの)・ひさし）
1999年東京大学法学部卒業。現在、立教大学法学部准教授。
「労働組合法上の労働者性について考える―なぜ『労働契約基準アプローチ』なのか？」季刊労働法229号（2010）99-109頁、「企業組織再編と親会社の『使用者』性・団体交渉義務」毛塚勝利=連合総合生活開発研究所編『企業組織再編における労働者保護』（中央経済社・2010）107-133頁、山川隆一編『プラクティス労働法』（信山社・2009）[第23章、第24章、第25章（300-346頁）執筆担当］ほか

本庄淳志（ほんじょう・あつし）
2009年神戸大学大学院法学研究科博士後期課程修了。現在、静岡大学人文学部法学科准教授。
「労働市場における労働者派遣法の現代的役割―雇用保障と均等待遇をめぐるオランダ法、ドイツ法からの示唆」日本労働研究雑誌595号（2010）120頁、「労組法上の使用者―派遣先の団交応諾義務を中心に」季刊労働法229号（2010）110頁、「派遣先での直用化をめぐる諸問題―派遣労働者の保護をいかにして図るべきか」季刊労働法231号（2010）26頁ほか

山川和義（やまかわ・かずよし）
2006年名古屋大学大学院法学研究科博士後期課程単位取得退学。現在、三重短期大学法経科准教授。
「年齢差別禁止の特徴と規制の方向性」日本労働法学会誌117号（2011）49頁、「高齢社会の高年齢者雇用政策のあり方」ジュリスト1389号（2009）31頁、「高年齢者雇用安定法9条1項違反の私法上の効果」日本労働法学会誌114号（2009）8頁ほか

【編著者】
大内　伸哉　神戸大学大学院法学研究科教授

【著　者】（五十音順）
石田　信平　駿河台大学法学部准教授
魚住　泰宏　弁護士（大江橋法律事務所パートナー）
梶川　敦子　神戸学院大学法学部准教授
竹内（奥野）寿　立教大学法学部准教授
本庄　淳志　静岡大学人文学部法学科准教授
山川　和義　三重短期大学法経科准教授

労働法演習ノート──労働法を楽しむ25問

平成23年11月15日　初版1刷発行

編著者　大内　伸哉
発行者　鯉渕　友南
発行所　株式会社　弘文堂　　101-0062　東京都千代田区神田駿河台1の7
　　　　　　　　　　　　　　TEL 03(3294)4801　振替 00120-6-53909
　　　　　　　　　　　　　　　　　　　http://www.koubundou.co.jp
装　丁　笠井亞子
印　刷　三陽社
製　本　井上製本所

© 2011 Shinya Ouchi, et al. Printed in Japan
JCOPY 〈(社)出版者著作権管理機構　委託出版物〉
本書の無断複写は著作権法上での例外を除き禁じられています。複写される場合は、その
つど事前に、(社)出版者著作権管理機構（電話 03-3513-6969、FAX 03-3513-6979、
e-mail: info@jcopy.or.jp）の許諾を得てください。
また、本書を代行業者等の第三者に依頼してスキャンやデジタル化することは、たとえ
個人や家庭内での利用であっても一切認められておりません。

ISBN 978-4-335-35514-1

弘文堂ケースブックシリーズ

理論と実務との架橋をめざす、新しい法曹教育が法科大学院で幕を開けました。その新しい法曹教育に資するよう、各科目の基本的な概念や理論を、相当のスペースをとって引用した主要な判例と関連づけながら整理した教材。設問を使って、双方向型の講義が実現可能となる待望のケースブックシリーズ。

ケースブック憲法［第3版］
長谷部恭男・中島徹・赤坂正浩
阪口正二郎・本秀紀 編著

ケースブック行政法［第4版］
高木光・稲葉馨 編

ケースブック租税法［第3版］
金子宏・佐藤英明・増井良啓
渋谷雅弘 編著

ケースブック刑法［第3版］
笠井治・前田雅英 編

ケースブック会社法［第4版］
丸山秀平・野村修也・大杉謙一
松井秀征・髙橋美加 著

ケースブック民事訴訟法［第3版］
長谷部由起子・山本弘・松下淳一
山本和彦・笠井正俊・菱田雄郷 編著

ケースブック刑事訴訟法［第2版］
笠井治・前田雅英 編

ケースブック労働法［第6版］
菅野和夫 監修　土田道夫・山川隆一
大内伸哉・野川忍・川田琢之 編著

ケースブック知的財産法［第2版］
小泉直樹・高林龍・井上由里子・佐藤恵太
駒田泰土・島並良・上野達弘 編著

ケースブック独占禁止法［第2版］
金井貴嗣・川濱昇・泉水文雄 編著

弘文堂

2011年10月現在